Addiction and Spirituality
A Multidisciplinary Approach

영성과 중독
다학문적 접근

올리버 J. 모건 · 멀 R. 조던 편집 | 문희경 옮김

기독교문서선교회

기독교문서선교회(Christian Literature Center: 약칭 CLC)는 1941년 영국 콜체스터에서 켄 아담스에 의해 시작되었으며 국제 본부는 미국 필라델피아에 있습니다.
국제 CLC는 59개 나라에서 180개의 본부를 두고, 약 650여 명의 선교사들이 이동도서차량 40대를 이용하여 문서 보급에 힘쓰고 있으며 이메일 주문을 통해 130여 국으로 책을 공급하고 있습니다.
한국 CLC는 청교도적 복음주의 신학과 신앙서적을 출판하는 문서선교 기관으로서, 한 영혼이라도 구원되길 소망하면서 주님이 오시는 그날까지 최선을 다할 것입니다.

Addiction and Spirituality
A Multidisciplinary Approach

Edited by
Oliver J. Morgan
Merle Jordan

Translated by
Hee Kyung Moon

Copyright © 1999 by Chalice Press
Originally published in English under the title as
Addiction and Spirituality
by Chalice Press
Translated and used by the permission of Chalice Press
a division of Christian Board of Publication at 483 E. Lockwood Avenue, St. Louis, MO 63119, U.S.A.

All rights reserved

Korean Edition
Copyright © 2017 by Christian Literature Center
Seoul, Korea

추천사 1

유재경 박사
영남신학대학교 실천신학 교수

　현대인들은 영적인 삶에 관심이 많다. 우리 사회 곳곳에서 영성을 이야기한다. 그곳이 종교단체이든, 치유 사역을 하는 곳이든, 학문 탐구의 장이든 관계없이 영성에 대한 열기는 뜨겁다.
　영성에 대한 관심은 학문적 연구로 이어졌다. 다양한 분야에서 영성을 논하고 있다. 특히 개신교와 가톨릭 신학자들의 연구가 돋보인다. 그들은 기독교 전통이 말하는 영성을 찾았다. 영성의 기원과 정의, 역사를 탐구했다. 학문적 방법론이 무엇인지를 궁구했다. 하지만 많은 부분 이론적 탐구로 귀결되었다.
　영성은 이론이 아니다. 샌드라 슈나이더는 영성을 삶의 생생한 경험으로 표현했다. 그 경험은 궁극적 가치를 향해 자기를 초월하기 위해 의식적으로 삶을 통합하는 노력이다. 기독교 영성은 초월자이신 하나님을 향해 끊임없이 자기를 개방하고, 동시에 그분을 받아들이는 것이다. 영성은 삶의 변화와 깊은 관련이 있다. 하지만 지금까지 영성 연구는 상처받은 영혼, 중독에 빠진 영혼을 체계적으로 치유하는 데로 나가지 못했다. 상처받은 영혼의 치유와 중독의 문제를 해결하려는 다양한 시도가 있었지만 영성이 중독 문제에 중심이 되지는 못했다.

그런데 최근 중독 해결의 열쇠가 영성에 있다는 연구를 책으로 묶었다. 바로『영성과 중독: 다학문적 접근』이다.

중독 연구는 90년이란 짧지 않은 역사를 가졌다. 중독자가 회복되는 과정에 신앙적인 요소가 있다는 연구가 있었다. 중독자가 회복하는 과정에서 '내어맡김'과 '회개'는 중독 해결의 중요한 요소란 탐구도 있었다. 중독자가 회복되는 과정에서 발견되는 핵심적 요인이 영적 변화라는 사실도 익히 알고 있다.

하지만 영성이 중독 해결의 중심이라는 연구는 놀라운 발견이다.『영성과 중독』은 과감하게 중독이 영성의 문제임을 파헤쳤다. 영성의 관점에서 중독문제 해결의 가능성을 보여준 역작이다. 저자들은 다학문적 관점에서 영성 회복의 과정을 설명하고 그 과정이 곧 중독 해결의 길임을 보여주었다.

본서에 기여한 저자를 다 나열하는 것은 무리다. 다양한 학교, 서로 다른 연구경험과 임상을 가진 학자들이 모였다. 심리학자, 목회상담학자, 정신과 의사, 중독 전문가 등등. 본서가 나오기까지 무려 3년의 시간이 걸렸다. 중독의 문제 해결의 새로운 길을 열어준 도서라 칭할 수 있을 것이다.

한국 사회도 중독으로 몸살을 앓고 있다. 스마트폰 중독은 심각하다. 청소년들은 스마트폰 때문에 정서적 문제뿐 아니라 뇌의 인지 조절능력까지 저하되고 있다. 본서는 다양한 중독(약물중독, 알콜중독, 명예중독, 쾌락중독, 등등)문제를 해결하고자 하는 사람들에게 기쁜 소식이다. 무엇보다 영성적 관점에서 고통과 중독의 문제를 해결하려는 사람들에게『영성과 중독: 다학문적 접근』은 훌륭한 안내서가 될 것이다.

추천사 2

홍인종 박사
한국목회상담협회 회장, 장로회신학대학교 실천신학 교수

최근 연구들은 다양한 중독과 영성 영역이 결코 분리될 수 없으며, 영성이 중독치료에 핵심적인 부분임을 지적한다. 본서는 중독과 영성에 대한 전문가들(정신건강 의사, 임상심리사, 목회상담사, 영성지도사)의 다학문적 접근, 즉 체계론적, 임상적, 신학적, 그리고 경험적 영성 연구를 통해 중독 회복의 가능성을 제시한다. 나아가 중독 질환으로부터 회복은 전인적이며, 영성이야 말로 중독과의 결별과 해방으로 이끄는 새로운 길임을 제시해 주는 희망의 책이다.

◇ ◇ ◇ ◇ ◇ ◇

김대동 박사
한국상담목회자협회 회장, 구미교회 담임목사

지금 이 시대는 그야말로 중독의 시대라고 말할 수 있다. 일, 섹스, 놀이, 향락, 관계 등 다방면에 중독이 늘어가는 이 시대에 본서는 사람을 세우는 참으로 귀한 책이 될 것이다.

이관직 박사
총신대학교 신학대학원 목회상담학 교수

본서는 다양한 모습으로 드러나는 중독 현상을 다각도로 조명하며 이해하며 치료하는데 독자의 시각의 지평을 열어주는 책이다. 신학적인 배경이 다양한 여러 기고자들이 제공하는 통찰들을 비평적으로 잘 소화해서 적용할 수 있다면, 중독과 씨름하는 현대 한국 교회 성도들과 일반인들이 중독이 가진 신체적, 심리적, 사회적 역동성뿐만 아니라 하나님을 떠난 인간의 우상화 상태에서 살고 있음을 자각하고 회복으로 나아가는데 목회자들과 상담전문가들에게 소중한 자료들을 제공해줄 것이다.

◇ ◇ ◇ ◇ ◇ ◇

홍영택 박사
감리교신학대학교 목회상담학 교수

중독이라는 주제와 영성이라는 주제가 현재 한국 사회에서 관심의 초점이 되고 있는 상황에서 본서는 양 주제를 연결시킴으로써 우리로 하여금 한 걸음 더 앞으로 나아갈 수 있도록 돕는다. 중독의 이해와 치유에 있어서 영성의 중요성은 오랫동안 정신의학자들도 인정해왔던 바이지만, 본서는 체계적이고 다양한 관점에서 양자를 연결함으로써 중독 치료에 종사하는 사람들에게나 영성에 관심 있는 사람들에게 중요한 통찰들을 제공해준다.

조성희 박사
백석대학교 상담대학원 교수, 중독심리전문가

임상 장면에서 중독 문제를 가진 내담자들과 만나는 전문가들은 영성을 배제하고 중독 문제와 회복에 접근하기 어렵다는 것을 잘 안다. 한편 과학과 영성을 통합하기가 쉽지는 않다. 본서는 물질사용장애와 회복을 임상적 그리고 영적 관점에서 통합하는 지혜를 나누고 있어서 전문가들에게 필수 도서가 될 것이다.

◆ ◆ ◆ ◆ ◆

정연득 박사
서울여자대학교 기독교학과 교수

영성은 중독에 빠지는 데 기여할 수도 있고, 중독으로부터 해방되는 데 기여할 수도 있다. 본서에서 다뤄지는 영성과 중독에 대한 진지한 토론은 이 주제에 대한 중요한 통찰을 전해줄 것이다. 각종 중독으로 인한 개인, 가정, 사회 문제가 날로 증가하고 있는 한국의 목회(기독교)상담사와 중독상담사들에게 일독을 권한다.

홍구화 박사
합동신학대학원대학교 목회상담학 교수

중독과 영성의 관계를 체계적으로 다룬 탁월한 책인 『영성과 중독: 다학문적 접근』이 한국에 소개되어 기쁘게 생각한다. 다양한 중독 문제로 고통을 겪고 있는 당사자들과 그들의 가족, 그리고 그들을 섬기고 있는 교회 지도자들과 상담자들에게 좋은 지침서가 될 것이다. 또한 중독 문제에 관심이 있는 일반인들에게도 유익한 자원이 되어 줄 것이다.

◇ ◇ ◇ ◇ ◇ ◇ ◇

이희철 박사
서울신학대학교 목회상담학 교수

본서는 중독 치유를 위해 신앙이 얼마나 중요한지를 구체적으로 알려주고 있다. 중독 치유를 위해 꼭 필요한 지침서이다.

역자 서문

문희경 박사
백석대학교 실천신학 교수

『영성과 중독: 다학문적 접근』이라는 책의 번역 작업이 시작된 사연은 4년여 전으로 거슬러 올라간다. 역자가 활동하고 있는 상담협회와 한국의 주요 중독 전문가들이 참여하는 학회가 중독에 대한 교육프로그램을 함께 했었다. 하루 종일 며칠간 진행되는 프로그램에는 많은 상담 전문가들이 참여해서 함께 공부했다.

국내에서 내로라하는 중독 전문가들의 강의를 들으면서 중독과 관련된 상황을 이해할 수 있었고 그들의 다양한 이론과 실제를 접하면서 학문적인 도전을 많이 받을 수 있었다. 자칫 느슨해지기 쉬운 겨울방학 기간에 며칠이나마 알차고 뿌듯하게 보낼 수 있었던 좋은 경험이었다.

그런데 프로그램에서 제공되는 강의들을 들으면서, 강의를 하는 선생님들이나 동료들과 관련된 주제들을 나누는 가운데 지속되는 하나의 질문이 있었다. 그것은 프로그램을 모두 마친 후에도 지속되었다.

그 질문은 과연 중독의 문제가 다양한 심리학적 이론과 실제만으로 온전히 다뤄질 수 있는가였다. 이 질문은 하기는 쉬워도 답하기는 쉽지 않은 것이었다. 여러 가지 얘기들이 오고 가는 가운데 중독을 이해하고 치료하는 데 있어서 영성적 시각에도 관심을 가지고 접근해야 하지 않을까 라는 원론적인 동의가 이뤄졌고, 개인적으로 이와 관련해서 도움이 될 자료가 있을까 물색하다 발견한 것이 바로 이 책이다.

중독과 영성에 대해 다양한 학문적 관점에서의 통합적인 접근을 소개하고 있는 본서는 여러 전문가들의 주요 논문을 모아놓은 것이기에 그 깊이에 있어서나 내용상 일관된 체계를 갖추는 측면에서는 한계가 있다.

하지만 관련 분야의 다양한 전문가들이 중독과 영성의 주제를 다양한 시각에서 다루고 있기 때문에 폭넓게 다양한 이야기들을 접하고 배울 수 있다는 점에서 매우 강점이 있다. 또한 본서는 중요한 인간 현상에 대해 주로 심리학적으로 접근하거나 영적인 문제로 보려는 환원주의적 접근을 넘어서서 보다 통합적인 시각에서 바라볼 수 있는 하나의 좋은 시도를 제시하고 있다.

사회적으로 중독이 이미 주요 이슈로 부상한 상황에서 중독에 대해 다양한 심리학적 접근들이 활발하게 이뤄지고 있다. 그러나 목회(기독교)상담적 측면에서 중독의 주제를 다루는 자료가 상대적으로 부족한 것을 보면서 아쉬움이 컸었는데 부족하나마 번역된 본서로 적지 않은 도움이 될 것으로 기대해본다.

번역을 하는 과정에 적잖은 어려움이 있었고 시간도 지체되었지만 원만한 출판을 위해 기다리며 마무리를 위해 수고를 아끼지 않은 기독교문서선교회(CLC) 박영호 목사님과 동역자분들께 큰 감사를 드린다. 또한 부족한 작품을 위해서 바쁜 와중에도 거절하지 않고 추천의 글들을 써주신 분들께도 진심으로 감사를 드리며, 본서를 읽으며 중독과 영성의 주제에 대해 진지하게 공부할 독자들께도 감사드린다.

    유난히 무더웠던 여름을 지나 아침 저녁 서늘한 기운으로 가을을 재촉하는 이 시절, 작은 열매 하나 맺게 되니 참으로 감사한 일이다.

CONTENTS

추천사 1 (유재경 박사 | 영남신학대학교 실천신학 교수)_ 5
추천사 2 (홍인종 박사 | 한국목회상담협회 회장, 장로회신학대학교 실천신학 교수) 외_ 7
역자 서문_ 11
기고자 소개_ 16

머리말 조지 H. 갤럽_ 25
서론 올리버 J. 모건, 멀 R. 조던_ 29

제1부 맥락 설정하기

제1장 중독과 영성의 역사 올리버 J. 모건_ 37

제2부 임상적 관점들

제2장 영적 질병의 증상으로서 물질사용장애 해럴드 E. 도웨이코_ 79

제3장 중독적인 마음 치유하기 리 잼폴스키_ 114

제4장 영성에 대한 체계적 관점: 가족치료의 자원으로서 하나님과 12단계 프로그램
　　　데이비드 베렌슨_ 155

제5장 중독의학의 실제에서 영성에 대한 저항의 문화적 요소들을 극복하기
　　　데이비드 E. 스미스, 리차드 B. 시모어_ 193

제6장 여러 개의 길, 하나의 여정: 진실을 향한 한 여성의 길 샬럿 캐슬_ 218

■ **제3부 목회-임상적 그리고 회복의 관점들**

제7장 **무조건적인 내어맡김** 로버트 앨버스_ 269

제8장 **회복의 영성: 회복은 사랑하는 법을 배우는 것이다** 어니 라슨_ 301

제9장 **도박꾼들을 위한 영성: 도박 회복에서 자존감의 역설** 조셉 W. 시아로키_ 330

■ **제4부 목회자들과 영적 지도자들**

제10장 **사랑에 사로잡힌 바 되어** 린 G. 브레이크먼_ 368

제11장 **금단을 넘어 영적 통합을 향하여** 하워드 J. 그레이_ 406

제12장 **유대인의 관점으로 본 중독과 회복** 캐롤 글래스_ 440

■ **제5부 결론과 반추**

제13장 **중독과 영성: 임상적-신학적 반추** 올리버 J. 모건, 멀 R. 조던_ 466

기고자 소개

──────── 로버트 H. 앨버스(Robert H. Albers, Ph. D.) 박사

   루터 교회 목사(ELCA)이며 미네소타 세인트 폴에 있는 루터신학교의 목회신학 교수다. 그는 루터신학교의 목회돌봄 및 목회상담 박사 프로그램 책임자이다. 그는 약물의존과 관련된 다수의 위원회, 조언 프로그램들, 그리고 봉사 프로그램을 섬기고 있고 현재 미네소타 헤이즐덴에 있는 Minnesota Chemical Dependency Association과 Interfaith Network for Chemical Dependency 회원으로 있다.

   최근에 나온 저서로는 *Caring and community* (Augsburg/Fortress, 1995)와 *Shame: faith perspective* (Haworth Press, 1996)가 있다. 그는 *Journal of Ministry in Addiction and Recovery*의 편집장이다.

──────── 멀 R. 조던(Merle R. Jordan, Th.D.) 박사

   보스턴대학교 신학부에서 목회심리학과 목회신학 교수로서 오랫동안 탁월한 경력을 쌓고 있는 목회심리치료사이자 가족상담사이다. 그는 *Taking on the gods: The task of the pastoral counselor* (Abingdon, 1986)를 포함해서 목회돌봄 분야에서 여러 권의 중요한 책들을 저술했다.

———————— 데이비드 베렌슨(David Berenson, M. D.) 박사

알코올중독과 다른 중독들에 대한 가족체계적 관점을 포함하는 임상연구의 가장 초기 개척자들 가운데 한 사람이다. 그는 현재 샌프란시스코 Family Institute의 책임자이자 캘리포니아가족심리학대학원 특별 교수다. 그는 또한 *Family Dynamics of Addiction Quarterly*의 편집위원이기도 하다.

베렌슨 박사는 음주가 가족체계에서 적응적인 역할을 할 수 있다는, 오늘날 새로운 신뢰를 얻고 있는 관점을 제안했던 초기 연구자들 가운데 한 사람이었다. 수년 동안 그는 그의 *Journal of Feminist Family Therapy*의 최근 논문인 "Powerlessness—Liberating or Enslaving? Responding to the feminist critique of the Twelve Steps"를 포함해서 중독 토론에 대한 사려 깊고 주도적인 출판물들에 기고했다.

———————— 해롤드 E. 도웨이코(Harold E. Doweiko, Ed. D.) 박사

15년 이상을 약물의존 분야에서 활동했고 현재 Gundersen-Lutheran Medical Center (위스콘신 라크로스)에서 유일하게 약물남용 프로그램 전임심리학자이다. 그의 책 *Concepts of chemical dependency* (Brooks/Cole, 1996)는 전국적으로 상담사 교육 프로그램에서 약물남용 교육과정을 위한 최고의 선택이다. 이 유명한 책은 4판이 나올 예정이다. 그는 열정적인 천문학자이기도 하다.

도웨이코 박사가 기고한 "영적 질병의 증상으로서 물질사용장애"는 최근에 별세한 그의 아내 잔(Jan)에게 헌정하는 글이다.

──────────── 린 G. 브레이크먼(Lyn G. Brakeman, M.Div.) 목사

　메사추세츠 글로스터의 한 교회에서 목회하면서 목회상담사와 영적 지도자로서 섬기고 있는 성공회 사제이다. 그녀는 약물 및 알코올치료 센터인 Blue Ridge Health Services에서 6년을 보냈다. 그의 책 *Spiritual lemons: Biblical women, irreverent laughter and righteous rage* (Innisfree Press, 1997)는 널리 인정받고 있다.

──────────── 조지 H. 갤럽(George H. Gallup, Jr.)

　George H. Gallup International Institute의 회장이자 갤럽 설문조사를 후원하는 Gallup Organization, Inc.의 공동회장으로 잘 알려져 있다. 그는 다양한 공공 봉사에서도 적극적이어서 National Council on Alcoholism의 의장이자 National Organization on Disability, Recovery Institute, National Coalition for Children의 이사회 회원이다. 그는 알코올중독과 다른 약물 문제들에 대한 종교 간 행동을 주도하는 조직인 North Conway Institute Board of Directors 부의장이다.

　갤럽은 조사 연구, 종교, 그리고 건강에 대한 많은 논문을 썼다. 그가 쓴 책으로는 *Growing up scared in america* (Morehouse, 1995, with Wendy Plump), *Varieties of prayer* (Trinity, 1991, with Margaret Poloma), *The people's religion* (Macmillan, 1989, with Jim Castelli)과 *My kid on drugs?* (Standard,1981, with Art Linkletter)이 있다. 그는 뉴저지 프린스턴에 있는 All Saints' Episcopal Church에 다니고 있고 평생 축구와 오페레타에 관심을 가져왔다.

────────조셉 W. 시아로키(Joseph W. Ciarrocchi, Ph.D.) 박사

로욜라대학교(매릴랜드 콜럼비아), 목회상담학 박사과정 임상교육과 박사과정 입학의 책임자다. 그는 임상심리학 박사학위와 신학 석사학위를 소지하고 있다. 그는 미국심리학회(American Psychological Association)의 물질남용 장애치료를 위한 전문 심리학 분야에서 자격을 인정받았다. 실제 임상가이자 임상교수이고, 장애가 있는 목회자를 위한 재활프로램인 Saint Luke Institute의 임상감독이자 매릴랜드에 있는 Taylor Manor Hospital의 중독서비스의 책임자를 맡았었다.

시아로키 박사의 출판된 경험적 연구들은 물질남용, 도박장애, 그리고 하나님의 이미지에 있어서 성별 요인 분야에 있다. 그의 가장 최근 출판물에는 *The doubting disease: help for scrupulosity and religious compulsion* (Paulist, 1995)과 *A minister's handbook of mental disorders* (Paulist, 1993)가 있다.

────────하워드 J. 그레이(Howard J. Gray, S.J.)

보스턴대학(Boston College, 메사추세츠 체스트넛 힐) Center for Ignatian Spirituality 소장이다. 그는 예수회에서 지도자로서 다양하게 섬겨왔다. Jesuit Conference of East Asia와 Eastern African Province of the Jesuits에 자문을 해왔다.

그레이는 로욜라의 이냐시오영성의 전문가로서 그리고 탁월한 국제적으로 존경을 받고 있다. 그는 교회생활과 사역에 대해 폭넓게 강의하고 저술해왔다.

──────────────────────────────── 랍비 캐롤 글래스(Carol Glass)

　1984년 뉴욕의 히브리유니온칼리지에서 랍비로 성임되었다. 그녀는 가장 최근에 보스턴대학교(메사추세츠 보스턴)의 랍비이자 전속 성직자로 사역했다. 그녀는 또한 American University(워싱턴)의 Hillel 재단 책임자로 사역했다. 랍비 글래스는 Jewish Women's Resource Center of New York City의 공동설립자이고 Jewish/Intergroup relations에서 활동하고 있다. 그녀는 남편과 두 자녀와 함께 메사추세츠 뉴턴에서 살고 있다.

　중독과 영성에 대한 그녀의 관심은 1970년대 후반에 시작되었다. 그때 그녀는 미네소타 미네아폴리스의 회당에서 사역하고 있었다. 그녀는 그때부터 다양한 상황에서 그 주제에 대해 저술하고 발표했으며 오랫동안 JACS(Jewish Alcoholics, Chemically dependent persons, and Significant others)의 협력자이자 자문위원이었다.

──────────────────────────────── 어니 라슨(Earnie Larsen)

　중독 및 원치 않는 행동들로부터의 회복 분야에서 전국적으로 유명한 저자이자 강사이며 선구자이다. 그는 *Good old plastic Jesus* (1968)와 *Stage II recovery* (Harper and Row, 1985)를 포함하여 40여 권의 자조 서적과 테이프를 저술하고 제작했다. 그는 Recovery Network 자문위원이다.

　네브라스카 오마하에서 자란 라슨은 로욜라대학교(시카고)에서 종교교육 석사학위를 취득하고 미네소타대학교에서 약물의존 및 가족상담 자격을 인정받았다. 그는 오프라 윈프리 쇼와 샐리 제시 라파엘 쇼에 출연해서 회복에 대한 말씀을 전했다.

──────────리 잼폴스키(Lee Jampolsky, Ph.D.) 박사

　실제로 임상을 하고, 감독하며, 가르치는 실존주의적-인본주의적 심리치료사이다. 그는 캘리포니아에서 심리학자로서 면허를 받았다. 잼폴스키 박사는 1970년대 후반 이후 중독 치료 분야에서 활동하고 있는데, 캘리포니아 컨코드의 로즈브릿지대학원에서 평화심리학대학원의 핵심 교수이자 설립자이기도 하다. 전문가와 일반 청중들을 위한 숙달된 강사이자 저자로서 최근 저서로 *The art of trust: healing your heart and opening your mind* (Celestial Arts, 1994)와 *Healing the addictive mind: Freeing yourself from addictive patterns and relationships* (Celestial Arts, 1991)이 있다. 그는 G. G. Jampolsky와 함께 *Listen to me: A book for men and women about father and son relationships* (Celestial Arts, 1996)를 저술하였다.

──────────리차드 시모어(Richard B. Seymour, M.A.)

　Haight Ashbury Free Clinics(25년 이상 근무해왔던)의 정보 및 교육 책임자이고 Haight Ashbury Publications의 책임자이자, Journal of Psychoactive Drugs의 편집장, International Addictions Infoline의 편집장이다. 그는 약물치료와 회복의 주제에 대한 10여권의 책들과 50여건의 논문을 저술했다.

──────────────────올리버 모건(Oliver J. Morgan, Ph.D.) 박사

스크랜튼대학교(펜실베니아 스크랜튼)의 상담 및 인적 서비스 분야의 교수이다. 그는 현재 그 학부의 학부장이고 그 대학교의 신학부에서 정기적으로 목회신학 강의를 하고 있다.

모건 박사는 국가 인증 상담사이자 심리치료 전문가이다. 그는 *Journal of Ministry in Addiction and Recovery* 편집인이기도 하다. 그는 보스턴대학교 신학부와 웨스튼예수회신학교에서 방문교수로 안식년을 보냈다(1997). 그는 *Alcoholism Treatment Quarterly*, *Journal of Addictions and Offender Counseling*, 그리고 *Journal of Ministry in Addiction and Recovery*에 중독 분야의 수많은 학술 논문들을 게재했다.

──────────────────데이비드 E. 스미스(David E. Smith, M. D.) 박사

Haight Ashbury Free Clinics의 설립자이자 원장이자 의학 책임자이고, MPI Treatment Services, Summit Medical Center의 연구 책임자이며, 샌프란시스코 캘리포니아대학교에서 산업 보건 및 임상 중독학의 임상 교수이다.

스미스 박사는 중독의학 분야의 개척자로서 American Society of Addiction Medicine (ASAM) 회장이자 American Medical Association(AMA) 부대표이다. 그는 [Drugfree: A unique, positive approach to staying off alcohol and other drugs] (Facts on File Publications, 1987)를 포함하여 중독, 치료, 회복, 그리고 관련 분야에 대한 수많은 책들과 논문들을 저술했다.

──────────샬럿 캐슬 박사(Charlotte Kasl, Ph.D.) 박사

개인상담을 하고 있는 심리학자이자 중독 전문가이다. 그녀는 중독 치유에 대한 전인적인 접근을 도입하기 위해서 수많은 치료 프로그램들을 상담해주었다. 그는 중독과 영성에 대한 토론에 문화적 관점을 가져왔고 전통적인 심리치료를 넘어서는 수많은 치유법들로 작업해왔다. Women's Recovery Network 자문위원회에서 활동해왔고 현재 Women's Action Alliance for Alcohol and Drug Education과 Save OurSelves(SOS, 일반 절제모임) 이사다.

캐슬 박사는 *Women, sex, and addiction: a search for love and power* (Ticknor and Fiels, 1989)와 *Many roads, one Journey: moving beyond the twelve steps* (HarperCollins, 1992) 저자이다. 그녀의 가장 최근 출판물은 *A home for the heart: Creating intimacy and community with loved ones, neighbors and friends* (HarperCollins, 1997)이다.

Addiction and Spirituality
A Multidisciplinary Approach

머리말

조지 H. 갤럽(George H. Gallup, Jr.)

알코올 문제가 지속적으로 우리 사회를 황폐케 하고 있는 상황에서 알코올중독과 알코올남용을 예방하고 치료할 수 있는 가장 효과적인 방법들 가운데 하나인 영성적 방법이 오랫동안 경시되거나 무시되어 왔기 때문에『영성과 중독: 다학문적 접근』은 돌파구와 같은 책이고, 매우 시의 적절한 책이다.

여전히 전문가들은 중독성 질환을 이해하고 치료함에 있어서 영적인 경험의 역할을 신뢰하지 않거나 무시하고 있지만, 조사와 다른 증거는 영성이 대중적인 예방과 치료에 있어서 핵심 요소임을 보여준다.

현재 영적 차원의 의미와 기능에 대한 합의는 없지만, 치료자들(정신건강의학과 의사, 심리학자, 사회사업가, 중독전문가, 목회상담사 등등)에 의해 쓰인 본서는 영적 차원이 가진 중요하고도 새로운 면을 분명히 해준다. 영성이 하나의 스펙트럼을 뛰어넘어(마음에서 물질을 넘어 내면의 자기, 직접적으로 혹은 간접적으로 개입하는 외부의 하나님에 이르기까지) 연구되었다.

초자연적인 것을 요청하는 것이 미국 사람들에게는 분명히 드문 현상이 아니다. 85%는 심지어 오늘날에도 하나님이나 위대하신 힘이 기적을 행한다고 믿는다. 단지 11%만이 하나님이 그들의 삶에 관여하지 않는다고 믿는다. 그리고 41%는 기적적인 것이라고 할 수 있는 어떤 것(신체적 혹은 정서적 치유, 깨어진 관계의 치유, 훌륭한 용서 행위)을 경험했다고 말한다.

우리 사회에서 알코올남용과 알코올중독의 영향에 대한 조사들과 다른 출처들을 통해서 중독과 영성의 관계에 대해 진지하고 긴급하게 주의를 기울여야 한다는 것이 분명히 드러났다.

어떤 의미에서, 미국에는 범죄의 문제가 있는 것이 아니다. 미국에는 건강의 문제가 있는 것이 아니다. 미국에는 아동 학대와 결혼 파탄의 문제가 있는 것이 아니다. 미국에는 알코올의 문제가 있다. 오늘날 미국에서 실제로 모든 주요 사회적 질환을 관통하는 공통된 주제는 알코올과 다른 약물들의 남용이다. 살인과 불법, 고속도로 사망, 자살, 사고사와 불의, 입원, 학업부진과 중퇴, 직장 결근, 아동 및 배우자 학대, 낮은 자존감, 그리고 우울증. 목록은 끝이 없다.

음주가 자신들의 가정에서 문제의 원인이 되었음을 인정하는 미국인들의 비율은 거의 반세기 동안 최고점에 이르러 1950년도에 기록된 수치의 두 배인 30%가 되었다.

알코올 남용은 단지 사회적 문제가 아니라 도덕적이고 영적인 문제이기도 하다. 종교적 신앙은 회복뿐만 아니라 예방에서도 중요한 역할을 할 수 있다. 종교는 젊은이들에게 알코올과 다른 약물중독을 방지하기 위해서 그들에게 가장 필요한 것을 제시한다. 그것은 '아니오'라고 말할 수 있는 이유이다.

특히 10대 청소년들의 음주와 알코올남용에 대한 통계는 걱정스럽다. 젊은이들은 알코올 (그리고 다른 약물들)로 인해서 어려움을 겪고 있고 도움을 호소하고 있다. 우리는 그들의 요청을 무시해서는 안 된다. 알코올과 다른 약물 남용과 같은 위험한 행동에 사로잡혀있는 젊은이들은 더욱더 복잡해지고 경쟁적으로 변해가는 세상에서 생존과 성공을 위해서 요구되는 수준의 교육을 받지 못하는 것 같다. 그리고 학교생활의 실패는 너무 자주 범죄, 실업, 혹은 복지의존의 만성적인 생활로 이어진다.

다양한 분야의 전문가들의 예리한 글들로 이뤄진 본서는 바라건대 중독 연구 분야에서 새로운 모험적 시도를 촉진할 것이다. 전문가들의 이러한 대화는 중독에 대한 매우 중요하고 삶을 변화시키는 접근 방법으로 이어질 수 있다. 그리고 각 저자는 전문가들이 다양한 분야를 넘어서서 서로 긴밀하게 작업할 필요가 있음을 강조한다.

전문가들과 일반 대중 모두가 본서를 받아들일 수 있을 것이다. 왜냐하면, 본서는 다양한 종류의 중독과 씨름하는 많은 사람들에게 공감을 불러일으킬 것이기 때문만이 아니라, 확실히 영적인 문제들에 대한 일반적인 관심이 고조되고 있기 때문이기도 하다. 자신의 삶 속에서 영적인 성장을 경험하고 싶다고 말하는 사람들의 비율은 1994년 58%에서 오늘날 82%로 뛰어올랐다. "신앙의 요인"과 건강 및 삶의 다른 영역에 대한 관계에 새로운 관심이 많이 요구되고 있다.

우리는 외부 세계가 아니라 내면 세계에 대한 새로운 발견의 시대로 진입하고 있는 것으로 보인다. 외부 세계, 쾌락주의와 물질만능주의에 대한 무모한 추구, 그리고 서로에 대한 냉담한 무관심에 실망한 많은 사람들이 삶을 이해하고 다루는 방식으로 그들 자신의 내면에 관심을 가지거나 하나님을 바라보게 되었다. 모든 사회의 사람들에게 마음, 신체, 그리고 영혼의 치유에 대한 강렬한 갈망이 있음을 보여주는 분명한 징조들이 있다.

『중독과 영성: 다학문적 접근』은 심각하게 간과되었던 영성의 영역과 중독의 관계를 과감하게 다룬 매우 중요한 책이다. 내가 믿기로는 본서가 약물중독자들뿐만 아니라 인간으로서 다른 중독(명예, 쾌락, 물질만능주의 등)에 사로잡혀있는 사람들에게 깊은 수준에서 흥미를 끌 것이다. 여기에서도 영성은 해방과 새로운 희망으로 가는 길이 될 수 있다.

서론

올리버 J. 모건
멀 R. 조던

　본서는 경험에 근거하고 있다. 각 저자들(정신건강의학과 의사, 심리학자, 목회상담사, 회복상담사, 목회자, 영적 지도자)은 자신의 분야에서 존경받는 임상가이자 학자이다. 이들은 중독자 치료에 있어서 상당한 경험이 있기 때문에 기고자로 선정되었다. 이들은 중독의 발달과 회복의 역동에서 영적인 경험의 역할을 탐구하는 데 관심을 나타냈다.
　독자들이 보게 되겠지만, 어떤 이에게, 이러한 관심은 저자 자신의 성장과 개인적인 발달의 일부분으로서 발전하였다. 어떤 이에게, 영성에 대한 관심은 중독자들과 중독자와의 관계로 인해서 영향을 받은 사람들을 치료하는 과정에서 생겨났다. 그러나 본서의 모든 저자들은 중독적인 질환의 이해와 치료에 있어서 필수적인 요소인 영적인 경험을 탐구하고 활용하는 일에 최선을 다하고 있다.

본서는 영성과 중독을 다루는 최근의 대화에 기여하고 싶은 편집자의 소망으로부터 나왔다. 물질중독(알코올과 그 외 약물들)과 과정중독(예를 들면, 도박과 성)이 현대 미국 사회에서 만연되고 파괴적인 현상이라는 사실은 독자들에게 그리 놀라운 것으로 다가오지 않을 것이다. 우리는 중독성 질환과 남용이 개인과 가족에게 엄청난 영향을 미치고 있음을 매일 목도한다.

우리는 학교, 직장, 교회에서의 중독의 영향에 대한 매체의 보고서들에 영향을 받고 있다. 그리고 우리는 우리나라의 문화와 특성에 미치는 영향에 대해 염려하고 있다. 그 누구도 염려하지 않을 수 없고 영향을 받지 않는 사람은 거의 없다.

중독성 질환을 이해하고 치료하기 위한 최근의 모델들은 이러한 도전에 맞서는 데 있어서 강력한 도구들이다. 중독 연구 분야는 그 분야를 이끌고 있는 생물의학, 신경과학, 인지과학 공동체로부터 나온 통찰들로 인해서 최근 몇 년 동안 엄청나게 성장했다. 중독 문제에 대한 통합적인 생물심리사회적(biopsychosocial) 접근은 중요한 통찰들을 부각시켰다. 현대의 중독 전문가들은 이제 예방과 치료를 위해 동원될 수 있는 풍성한 지식을 마음껏 활용하고 있다. 그러나 문제는 계속되며 커지고 있다.

최근 몇 년 사이에 비로소 일부 전문가들은 무엇이 누락되고 있지는 않은지 질문하기 시작했다. 중독 모델들에서 누락된 중요 변수로서 영성에 대한 새로운 관심이 점점 더 나타나고 있다. 이러한 영적 요소에 대한 과학적 관심은 국립알코올중독 및 알코올남용연구소(NIAAA)와 국립건강관리연구소(NIHR)에 의해 표현되었다. 중독과 회복과 관련하여 영적인 차원의 (잠재적) 역할을 이해하려고 하는 노력에 대한 관심이 커지고 있다.

회복 중인 사람들뿐만 아니라 익명의 알코올중독자모임(Alcoholics

Anonymous)과 다른 12단계 프로그램들은 치유와 지속적인 금주에서의 영적인 요소의 힘에 대해 증언해준다. 이론적인 구조와 치료 모델을 초월해서 임상가들과 연구자들은 이러한 증언으로부터 배울 수 있는 어떤 것이 있다고 생각하고 계속해서 이해하기 위한 방법을 모색하고 있다.

그러나 이러한 영적인 측면의 의미나 기능에 대한 최근의 합의는 없는 상황이다. 그것은 규정하기 어렵고 설명하기 곤란하다. 몇몇 출판물이 그 주제를 다루려고 하지만, 그것들은 흔히 진지한 중독전문가들의 관심을 끌기에는 너무 '약한' 것으로 이해된다.

우리는 중독자 치료에 해박한 경험이 있는 임상 전문가들과 목회임상 전문가들의 반성적인 글을 한 권의 책으로 묶어냈다. 우리는 중독과 회복에 있어서 그들의 경험과 영성에 대한 이해를 직접적으로 다뤄줄 수 있을 것으로 공인된 다양한 저자들을 초대하였다. 본서의 목적은 이러한 중요한 현상에 대해 다양한 관련 학문의 전문가들 사이에서 이뤄진 '대화'를 일부 제시하는 것이다.

각 기고자는 다음과 같은 내용을 제출하도록 요청받았다.

(1) 자신이 중독자를 치료하는 자신의 기본적인 '접근법'
(2) '영적인' 차원이 치료와 회복에서 어떻게 작용하는가에 대해서 뿐만 아니라 그것에 대한 자신의 이해와 질문들
(3) 이 분야에서 지속적인 연구가 어떻게 진행될 수 있는지에 대한 어떤 제안들

기고자들은 설명을 위해서 간략한 사례나 다른 구체적인 사례들을 포함시키도록 요청을 받았다.

제1장에서는 중독 연구 분야의 간략한 역사를 제시함으로써 본서의

맥락을 세우고 그 역사 속에서 영성과 종교에 관한 우리의 최근 이해의 상황을 제시한다.

제2부에는 중독 분야에서 공인된 임상 전문가들이 제출한 5장이 포함된다. 해럴드 도웨이코(Harold Doweiko, 제2장)는 남용과 중독을 인간의 조건의 일부인 "신성한 불만"(divine discontent)에 뿌리를 둔 "인간 영혼의 장애"의 표현으로 본다. 리 잼폴스키(Lee Jampolsky, 제3장)는 이러한 통찰에 기초하여 그 '장애'를 자기 밖의 물질이나 경험에서 행복을 추구하는 것으로 분석한다. 그 과정에서 그는 "중독적인 사고체계"에 관하여 인지심리학에서 얻은 중요한 통찰들을 설명하고 인간의 삶에 필수적인 "사랑에 대해 깨어있기"(awakening to love)에 기초한 효과적인 치료 방법을 제시한다.

데이비드 베렌슨(David Berenson)의 제4장은 "영성에 대한 체계적인 견해"에 대한 그의 고전적인 논문을 전재한 것인데, 여기에서 그는 개인 및 가족 치유에 있어서 강력한 자원들인 영성적 역동과 관계적인 '사이'(between)에 초점을 맞추는 것의 중요성에 대한 관심을 촉구한다.

헤이트 애쉬베리 클리닉(Haight Ashbury Free Clinics)의 동료인 데이비드 스미스(David Smith)와 리처드 시모어(Richard Seymour)의 제5장에서는 영성과 회복을 문화적 맥락에서 이해하는 것이 중요함을 말하고 치료기관과 지역 교회의 협력 모델을 제시한다. 그들의 클리닉과 한 지역 교회와의 협력에 대한 설명은 중독 치료에서의 문화적 민감성에 대한 사례 연구이다.

샬럿 캐슬(Charlotte Kasl, 제6장)의 감동적인 자전적 글은 그녀 자신의 개인적인 역량 강화로의 여행과 회복의 영적 자원으로서 이러한 여성주의적 주제에 대한 그녀의 이해를 보여준다. 12단계 지지자들과 다른 이들 모두 여기에서 도전을 발견하게 될 것이다.

제3부에는 목회임상 전문가와 회복 전문가의 세 편의 글이 있다. 로버트 앨버스(Robert Albers)의 제7장에서는 중독에 대한 신학적이고 성경적인 성찰을 제시하는데, 이 글은 중독자들과 다른 이들에 대한 그의 임상 작업에 깊이 뿌리를 두고 있다. 중독성 질환에 대한 '사정'에 관심이 있는 독자들은 그의 생각이 그들의 최근 생각에 중요한 것을 추가하고 있음을 발견하게 될 것이다.

회복 과정에 내재하는 주제들을 다룰 필요성에 대한 어니 라슨(Earnie Larsen, 제8장)은 단기 및 장기적인 회복 과정에서 생겨나는 영적인 도전들을 상기시켜준다. 조셉 시아로키(Joseph Ciarrocchi, 제9장)는 다학문적 '대화'에 추가된 중요한 글이다. 그는 도박에 대한 사례 연구를 통해서 "과정 중독"의 주제를 다루면서 회복 중인 도박꾼들의 필요들을 해결해 줌에 있어서 영적인 성찰과 치료의 필요성을 강조한다.

제4부에서는 목회자들 및 영적 지도자들과 중독 전문가들과의 대화를 다룬다. 이 세 장에서는 중독성 질환에 대한 우리의 생각에 성경적인 성찰들을 더해주고 다른 학문들과의 협력을 위한 새롭고 창조적인 어떤 접근들을 제공해준다. 목회자인 린 브레이크만(Lyn Brakeman, 제10장)은 중독성 질환에 대한 이야기인 신약성경의 거라사 광인에 관한 본문에 대해 집중적인 묵상을 제시하고, 교회 공동체가 회복 중인 사람들과 협력할 수 있는 방법들을 제안한다.

하워드 그레이(Howard Gray, S.J., 제11장)는 성경의 몇몇 본문들을 성중독의 복합적인 사례에 비추어 검토하고 중독자들의 필요들을 해결함에 있어서 상담사와 영적 지도자의 협력적인 작업의 중요성을 제안한다. 제12장에서 캐롤 글래스(Carol Glass)는 12단계의 '신학'과 유대교의 종교적 자원들의 유사성을 검토하고, JACS(Jewish Alcoholics, Chemically dependent persons, and Significant others) 조직의 중요성에 대해 회복 집단 참여를 보완해 주는 것으로 설명한다.

편집자의 마지막 장(제13장)에서는 앞의 장들에서 제기된 공통의 주제들을 제시하고 중독과 회복의 "임상신학"을 구성하기 위해 고려해야 하는 몇 가지 중요한 점을 제안하였다.

여기에서 몇 가지 전반적인 편집자의 의견을 말해야 할 것 같다. 본서의 모든 저자들은 익명의 알코올중독자모임(Alcoholics Anonymous)과 12단계 프로그램을 경험했다. 이것이 자연스러운 것은 12단계 모임과 프로그램이 보다 넓은 회복운동 가운데 가장 오래되고 널리 영향을 미치고 있기 때문이다. 그러나 많은 저자들은 중독성 질환을 이해하는 데 다른 회복 집단(예를 들면, Rational Recovery, Secular Organizations for Sobriety)의 경험도 가져온다.

우리는 본서에서 제공하는 통찰력의 많은 부분이 진정한 구도자의 치유와 회복을 촉진할 수 있다고 믿는다. 다양한 배경을 가진 독자들(중독 과학자, 치료 전문가, 목회자, 학생, 어떤 전통에서든지 회복 중인 사람, 영성을 배우려는 사람)이 본서에서 유익을 얻는 것이 우리의 소망이다.

우리는 처음부터 끝까지 다양성과 여성의 주제에 대한 민감성을 유지하려고 노력했다. 중독이 여성, 소수자, 유색인, 장애인, 게이 및 레즈비언, 빈자를 포함하는 모든 부류의 사람들에게 영향을 미치고 있다는 점이 이전의 그 어느 때보다 오늘날 더욱 명확하다.

본서는 그들 모두를 다루는 것을 의도한다. 특히, 때때로 다소 어색할 때도 있었지만 우리는 포괄적인 언어의 초점을 유지하는 데 일관성을 기하려고 노력했다. 우리는 정의와 진실을 위해서 포괄적인 입장을 유지해야 할 필요성을 고려하여 독자들이 양해해 주실 것을 소망한다.

본서가 완성되는 데 3년의 세월이 걸렸다. 우리는 먼저, 기꺼이 자신의 경험과 통찰을 나누어준 저자들의 성실함에 대해 기고자들에게 감사를 드린다. 이 프로젝트에 대한 그들의 열정과 편집과정에서 여러 번 원고를 수정해줬던 그들의 집요함이 마침내 본서를 더 좋게 만드는 데 도움이 되었다. 최종적인 결과물이 만족스럽기를 기대한다.

훌륭한 머리글을 써준 조지 갤럽 주니어의 너그러움에 감사드린다. 찰리스(Chalice)출판사의 존 버키스트 박사는 시작부터 이 프로젝트에 대해 신뢰해주었다. 그의 격려와 지속적인 배려에 대해서 감사함을 전하지 않을 수 없다. 스크랜튼대학교의 데비 존스, 릭 배로우, 크리스 스틸, 엘렌 그리븐은 출판의 여러 단계에서 소중한 기술적 지원으로 도움을 주었다.

마지막으로, 스크랜튼대학교, 보스턴대학교 신학부, 웨스턴예수회신학교는 안식년 지원을 통해서 우리의 작업을 가능하게 해주었다. 보스턴대학교의 대니얼슨연구소는 각 장의 기고자들이 중독, 회복, 그리고 영성의 주제들에 대해 관심이 있는 많은 신학자들과 함께 대화할 수 있도록 1998년 5월에 컨퍼런스를 후원해 주었다. 모든 분들께 진심으로 감사드린다.

제1부

맥락 설정하기

제1장 중독과 영성의 역사
올리버 J. 모건

제1장

중독과 영성의 역사

올리버 J. 모건(Oliver J. Morgan)

> 역사적으로 보면 향정신성 약물의 사용은 영성과 얽혀 있었다. 약물 사용과 문제들에 대한 사회적 견해들은 흔히 영적/종교적 관점에 뿌리를 두고 있었다. 사실, 전통적으로 약물 사용에 대해 침묵하거나 중립적이었던 종교는 거의 없다…이런 긴밀한 관계를 감안할 때, 알코올/약물 영역에서 영성이 직접적인 과학적 연구의 주제가 거의 되지 않았다는 것은 놀라운 일이다…
> 영성과 중독을 연구하는 연구자들 간의 개방적이고 정직한 대화가 필요하다. 사실, 소통은…연구자들이 의혹과 고정관념을 무너뜨리고, 연구 프로젝트에 대한 협력을 촉진하고, 새로운 과학자들을 이 영역에 끌어들이는 데 매우 중요하다(국립보건연구소[NIHR], 1997, pp. 69, 79).

현대의 중독 연구는 1930년대에 시작되었는데, 그때는 많은 사건들과 문화적 흐름들이 합류하면서 알코올중독과 다른 중독에 대한 기본적인 사회적 입장을 형성했던 시기였다(Johnson, 1973; Keller, 1975; Kurtz, 1979). (70년이 넘은) 이러한 입장은 중독과학의 태동을 촉발하였고, 그 이후의 연구를 이끌어왔다. 그 이야기는 매혹적인 것이다.

상대적으로 오래 되지 않은 중독 연구 분야에서는 이해의 학문과 치료 및 치유의 기술이 결합되고 있다. 이 분야에는 그것 자체의 선구적인 인물들, 전문화된 영역, 발단 단계와 새로운 주제들이 있는데, 중독과 회복에 있어서 영성의 본질과 역할도 그 가운데 하나이다.

본장에서 이 분야에 대한 완전하고 포괄적인 역사나 방대한 문헌에 대한 완전한 개관은 제공할 수는 없다. 그러나 여기에서는 중독 연구의 발달사와 중독과 회복에서의 '영성적' 요소에 대한 연구가 계속 필요한지 살펴볼 것이다.[1]

이러한 방식으로 본장에서는 중독과 영성의 관계를 탐구하기 위한 하나의 맥락을 제공할 것이다. 관심있는 독자를 위해서 각주와 참고문헌에서 학문 연구, 상호협력, 그리고 대중적인 자료의 토대도 제시할 것이다.

1. 중독 연구에 대한 간략한 개관

제1차 세계대전 이전에, 만성적인 알코올중독과 약물중독은 대개 죄, 도덕적 나약함, 혹은 인격적 결함이라는 도덕적 렌즈를 통해서 이해되었고, 비난, 죄책감, 수치심, 그리고 추방에 부닥쳤다(Stevens-Smith and Smith, 1998). 알코올중독자들과 중독자들은 사회적으로 따돌림 받았고,

---

[1] 유럽과 다른 곳에서의 중독 연구가 유사한 역사를 가지고 있음에도 불구하고 본장의 초점은 미국에서의 발달에 주어질 것이다.

경멸과 악의에 찬 유머의 대상이었다. 미국 문화에서 널리 퍼진 그런 태도로 인해서 금주법으로 귀결되었던 종교적 도덕주의와 절제의 태도가 거세졌다(Johnson, 1973; Kurtz, 1979; Mercadante, 1996).

브루스 존슨(Bruce Johnson)은 제1차 세계대전 이후에 이런 태도에 점진적인 변화가 생겨났다고 한다. 미국 사회에서 금주가들과 술꾼들의 숫자에 있어서 엄청난 변화가 생기면서 미국 문화에서 알코올중독과 중독에 대한 전통적인 도덕주의적 개념들을 재평가하려는 일종의 문화적인 '준비'가 이뤄졌다(Heath, 1989a; Jellinek, 1947; Johnson, 1973). 사람들이 생리학적이거나 심리학적인 일탈의 개념을 중독자의 내면 구조의 일부분으로서 더 많이 받아들이게 되면서 점점 문화가 대안적 관점에 대해 수용적이게 되었다(Johnson, 1973).

중독에 대한 이러한 "도덕과 관계없는" 관점은 다음과 같은 요인들에 의해 나타나게 되었다(Kurtz, 1979; Johnson, 1973; Mercadante, 1996; Morgan, 1998).

(1) 동기에 대한 정신분석 및 심리학 이론들이 점점 더 우세해짐
(2) 의학 및 생리학 분야에서 선구적인 학자들과 새로운 발견들의 영향들
(3) 새롭게 형성된 익명의 알코올중독자모임의 명백한 성공
(4) 그 당시의 수많은 종교 지도자들, 그들의 교단, 그리고 다양한 형태의 틀에 박히지 않은 종교 및 치유 운동의 지원과 협력을 포함하여 수많은 요인들

이러한 새로운 관점은 잡지, 영화, 책, 정기 간행물, 학술적인 대화를 통해서 전국적으로 퍼져나갔다. 이 모든 것으로 인해 상습적인 음주와 약물중독이 개인이 거의 통제할 수 없는 생리학적이거나 다른 요인들에

의해 야기될 수 있다는 생각이 더 그럴듯하게 받아들여지게 되었다(Johnson, 1973). 이러한 변화로 인해 1930년대, 1940년대, 1950년대에 만성적인 음주와 약물중독이 도덕적인 타락이나 비극적인 성격적 결함 이외의 다른 것으로 볼 수 있는 단계를 맞이하게 되었다.

1934년 금주법의 폐지에 따라서 병원들은 비록 처음에는 서서히였지만 '술꾼들'에 대한 돌봄에 문을 열기 시작했다. 대부분의 정신건강의학과 의사 등은 여전히 '술꾼들'을 치료하기를 꺼려했지만, 몇몇 사람들은 이 분야를 전문화하였다. 치료에서의 변화는 연구에 대한 관심으로 이어졌고, 몇몇 탁월한 의사들과 생리학자들은 물질 사용과 그 결과의 다양한 측면에 대한 연구를 시작했다.

1935년과 1940년 사이에 일어난 일련의 사건들은 이런 과정들로 이어졌다.

(1) 도덕적 관점보다는 의학적-과학적 관점에서 알코올과 그 영향에 대해 포괄적으로 검토한 논문들의 출판
(2) 옐리네크(E. M. Jellinek)와 마크 켈러(Mark Keller)를 포함하는 많은 연구자들의 협력
(3) 「알코올연구저널」(*Quarterly Journal of Studies on Alcohol*)의 발간
(4) 예일알코올연구센터의 출범

그 당시의 많은 연구자들은 원인, 치료 및 정책에 대한 다양한 견해에도 불구하고 '음주벽'(inebriety)이 도덕적인 문제가 아니라 의학적인 문제로서 연구되고 인식되어야만 한다는 공통된 확신을 공유하였다(Johnson, 1973; Keller, 1975).

1940년 1월에 알코올문제연구심의회(Research Council on Problems of

Alcohol)와 그 기관의 과학위원회(Scientific Committee)는 '알코올중독자'를 "자신의 음주를 통제할 수 없거나 하지 않을 것이고, 그래서 철저하고 체계적인 치료를 필요로 하는 사람"으로 규정하는 성명을 채택하였다. 계속해서 그 위원들은 '알코올중독'을 일종의 '질병'으로 규정하였다(Johnson, 1973, 242-243).

'질병'이라는 용어를 사용한 것은 그 이후 알코올과 다른 약물 연구에 대한 공적이고 전문적인 태도에 지대한 영향을 미쳤다. 시간이 지남에 따라, "질병 모델"은 중독 연구에서 주요 패러다임이 되었고, 1951년 세계보건기구(WHO), 1956년 미국의사협회, 1965년 미국정신건강의학협회, 1969년 미국내과의사협회를 통해서 과학적 지지를 받았다(Gitlow, 1973; Nace, 1987).[2]

정의와 태도에서의 이러한 변화와 더불어 중독에 대한 연구와 이해가 점차 발전하게 되었다. 중독 연구에서 역사적인 단계들과 주제들의 발달은 다음과 같이 간략하게 스케치 될 수 있다.

---

[2] Levine(1978)은 1930년대가 중독의 질병 모델을 '재발견'한 시기라고 주장한다. 그는 일부 금주모임에서 이 모델의 영향에 대한 일관성 있는 사례를 제시하였다. 그럼에도 불구하고, 금주법에 대한 미국의 경험과 환멸은 새로운 패러다임 및 중독 연구의 시작을 위한 단계가 되었다.
중독에 대한 다양한 '모델'에 대한 수 많은 역사적, 이론적 토론들이 있다. 관심이 있는 독자는 이 연구 분야에 대한 탐구를 시작하는 방법으로 다음 자료의 참고문헌을 참고하라. Drew(1986); Keller(1990); Seigler, Osmond & Newell(1968).
미국의 주요 교단들이 중독에 대한 "질병 모델"을 채택하고 있는 것에 대해서는 Johnson(1973)과 Morgan(1998)이 광범위하게 다루었다.

1) 1단계: 단기간의 협력과 과학적인 발전들

1940년 10월 연구심의회의 세 번째 연례회의에 모인 과학자들과 의사들과 함께 해리 티이보(Harry Tiebout) 박사가 새로운 위원으로 참석하였다. 익명의 알코올중독자모임(AA)의 창시자들 가운데서 윌리엄 윌슨(William Wilson)과 마티 만(Marty Mann)이 청중으로 참여하였다.

이 세 사람은 질병으로서의 알코올중독에 대해 최소한 부분적이나마 문화적으로 수용하는 것이 확장되는 데 있어서 점차 중요해졌다. 동시에 알코올 연구 센터는 연구, 치료, 공적 교육 및 알코올중독과 중독에 대한 출판을 위한 주요 현장이 되고 있었다(Johnson, 1973; Keller, 1975).

중독 연구라는 이러한 새로운 분야에서의 또 다른 영향력 있는 노력은 1943년 제1회 예일알코올연구여름학교로 시작되었다(Johnson, 1973). 상호 학문적이고 초교파적인 노력으로 시작된 제1회 여름학교는 80명의 전문가들(의사, 사회사업가, 교사, 변호사, 목회자)이 참석하였고 주간지인 「뉴스위크」(*Newsweek*)와 「콜리어스」(*Collier's*)에 보도되었다. 그것은 중독에 대한 기본적인 전문적, 공적 입장에 대해 중요한 영향을 미쳤다.

중독 연구의 가장 초기부터, 선구자들은 그들 자신을 효과적인 치료, 교육 및 예방으로 이어질 수 있는 연구와 이해라는 협력적이고, 상호 학문적이며, 다양한 전문가들이 함께하고, 심지어 '에큐메니칼적인' 기획에 참여하고 있는 것으로 보았다(Keller, 1975). 이러한 초기의 협력에서 목회자와 교회들이 적극적인 역할을 했던 것은 중요한 사실이다(Johnson, 1973; Kurtz, 1979; Morgan, 1998을 보라).

중독 연구의 첫 번째 단계는 연구심의회와 예일센터가 발족되고 알코올중독과 약물중독을 의학과 관련된 질병으로 더 많이 인식하게 되면서 시작되었다. 이 시기는 1930년대부터 1950년대를 넘어서까지 지속된다. 이 시기에 이해의 여러 진전이 이루어졌는데 오늘날에도 여전히 중요한 것들이다.

예를 들어, 생물학과 생리학에서 입양과 '쌍둥이' 연구(Anthenelli and Schuckit, 1992; Goodwin, 1985; Goodwin et al., 1973)뿐만 아니라 다세대 연구(Schuckit, 1983, 1989)를 사용하는 알코올중독 및 중독의 유전적 특성들에 대한 연구, 그리고 음주 패턴(Jellinek, 1960)이나 유전적인 취약성(Cloninger, 1987; Goodwin, 1988)으로 중독자들을 '유형화'하는 연구는 지금까지도 많이 인용된다.

"도파민 가설"과 그것의 추가적인 개정들(DiChiara, G. and Imperato, A., 1988)처럼 중독과 관련된 뇌의 경로와 신경화학 물질에 대한 이해에 있어서의 진보(Blum, 1991; Sunderwirth, 1985)로 인해서 중독과학은 더욱 견실해지게 되었다. 중독의 화학적 작용에 대한 연구(Milkman and Sunderwirth, 1987)와 "선택 약물" 현상에 대한 연구(Milkman and Frosch, 1977)는 이러한 과학적 연구의 중요성을 보여준다.

심리학에서, 잠재적으로 중독에 빠지기 쉽게 하는, 자기의 다양한 '취약성'에 대한 연구(Khantzian, 1986; Khantzian et al., 1990; Khantzian & Mack, 1989; Mack, 1981), 성공적인 회복으로 이어질 수 있는 "변화의 단계들"에 대한 연구(Prochaska, DiClemente, and Norcross, 1992, 1994), 그리고 회복의 변화를 유지하기 위한 "재발 방지" 전략들의 개발 (Gorski, 1986; Marlatt and Gordon, 1980)도 역시 중요한 기여를 하고 있다.

죠지 베일런트(George Vaillant, 1983, 1995), 아놀드 루드비히(Arnold Ludwig, 1988, 1985), 그리고 드와이트 히드(Dwight Heath, 1990, 1989a & b, 1986)에 의해 각각 대표되는 역학[3], 인지과학, 사회문화 연구 영역에서

---

3 疫學, epidemiology, 질병 분포와 이 분포를 좌우하는 요소에 대해 주로 통계학을 이용해서 연구하는 의학의 한 분야-역주.

도 중독 연구의 지식적인 토대가 발전하게 되었다. 위에서 개관된 많은 요소들을 일관된 연구 패러다임으로 포괄하는, 중독에 대한 광범위한 생물사회심리 이론이 형성되고 수용됨으로써 중요한 진전을 이루게 되었다(Morgan, 1992; Zinberg and Bean, 1981).

치유의 영역에서, 전인적인 돌봄, 개인적인 존엄성, 영적 성장에 맞도록 고안된, 포괄적이고 다학문적인 프로그램인 미네소타 모델이 개발되면서 알코올중독자들과 중독자들을 돕는 과정에, 발전 중인 과학적이고 임상적인 지식을 적용할 수 있게 되었다.

1940년대에 시작된 이 접근 방식은 의사, 상담사, 익명의 알코올중독자모임 관계자들, 그리고 중독 질환의 치유를 지향하는 다른 사람들을 포함하는 협력적인 노력을 강조한다. 오늘날 많은 중독치료센터들이 이 모델에 그 뿌리를 두고 있다(Cook, 1988a & b; Spicer, 1993).

이러한 분야들은 모두 과학적인 관심을 필요로 하는 '질병' 혹은 '행동장애'로서의 중독에 대한 관심으로 나아갔던 초기의 상호 학문적인 움직임으로부터 시작되었다. 이러한 발전들은 치료와 회복 영역에서 환자들에게 중요한 유익이 되었다.

그러나 협력적이고 상호 학문적인 연구 분야와 같은 약속으로 시작되었던 것이 분리되고 때로는 경쟁하는 분야로 급속하게 변모하게 되었다. 중독과 치료의 '학문'(의학적, 생리학적, 심리학적)이 중독에 대해 생각하는 중요한 방식이 되었다. 다른 사고방식들은 덜 두드러지게 되었다.[4]

---

4 교단들도 상호 학문적인 초점을 유지하는 것이 어렵다는 것을 발견했다. 흔히 교단에서는 중독에 대한 "의학적 질병" 모델을 무비판적으로 채택했고, 동시에 그들 자신의 영성에 기반한 목소리는 약화시켰다. 이로 인해 이해와 치료의 영역은 영성의 영향에 대해 특별히 개방적이거나 민감하지 않은 분야에 넘겨지게 되었다(Morgan, 1998). 중독과 영성에 관한 새로운 대화에서 종교적 신앙과 신학의 적절한 역할이라는 과제는 오늘날에도 논의되고 있다 (Mercadante, 1996; Morgan, 1998 & 1999).

의학과 심리학의 영역에서의 발전이 반영되면서, 이 분야에서는 과학적으로 검증 가능하고, 통제할 수 있으며, 조작할 수 있는 연구에 초점을 두었다.

신경화학적 경로들, 유전적인 패턴들, 측정할 수 있는 심리적 특성들, 그리고 구체적이고, 관찰할 수 있는 상호 작용 방식들이 중독 연구에서 중요한 자리를 차지하였다. 과학이 중독에 대한 이해와 치료에 많은 기여를 했지만, 보다 전체적인 사고 및 연구 방식들은 좀 더 때가 무르익기까지 기다려야만 했다.

2) 2단계: 가족체계 이론

중독 연구의 두 번째 발달 단계는 가족체계 이론 그리고 중독과 함께 나타나는 다양한 가족 역학 관계에 대한 연구의 태동 및 발달과 일치한다. 이 분야에서의 초기 연구는 중독 행위를 야기하고 유지시키는 것으로 보이는 세대 간의 패턴들, 적응 기제들 그리고 가족 상호작용의 결과들에 초점을 두었다(Berenson, 1976; Davis, Berenson, Steinglass, and Davis, 1974; Jackson, 1954). 알코올과 다른 약물들은 중독자들과 그들의 가족들의 삶에서 "중심적인 조직원리"로서 이해되게 되었다(Steinglass et al., 1987).

이러한 주제들을 학술적으로 다루게 되면서 알코올과 약물 남용 및 중독과 가족생활의 상호작용에 대한 보다 대중적인 발표물들이 제출되었고(Beattie, 1987; Black, 1982; Bradshaw, 1990; Wegscheider-Cruse, 1989) 이러한 원리들을 적용하는 어떤 시도들에 대해서는 진지한 토론이 일어났다(예를 들어, Collins, 1993을 보라).

특별히 중독자들을 치료하는 가족치료사들은 개인, 부부 그리고 가족을 치료하는 세련된 모델들을 개발했고, 이것들은 입원환자와 외래환자의 다양한 치료 상황에서 사용되었다(Berenson and Schreier, 1994; Liepman, Silvia, and Nirenberg, 1989; O'Farrell, 1993; Silvia and Liepman, 1991; Stanton et al., 1982; Treadway, 1989).

체계적인 사고가 이렇게 발달한 것은 중독 전문가들의 지식 기반과 임상 기술을 위해서 환영받을 일이 되었다. 몇몇 체계론 저자들의 생각이 중독 연구 발달의 다음 단계로 나아가는 데 도움이 되었다는 것은 매우 흥미로운 사실이다(Bateson, 1972; Berenson, 1990; Morgan, 1998을 보라).

3) 3단계: 회복에 대한 초점

중독 연구의 세 번째이자 가장 최근의 단계에서는 회복의 역학 관계(Brown, 1985; Larsen, 1985)에 대한 새로운 관심이 나타났다. 회복과정에 대한 이러한 관심 때문에 학문적으로 익명의 알코올중독자모임과 같은 상호지원 그룹의 역할과 중독과 회복에 있어서 '영성적' 요소의 중요성이 새롭게 부각되고 있다.

최근에 몇 개의 전국적인 연구에 의하면 이러한 두 가지 현상에 대한 연구에서 도출될 수 있는 학습의 가능성에 대한 새로운 이해가 나타나고 있다(American Psychiatric Association Task Force, 1989; NIHR, 1997).[5] AA에 대한, 그리고 중독과 회복에서의 '영성적' 요소에 대한 새로운 연구는 이 신생 분야의 '성장점'이 될 수 있을 것이다.

---

5 1999년에는 "알코올중독과 회복에서 영성 배우기"라는 주제의 학술대회가 국립 알코올남용 및 알코올중독연구소(National Institute on Alcohol Abuse and Alcoholism)에 의해 준비되고 있었다.

2. 익명의 알코올중독자모임에 대한 관점

중독 연구의 초창기부터 익명의 알코올중독자모임과 유사한 지원그룹들의 존재와 관점은 강력하고 때로는 논쟁적인 영향력이었다. 12단계 경험은 중독과 그 치료 분야에 지속적으로 영향을 미치고 있고(American Psychiatric Association Task Force, 1989), 최근의 연구자들은 12단계 프로그램으로 인해서 중독 질환의 의미 있고 긍정적인 치유가 가능하다고 본다 (Chappel, 1992, 1993; Khantzian and Mack, 1989; Tasman, Hales, and Frances, 1989; Vaillant, 1983, 1995).

1930년대 중반부터, AA는 회복의 여정을 발견하고 그것을 추구했던 사람들의 소그룹 경험에 기초했다. 흥미롭게도, 이 여정의 발견과 추구는 이제 저명한 정신건강의학과 의사에 의해 "유망한 과학적 연구에서 유효한 것으로 인정받았던…현장 연구의 한 형태"(Chappel, 1993, 181)로서 설명되고 있다.

많은 역사 출판물과 연구 출판물이 AA가 어떻게 그리고 왜 '작동하는가'에 대한 다양한 가설들로 AA의 성공(과 실패)에 대해 기술하였다 (Alibrandi, 1978; Clinebell, 1963, 1985; Gellman, 1964; Kurtz, 1982; Leach and Norris, 1977; Maxwell, 1984; Robertson, 1988; Rudy, 1986).

일련의 동시 발생적인 사건들(어떤 이는 '섭리적인 것'이라고 말할 수 있는)이 AA의 설립과 발달로 이어졌다. 빌 윌슨(Bill Wilson)의 종교적인 시도, 즉 타운즈병원의 해독 과정에 있는 알코올중독자 친구와의 우연한 대화와 그 이후의 뜨거운 **영적 체험**뿐만 아니라 다른 알코올중독자들을 도우려고 애쓰는 가운데 점점 커졌던 좌절이 윌슨과 만성적인 재발성 알코올중독자였던 밥 스미스(Bob Smith) 박사와의 운명적인 만남으로 이어졌다. **고통과 소망을 함께 나누는 그들의 대화는** 마침내 다른 알코올중독자들에게 다가가기 위한 전략을 수립하고 AA 철학에 입각하여 그들을 병원에서 거주하도록 해주는 것으로 이어졌다(Darrah, 1992; Kurtz, 1979).

몇 년이 지나면서 이러한 **봉사와 상호 지원**에서 초기 익명의 알코올중독자모임 회원들의 소규모 모임이 탄생하였다. 그들이 윌슨, 스미스 등의 지도로 그들의 경험에 대해 숙고하게 되면서, 이 그룹은 **12단계**를 공식화하고 회복에 대한 그들의 접근법을 체계적으로 정리한 『빅 북』으로 알려진 *Alcoholics Anonymous*를 저술하였다(1937/1976). 이들 초기 회복자들의 경험인 이러한 저술들과 옥스퍼드 그룹과 같이 관습에 얽매이지 않는 몇몇 종교 운동의 영향으로 인해서 오늘날 회복자들을 안내하고 지원해주는 **교제의 요소와 프로그램의 원리들**이 공고해졌다(Kurtz, 1979).[6]

이후 AA는 AA의 지혜를 담은 두 권의 다른 원전, 『12 단계와 12 전통들』(*Twelve Steps and Twelve Traditions*, 1953/1981)과 『AA가 성년이 되다』(*AA Comes of Age*, 1957)의 출간뿐만 아니라 지속적인 성장과 회복의 여정으로 발전하게 되었다.

영적 체험, 대화와 이야기의 나눔, 봉사와 상호 지원, 교제, 프로그램 그리고 회복의 원리들과 같은 이러한 요소들은 AA 방법의 특징이 되었다. 그러나 '영성적' 요소라는 개념은 질환과 회복에 대한 AA의 이해에 있어서 "가장 논쟁적이었고 가장 오해되었고" 여전히 그러한 부분이다(Chappel, 1992, 414).

실제로 중독과학 분야에서 어떤 이들이 무시하였던 '영성적' 요소의 역할을 다른 이들은 경멸스럽게 생각하였다(Christopher, 1989; Ellis, 1985;

---

6 AA의 방법과 신념들이 형성되고 발달함에 있어서 많은 보다 전통적인 종교지도자들이 했던 역할들은 여전히 적극적인 탐구의 영역이다. 관심 있는 독자는 Mary Darrah(1992), Bruce Johnson(1973), Ernie Kurtz(1979), Linda Mercadante(1996) 그리고 Oliver Morgan(1998b & 1999)를 참조하라.

Ellis and Schoenfeld, 1990). 많은 중독 연구자들이 영적 체험을 언뜻 보기에 보다 수용할 수 있는 일반적이고 인간적인 개념으로 바꾸어서 많은 중요한 "자연 치유 요인들"(Edwards, 1984; Shaffer and Jones, 1989; Vaillant, 1988; Vaillant & Milofsky, 1982) 혹은 회복의 "특별한 치료" 요소들(Billings and Moos, 1983; Moos, 1994) 가운데 하나로 보았다.

그럼에도 불구하고, 회복자들의 경험에 비추어 볼 때 영성의 개념은 회복에 대한 AA 접근 방식의 중심이 된다(Kurtz, 1986). 이러한 확신의 뿌리를 아는 것이 중요하다. AA의 저명한 역사가인 에르네스트 쿠르츠(Ernest Kurtz)는 그것을 다음과 같이 설명한다.

> AA 가장 초기의 회원들은 그들 자신의 경험으로부터 "회복의 언어"-"우리가 어떠했고, 어떤 일이 일어났고, 지금은 어떠한가"에 대한 그들 자신의 이야기를 말하는 과정에서 생겨난 그들의 현실에 대해 보고, 생각하고, 느끼고, 반응하고, 특히 표현하는 방식 안에 통합된 사고방식을 포함하는 삶의 방식을 도출해냈다. 나는 이 "회복의 언어"에서 "AA" 혹은 "12단계" **영성**이라고 불릴만한 지속되는 실체의 토대를 발견했다(Kurtz, 1986, p. 36).

이후의 발달에 대해 살펴볼 때, 독자는 쿠르츠가 AA 영성의 뿌리를 새로운 언어, 느낌, 반응으로 이어지는 '삶의 방식'과 '사고방식'으로 말하고 있음을 주목해야만 한다. 이후에 언급될 많은 연구들이 이러한 동일한 범주들을 사용할 것이다.

1) 색다른 질병

빌 윌슨, 밥 스미스 박사 그리고 AA의 초기 회원들은 중독이 의료 모델에서의 '질병'(disease) 개념과 관련된 일종의 질환(illness)이지만, 그것은 색다른 질병이라고 믿었다. 그들은 알코올중독과 다른 중독들이 신체, 마음 그리고 영혼의 삼중 질병이라고 믿었다.

이러한 관점은 초기부터 중독 분야의 없어서는 안될 부분이 되었고, 예일여름학교와 「쿼터리저널」(Quarterly Journal)에서 지지를 받았다.[7] 비록 AA의 초기 설립자들과 중독 분야의 연구자들이 분명히 중독의 생물학적 원인을 발견할 것을 기대했다 할지라도, 그들은 중독 질환의 심리적이고 영적인 특성에(다소 불분명하긴 했지만) 대해서도 단호했다(Morgan, 1999).

이것은 여전히 오늘날도 AA의 관점이다. AA의 신입 및 예비 회원들은 중독이 "신체적, 심리적 및 영적 질병"이라고 받아들인다(Bean, 1975a & b). 많은 중독 전문가들은 이러한 설명이 부분적으로 AA의 성공을 설명해 준다고 믿는다(Brown, Peterson and Cunningham, 1988a; Buxton, Smith, and Seymour, 1987; Chappel, 1992, 1993; Siegler, Osmond, and Newell, 1968).

더구나, 치료 및 보건 관련 기관들을 인증해주는 데 책임이 있는 주요 기구들 가운데 한 곳에서는 각 환자의 "생물심리사회적 필요들"뿐만 아니라 "영적 지향"에 대한 평가가 포괄적인 치료 패키지의 일부분으로 포

---

[7] 예를 들면, John C. Ford 신부는 예일여름학교의 초기 협력자이자 강사가 되어서, "도덕철학에 비추어 본 알코올중독"이라는 제목의 강의를 하곤 했다. 그는 AA 설립자들, 학문 공동체 그리고 다양한 교단의 지도자들과 관계를 유지하였다. 이러한 협력적인 관계망 속에서 포드는 중독에 대한 상호 학문적이고, 생물–심리–사회–영적 관점의 가치를 지속적으로 주장하였다(Morgan, 1999).

함되어야만 한다고 주장했다(Joint Commission on Accreditation of Healthcare Organizations[JCAHO], 1989).

오늘날 이러한 개념화가 직면한 한 가지 어려움은 질병 개념의 '의료화'가 증가하고 있다는 점이다. 강박행동과 다른 문제행동들에 대한 생물학적이고 유전학적인 설명을 추구하게 되면서 고전적이고, 보다 전체론적이고, 상호 학문적인 관점이 애매해지게 되었다(Morgan, 1998b & 1999). 부분적으로, 그 어려움은 중독 질환의 일방적이고, 의료화된 개념뿐만 아니라 협소한 과학적 양적 연구 때문이다(Morgan, 1992).

그러나 부분적으로 그 문제는 또한 중독 연구에 전적으로 참여하는 종교적, 신학적 전문가들이 없고 중독을 이해하고 치료하기 위한 충분히 상호 학문적인 모델이 약화되었기 때문에 생겨난 것이다(Mercadante, 1996; Morgan, 1998b & 1999; Svendsen and Griffin, 1991).

회복 과정이 중독 연구의 초점으로 떠오르면서 중독으로부터 건강으로의 회복을 시작하고 유지하는 요인들에 대한 새로운 관심이 생겨났다. 이러한 관심은 그러한 잠재적 요인으로서 영성에 대한 연구에로의 문을 다시 열어주었다(Miller, 1997, 1998). 그 과정에서, 중독 연구는 보다 전체론적이고, 협력적이고, 다차원적인 방향으로 복귀하였다.

3. 영성을 향한 운동

어떤 '영성적' 요인이 중독과 회복에 연관되어 있다는 생각은 AA와 다른 12단계 프로그램들의 일관된 증언이었다. 그것은 몇 년에 걸쳐서 많은 중독 연구자들의 임상적 관찰들과 저술들에 금실처럼 나타나고 있다.

매우 중요하다고 할 수 있는 것은 연구자들 가운데 많은 이들이 12단계 프로그램들과 연계성을 분명하게 유지해왔고 그들의 환자들의 회복 공동체와 경험에 긴밀함을 유지했다는 사실이다.

해리 티이보 박사는 초기 중독 전문가들 가운데 가장 선구적이고 탁월한 사람들 가운데 한 명이었다. 그의 관심은 단순하게 시작되었다. 그는 그의 어려운 환자들이 새로운 익명의 알코올중독자모임을 활용해서 알코올중독으로부터 회복되고 있음을 주목했고, 실제 성격 변화의 증거에 대해서도 마찬가지로 매우 깊은 인상을 받았다. 그는 연구를 통해서 그의 환자가 말해주는 회복 이야기를 경청하였다. 여기에서 어떤 예기치 않은 통찰들이 생겨났다.

> 나는 다음과 같은 질문에 직면하였다.
> 무슨 일이 일어난 걸까?
> 나의 대답은 환자가 종교적이거나 영적인 체험을 했다는 것이다. 그러나 그 대답이 특별히 깨달음을 주는 것은 아니었고 오래 가지 않아 나는 그 대답의 진정한 의미를 이해하기 시작했다(Tiebout, 1944, pp. 468 - 469).

이러한 미지의 영역에 대한 티이보의 탐구는 중독과 회복 경험에서 영성적 요소의 중요성을 입증하는 다양한 출판물에 나타나 있다(1946, 1949, 1953, 1954). 1961년에 티이보는 『익명의 알코올중독자모임—본성에 있어서의 실험』(Alcoholics Anonymous-An experiment in nature)을 출간했는데, 그것은 그의 탐구 과정에서 그의 발견들에 대한 요약이자 간결한 진술이 되었다. 티이보의 관점에서 보면 "AA가 유도하는 변화"는 분명한 심리정서적, 인지적, 행동적 역동을 동반하는 회개와 내어맡김(surrender)의 영적 과정이다.

회개는 개인이 바닥을 치고, 내어맡기고, 그리하여 자신의 자아가 변화되었을 때 일어난다. 그의 구원은 자아의 변화를 유지하고, 겸손하게 지낼 때 주어진다. 익명의 알코올중독자모임과 그것이 촉진하는 과정에 대한 오랜 연구로부터 얻어진 이러한 통찰들은 AA에서 일어나는 변화에 대해 의미와 질서를 부여해주는 것 같다. 회개는 "느닷없이 일어나는" 사건이 아니라 바닥을 치고 내어맡기는 인간의 반응들의 논리적인 결과물이다(Tiebout, 1961, p. 65).

티이보의 이런 연구가 있은 후에, 다른 사람들은 회복 중인 사람들 가까이 있으면서 그들의 증언을 경청함으로써 이러한 역동들을 탐구하고 이해하는 과제에 착수했다.

1) 새로운 초점

1970년대 후반에 중독과 회복의 요인으로서 영성에 대해 진지한 관심을 기울였던 요인들이 종합되기 시작했다. 여러 해에 걸쳐서 많은 문헌과 연구가 중독의 병리를 다루었다. 성공적인 회복으로 이어지는 회복의 과정과 그 자원들을 이해하는 데에는 상대적으로 거의 관심이 없었다(Morgan, 1995). 중독자들의 "자연스러운 역사"와 회복 '과정'에 대한 연구(Edwards, 1984; Raistrick, 1991; Vaillant and Milofsky, 1982)가 소개되면서 중독 연구에서의 불균형은 변화되기 시작했다.

회복에 대한 연구가 활성화되기 시작하면서 중독 전문가들은 회복 중인 사람들의 생생한 경험, 내러티브적 서술, 이야기를 이해하고 관심을 기울이기 시작했다. 티이보의 연구 방식과 AA의 진행 방식과 많은 면에서 유사한, 보다 새로운 이러한 초점은 중독과 회복에 대한 보다 전체론적인 이해를 제공하는 데 생산적인 것 같았다. 이러한 초점은 또한 이전 시기의 연구에서 대부분 배제되었던 관심 영역인 여성뿐만 아니라 민족적으로 다양한 사람들과 문화의 경험에 대한 이해도 고려하였다(Kasl, 1992; Tucker, 1985; Westermeyer, 1997).

이러한 내러티브적 접근은 AA와 어떤 연구자들의 오래된 주장, 즉 어떤 '영성적' 요소가 회복 중인 사람들의 경험에 작용하고 있었다는 점을 입증해주었다. 쿠르츠(Kurtz)는 영성이 개인의 경험 영역에 너무나도 깊이 뿌리내리고 있기 때문에 내러티브와 이야기는 영적인 역동들이 드러나게 될 유일한 방법일 수 있다고 주장하였다(Kurtz, 1986, 1991).[8]

12단계를 통해서 회복을 경험했던 많은 사람들, 혹은 회복 중인 사람들을 긴밀하게 돌봤던 많은 사람들(예를 들면, 목회자, 상담자, 치료사)은 중독자의 삶에서 생명을 살리는 변화를 위한 필수조건으로서 '영성적' 차원 혹은 '영성'에 관한 언어를 추구한다(Berenson, 1990; Buxton, Smith, and Seymour, 1987; Clinebell, 1985; Larsen, 1985; May, 1988; Royce, 1985, 1987 Whitfield, 1985). 그러나 그것에 대해 과학적 연구에 가치가 있는 요인으로서 지속적인 관심은 거의 없었다(Morgan, 1995; NIHR, 1997).

그러나 영성은 연구하기 어렵고, 어떤 학문분야에는 회복과정에서의 영성의 잠재적인 역할에 대한 토론을 금지하는 뿌리 깊은 편견이 있다. 오늘날 표준적인 중독과학의 많은 부분은 분명히 매우 중요한 생리학적이고 심리학적인 요인에 초점을 둔다. 중독과 회복의 **과학**에는 중독과 회복의 학문에 많은 가치를 부여해주는 방법론적인 전제들과 양적 연구

---

8   관심있는 독자는 중독과 회복을 이해하는 내러티브적 접근의 어떤 실례들로부터 도움을 얻을 것이다. 본장의 나머지 부분에서는 이러한 접근을 통해서 이해하려고 시도하는 다양한 연구들이 소개될 것이다. 본서의 다음 장들에서는 저자들이 그들의 과제에 접근했던 '내러티브적' 방법들을 통해서 어떤 통찰을 제공해줄 것이다. 그러나 이러한 역동에 대한 배울 수 있는 다른 자료들은 영화, 소설, 자서전에서도 얻을 수 있다. 이 분야에서의 어떤 최근 자료의 목록은 내러티브 자료 부분에 포함되어 있다.

패러다임이 사용된다.

　이러한 연구의 영역은 지속되어야만 한다(NIHR, 1997). 그러나 바로 그 과학적 연구의 패러다임 때문에 최근에 이해되고 사용되고 있듯이 소중한 것으로 받아들일 수 있는 중요한 정보가 시야에서 모호하게 되거나 배제될 수 있다. 인문과학으로서의 중독 연구에서 보다 전체론적이고 충분히 실증적인 연구 모델이 요청될 수 있다(Morgan, 1992).

2) 영성의 요소들

　우리가 해리 티이보의 연구에서 살펴보았듯이, 회복에서 영성적 요소의 역할에 대한 초기의 관심은 중독과 관계되는 '내어맡김'과 '회개'와 같은 현상에 대한 어떤 이해를 가져왔다. 이것들은 전통적으로 과학보다는 종교에 더 친숙한 용어들이다. 그러나 그것들은 중독과 회복을 연구하는 데 있어서 결정적인 어떤 것을 가리킨다.

　"어떤 것"은 중독자가 회복 과정에 들어설 때 세상에서 생각하고, 느끼고, 행동하는 방식에서 일어난다. 중독자는 격심한 변화를 경험한다. 일어난 변화는 삶의 태도와 삶의 방식의 변화뿐만 아니라 세상에 대해 생각하고, 느끼고, 바라보는 새로운 방식, 즉 인지적, 정서적, 그리고 행동적 결과들을 초래한다(Brown, 1985; King and Castelli, 1995).

　회복 중인 중독자는 자기에 대해 보다 편안하다고, 세상에 보다 연결되어 있고 편안하다고 그리고 다른 사람들에게 보다 개방적이라고 느낀다. 회복 중인 중독자는 다른 사람들과 다르게 관계하고, 보다 정직하고, 보다 적극적이고, 보다 인내하고, 겸손하고, 감사하게 된다.

　회복 중인 중독자는 심리적으로 그리고 정서적으로 보다 성숙하고, 다른 사람들과 유머, 이타주의 그리고 희망으로 관계할 수 있다(Chappel,

1992; Khantzian and Mack, 1989). 많은 중독자들이 이러한 변화들을 우리보다 위대하신 힘의 보호와 개입 덕분이라고 생각한다. 그들은 돌봄을 받고 있고 돌보고 있다고 느낀다.

이러한 요소들은 장기간에 걸쳐서 회복의 기초를 형성하고 유지하는 데 도움이 되는 생활방식에서의 일련의 변화들에 기여한다(Morgan, 1992). AA와 중독 연구자들이 회복과정에서의 필수적인 '영성적' 요소들로서 강조하는 것이 바로 이러한 변화와 발견의 요소들이다.

인류학자이자 가족체계 이론 발달에 있어서 주요 인물인 그레고리 베이트슨(Gregory Bateson, 1972)은 회복에서 중요한 인지적, 정서적 전환, 즉 회복 중인 사람들의 삶에 대한 태도와 전체적인 준거 기준에 영향을 미치는, 타자들과의 관계 속에 있는 자기와 세계 속에 있는 자기의 개정이 일어난다고 주장했다. 마음 깊은 곳에서의 중독자의 변화('내어맡김')는 자신의 통제의 중심, 자기감, 세상과 타자들에 대한 시각의 변화를 포함하는 '상보성' 혹은 '공유된 인간성'의 태도로 이어진다.

이러한 변화를 위한 계기는 "바닥을 치는 것"("술병에 패배하는 것"), 즉 AA 프로그램과 신학의 도움을 받을 때 회복의 삶으로 이어지는 '영적인' 경험이다(Bateson, 1972, pp. 331, 336). 이러한 문제에서 '영적인 것'에 대한 그의 견해는 다른 많은 연구자들에게 영향을 미쳤다.

아놀드 루드비히(1985, 1988)는 유사하게 중독에서의 "갈망," "바닥을 침," 그리고 "내어맡김"의 주제들을 다루는 인지적 모델을 개발했다. 그는 중독과 회복에 대한 영성적 시각의 회복과 발달에 있어서 인지와 귀인들(attribution)의 역할을 다루었다. 그는 회복 중인 사람들이 그들의 회복으로의 변화에 영적인 인과관계가 있다고 생각한다("위대하신 힘이 나를 지켜보고 있었다…")고 믿었다. 이것은 '회개'와 '영적인 생활방식'의 개발로 이어진다(Ludwig, 1988).

알코올중독과 중독에 대한 스테파니 브라운(Stephanie Brown)의 연구(1977, 1985)는 티이보와 베이트슨의 통찰들에 굳건히 뿌리를 두고 있다. 그녀는 최근의 여러 연구자들에 의해 사용된 "회복의 발달 모델"을 제시하였다. 브라운의 의도는 이전에 시도되었던 회복 과정에 대해 보다 구체적인 연구를 정밀하게 구성하는 것이었다.

그녀의 연구는 회복 연구의 흐름에 있어서 결정적인 시점이 되었다. 브라운의 연구는 술을 마시지 않는 알코올중독자들이 회복과정에서 씨름하는 문제들과 사건들을 이해하기 위해서 그들을 연구하려는 관심으로 시작되었다.

브라운의 핵심 통찰은 "금하는 것"(dry)과 "끊는 것"(sober) 사이의 차이를 탐구하는 가운데 나온 것이다. 금하는 것은 알코올과 다른 약물들에 대한 의존에서 근본적으로 벗어나는 것 뿐만 아니라 지속적으로 절제하는 것에 초점이 있는 반면, "끊는 것"은 심리적, 대인관계적, 영적 탐구와 변화를 포함하여 일종의 삶의 균형과 확장된 의식을 성취하는 것을 수반한다.

이러한 통찰을 통해서 그녀는 회복의 '연속체' 모델을 개발해서 시간이 지나면서 나타나는 느낌, 사고, 자기감, 관계성, 세계관에서의 변화들을 기록하는 한편, 절제(abstinence)에 대한 초점을 유지할 수 있었다.

이 모델에 따르면, **중독 과정**은 본질적으로 점진적인 상실, 실패, 고립의 증대로 인해 내리막길로 치닫는 쇠퇴이다. 다행히도 중독자가 '전환점'을 맞게 된다면, 그것은 "많은 경험과 개입의 다중적인 영향"의 결과로 나타나고, 그것들이 절망감과 자기혐오감과 결합될 때 자진해서 변화하려는 결단이 생겨난다.

따라서 **회복 과정**은 "금하는" 상태를 유지하는 것으로 시작해서 "끊는 상태"를 유지하는 방향으로 이어진다. 이런 과정에서 새로운 경험을 가져오고 다른 것들의 의미를 변화시키는 "새로운 태도들, 가치들, 신념들"이 생겨난다.

회복 과정에서의 이러한 재편과 형성으로부터 새로운 자기가 생겨나고 발견의 여정이 시작된다. 이것은 브라운이 지속적인 회복 과정으로 기술했던 발단 단계인데, 이것을 통해서 태도, 느낌. 신념, 가치와 개인적인 준거 기준에서의 급진적인 변화가 일어날 뿐만 아니라 "새로운 정체성"이 생겨난다.

브라운은 이 과정에서 결정적인 사건이 "영성의 출현"이라고 믿는다. 여기에는 우주의 중심으로서의 자기에서 다른 중심이나 권위로의 전환이 포함된다. 그녀는 AA가 이것을 "우리보다 위대하신 힘"에 대한 믿음이라고 한다는 사실에 주목하였다.

> 그들의 정체성을 변화시키고, 12단계 작업을 거치고, 우리보다 위대하신 힘에 대한 개인적인 개념을 발달시키는 과정을 통해서, 개인들은 그들의 태도, 신념, 가치, 더 나아가서 그들 자신과 다른 사람들에 대한 그들의 해석을 극적으로 변화시킨다…이러한 변화를 통해서 자기중심 성향과 자기전능감이 도전을 받게 되고 다른 사람들과의 관계에서 개인의 자기감이 변화된다… 회원들은 갑자기 인간성을 공유했다는 느낌을 경험하고 적대적인 방어는 사라진다. AA 회원들은 그러한 일을 "영적 각성"(spiritual awakening)이라고 한다(Brown, 1985, p. 210).

3) 최근에 추가된 것들

브라운의 연구는 회복 중인 중독자들의 삶에서의 회복의 역동과 영적 요소의 본질을 개념화하는 새로운 방식들을 위한 계기가 되었다. 그녀는 폭넓게 생물심리사회적인 관점에서 회복 과정의 시간의 흐름과 함께 나타나는 어떤 발달을 강조하면서 그녀의 '연속체' 개념으로 AA의 경험을 확인하였다. 사람들은 시간이 흐르면서 더 좋아졌고, 회복은 여러 경우에 다르게 나타났다.

그녀의 연구는 또한 회복 연구에 대한 다양한 접근 방식들을 강조하였다. 회복에 대한 내러티브 자료에 주의를 기울임으로써 연구자들은 회복을 촉진하고 유지하는 자원들, 즉 회복 과정에서의 다양한 인지적, 정서적, 행동적 요소들에 민감하게 되었다. 회복 중인 사람들의 삶에서 영성적 요소의 가치는 더욱 분명해졌다.

보다 초기의 연구들과 박사학위논문들은 보다 이론적이고 신학적인 관점에서 영성적 요소에 대해 말했다. 클라인벨(Clinebell, 1954, 1963)은 알코올중독을 "사이비종교적 해결책"이라고 하면서 '내어맡김'이 회복의 정신역동을 이해하는 데 실마리라고 주장하였다. 그는 알코올중독 목회상담에 관한 그의 고전적인 책(1985)에서 이러한 생각들을 정교하게 하였다. 우드러프(Woodruff)는 "알코올중독으로부터의 영구적인 회복의 가장 신빙성 있는 동기"로서의 "영적 변화"에 대해 말했다(1968, p. 10).

홀(Hall, 1984)도 알코올중독 상담사들에 대해 연구하면서 내어맡김, 무력감, 그리고 우리보다 위대하신 힘에 대한 인식을 통해서 사건들을 재정리하는 일의 역동을 설명하면서 영적 변화에 대해 말했다. 앨버스(Albers, 1982)와 뢰슬러(Roessler, 1982)도 회개와 변화의 필요성에 대해 말했다. 이러한 연구들의 많은 부분이 베이트슨과 티이보의 이전 연구에 의존하고 있다는 사실은 쉽게 알 수 있다(Albers, 1994를 보라).

이러한 연구들은 각각 소중한 통찰들을 제공했다. 그러나 브라운의 연구는 회복 중인 사람들 자신으로부터 나온 보다 내러티브적이고 질적인 정보를 활용한 일련의 연구로 시작되었다. 이러한 연구들을 통해서 회복 영성에 대한 연구에 이전보다 더 실증적이고 임상적인 엄밀함을 더하게 되었다.

브라운(1977)은 회복에 있어서 다양한 시기를 거치고 있는 AA의 술을 마시지 않는 알코올중독자 80명의 경험을 조사하였다. 그녀의 정보는 조사와 심층 면담으로부터 나왔다. 터너(Turner, 1993)는 2년 혹은 그 이상 술을 마시지 않고 있는 회복 중인 사람들과 면담했다. 좀머(Sommer, 1992)는 4-7년 사이의 회복 중인 사람들과 면담했다. 각자는 회복 영성에서 중요한 요소로서 행동상의 변화뿐만 아니라 자기 인식과 세계관의 변화가 중요함을 주목했다. 좀머는 중간 회복(4-7년) 중에 있는 사람들에게 필수적인 회복의 역동을 기술하고 치료를 위한 권고를 할 수 있었다. 모건(Morgan, 1992)은 10년 혹은 그 이상의 회복 과정을 거치고 있는 사람들과의 면담에서 삶의 태도와 생활방식에서의 변화들을 기록했다.

그는 사고와 감정에서의 변화를 가져오고, 행동적인 변화를 유지하기 위해서 사용되고 있던 다양한 회복 도구들(예를 들어, 개인적인 기록, 고백, 보상하기, 기도)로 이어지는, 회복 과정에서의 영적 및 심리적 변화 과정에 대해 기술했다(Morgan, 1995). 헤네시-하이네(Hennessey-Heine, 1995)는 평균 19.5년 회복 과정에 있는 사람들을 연구했다. 그녀는 다음과 같은 것에 주목했다.

(1) 고립된 자기로부터 관계 속에 있는 자기로의 "점진적인 인식의 전환"
(2) 자기파괴적인 행동에서 삶을 향상시키는 행동으로의 전환
(3) "새로운 삶"의 시작과 같은 역동들

그녀가 면담했던 회복 중인 여성들은 다른 사람들과 지속적인 성장을 촉진하는 힘의 현존 혹은 근원에 더욱 "연결되어 있는 것"으로서의 영성에 대해 말했다(1995, p. 137).

4) 다음 단계들

위에서 나열된 연구들에서는 각각 AA 혹은 다른 상호 지원그룹에서 어떤 경험을 했던 회복 중인 사람들의 회복 이야기와 그룹이 활용되었다. 이러한 접근에는 강점과 약점이 모두 있다.

(1) AA 회원들은 흔히 그들의 이야기를 쉽게 하고 '영적인 것'에 대한 그들의 지각에 대해 잘 표현할 수 있다.
(2) 이러한 사람들이 모든 회복 중인 사람들을 대변할 수 있는지는 알기 어렵다.

AA의 언어와 문화에 대한 그들의 경험이 회복 과정에 대한 그들의 지각을 어느 정도 왜곡할까?

최근의 연구는 이러한 한계를 극복하는 데 도움이 될 수 있고 회복에 대한 질적 연구의 새로운 접근을 시사할 수 있다. 쿠비첵(Kubicek, 1998)은 6년 혹은 그 이상 회복 과정에 있는 사람들을 연구하였다. 그 중 절반은 AA에 참여하였고 나머지 절반은 "자연스러운 회복," 즉 어떤 그룹의 지원도 없는 회복 과정에 있었다. 그는 성공적인 회복의 속성들 혹은 요소들을 찾고 있었다. 대체로, 쿠비첵은 회복 중인 사람들이 그들의 회복에 있어서 중요했다고 기술한 13가지 요소를 발견했다.

중요한 것은 이것들 가운데 5가지가 AA회원들과 자연스러운 회복자들에 의해 회복의 성공에 필수적이라는 사실이 압도적으로 확인되었다는 점이다. 사회적 지원, 부정적인 결과들을 기억하기, 삶에서의 새로운 정직함, 건강에 대한 열망을 갖는 것에 더해서, 이러한 사람들은 영성적 요소와 "우리보다 위대하신 힘으로부터 도움을 받는 것"을 그들의 회복에 필수적이었던 것으로 기술하였다.

브라운, 피터슨(Peterson), 그리고 커닝햄(Cunningham, 1990, 1989, 1988a, b, c)의 연구는 중독 연구문헌과 역사에 대한 이러한 개관을 마무리하면서 주목해야 할 중요한 부분이다. 이러한 연구자들도 "심리영성적 확인 목록"에 대한 질적 면담에서 배운 영성의 개념과 보다 폭넓은 집단이 사용하기에 적합한 치료 형식에 대해 체계적으로 정리하면서, 회복 연구에 있어서 "다음 단계들"로 나아갔다.

> 회복의 12단계에는 행동적이고 인지적인 요소들이 모두 포함된다…개인적인 기록 남기기, 다른 사람들에게 직접적으로 보상하기, 그리고 기도와 명상과 같은 활동은 특별한 행동들이다. 무력감을 인정하기, "우리보다 위대하신 힘에 대해 믿음을 갖기," 그리고 결단하기는 본질상 인지적이다. 그래서, 우리의 모델은 행동적/인지적이고, 여기에는 두 가지의 치료적 관점의 심리적 기술들이 포함된다.
> 우리는 재발 방지를 위해서 특별한 심리치료적 개입이 어떠한 영성적 프로그램에도 포함되어야만 한다고 주장한다(Brown, Peterson, and Cunningham, 1988a).

영성에 대한 그들의 행동적/인지적 접근에서 브라운과 그의 동료들은 회복 중인 사람들이 자기, 다른 사람들, 그리고 우리보다 위대하신 힘에 대해 보다 잘 관계할 수 있는 방법들을 공식화하려고 시도한다. 그들은 심리치료사들에게 편안한 접근법을 수세기 동안 영적 구도자들에게 익숙했던 실제들, 그리고 태도에서의 변화들과 결합시킨다. 목표는 영성에 대한 다차원적 접근을 통한 "전인적 회복"이다(Brown et al., 1988b).

일반적으로 활용될 수 있는 형식을 개발하기 위해서 브라운 등은 "영적 행동들"을 "우리 자신, 다른 사람들, 혹은 우리보다 위대하신 힘과 '긍정적으로 관계할' 수 있는 우리의 능력을 촉진하거나, 향상시키거나, 심화시키거나, 강화시키는 인지적이거나 명백한 어떤 행동"으로 정의했다.

12단계를 검토하고, 회복 중인 많은 사람들과 면담하며, 가치와 자기 개념에 대한 심리 도구들을 활용하고, 회복에 대한 문헌을 조사함으로써, 그들은 BASIC-IS 치유 모델(Brown and Peterson, 1990)을 개발했다.[9] "우리는 지속적인 금주의 열쇠가 회복 중인 개인의 삶 속에서 매일의 영성적 행위들을 촉진하는 데 있다고 믿는다"(Brown, et al., 1988c).

5) 계속되는 의제

브라운과 그의 동료들에 의해 개발된 목록과 치료적 접근은 중독 연구 분야에서 활용할 수 있고 회복의 역동과 영성에 특별히 적용할 수 있는 다른 많은 잠재적 연구 도구에 추가되었다. 이것들은 질적 연구들 그리고 상담사들과 치료 센터들의 임상적 경험으로부터 도출되었다.[10]

이러한 도구들에 대한 보다 많은 경험과 검증이 필요하다. 그러나 그

---

9 BASIC-IS의 글자들은 다음을 상징한다. 행동(behaviors), 정서적 과정(affective processes), 감각(sensations), 심상(images), 인지(cognitions), 대인관계(interpersonal relationships), 영적 행동(spiritual behaviors). 형식은 Lazarus의 "다중양식치료"(multimodal therapy)에 대한 연구(1981, 1976)에 기초했다.

10 예를 들어 Joachim(1988)을 보라. 다른 도구들과 보완적인 사고방식들은 유용하고 "영적 웰빙" 운동으로부터 활용할 수 있다(Moberg, 1986, 1971; Moberg and Brusek, 1978).

렇게 개발된 도구들은, 특히 보다 내러티브적이고 질적인 연구 방법들과 함께 섬세하게 활용될 때 회복에서의 '영성적' 요소를 더 많이 이해할 수 있는 실제적인 가능성을 제공해준다.

본장의 서두에서 인용되었던 국립보건연구소의 보고서는 회복 영성에 대한 지속적이고 과학적인 연구를 요청한다. 양적, 질적 연구 방법을 조합하면 이러한 연구를 위한 적절한 기초가 주어질 것이고, 초기 중독 연구의 특징이었던 공동 연구와 다학문적인 접근이 회복될 것이다. 회복의 역동과 영성의 역할에 대한 탐구는 이 공동 연구에서 계속해서 중요할 것이다(Miller, 1997, 1998). 이 연구는 관련 분야에도 중요한 기여를 할 것이다.

4. 새로운 연구 분야로서 영성

영성에 대한 현대적인 관심은 많은 학문 분야들에서 뿐만 아니라 대중의 의식에서도 커지고 있다. 어떤 서점의 서가를 둘러봐도 이러한 관심이 입증된다. 학자들이 "영적 경험"을 이해하는 데 관심을 돌리게 되면서 학계에서는 영성 분야가 부흥하고 있다. 이 새로운 학문 분야의 부흥은 중독 연구에서의 영성에 대한 탐구와 긴밀한 관계가 있다.

샌드라 슈나이더스(Sandra Schneiders, 1986, 1990)는 이 새롭게 부흥하는 분야에서 중요한 인물이다. 그녀는 얼마 전까지만 해도 어떤 집단에서는 지성이 없는 신앙을, 과학계에서는 '주관주의'를 의미했던 ['영성']이라는 용어가 지금은 많은 종교 및 일반 집단 그리고 심지어 과학계에서도 매우 자유롭게 사용되고 있는 것은 주목할만하다고 주장한다. 중요한 것은 인간의 삶과 행동에 대한 보다 깊은 지식에 잠재적으로 기여할 수 있는 열정의 의미로 사용되고 있다는 사실이다(Schneiders, 1990, pp. 30-31).

슈나이더스(1990)는 생생한 영성의 경험을 "자신의 삶을 인식된 궁극적 가치를 목표로 하여 자기-초월의 관점에서 의식적으로 통합하려고 노력하는 경험"(p. 23)으로 폭넓게 설명한다. 어떤 궁극적 가치를 고려하여 그 사람의 많은 요소들을 통합하는 경험은 절대자와의 관계에 열려있는 경험이다. 그것은 그렇게 살아가는 인간의 행위이고 진정한 구도자에게 도움이 된다(pp. 21-22). 생생한 영성의 경험에 대한 그녀의 설명은 회복의 영적 요소들에 대해서 살펴본 것에서 설명된 많은 부분들과 유사하다.

영성은 또한 학문 및 과학 세계에서는 하나의 학문 분야이자 연구 분야이다. 슈나이더스는 회복 역동 연구와 관련된 우리의 제안들과 유사한 방식으로 이 역사가 짧은 분야의 몇몇 특성들을 설명하였다(Schneiders 1986, 1990). 학문의 한 분야로서 영성은 **설명적이고**, **상호 학문적이며**, **전체론적**일 필요가 있다.

이 분야는 합력하는 많은 학문들의 도움으로 인간의 현상들을 깊이 이해하려고 한다. 그것은 개인들의 경험에 초점을 맞추면서도 **에큐메니칼적이고 교차문화적인** 접근에 충실해야만 한다. 그것은 반드시 다른 사람들의 유사한 경험들을 인식하기 위해 작동하는 영적 역동에 익숙한 연구자들과 함께 참여하는 학문이 되어야 한다.

그것은 자기자신의 경험과 다른 사람들의 영성을 촉진하면서 연구 중인 영적 경험의 다양성을 이해하기 위해서 노력하는 **3중의 목표**를 특징으로 할 것이다(1986, pp. 267-269).

이 새로운 분야에 관여한 슈나이더스와 다른 사람들에게 있어서 영성에 대한 관심은, 파편화의 한 가운데서 전체성에 대한, 고립과 고독에 직면한 공동체에 대한, 자유롭게 하는 초월에 대한, 삶의 의미에 대한, 그리고 지속되는 가치들에 대한 20세기 인류의 깊고 순수한 열망을 나타낸다. 인간은 세상 속의 영(spirit)이고, 영성은 그 특별하고 역설적인 상태의 잠재성을 이해하고 실현하려는 노력이다(Schneiders, 1990, p. 36).

많은 회복 중인 중독자들, 그리고 그들을 연구하는 중독 전문가들은 동일한 감정에 공명할 수 있다. 그들은 또한 현대 영성 분야의 또 다른 중요한 저자인 필립 쉘드레이크(Philip Sheldrake)에게 동의할 수 있다:

최근(포스트 모던?) 영성의 뿌리는 인간 경험에 대해 그 다양성과 고통이라는 면에서 하나님의 자기-계시를 위한 직접적인 맥락으로서 강조한 것에서 찾을 수 있다(Sheldrake, 1996, p. 7).

5. 결론

본서에서는 초기의 중독 연구를 특징짓는 협력과 상호 학문적인 교류를 복원하려고 한다. 다양한 분야에서 연구자들과 중독 전문가들을 초대해서 '영성'에 대한 그들의 개념을 탐구함으로써, 본서는 다학문적인 관점에서 회복의 영성을 설명한다.

본서의 저자들 가운데 누군가는 이 분야에서 잘 알려진 전문가이다. 누군가는 새로운 목소리이다. 각자는 다학문적인 교재에 회복의 영성에 대한 자신의 견해를 기고하고, 협력적인 노력의 갱신을 모색하도록 초대되었다. 협력적이고 상호 학문적인 연구를 회복함으로써 중독 연구의 이 중요하고 매력적인 차원에 실마리를 던져줄 수 있다는 것이 편집자들의 믿음이다.

6. 내러티브 자료들

1) 영화

Arthur
Long Day's Journey into Night
Basketball Diaries
Lost Weekend
The Boost
Man with the Golden Arm
Bright Lights, Big City
My Name Is Bill W.
The Champ
Trainspotting
Clean and Sober
Voice in The Mirror
Cocaine: The Anatomy of One Man's Seduction
Where the Day Takes You
Come Back, Little Sheba
When a Man Loves a Woman
Days of Wine and Roses
Who's Afraid of Virginia Woolf?
Drugstore Cowboy
Ironweed

2) 소설

John Berryman, *Recovery: A Novel* (Farrar, Strauss, & Giroux, 1973).
Ivan Gold, *Sam's in a Dry Season* (Houghton Mifflin, 1990).

Miriam Dow and Jennifer Regan, *The Invisible Enemy: Alcoholism and the Modern Short Story* (Graywolf, 1989).

3) 자서전

Sylvia Cary, *The Alcoholic Man: What You Can Learn from the Heroic Journeys of Recovering Alcoholics* (Lowell House, 1990)
Christina Grof, *The Thirst for Wholeness: Attachment, Addiction and the Spiritual Path* (Harper San Francisco, 1993)
Pete Hamill, *A Drinking Life: A Memoir* (Little, Brown and Co, 1994)
Katy Hendricks, *The Party's Over: Diary of a Recovering Cocaine Addict* (American University Press, 1992)
Mark Gauvreau Judge, *Wasted: Tales of a Gen X Drunk* (Hazelden, 1997)
Caroline Knapp, *Drinking: A Love Story* (Dial, 1996)
Jack London, John Barleycorn Carl Adam Richmond, *Twisted: Inside the Mind of a Drug Addict* (Jason Aronson, 1992)
Nan Robertson, *Getting Better: Inside Alcoholics Anonymous* (William Morrow, 1988)
Dan Wakefield, *Returning: A Spiritual Journey* (Penguin Books, 1989)

참고문헌

본서의 나머지 부분을 위한 맥락과 배경을 제공하는 장이기 때문에, 참고문헌은 일반 독자를 위한 보다 대중적이고 쉽게 읽을 수 있는 출판물뿐만 아니라 중요한 과학적 및 역사적 출판물이 제시될 것이다.

Albers, R. H. (1994). Spirituality and surrender: A theological analysis of Tiebout's theory for ministry to the alcoholic. *Journal of Ministry in Addiction and Recovery*, 1(2), 47 - 68.
Albers, R. H. (1982). The theological and psychological dynamics of transformation in recovery from the disease of alcoholism. *Dissertation Abstracts International*, 43, 1198A. [University Microfilms No. 82 - 21501].
Alcoholics Anonymous World Services. (1937/1976). *Alcoholics Anonymous: The story of how many thousands of men and women have recovered from alcoholism*, third edition. New York: Author.

Alcoholics Anonymous World Services. (1957). *Alcoholics Anonymous comes of age*. New York: Harper.
Alcoholics Anonymous World Services. (1953/1981). *Twelve steps and twelve traditions*. New York: Author.
Alibrandi, L. A. (1978). The folk psychotherapy of Alcoholics Anonymous. In S. Zimberg, J. Wallace and S. Blume (Eds.), *Practical approaches to alcoholism psychotherapy* (pp. 163 - 180). New York: Plenum Press.
American Psychiatric Association Task Force (1989). *Treatments of psychiatric disorders*. Washington, DC: American Psychiatric Association.
Anthenelli, R. M. and Schuckit, M. A. (1992). Genetics. In J. H. Lowinson, P. Ruiz, R. B. Millman, (Eds.), and J. G. Langrod (Assoc Ed.), *Substance abuse: A comprehensive text, second edition* (pp. 39 - 50). Baltimore: Williams & Wilkins.
Bateson, G. (1972). The cybernetics of "self": A theory of alcoholism. In *Steps to an ecology of mind*. New York: Ballantine. [Original work published in 1971. Psychiatry, 34(1), 1 - 18].
Bean, M. (1975a). Alcoholics Anonymous. *Psychiatric Annals*, 5(2), 45 - 72.
Bean, M. (1975b). Alcoholics Anonymous II. *Psychiatric Annals*, 5(3), 83 - 109.
Beattie, M. (1987). *Codependent no more*. San Francisco: Harper/Hazelden.
Berenson, D. (1990). A systemic view of spirituality: God and Twelve Step programs as resources in family therapy. *Journal of Strategic and Systemic Therapies*, 9 (1), 59 - 70.
Berenson, D. (1976). Alcohol and the family system. In P. Guerin (Ed.), *Family therapy: Theory and practice* (pp. 284 - 297). New York: Gardner Press.
Berenson, D. and Schrier, E. W. (1994). Current family treatment approaches. In N. S. Miller (Ed.), *Principles of addiction medicine* (Section 15: The Family in Addiction, Chapter 3). Chevy Chase, Md: American Society of Addiction Medicine, Inc.
Billings, A. G. and Moos, R. H. (1983). Psychosocial processes of recovery among alcoholics and their families: Implications for clinicians and program evaluators. *Addictive Behaviors*, 8, 205 - 218.
Black, C. (1982). *It will never happen to me*. Denver: MAC Publishing.
Blum, K. (1991). *Alcohol and the addictive brain*. New York: Free Press.
Bradshaw, J. (1990). *Homecoming: Reclaiming and championing your inner child*. New York: Bantam Books.
Brown, S. (1985). *Treating the alcoholic: A developmental model of recovery*. New York: John Wiley.
Brown, S. (1977). Defining a continuum of recovery in alcoholism. *Dissertation Abstracts International*, 38, 1393. [University Microfilms No.77 - 18285].

Brown, H. P., Jr., and Peterson, J. H., Jr. (1990). Rationale and procedural suggestions for defining and actualizing spiritual values in the Addiction and treatment of dependency. *Alcoholism Treatment Quarterly*, 7(3), 17 - 46.

Brown, H. P., Jr., and Peterson, J. H., Jr. (1989). Refining the BASIC—ISs: A psychospiritual approach to the comprehensive outpatient treatment of drug dependency. *Alcoholism Treatment Quarterly*, 6(3/4), 27 - 61.

Brown, H. P., Jr., Peterson, J. H., Jr. and Cunningham, O. (1988a). Rationale and theoretical basis for a behavioral/cognitive aproach to spirituality. *Alcoholism Treatment Quarterly*, 5(1/2), 47 - 59.

Brown, H. P., Jr., Peterson, J. H., Jr. and Cunningham, O. (1988b). A behavioral/cognitive spiritual model for a chemical dependency aftercare program. *Alcoholism Treatment Quarterly*, 5(1/2), 153 - 175.

Brown, H. P., Jr., Peterson, J. H., Jr. and Cunningham, O. (1988c). An individualized behavioral approach to spiritual development for the recovering alcoholic/addict. *Alcoholism Treatment Quarterly*, 5(1/2), 177 - 196.

Buxton, M. E., Smith, D. E., & Seymour, R. B. (1987). Spirituality and other points of resistance to the 12—step recovery process. *Journal of Psychoactive Drugs*, 19(3), 275 - 286.

Chappel, J. N. (1993). Long—term recovery from alcoholism. *Psychiatric Clinics of North America*, 16(1), 177 - 187.

Chappel, J. N. (1992). Effective use of Alcoholics Anonymous and Narcotics Anonymous in treating patients. *Psychiatric Annals*, 22(6), 409 - 418.

Christopher, J. (1989). *How to stay sober: Recovery without religion.* Buffalo, N.Y.: Prometheus.

Clinebell, H. J., Jr. (1985). *Understanding and counseling the alcoholic: Through religion and psychology* (revised edition). Nashville: Abingdon.

Clinebell, H. J., Jr. (1963). Philosophical—religious factors in the etiology and treatment of alcoholism. *Quarterly Journal of Studies on Alcohol*, 24, 473 - 488. Clinebell, H.J., Jr. (1954). Some religious approaches to the problem of alcoholism. *Dissertation Abstracts International*, 14/08, 1266. [University Microfilms No. 00 - 08634].

Cloninger, C.R. (1987). Neurogenetic adaptive mechanisms in alcoholism. *Science*, 236, 410 - 416.

Collins, B.G. (1993). Reconstruing codependency using self—in—relation theory: A feminist perspective. *Social Work*, 38(4), 470 - 476.

Cook, C. C. H. (1988a, June). The Minnesota Model in the management of drug and alcohol dependency: Miracle, method or myth? Part I. The Philosophy

and the programme. *British Journal of Addiction*, 83, 625 - 634.
Darrah, M. (1992). *Sister Ignatia: Angel of Alcoholics Anonymous*. Chicago, Ill: Loyola University.
Davis, D. I., Berenson, D., Steinglass, P. and Davis, S. (1974). The adaptive consequences of drinking. *Psychiatry*, 37, 209 - 215.
DiChiara, G. and Imperato, A. (1988). Drugs abused by humans preferentially increase synaptic dopamine concentrations in the mesolimbic system of freely moving rats. *Proceedings of the National Academy of Science, USA*, 85 (14), 5274 - 5278.
Drew, L. R. H. (1986). Beyond the disease concept of addiction: Drug use as a way of life leading to predicaments. *Journal of Drug Issues*, 16(2), 263 - 274.
Edwards, G. (1984). Drinking in longitudinal perspective: Career and natural history. *British Journal of Addiction*, 79, 175 - 183.
Ellis, A. (1985). Why Alcoholics Anonymous is probably doing itself and alcoholics more harm than good by its insistence on a higher power [Review of Alcoholics Anonymous, 3rd ed.]. *Employee Assistance Quarterly*, 1(1), 95 - 97.
Ellis, A. and Schoenfeld, E. (1990). Divine intervention and the treatment of chemical dependency. *Journal of Substance Abuse Treatment*, 2, 459 - 468.
Gellman, I. P. (1964). *The sober alcoholic: An organizational analysis of Alcoholics Anonymous*. New Haven: College University Press Services, Inc.
Gitlow, S. E. (1973). Alcoholism: A disease. In P. B. Bourne and R. Fox (Eds.), *Alcoholism: Progress in Research and Treatment*. New York: Academic Press.
Goodwin, D. W. (1988). *Is alcoholism hereditary?* (revised edition). New York: Ballantine.
Goodwin, D. W. (1985). Genetic determinants of alcoholism. In J. H. Mendelson and N. K. Mello (Eds.), *The diagnosis and treatment of alcoholism*, Second edition (pp.65 - 87). New York: McGraw Hill.
Goodwin, D.W., Schulsinger, F., Hermansen, L., Guze, S. B. and Winokur, G. (1973). Alcohol problems in adoptees raised apart from alcoholic biological parents. *Archives of General Psychiatry*, 28, 238 - 243.
Gorski, T. (1986). Relapse prevention planning: A new recovery tool. *Alcohol Health and Research World*, 11(1), 6 - 11.
Hall, H. A. (1984). The role of faith in the process of recovering from alcoholism. *Dissertation Abstracts International*, 45, 3369A. [University Microfilms No. 85 - 00721].
Heath, D.B. (1990). Cultural factors in the choice of drugs. In M. Galanter(Ed.), *Recent developments in alcoholism*, volume 8 (pp.245−254). New York:

Plenum.
Heath, D. B. (1989a). The new temperance movement: Through the looking glass. In E.S.L. Gomberg (Ed.), *Current issues in alcohol/drug studies* (pp.143 - 168). New York: Haworth.
Heath, D. B. (1989b). Environmental factors in alcohol use and its outcomes. In H. W. Goedde and D. P. Agarwal (Eds.), *Alcoholism: Biomedical and genetic aspects* (pp. 312 - 324). New York: Pergamon.
Heath, D. B. (1986). Drinking and drunkenness in transcultural perspective: An overview. *Transcultural Psychiatric Research Review*, 21, 7 - 42, 103 - 126.
Hennessey—Heine, B. (1995). The sober alcoholic woman: A portrait. *Dissertation Abstracts International*. [University Microfilms No. 9536781].
Hewitt, T. F. (1980). *A biblical perspective on the use and abuse of alcohol and other drugs*. Pastoral Care Council on Alcohol and Drug Abuse, North Carolina Department of Human Resources. Available from: North Carolina Council on Alcoholism, P.O. Bos 6007, Greenville, N.C. 27834.
Jackson, J.K. (1954). The adjustment of the family to the crisis of alcoholism. *Quarterly Journal of Studies on Alcohol*, 15, 562 - 586.
Jellinek, E. M. (1960). *The disease concept of alcoholism*. Highland Park, NJ: Hillhouse Press.
Jellinek, E. M. (1947). Recent trends in alcoholism and in alcohol consumption. *Quarterly Journal of Studies on Alcohol*, 8(1), 1 - 42.
Joachim, K. (1988). *Spirituality and chemical dependency: Guidelines for treatment*. Oxford, Mich. The Oxford Institute.
Johnson, B.H. (1973). The alcoholism movement in America: A study incultural innovation. *Dissertation Abstracts International*, 34(9a). [University Microfilms No.74 - 05603].
Joint Commission on Accreditation of Healthcare Organizations. (1989). *Consolidated standards manual*. Chicago, Ill.: Joint Commission.
Kasl, C. (1992). *Women, sex and addiction: A search for love and power*. New York: HarperCollins.
Keller, M. (1990). *Models of alcoholism: From days of old to nowadays*. [Pamphlet Series]. New Brunswick, N.J.: Center of Alcohol Studies, Rutgers University.
Keller, M. (1975). Multidisciplinary perspectives on alcoholism and the need for integration: An historical and prospective note. *Journal of Studies on Alcohol*, 36(1), 133 - 147.
Khantzian, E. J. (1986). A contemporary psychodynamic approach to drug abuse treatment. *American Journal of Drug and Alcohol Abuse*, 12(3), 213 - 222.
Khantzian, E .J. and Mack, J. E. (1989). Alcoholics Anonymous and contemporary

psychodynamic theory. In M. Galanter (Ed.), *Recent Developments in Alcoholism*, volume 7 (pp. 67 - 89). Plenum Press.

Khantzian, E. J., Halliday, K. S. and McAuliffe, W. E. (1990). *Addiction and the vulnerable self: Modified dynamic group therapy for substance abusers*. New York: Guilford.

King, E. and Castelli, J. (1995). *Culture of recovery, culture of denial: Alcoholism among men and women religious*. Washington, D.C.: Center for Applied Research in the Apostolate at Georgetown University [CARA].

Kubicek, K. (1998). Self-defined attributes of success: A phenomenological study of long-term recovering alcoholics. *Dissertation Abstracts International*. [University Microfilms No.].

Kurtz, E. (1991). The twelve-step approach to spirituality. *The Addiction Letter*, 7(8), 1 - 2.

Kurtz, E. (1986, June). Origins of AA spirituality. *Blue Book*, 38, 35 - 42.

Kurtz, E. (1982). Why AA works—The intellectual significance of Alcoholics Anonymous. *Journal of Studies on Alcohol*, 43, 38 - 80.

Kurtz, E. (1979). *Not-god: A history of Alcoholics Anonymous*. Center City, Minn. Hazelden Educational Materials.

Larsen, E. (1985). *Stage II recovery: Life beyond addiction*. San Francisco: Harper & Row.

Lazarus, A. A. (1981). *The practice of multimodal therapy*. New York: McGraw-Hill.

Lazarus, A. A. (1976). *Multimodal behavior therapy*. New York: Springer.

Leach, B. and Norris, J. L. (1977). Factors in the development of Alcoholics Anonymous. In B. Kissin and H. Begleiter (Eds.), *The biology of alcoholism, volume 5: Treatment and rehabilitation of the chronic alcoholic* (pp. 441 - 543). New York: Plenum Press.

Levine, H. G. (1978). The discovery of addiction: Changing conceptions of habitual drunkenness in America. *Journal of Studies on Alcohol*, 39(1), 143 - 174.

Liepman, M. R., Silvia, L. Y. and Nirenberg, T. D. (1989). The use of family behavior loop mapping for substance abuse. *Family Relations*, 38, 282 - 287.

Ludwig, A. M. (1988). *Understanding the alcoholic's mind: The nature of craving and how to control it*. New York: Oxford University Press.

Ludwig, A. M. (1985). Cognitive processes associated with "spontaneous" recovery from alcoholism. *Journal of Studies on Alcohol*, 46(1), 53 - 58.

Mack, J. E. (1981). Alcoholism, AA and the governance of the self. In M. H. Bean and N. E. Zinberg (Eds.), *Dynamic approaches to the understanding and treatment of alcoholism* (pp. 128 - 162). New York: Free Press.

Marlatt, G. A. and Gordon, J. R. (1980). Determinants of relapse: Implications for the maintenance of behavior change. In P. Davidson (Ed.), *Behavioral medicine: Changing health lifestyles* (pp.410 - -452). New York: Brunner/Mazel.

Maxwell, M. A. (1984). *The Alcoholics Anonymous experience.* New York: McGraw-Hill.

May, G.A. (1988). *Addiction and grace: Love and spirituality in the healing of addictions.* San Francisco: Harper Collins.

Mercadante, L. (1996). *Victims and sinners: Spiritual roots of addiction and recovery.* Louisville, Ky: Westminster John Knox.

Milkman, H. and Frosch, W. (1977). The user's drug of choice. *Journal of Psychedelic Drugs*, 9(1), 11 - 24.

Milkman, H. and Sunderwirth, S. (1987). *Craving for ecstasy: The consciousness and chemistry of escape.* Lexington, Mass.: D.C. Heath.

Miller, W. R. (1998). Researching the spiritual dimensions of alcohol and other drug problems. *Addiction*, 93(7), 971 - 982.

Miller, W. R. (1997). Spiritual aspects of addictions treatment and research. *Mind/Body Medicine*, 2(1), 37-43.

Moberg, D. O. (1986). Spirituality and science: The progress, problems, and promise of scientific research on spiritual well-being. *Journal of the American Scientific Affiliation*, 38(3), 186 - 194.

Moberg, D. O. (1971). *Spiritual well-being: Background and issues.* Washington, D.C.: White House Conference on Aging.

Moberg, D. O. and Brusek, P. M. (1978). Spiritual well-being: A neglected subject in quality of life research. *Social Indicators Research*, 5, 303 - 323.

Moos, R. H. (1994). What I would most like to know: Why do some people recover from alcohol dependence, whereas others continue to drink and become worse over time? *Addiction*, 89, 31 - 34.

Morgan, O. J. (1999). "Chemical comforting" and the theology of John C. Ford, S. J. : Classic answers to a contemporary problem. *Journal of Ministry in Addiction and Recovery*, 6(1), pp. 29-66.

Morgan, O. J. (1998b). Practical theology, alcohol abuse and alcoholism: Methodological and biblical considerations. *Journal of Ministry in Addiction and Recovery*, 5(2), pp. 33-64.

Morgan, O. J. (1998a). Addiction, family treatment, and healing resources: An interview with David Berenson. *Journal of Addictions and Offender Counseling*, 18(2), pp. 54 - 62.

Morgan, O. J. (1992). In a sober voice: A psychological study of long-term alcoholic recovery with attention to spiritual dimensions. *Dissertation Abstracts International*, 52(11), 6069 - B. [University Microfilms No. 9210480].

Musto, D. F. (1987). *The American disease: Origins of narcotic control.* (revised edition). New York: Oxford University Press.
Nace, E. P. (1987). *The treatment of alcoholism.* New York: Brunner/Mazel.
National Institute for Healthcare Research (1997). *Scientific Research on spirituality and health: A consensus report.* Washington, D.C.: NIHR.
O'Farrell, T. J. (1993). *Treating alcohol problems: Marital and family interventions.* New York: Guilford.
Prochaska, J. O., Norcross, J. C. and DiClemente, C. C. (1994). *Changing for good.* New York: Williams Morrow.
Prochaska, J.O., DiClemente, C.C. and Norcross, J.C. (1992, September). In search of how people change: Applications to addictive behaviors. *American Psychologist*, pp.1102 - 1114.
Raistrick, D. (1991). Career and natural history. In I. B. Glass (Ed.), *The international handbook of addiction behaviour*, pp. 34 - 40.
Robertson, N. (1988). *Getting better: Inside Alcoholics Anonymous.* New York: William Morrow and Company.
Roessler, S. J. (1982). The role of spiritual values in the recovery of alcoholics. *American Doctoral Dissertations* (1981 - 1982), 406.
Royce, J. E. (1981). *Alcohol problems and alcoholism: A comprehensive survey.* New York: Free Press.
Royce, J. E. and Scratchley, D. (1996). *Alcoholism and other problems.* New York: Free Press.
Rudy, D. R. (1986). *Becoming alcoholic: Alcoholics Anonymous and the reality of alcoholism.* Carbondale and Edwardsville, Ill.: Southern Illinois University Press.
Schneiders, S. M. (1986). Theology and spirituality: Strangers, rivals, or partners? *Horizons*, 13(2), 253 - 274.
Schneiders, S. M. (1990). Spirituality in the academy. In B.C. Hanson (Ed.), *Modern Christian spirituality: Methodolgical and historical essays* (pp.15 - 37). Atlanta: Scholars Press.
Schuckit, M. A. (1989). *Drug and alcohol abuse: A clinical guide to diagnosis and treatment*, third edition. New York: Plenum.
Schuckit, M. A. (1983). Alcoholic men with no alcoholic first-degree relative. *American Journal of Psychiatry*, 140, 439 - 443.
Shaffer, H. J. and Jones, S. B. (1989). *Quitting cocaine: The struggle against impulse.* Lexington, Mass.: Lexington.
Sheldrake, P. F. (1996, Summer). The crisis of postmodernity. *Christian Spirituality Bulletin*, 4(1), 6 - 10.
Siegler, M., Osmond, H., & Newell, S. (1968). Models of alcoholism. *Quarterly*

Journal of Studies on Alcohol, 29, 571 - 591.
Silvia, L. Y. and Liepman, M. R. (1991). Family behavior loop mapping enhances treatment of alcoholism. *Family and Community Health,* 13(4), 72 - 83.
Sommer, S. M. (1992). A way of life: Long-term recovery in Alcoholics Anonymous. *Dissertation Abstracts International,* 53(7), 3795B. [University Microfilms No.9236722].
Spicer, J. (1993). *The Minnesota Model: Evolution of the multidisciplinary approach to addiction recovery.* Center City, Minn.: Hazelden Educational Materials.
Stanton, M. D., Todd, T. C., Heard, D. B., Kirschner, S., Kleiman, J. I., Mowatt, D. T., Riley, P., Scott, S. M. and Van Deusen, M. M. (1982). A conceptual model. In M. D. Stanton, T. C. Todd and Associates. *The family therapy of drug abuse and addiction* (pp.7 - 30). New York: Guilford Press.
Steinglass, P., Bennett, L. A., Wolin, S. J. and Reiss, D. (1987). *The alcoholic family.* New York: Basic Books.
Stevens-Smith, P. and Smith, R. L. (1998). *Substance abuse counseling: Theory and practice.* Upper Saddle River, N.J.: Prentice Hall.
Sunderwirth, S. (1985). Biological mechanisms: Neurotransmission and addiction. In H. Milkman and H. Shaffer (Eds.), *Addictions: Multidisciplinary perspectives and treatments* (pp. 11 - 19). Lexington, Mass: Lexington Books.
Svendsen, R. and Griffin, T. (1991). *Alcohol and other drugs: A planning guide for congregations.* St. Paul, Minn: Health Promotion Resources.
Tasman, A., Hales, R. E. and Frances, A.J. (Eds.) (1989). *Review of psychiatry,* vol. 8. Washington, D.C.: American Psychiatric Press.
Tiebout, H. M. (1961). Alcoholics Anonymous—An experiment in nature. *Quarterly Journal of Studies on Alcohol,* 22, 52 - 68.
Tiebout, H. M. (1954). The ego factors in surrender in alcoholism. Center City, Minn: Hazelden Educational Materials. [Reprinted from *Quarterly Journal of Studies on Alcohol,* 15, 610 - 621.
Tiebout, H. M. (1953). Surrender versus compliance in therapy with special reference to alcoholism. Center City, Minn.: Hazelden Educational Materials. [Reprinted from *Quarterly Journal of Studies on Alcohol,* 14, 58 - 68].
Tiebout, H. M. (1949). The act of surrender in the therapeutic process with special reference to alcoholism. *Quarterly Journal of Studies on Alcohol,* 10, 48 - 58.
Tiebout, H. M. (1946). Psychology and treatment of alcoholism. *Quarterly Journal of Studies on Alcohol,* 7, 214 - 227.
Tiebout, H. M. (1944). Therapeutic mechanisms of Alcoholics Anonymous. *American*

Journal of Psychiatry, 100, 468 - 473.

Treadway, D. C. (1989). *Before it's too late: Working with substance abuse in the family*. New York: W. W. Norton.

Tucker, M. B. (1985). U.S. ethnic minorities and drug abuse: An assessment of the science and practice. *International Journal of Addiction*, 20, 1021 - 47.

Turner, C. (1993). Spiritual experiences of recovering alcoholics. *Dissertation Abstracts International*, 56(3), 1128A. [University Microfilms No.9521866].

Vaillant, G. E. (1996). A long—term follow—up of male alcohol abuse. *Archives of General Psychiatry*, 53, 243 - 49.

Vaillant, G. E. (1995). *The natural history of alcoholism revisited*. Cambridge, Mass.: Harvard University Press.

Vaillant, G.E. (1988). What can long—term follow—up teach us about relapse and prevention of relapse in addiction? *British Journal of Addiction*, 83, 1147 - 57.

Vaillant, G. E. (1983). *The natural history of alcoholism*. Cambridge, MA: Harvard University Press.

Vaillant, G.E. (1980). The doctor's dilemma. In G. Edwards & M. Grant (Eds.), *Alcoholism treatment in transition* (pp. 13 - 31). Baltimore: University Park Press.

Vaillant, G. E. & Milofsky, E. S. (1982). Natural history of male alcoholism: Four paths to recovery. *Archives of General Psychiatry*, 39, 127 - 133.

Wegscheider—Cruse, S. (1989). *Another chance: Hope and health for the alcoholic family*, second edition. Palo Alto: Science and Behavior Books.

Westermeyer, J. (1997). Native Americans, Asians and New Immigrants. In J.H. Lowinson, P. Ruiz, R. B. Millman, J. G. Langrod (Eds.), *Substance buse: A comprehensive textbook*, 3rd edition, (pp.712 - 16). Baltimore: Williams and Wilkins.

Whitfield, C. L. (1985). *Alcoholism, attachments and spirituality: A transpersonal approach*. East Rutherford, N.J.: Thomas Perrin.

Woodruff, C. R. (1968). *Alcoholism and Christian experience*. Philadelphia: Westminster.

Zinberg, N. E. and Bean, M. H. (1981). Introduction: Alcohol use, alcoholism, and the problems of treatment. In M. H.Bean & N. E. Zinberg (Eds.), *Dynamic approaches to the understanding and treatment of alcoholism* (pp.1 - 35). New York: Free Press.

제 2 부
임상적 관점들

제2장 영적 질병의 증상으로서 물질사용장애
　　　해럴드 E. 도웨이코

제3장 중독적인 마음 치유하기
　　　리 잼폴스키

제4장 영성에 대한 체계적 관점: 가족치료의 자원으로서 하나님과 12단계 프로그램
　　　데이비드 베렌슨

제5장 중독의학의 실제에서 영성에 대한 저항의 문화적 요소들을 극복하기
　　　데이비드 E. 스미스, 리차드 B. 시모어

제6장 여러 개의 길, 하나의 여정: 진실을 향한 한 여성의 길
　　　샬럿 캐슬

제 2 장

영적 질병의 증상으로서 물질사용장애[1]

해럴드 E. 도웨이코(Harold E. Doweiko)

> 솔직히, 방종은 다양한 형태를 띠기 때문에 많은 이름을 갖고 있다. 이러한 형태 중 하나가 사람에게 두드러지게 나타날 때 그 사람은 그 이름, 전혀 명예롭거나 탁월하지도 않은 이름을 갖게 된다…열망이 음주의 문제에서 두드러지게 되면, 우리가 그 길로 향하는 사람에게 적용할 수 있는 용어는 분명하지만, 다른 그러한 사람들과 다른 그러한 열망의 경우에 어떤 이름이 적절할지는 분명하지 않다(*Phaedrus*, Plato[Hackforth 역], 1989, p. 493)

플라톤이 주장했듯이, 물질의 과도한 사용은 21세기를 맞은 미국에 전혀 특별한 문제가 아니다. 그러나 약물남용은 고통을 겪는 개인과 사

---

1 이 논문은 Jeanette M. ("Jan") Doweiko를 추모하며 사랑으로 바친다.

회 모두가 엄청난 대가를 치러야 하는 사회적 문제이다. 예를 들어, 알코올 사용/남용으로 인해서 미국에서 해마다 모든 남성, 여성 그리고 아동에게 600만 달러의 비용이 든다(Kaplan, Sadock, and Grebb, 1994).

더구나, 직접적인 사망자 수의 면에서 보면, 불법적인 향정신성 약물의 남용으로 인해서 미국에서 해마다 2만 5천 명(Office of National Drug Control Policy, 1996)에서 3만 명(Samet, Rollnick, and Barnes, 1996)이 조기사망하는 것으로 사료된다. 여기에 미국에서 해마다 알코올남용으로 조기 사망하는 10만 명(Lieber, 1995)에서 20만 명(Hyman and Cassem, 1995)으로 추정되는 숫자가 추가된다.[2]

그러나 이러한 수치들은 놀랍기는 하지만 여전히 가정 해체로 인해 간접적으로 고통을 겪고 있는 사람들, 정서적/신체적 학대로 인해 고통을 겪고 있는 아동, 배우자 학대, 혹은 물질과 관련된 직/간접적 자살의 수치가 반영되지 않았다.

사회의 반응은 약물남용/중독의 문제에 대해 '전쟁'을 선포하는 것이었다. 이러한 전쟁 선포에 대한 반응의 일부분은 물질남용 문제의 원인을 이해하려는 의학의 탐색이었다. 더구나, 사회는 불법 약물의 원천을 저지하고 이런 물건들을 거래하는 사람들을 처벌하기 위해 노력하는 데 수십억 달러를 쏟아 부었다. 마침내, 의학이 제공할 수 있는 최신의 무기들로 약물을 남용하고 있거나 그것에 중독된 사람들을 치료하려는 중요한 노력들이 이뤄졌다.

불행하게도, 이러한 싸움을 함에 있어서 향정신성 약물남용의 문제의 발달과 치료에 대해 가장 좋은 통찰을 제공하는 한 학파가 사회에서는

---

[2] 미국에서 성인들은 담배를 합법적으로 구입할 수 있지만, 그들은 해마다 45만 명의 조기사망의 원인으로 사료된다.

사실상 무시되었다. 그것은 알코올과 다른 약물의 문제들이 영혼의 질병이라는 견해이다.

영적 성장, 혹은 영성을 둘러싼 주제들이 서구 사회에서 대부분 무시되었기 때문에 사회가 이러한 견해를 무시했다는 사실은 놀랍지 않다(Moore, 1996). 그러나 중독장애의 영적인 요소를 무시하면서, 의사들은 중독장애에 신체적, 정서적, 영적 요소들이 있다는 사실을 간과한다(Doweiko, 1996; Martin, 1990).

전체적으로, 물질사용장애는 전통적인 '질병'이 아니라 영적인 이상의 한 형태로 이해될 수 있었다. 지지자들은 다양한 형태의 약물남용이 질병 상태라는 점을 크고 장황하게 주장하고, 심혈관계적 혹은 유전적 질병과 같은 그런 장애들과의 유사성을 지적한다.

그러나 "질병 모델"의 지지자들은 역력한 한 가지 사실을 간과한다. 자살을 제외한 다른 어떤 장애들과는 달리, 알코올 및 다른 약물중독은 그 장애의 '희생자'의 적극적인 참여가 요구되는 일종의 '질병'이다(Doweiko, 1996). 따라서, 알코올이나 다른 약물오용의 문제를 이해하고 치료하기 위해서는 어떻게 물질사용장애가 영적 장애의 징후일 수 있는지 이해하는 것이 필요하다.

1. 어떻게 영혼을 잃어버리게 되었나

'자기,' 삶의 의미를 둘러싼 질문들, 혹은 개인의 영적 성장에 있어서 경험의 역할에 대한 탐구가 시대의 정신을 사로잡았던 때가 있었다. 그러나 사회가 21세기에 접어들면서 많은 사람들이 영적 통찰을 추구하고 있지만, 영혼에 대한 연구와 관련된 주제들은 사회의 많은 부분에서 거의 무시되고 있다. 영적인 것으로부터 멀어진 데는 많은 이유가 있다. 즉각적인 만족을 추구하는 많은 사람들은 '자기'의 어떤 측면의 전생애 발달에 개인적으로 몰두할 필요성을 쓸모없거나, 보람이 없거나 혹은 어쩌면 가장 터무니없거나 무의미한 것으로 보았다. 다른 사람들은 영적 세계가 너무나도 파악하기 어렵게 되었기 때문에 그것은 삶의 방식이 아니라 단지 지적인 추상 관념으로서만 이해될 수 있다고 보았다(Moore, 1997).

많은 사람들이 현대과학의 통찰들과 자원들에 의존하면서 영적 성장의 이론적 가능성이 아니라, 과학적 확실성의 구체적인 강점을 요구한다(Kaiser, 1996). 너무 많은 사람들이 일상적인 생존에 대한 요구 때문에 영적 성장을 위해 개인적으로 헌신하지 못한다.

더구나, 현대적인 것, 유행하는 것, 혹은 세련된 것에 대한 추구로 인해서 이전 세대는 덜 지적이고 세련되지 못한 것으로 이해되는 결과가 나타났다. 이러한 오해 때문에 우리의 선조들에게 배운 교훈들을 지나치게 단순하고 비현실적인 것으로 일축하는 경향이 생겨났다.

그러나 문제의 진실은 이전 세대들이 오늘날의 우리보다 덜 지적이지 않았다는 것이다. 그들에게는 단지 현재 세계에서 우리를 둘러싸고 있는 정보와 기술이 없었을 뿐이다(Freedman, 1992). 만약 이전 세대가 영성에 대한 연구에 그렇게 많은 시간과 에너지를 쏟았다면, 아마도 그것은 이 문제가 그들에게 근본적으로 중요했기 때문일 것이다.

여기에서 시사하는 바는 과거의 교훈을 무시하면서 현대적인 것을 너무 많이 강조하는 사람들은 인간의 영혼의 중요성을 재발견해야만 한다는 것이다.

고대 철학자들은 인간이라는 동물이 지구상에서 어쨌든 독특하다고 결론 내렸다. 각 개인은 신이 내려준 특별한 선물, 즉 측량할 수도 없고 모사할 수도 없지만, 개인의 존재를 규정하는 것으로 생각되었던 "신성한 생명의 불꽃"을 소유하고 있는 것으로 생각되었다. 이 불꽃이 소멸되면, 생명은 끝이 난다. 라틴어로 이 신성한 선물을 스피릿투스(Spiritus)라고 하는데, 이것에서 영어 스피릿(spirit)과 스피릿추얼(sprtual)이 나왔다.

스피릿투스(Spiritus)의 한 측면은 개인이 자기 자신의 존재, 즉 '자아'에 대해 인식하게 되는 것이다. 불행하게도, 개인의 '자기'가 개인적인 존재에 대해 인식할 수 있도록 해주는 무형의 요소, 즉 개인의 '영혼'이라고 할 수 있는 것은 삶 자체의 경험만큼 신비하다(Moore, 1996; Jacobson, 1995). 이 영혼은 측정되거나 정량화될 수 없기 때문에, 현대과학으로 그 존재를 검증하는 것은 불가능하다.

개인적인 진리(들)을 탐구하는 것에 대해, 과학이 외적인 검증을 강조하는 것은 근본적인 딜레마에 빠지게 된다. 영혼의 문제들은 경험되어야만 하지, 말로만으로는 적절하게 표현될 수 없다(Jacobson, 1995; Martin, 1990).

현대인들은 삶의 기본적인 신비들과 접촉하는 것을 잃어버렸다. 예를 들어, 예술가가 각별하게 실물과 똑같은 석상을 만들 수는 있지만,

> 그 속에 내장이나 창자를 넣을 수도 없고, 그것에 영혼을 부여할 수도 없다. 그러나 거룩하신 이는 인간의 몸뿐만 아니라 그것의 장기를 창조하시고, 그것에 호흡과 영혼을 불어넣으신다(Feinsilver, 1980, p. 19에서 인용).

탈무드라는 이 고대 문헌에서, 우리는 스피릿투스(Spiritus)의 존재에 대한 고백뿐만 아니라 개인에게 그를 생동하게 만드는 생명의 불꽃을 부여하는 위대하신 존재에 대한 수용을 본다. 사실대로 말하자면, 인간의 영혼은 개별적인 존재를 중심적으로 드러내는 것이라고 주장될 수 있다

(Jacobson, 1995; Kurtz and Ketcham,1992; Martin, 1990). 함축적으로 말하자면, 영성은 개인과 우리보다 위대하신 힘(Higher Power) 사이의 관계를 생생하게 표현한 것이라고 이해될 수 있다(Jacobson, 1995).

우리보다 위대하신 힘의 중요성은 본장의 후반부에서 토론될 것이다. 여기에서의 요점은 향정신성 물질남용의 문제를 영혼의 질병으로서 연구했던 사람들이 물질남용에 대해 과학이 인정하지 못했던 관점을 갖게 되었다는 것이다. 실제로, 향정신성 물질 사용/남용의 문제를 다루는 '과학적인' 방법은 개인이 알코올과 다른 약물들을 오용하게 되는 병의 원인을 밝히는데 초점을 맞추었다.

다른 말로 하면, 과학적 설명은 향정신성 약물남용의 신체적이고 정서적인 요소에 초점을 맞추었다. 이것은 과학자들이 다음을 예측하는 등식을 증명하려고 시도하고 있다는 점에서 유망한 관점이다.

> 이러이러한 조건이 존재한다면, 이 개인은 알코올이나 다른 약물들에 중독되게 될 'Y'%의 위험이 있다.

이를 위하여, 과학자들은 알코올 및 다른 약물남용의 유전학, 물질남용의 문제가 있는 구성원이 있는 가족들의 역동 등에 대해 광범위한 조사를 실시하였다. 특히 현대의학이 알코올 및 다른 약물 사용장애가 정말로 '질병'이라는 점을 명확하게 입증하지 못했다는 사실을 고려할 때 이러한 접근의 유용성은 의심의 여지가 있다(Kaiser, 1996).

2. 자기 인식과 불만에 대하여

고대 학자들은 인류가 에덴동산에서 스피릿투스(Spiritus)를 획득했다고 보았다. 현대의 많은 철학자들은 에덴동산 이야기가 성경에서 이야기되었듯이 아담이 지식의 나무의 열매를 먹었다는 아담의 신체적 행동이 아니라 자기 인식의 발달을 가리킬 수 있다고 믿는다(Fromm, 1956).

그러나 자기 인식의 가치를 이해하는 사람들은 거의 없는 것 같다. 많은 사람들이 '자아'(selfhood)의 선물을 받아들이기보다는 삶에서의 그들의 몫에 대해 불평한다. 한 마디로 말해서 그들은 '자기'에 대한 그들의 인식에 대해 불만스러워한다.

인간이라는 정의에는 개인이 어떤 면에서 불완전하다는 고통스럽고도 무거운 의미가 담겨있다(Jacobson, 1995). '자기' 인식의 한 결과는 개인이 창조주로부터도 분리되어 있다는 앎이기 때문에 이것은 불가피하다. 각 개인은 자기를 인식하게 되면서 단지 동물의 왕국의 일부라는 어리석은 익명성을 상실하고, 자신이 그의 동료들로부터 분리되어 있다는 엄청나고 끔찍한 앎에 이르게 된다(Fromm, 1965; 1956).

이것이 선악과의 부작용이었는지, 아니면 의도된 결과였는지는 완전히 분명하지는 않다. 어떤 경우라 하더라도 동물의 왕국의 다른 구성원들과는 대조적으로 인간이라는 동물은

> 유일하게 불만스러운 하나님의 피조물이고, 하나님이 그를 그렇게 만들려고 의도하지 않았다는 것은 의심의 여지가 없다. 인간의 마음에는 '신성한 불만'이라고 불리는 것이 심겨졌다(Lefkowitz, 1966, p. 199).

누군가는 각 개인에게 심겨진 '신성한 불만'이 인간이라는 동물을 단

지 동물의 왕국의 일원 그 이상이 되도록 움직이는 힘이라고 주장할 수 있다. 인간이 된다는 것은 자신의 동료들로부터의 고립과 분리를 인식하는 것이다.

이 고립감과 싸우기 위해서 개인은 **소속감** 혹은 **유대감**을 추구한다(Kurtz and Ketcham, 1992). 개인은 자기보다 더 큰 어떤 것, 즉 하나의 전체로서의 자연, 가족, 사회집단, 혹은 특정 종교와 연결되는 것을 추구한다(Fromm, 1965). 이러한 소속감은 이러한 유대감을 통해서 개인은 안전을 얻기 때문에 이점이 있다.

> 그는 자신이 확고한 위치를 차지하는 구조화된 전체에 속하여, 거기에 뿌리를 내리고 있다. 그는 굶주림이나 억압으로 인해 고통받을 수 있지만, 모든 고통 중에서도 가장 참기 어려운 고통(완전한 고립과 의심)은 맛보지 않는다
>
> (Fromm, 1965, p. 51).

따라서, 인간 경험의 일부는 전체가 아니라는 느낌, 너무나 강력해서 개인에게 치료책을 찾도록 하게 만드는 고립감의 경험이다. 많은 사람들에게 이러한 문제에 대한 해결책은 '자기'보다 더 큰 무엇인가에 소속하는 것이다. 그러나 본장의 후반부의 토론에서 보게 될 것처럼, 다른 사람들은 이러한 문제에 대해 약물적인 해결책에 의지한다.

3. 인간됨의 고통

각 개인이 단순히 인간이기 때문에 씨름해야만 하는 이 고립감과 불완전감에 일상적인 삶의 경험들이 겹쳐지면서 개인의 영혼은 너무나도 다

양한 방식으로 상처를 입는다. 이러한 지속적인 공격의 최종 결과는 개인은 인간됨의 가장 가혹한 교훈들 가운데 하나를 배운다는 것이다. 즉, 살아있다는 것은 고통을 알아야만 한다는 것이다.

고대 불교의 격언에 의하면, 삶은 고통이다(生卽苦). 고대 히브리인들은 **고통이 없다는 것은 인간이 아니었다는 것**이라고 믿었기 때문에 고통은 삶의 본질적인 부분이라고 믿게 되었다. 선악과의 열매를 베어 물었을 때, 아담은 개인적인 고통과 괴로움에 대한 자각이 에덴동산에 들어오도록 허용했다고 할 수 있다.

부분적으로, 고통은 개별적인 자아의 감각에 대한 다중적인 공격으로부터 생겨난다. 이러한 공격들은 생애 초기에 시작된다. 합당한 수준의 고통은 인간의 성장을 위해서 필요하다고 할 수 있다. 예를 들어, 생애 초기 몇 개월 동안 유아는 자기 자신을 우주의 중심이라고 본다는 주장이 있었다.

그러나 시간이 흐르면서, 유아는 불가피한 정도의 좌절에 직면하기 시작한다. 아무리 아이의 필요를 채워주는 데 적극적이라고 할지라도 부모는 아이에게 그 필요들을 알게 한 그 순간에 그렇게 하는 것을 실패한다. 중요한 타자들과의 상호 작용과 유아의 뇌의 자연스러운 발달뿐만 아니라 외적으로 부과된 이러한 좌절은 유아에게 다음과 같은 자각을 강요한다.

(1) 나는 우주의 중심이 아니다.
(2) 우주에 대한 나의 통제는 완벽하지 않다.

'자기'와 우주의 관계에 대한 자신의 견해를 수정하는 이러한 과정은 발달 과정의 자연스러운 결과이다. 에릭슨(Erikson, 1980)의 자아 발달

이론은 영적 성장을 구체적으로 다루지는 않지만 영적 성장을 이해할 수 있는 틀을 제공해준다. 에릭슨이 규정한 성장의 8단계는 각각 발달상의 도전에 의해 촉진되는데, 인생의 다음 단계로 넘어가기 위해서 개인은 그것을 극복해야만 한다.

이러한 각 발달 단계의 요구들은 '자아' 혹은 영혼에 대한 개인의 감각에 영향을 미친다. 예를 들어, 에릭슨(1980)이 가정한 자아발달의 첫 번째 단계는 **기본적 신뢰/불신**의 단계였다. 건강한 가정에서는 부모가 안정된 분위기, 즉 안정되고, 지지적이고, **상대적으로 예측 가능한 환경**, 유아가 세상에서 **기본적 신뢰감**을 형성할 수 있도록 해주는 환경을 제공한다 (Erikson, 1980).

개인이 자신의 동료들과의 기본적인 유대감을 형성하는 것은 이 단계에서이다. 유아는 일정 수준의 불안정을 견딜 수 있지만, 그(녀)는 어떤 한계 내에서 보호자가 존재하고 자신의 필요들을 채워주는 것을 요구한다.

유아에게 그 이상의 심리사회적 성장이 일어날 수 있는 안정된 틀을 제공해주는 것은 이러한 예측 가능성과 지원이다. 그러나 부모의 지원은 단지 상대적이다. 필연적으로 유아는 어느 정도의 좌절과 각성을 경험하게 될 것이다. 실제로, 좌절의 경험은 영적 성장의 토대를 형성한다고 말할 수 있다.

유아의 불가피한 좌절은 우주의 분리된 일부분으로서 개인의 존재에 대한 자각이 증가하도록 자극하는 데 도움이 된다. 동시에, 필요들이 즉시 채워지지 않으면, 좌절 때문에 유아는 자신의 환경에 있는 중요한 타자들과 상호 작용하게 된다.

발달과정에서 아이는 '자기'의 필요들이 중요한 타자들에 의해 즉시 채워지지 않을 때 좌절을 감수하는 과제에 직면한다. 아이는 부모의 오류들에도 불구하고 그들이 지속적인 성장을 위해서 "충분히 좋은" 곳을 제공해줄 것이라고 이해할 수 있는 지점에 도달해야만 한다.

삶의 불행한 현실은 개인의 영적 정체성, 즉 '영혼'이 매일 수많은 공격을 당한다는 것이다. 예를 들어, **근면성/열등감**으로 규정된 에릭슨(1980)의 자아 성장 단계 동안, 아이는 때때로 영혼을 짓누르기 위해서 기획된 것으로 보이는 교육체계에 연루된다. 풀검(Fulghum, 1991)은 현대의 교육체계가 그렇게 하려는 의도가 없음에도 불구하고 어떻게 '자기'에 대한 아이의 믿음을 짓누르는지에 대해 매우 생생한 예를 제공했다.

유치원 학급에 있는 아이에게 무엇을 하라고 말해보라.

풀검(1991)은 노래가 됐든, 그림이 됐든, 혹은 춤이 됐든, "그들의 대답은 예이다! 몇 번이고 예이다"(p. 226)라고 주장한다. 같은 학생들이 고등학교나 대학에 갈 때쯤 동일한 질문을 한다면, 단지 매우 작은 비율만이 그들의 손을 들 것이다.

"유치원과 대학 사이에서 무엇이 잘못되었을까? '예! 물론 할 수 있어요'라는 대답에 어떤 일이 일어난 걸까?"라고 저자는 묻는다(p. 227).

이러한 과정을 거쳐서, 설령 우리가 모두 "소망, 신앙 그리고 꿋꿋함"(Fromm, 1968)으로 삶을 시작한다 할지라도, 이러한 특성들이 평생을 거치면서 어떻게 도전을 받고, 아마도 짓눌리게 되는지 이해하는 것이 가능해진다. 매일의 삶에서의 다양한 외상은 개인의 영적 전체감에 실망과 장애를 초래하는 영향력을 미친다. 아마도 그(녀)의 적응에 있어서 가장 해로운 것은 개인의 신앙을 잃어버리는 것일 것이다. 신앙, 신뢰의 상실로 인해서 개인은 내면에 빈 공간을 느끼게 된다(Tillich, 1957).

어쩌면 그(녀)의 이야기는 개인이 빈 공간이 아닌 다른 어떤 것을 경험할 수 있는 기회가 없거나 아마도 이전에 존재했던 어떤 자아의 불꽃도 개인이 극복할 수 있는 능력을 넘어서는 힘에 의해 꺼지게 되는 그런 것일 것이다.

그러나 이러한 고통과 함께 궁극적인 각성, 개인적인 힘의 한계에 대한 자각, 인생의 덧없음의 순간이 온다(Fromm, 1968). 그 순간에, 개인은 우주가 그다지 지지적이지 않을 뿐만 아니라 때로는 무자비하고 불합리하기도 하다는 사실을 깨닫는다. 개인은 산다는 것이 계속해서 고통을 겪는 것이라는 사실을 발견한다.

비록 이러한 발견을 통해서 영적 성장을 위한 기회가 주어진다고 할지라도, 그것은 개인의 '자기'감을 흩뜨림으로써 그렇게 되는 것이다. 그 어떤 사람의 세계관도 우주에서의 자신의 위치에 대한 이러한 궁극적인 자각의 순간으로부터 상처를 입지 않고는 생겨나지 않는다.

이러한 궁극적인 통찰을 얻게 될 때, 개인은 결정 지점에 이른다. 그(녀)는 그들의 요구를 자신이 얻을 수 있는 만큼 줄일 수 있고 그들이 도달할 수 없어 보이는 것을 꿈꾸지 않을 수 있다(Fromm, 1968, p. 21), 아니면, 그 개인은 우주에 자신의 의지를 관철시키려고 할 수 있다.

이러한 발달상의 장애물을 극복하는 것은 개인에게 어려운 과제이고, 많은 사람이 이러한 궁극적인 실망을 성공적으로 받아들이는 데 실패한다. 하나의 가능한 결과는 개인의 한계를 받아들이기보다는 개인이 "영적인 자기애자"가 되는 것이다.

만약 개인이 '자기'보다 위대한 힘의 가능성을 받아들일 수 없게 된다면, 그(녀)에게는 삶이 제공해줄 수 있는 그 어떤 즐거움도 거절할 이유가 없을 것이다. 너무나도 많은 경우에, 만약 개인의 빈 가슴과 영혼을 채워줄 수 있는 어떤 것을 찾지 못한다면, 그(녀)는 알코올이나 약물로 그렇게 하는 것을 매우 쉽게 선택할 수 있다(Stratton, 1996; Graham, 1988; Frankl, 1978).

확실히, 내재적인 불확실함, 고통 그리고 좌절이 있는 삶을 받아들이는 것은 때때로 매우 어려운 일이다. 개인은 쉽게 일상적인 삶의 누적된 고통과 좌절에 압도된다고 느낀다. 이러한 고통을 극복하는 극단적인 방법은 개인이 자살을 선택하는 것 외에 다른 선택이 없다고 믿을 때 나타난다(Stratton, 1996). 본장에서는 자살의 주제에 집중하지 않지만, 독자는 영성, 물질남용 그리고 자살 사이에 관계가 있음을 인식해야만 한다.

이러한 맥락에서, 향정신성 물질을 사용하는 것은 개인이 '작은' 죽음의 경험을 추구하고 있는 것으로 이해될 수 있다. 그(녀)는 이 경험을 통해서 내면의 고통을 통제하거나 잠시 동안 그치게 하려고 할 수 있다. 이러한 견해는 알코올남용을 내면의 고통을 '마비시키려는' 시도로 보았던 초기의 심리치료사 카렌 호나이(Karen Horney, 1964)의 견해와 일치한다.

4. 영혼을 추구하는 인간

빅터 프랭클(Victor Frankl, 1978)이 물질오용은 개인 내면의 방향 상실에 대한 반응일 수 있다고 결론을 내린 것은 우연의 일치가 아니다. 제2차 세계대전 당시 히틀러의 독일강제수용소에서의 인간 본성에 대한 그의 관찰에 기초하여 프랭클은 기본적인 욕구들이 채워지고 나면 인간이라는 동물은 "의미의 추구"(그 의미 없음이 우리 시대의 불행의 많은 부분을 설명해줄 것 같은)에 몰두한다고 추론하게 되었다.

더구나, 프랭클(1978)은 너무나도 많은 사람들에게 있어서 개인적 존재를 위한 명확한 의미가 부재하다고 결론을 내렸다. 실제로, 개인적인 의미가 없다는 것은 "집단 신경증"으로 이해될 수 있는데, 그것은 향정신성 물질남용이 명백하게 증가하는 하나의 요인일 수 있다.

아무리 불완전하게라도 자신의 존재를 인식하게 되면, 개인은 그 존재의 의미를 자유롭게 규정할 수 있게 된다(Frankl, 1978). 다른 말로, 개인적 존재의 의미를 추구하는 평생 과정의 첫걸음은 자기 인식이다(Frankl, 1978, 1962).

프랭클의 시각에서 개인이 목적 의식을 형성하는 힘들 가운데 하나는 선택의 힘이다. 제2차 세계대전 동안 히틀러의 강제수용소에서도 프랭클(1962)은 다음과 같은 사실을 발견했다.

> 언제나 해야 할 선택이 있었다. 매일, 매시간의 결정, 즉 당신에게서 바로 당신의 자기를 뺏어가려고 위협하는 그런 힘들에 굴복할 것인지 아닌지를 정하는 결정을 해야 할 기회가 주어졌다(p. 65-66).

이러한 관점에서 볼 때, 알코올과 다른 약물들은 개인에게서 자신의 '자기'를 뺏어가려고 위협하는 힘들 가운데 하나로 이해될 수 있다.

개인적인 선택이 자신의 경험을 형성하는 데 도움이 된다는 프랭클(1962)의 발견에는 **고통에서 의미를 발견할 수 있는 능력**도 내재되어 있다. 이러한 능력은 개인이 영적 성장의 과정을 진행해가도록 동기를 부여하는 힘들 가운데 하나이다.

개인이 평생을 거치면서 고정되어 있지 않은 것처럼 영혼도 삶의 현재 단계에서 자신이 의미와 목적을 발견하도록 돕기 위해서 지속적으로 변화해야만 하기 때문이다. 개인이 나이를 먹어감에 따라서 그(녀)는 삶의 한 시기의 대답들과 정의들은 흔히 이후 단계의 요구들과 압력들을 위해서는 불충분하다는 사실을 발견한다(Levinson and Levinson 1996; Levinson, 1986; Levinson, Darrow, Klein, Levinson, and McKee, 1978).

다른 말로 하면, 현재를 인식하는 개인은 '자기'와 삼라만상과의 관계의 본질을 규정해야만 한다. 이것은 평생 과제이다. 출생의 순간, 인간은 평생 동안 계속될 영적 여행을 시작하는 것으로 이해될 수 있기 때문이다(Norris, 1996). 이 여행을 하는 동안, 개인은 '자기'의 본질과 '자기'와 외부 세계와의 관계에 대한 질문들에 대답하려고 반복적으로 시도할 것이다. '자기'와 삼라만상의 이러한 관계는 중요한 관계들에 대한 선택들을 포함하여 개인이 하는 선택들에 의해 규정된다.

만약, 부버(Buber, 1970)가 주장했듯이, 우리가 자신의 존재를 구별하고 깊이 있게 할 수 있도록 해주는 것이 우리의 관계라면, 약물을 남용하거나 그것에 의존하는 개인은 사실상 개인의 존재를 규정할때, 느낌이 없는 약물과의 피상적인 관계를 선택한 것이다.

안타깝게도, 건강한 영적 성장 과정은 개인에게 미리 준비되거나 가르칠 수 있는 것이 아니다(Norris, 1996; May, 1988). 그것에는 자각의 증가와 변화라는 내적 과정이 수반되고, 그 과정을 통해서 개인의 영혼은 새로운 통찰의 발달로 인해서 변화된다.

이러한 통찰들에는 관점에서의 근본적인 변화가 수반되는데, 여기에는 "우리보다 위대하신 힘"의 가능성을 받아들이는 것이 포함된다. 그러한 존재는 우주의 일부가 아니라 그것으로부터 떨어져 있고, 아마도 그것을 둘러싸고 있으며, 창조에 대한 개인의 견해에 따라서는 어쩌면 그것을 창조한 존재로 이해된다. 우리보다 위대하신 이 힘은 모든 면에서 개인보다 뛰어난 것으로 이해되고, 개인에게 개별적인 '자기'로부터 분리되어 있고, 그것보다 뛰어난 이 위대하신 힘과 관계하는 법을 배우도록 한다.

심리학적인 용어로 말하자면, 개인은 일련의 내면의 지도들이나 선험적 도식들을 형성하는 것으로 이해될 수 있고, 그것들 속에서 '자기'와 외부 우주와의 상호 관계에 대한 그(녀)의 믿음이 구성된다. 개인의 일생을 거치면서, 새로운 정보 때문에 개인이 본질적인 개념들을 재검토하게 되면 이러한 내면의 도식들은 수정되어야만 한다.

세계는 틀림없이 단순히 늘 다니던 장소, 직접적인 이웃, 혹은 자신의 출생지 이상의 것으로 구성된다. 부모가 한 집에서 다른 집으로 이사하는 것에 따른 지리적 이주, 원가족에 누군가 추가되거나 원가족으로부터 누군가 잃어버리게 되는 것, 그리고 아동 자신의 증가하는 신체적 및 정서적 능력은 '자기'와 외부 세계의 관계에 대한 지도 혹은 관점을 수정하도록 도전하는 힘들 가운데 몇몇일 뿐이다.

개인을 둘러싼 우주에 대한 기본적 신뢰감의 필요성은 결코 완전히 벗어나지 못한다. 성인일지라도 개인은 "튼튼한 무엇인가에 의지하는 것"(Murphy, 1996, p. 18)이 필요하다. 우리보다 위대하신 힘의 기능들 가운데 한 가지는 개인이 삶의 여정에서 관계할 수 있는 '튼튼한' 무엇인가를 제공하는 것이다. 사실, 실제로, 개인의 위대하신 힘(individual's Higher Power)은 평생의 여정에서 개인적인 영적 성장을 위한 고정점(anchor point)으로 이해될 수 있다.

개인의 영적 여행은 당연히 주관적 경험이다(Frankl, 1978). 개인은 자신의 삶, 목표들, 그리고 의미를 규정하는 데 도움이 되는 대답들을 찾아야만 한다. 다른 사람의 경험(들)이나 신념(들)에 근거해서 미리 준비된 대답들은 다른 개인의 필요들을 채워줄 만큼 충분히 특별하지는 않다.

불행하게도, 현대 사회에서는 많은 사람들이 주관적인 지각이나 경험을 '과학적' 방법들에 의해 입증될 수 있는 것들보다 덜 중요한 것으로 분류하는 경향이 있다(Kaiser, 1996). 이러한 경향은 현재 상황에 기여해서, 개인은 자기 스스로 삶의 가장 중요한 질문들과 씨름하도록 남겨졌다(뒤에 나오는 샬럿 캐슬[Charlotte Kasl]의 글은 이러한 문제들을 여성주의적 관점에서 다룬다).

영적 성장의 필수적인 요소들 가운데 한 가지, 즉 **의심**이 강점인 동시에 약점이라는 것은 하나의 역설이다. 의심은 신앙의 발달, 즉 불확실성에 직면하여 믿음을 표현하는 것을 가능하게 해준다(Tillich, 1957, 1952). 그러나 영적 성장의 불가사의한 본질, 즉 그것이 원동력으로서의 의심에 의존하고 있다는 것 때문에 많은 사람들은 그것을 어려운 과정으로 받아들인다.

그러한 의심에 직면하여, 많은 개인들은 '자기'를 넘어서는 그 어떤 것도 없다고 믿게 된다(Tillich, 1952). 개인의 경계를 초월하고, '자기'보다 중요한 어떤 것이 있을 가능성을 받아들일 수 있는 능력이 부족할 때, 개인들은 자기만족에 대해 어떤 제한도 두지 않는다.

개인은 틸리히(Tillich, 1962)가 "전적인 의심"(p. 48)이라고 일컬었던 것, 혹은 프랭클(1962)이 "절망"이라고 하였던 것의 패턴에 갇히게 된다. 그런 경우, 개인 자신의 자원은 지속적인 영적 성장을 위해서는 불충분한 것으로 드러나고, 결국 신앙을 잃어버리게 된다. 머튼(Merton, 1955)이 진술했듯이,

> 만약… 내가 내 자신의 지성, 내 자신의 능력, 내 자신의 현명함만을 신뢰한다면, 하나님이 그분에게로 가는 나의 길을 발견하도록 나에게 주셨던 수단들은 모두 나에게 도움이 되지 않을 것이다. 창조된 그 어떤 것도 소망이 없으면 궁극적으로 소용이 없다. 볼 수 있는 것들을 신뢰하는 것은 절망 가운데 사는 것이다(p. 16).

소망의 약속이 없어질 경우, 의심, 절망, 삶의 헛됨을 깨달음, 그리고 궁극적인 각성 모두가 고통을 덜어줄 것이라고 약속하는 어떤 것에 의해 주어지는 유혹들 앞에 개인을 취약하게 만들기 위해 힘을 합친다. 다른 말로 하자면, 개인은 개인적인 존재에서 의미를 발견하지 못하면서, 어느 정도의 평화를 약속해줄 수 있는 다른 어떤 것을 찾는다. 개인이 구체

적이지만 매우 현실적인 향정신성 약물의 유혹을 받아들일 수 있게 되는 것은 이 지점에서다.

비록 알코올과 다른 약물들은 삶의 문제들에 대해 대답을 줄 것이라고 약속하지 못한다 할지라도, 그것들은 일상의 고통을 마비시킬 수 있는 구체적이고, 예측 가능한 약속을 주기 때문이다.

5. 겸손과 통제에 대하여

내면의 고통을 '잊기' 위해서 약물들을 사용하려는 개인의 시도는 내적/외적 현실을 거부하고, 약물을 사용해서 자신의 의지를 우주에 관철시키려는 시도로 가장 잘 이해될 수 있다. 다시 말해, 개인은 존재하는 것에 대한 수용이 아닌, "내가 그것을 원할 때, 내가 원하는 그것"을 받아들이려고 한다.

사실상, 이것은 많든 적든 우리 모두가 받아들이는 선택이다. 전적인 겸손은 어렵다. 예를 들어, 좋은 점수를 얻을 것이라는 소망으로 시험을 볼 때 '행운의' 연필을 사용하는 학생, 혹은 매 시합 전에 특별한 의례를 재연하는 스포츠 선수는 자신의 의지를 우주에 관철시키려고 소망하는 행위를 하는 것이라고 할 수 있다.

이것들은 겸손이 결여되어 있음의 사소한 예들인데, 사실 그것들은 우리 모두에게 적용된다. 그러나 극단적으로 가면, 이 과정에 성격장애와 물질남용 및 중독의 뿌리가 있다. 비록 성격장애들이 이 글의 범위를 벗어나긴 하지만, 그것들의 공통적인 특성은 개인이 내적 및 외적 스트레스를 최소화해줄 것이라고 소망하는 경직된 대처 방법을 채택한다는 것이다(Shapiro, 1981).

다른 말로 하면, 그 개인은 자신의 의지를 외부 우주에 관철시키지 않는다면 최소한 '마음'으로 알려진 실재의 내적 표상에 그렇게 하려는 성격 구조를 채택한다. 아마도 알코올(그리고 다른 남용 약물들)이 사용자의 느낌에 대한 **전적인 통제의 환상**을 제공하는 것은 우연의 일치가 아닐 것이다(Brown, 1985).

남용약물들의 이러한 특성 때문에 성격장애들과 향정신성 약물들을 남용하거나 그것들에 중독된 개인들 사이에는 어떤 관계가 있는 것 같다. 익명의 마약중독자모임의 『빅 북』 저자들은 약물의 중독적 사용이 세 가지에 의존한다는 것을 관찰했다.

(1) 선택한 약물들을 사용하려는 강박충동
(2) 더 많은 약물 사용에 대한 강박관념
(3) 약물을 사용하는 개인의 전적인 자기중심성(Narcotics Anonymous, 1982)

더구나, 익명의 마약중독자모임의 『빅 북』의 저자들은 약물이 그 개인의 삶을 지배하게 되었다는 사실을 인정하고 받아들이는 것을 거부하는 개인의 심리적인 방어기제들이 작동할 것이라고 주장한다.

어떤 의미에서, 향정신성 약물 사용에 빠지게 되는 개인의 최초의 선택은 '자기'의 욕망들보다 더 중요한 것은 **아무것도 없다**는 망상에 굴복하려는 자신의 결정을 반영한다. 그러면서 개인은 자신의 의지를 우주에 관철하려고 하는 행위의 과정을 따르기로 작정한다. 이 과정의 위험은 다음과 같은 것이다.

> 자기중요성의 망상에 영합하는 것이 참자기를 약화시키고, 욕구들(needs)과
> 욕망들(desires)을 구분하는 우리의 능력을 감소시킨다는 것이다(Norris, 1996,
> pp. 14-15).

이러한 방식으로, 약물들은 개인을 자신이 필요로 하는 것과 욕망하는 것을 구별할 수 없게 만듦으로써 조용히 큰 혼란을 초래한다(Merton, 1995). 이러한 점을 감안할 때, 임상가들이 마치 자신들의 삶이 약물을 지속적으로 이용하는 것에 달려있는 것처럼, 약물을 필요로 한다고 말하는 약물/알코올 의존적인 개인들을 반복적으로 만난다는 것을 알게 되는 것은 새삼스러운 일이 아니다.

약물사용 문제에 사로잡힌 사람의 중요한 방어기제들 가운데 두 가지가 있다.

(1) 약물 오용에 대한 **부인**
(2) 앞에서 언급된 **자기 중심성**

정직과 겸손은 중독 과정의 이러한 측면에 대한 가장 좋은 방어로 인식되었다. 정직이 회복 프로그램에서 필수적이라면, 겸손은 "자기가 견고해지는 마지막 방책이기"(Merton, 1996, p. 293) 때문에 겸손의 중요성은 아무리 강조해도 지나치지 않다.

그러나 역설적이게도, 알코올과 다른 약물의 문제들로부터의 개인의 회복에서 가장 중요한 자원들 가운데 하나로 주어지는 것이 영혼의 이 마지막 방책이다. 자기의 이 마지막 방책이 어떻게 약물 사용의 문제들로부터 개인의 회복의 토대를 형성할 수 있는지를 이해하기 위해서, 우리는 겸손 자체의 본질을 이해해야만 한다.

겸손은 영어에서 가장 오해되는 단어가 아니라면, 적어도 가장 잘 이해되지 않은 말들 가운데 하나이다. 너무나도 많은 사람들이 겸손한 것은 자신의 강점을 간과하고 단점을 지지하는 것이라고 믿는다. 실제로는 이것은 개인의 강점에만 초점을 맞추는 것만큼이나 치명적인 **거짓 자부심**(false pride)의 한 형태이다.

앞의 탈무드에 대한 주석에서 언급되었듯이, 참된 겸손의 한 측면은 자신의 노동을 통해서 획득한 것을 정중하게 받아들이는 것이 포함된다(Feinsilver, 1980). 개인은 '자기'를 수용하고 표현하는 것을 통해서 자신의 성장 잠재력을 드러내게 되는데, 이것이 겸손의 핵심이다.

이러한 토론의 연장선상에서, 우리는 우리가 내적 및 외적 현실과의 상호 작용의 결과로서 경험하는 그러한 느낌들을 정중하게 받아들여야만 한다고 말할 수 있다. 이것의 반대는 개인에게 받아들일 수 없는 것으로 판단되는 외적 현실 때문에 '자기'에게 인위적인 수용과 자부심(어느 정도의 자위를 포함하는)의 느낌을 주기 위한 약물의 사용이다.

6. '영혼'치료로서의 심리치료

향정신성 약물의 남용은 약물의 오용을 통해서 만족을 추구하는 자기애의 한 형태로 이해될 수 있다. 불행하게도, 아마 그러한 자기애적 방종을 다룰 수 있는 과학적 치유의 분야인 심리치료는 중독적 장애들을 '치료'하려고 할 때 성공률이 낮았다.

여기에서는 현대 심리치료의 본질이 그러하기 때문에 그것은 향정신성 약물남용의 광범위한 문제를 다룰 수 없다는 점이 제시되었다. 실제로, 심리치료의 실제 그 자체는 그것의 영혼을 잃어버렸다고 말할 수 있다.

확실히, 의학은 환자의 종교적 믿음을 다루는 방법을 모른다. 예들 들어, 의사가 환자의 종교에 대해서 묻는 것은 흔한 일이지만, 그 사람에게 자신의 종교가 그 개인에게 어떤 의미가 있는지는 거의 묻지 않는다(Sims, 1994). 사실, 개인의 종교적 경험에 대한 토론은 대부분의 의학적 혹은 정신의학적 진찰에서 회피된다.

오늘날의 기술 세계에서, 정신건강의학(psychiatry)과 그것의 의붓자식인 심리학(psychology)의 원래 정의가 **영혼치료**(soul therapy)라는 사실을 잊기 쉽다(Lothane, 1996). 사실, 영혼의 그리스어인 프쉬케(*psyche*)는 '심리치료'(psychotherapy)라는 말의 뿌리이다(Moore, 1996).

그러나 20세기 후반에 행동과학은 다양한 형태의 정신병리에 대한 생화학적인 설명들을 받아들였다. 그러면서, 심리치료는 우리를 독특하게 만드는 것, 즉 스피릿투스(*Spiritus*)에 대한 치료에서 마음의 질병들에 대한 의학적 치료로 옮겨갔다. 이러한 과정은 정신건강의 주제들에 집중한 대부분의 학술지들에서 정신분석이 현대 치료사가 이러한 마음의 질병들을 어떻게 치료할 수 있는지에 대한 기술적이고, 기계적인 설명에 의해 대체되는 과정에 반영되어 있다.

이것은 지난 세기 과학에 의해 이뤄진 진보들을 무시하는 것이 아니다. 확실히, 지식나무의 이 가지의 열매들은 많은 진보들을 가져왔고, 그것들은 각각 인간의 고통 수준을 감소시켰다. 뇌기능의 생화학적 토대들에 대한 현대의 통찰들에서 폭넓은 정서적 장애들의 새로운 치료 방법들이 나왔다.

불행하게도, 그 과정에서, 독특한 인간 존재로서의 환자는 자신의 비정상적인 뇌 기능(들)에 의해 대체된 것 같다.

그러나 우리는 21세기에 들어서면서 서구 문명이 '새롭고' '과학적인' 것을 받아들이기 위해서 황급히 서두르다가 그것의 뿌리, 어쩌면 영혼과의 접촉을 잃어버리지는 않았는지 의문을 가져야만 한다.

예를 들어, 우리는 새로운 밀레니엄을 시작했을 때, 임상가들이 그토록 오랜 세대를 거치면서 우리 선조들을 이끌어 주었던 잠언들과 민간 전승들을 아동들이나 청소년들이 거의 배우지 못했다는 사실을 알고 낙담하였다(Peck, 1993). 작지만 아마도 중요하게 이러한 과정을 반영하는 것은 자기 자신의 노동의 결과들을 즐기는 것 보다는 즉각적인 만족이 점점 더 강조되고 있다는 사실일 것이다.

지난 시절, 우리는 지위를 얻고 삶에 대한 개인적인 의미를 찾는 데 여러 해를, 어쩌면 평생을 보냈을 수도 있다. 이러한 과정과는 대조적으로, 현 세대는 현재의 물질만능주의적 경향들을 분별없이 동일시하므로써 만족을 얻으려고 하면서 매체가 만들어낸 환상들을 쫓아다닌다.

그러나 라코타족의 지혜자 매튜 킹(Mathew King)이 말했듯이 영적인 힘이 없으면 분별없이 물질주의를 추구하는 것은 파멸로 끝날 수밖에 없다(Arden, 1994). 이런 의미에서, 향정신성 물질남용은 물질만능주의의 전형적인 예로 이해될 수 있다. 오용으로 인해서 일상의 현실적인 요구들과 타협할 필요도 없이 개인의 욕망을 즉각적으로 만족시킬 수 있다는 환상이 생겨난다.

따라서 프랭클(1978)이 거의 한 세대 전에 언급했듯이 향정신성 물질남용이 새로운 대중적 경향들 가운데 하나였다는 것은 전혀 놀랄 일이 아니다.

7. 회복에서 영성의 역할

물질오용에 대한 영적 관점이 발전한 것은 50년이 더 넘었는데, 일단의 개인들이 모여서 그들이 선택한 약물인 알코올을 끊기 위한 그들의 노력에 도움이 될 수 있는 가능성을 확인하였다. 이들이 지금 익명의 알코올중독자모임(AA)로 알려진 조직의 가장 초기 회원들이었다.

알코올의 유혹적인 힘에 대한 그들의 지식은 중독 현상에 대한 선입관 없는 연구로부터가 아니라 술을 끊으려는 그들 자신의 노력으로부터 나왔다. 함께 모여서 그들은 중독의 '원인'이라기보다는 어떤 공통적인 요인들이 그들의 회복에 도움이 되었는지를 확인하려고 하였다.

그들의 토론에서, AA의 가장 초기의 회원들은 자신들의 알코올중독이 발전하면서 각 사람이 집단적으로 자신의 삶을 알코올의 지속적인 사용에 집중하는 선택을 했다는 사실을 발견했다. 알코올은 개인이 자신의 삶을 집중했던 '축'(axis, Brown, 1985)이 되었다.

회복의 과정에서도 마찬가지로 개인이 삶을 알코올의 지속적인 사용이 아닌 어떤 것에 집중하려는 일련의 선택이 요구된다. 옥스퍼드 그룹으로 알려진, 당시의 대중적인 종교운동의 가르침에 의지하여서 AA의 가장 초기 회원들은 지속적으로 알코올을 사용하는 대신에 그 이상의 영적 성장 과정에 자신의 삶을 헌신해야만 한다는 것을 알게 되었다.

그들의 개별적인 회복 과정에 필수적인 것으로 밝혀진 것에 대한 이러한 회고적인 재구성을 통해서, AA의 가장 초기의 회원들은 알코올을 끊기 위해서는 영적인 재탄생이 필요하다는 사실을 발견했다. 이러한 반성 과정으로부터 AA 프로그램의 12단계가 생겨났다.

그래서, 가장 초기 AA모임에서 생겨난 가장 깊은 통찰들 가운데 하나는 인간이 영적인 존재라는 재발견이었다. 더구나, AA의 가장 초기 회원들은 다음과 같이 결론을 내렸다.

> 질병이 뿌리내리고 있는 곳은 중독자의 영적 부분이다… 그것은 영적 침체로서 시작되었고, 만약 억제되지 않는다면, 마음, 정서, 그리고 결국에는 몸을 악화시키고 점점 엄습할 것이다(Martin, 1990, p. 16).

그들의 이야기에 대한 이러한 회고적인 분석으로부터 생겨난 영적 성장 프로그램의 몇 가지 중요한 요소들이 있었다.

첫째, 자신이 우주에 대해 갖고 있는 힘이 얼마나 작은가에 대한 개인적인 발견에 대한 반응에서, 12단계 회복 프로그램은 개인에게 더 많은 힘이 아니라 겸손해질 수 있는 기회를 제공한다.

AA의 초기 회원들은 그들이 몇 가지의 성격적인 특성들을 공유하고 있음을 알았다. 이러한 성격적인 특성들 가운데 아마도 가장 중요한 한 가지는 "내가 원하는 것을 내가 원할 때 원한다!"라는 철학으로 사는 그들의 경향에 의해 드러나듯이, 겸손이 부족하다는 것이다. AA 12단계 프로그램은 자기 중심성의 자리에 겸손을 배울 수 있는 일련의 단계들을 제공했다. 겸손을 배움으로써, 개인은 자신의 중독에 대해 지배력을 획득한다.

인간 존재의 우울한 현실들 가운데 하나는 흔히 불충분하거나 비효율적인 개인의 자원들로 일상의 요구들을 만족시키려고 시도하다가 한꺼번에 여러 방향으로 몰린다고 느끼는 것이다. 개인은 자기를 성장할 수 있지만, 불완전한 존재로 받아들인다. 이러한 자기 수용과는 대조적으로, 강박적인 약물사용에 취약한 사람은 흔히 현실의 이러한 측면에 의해 위협받는다고 느낀다. 그(녀)는 견디기 어려운 개인적인 결함으로 지각되는 것에 대한 방어기제로서 **거짓 자부심**(false pride)을 발달시킨다.

둘째, AA의 가장 초기 회원들은 회복의 도전들 가운데 하나는 회복 중인 개인이 이것은 정상적이라는 사실과, 비록 회복의 여정이 계속된다고 할지라도 우리 존재의 핵심에 존재하는 불완전함들을 받아들여야만 한다는 사실을 배워야만 한다는 것이라고 결론지었다.

다른 말로 하면, 개인이 알코올/약물 사용의 문제들로부터 회복되기 위해서는 완전함에 대한 추구를 내려놔야 할 필요가 있다는 사실을 배울 필요가 있다. 개인은 각 사람의 영혼 속에 존재하는 다양한 불완전함들, 분열들과 더불어 사는 법을 배울 필요가 있다(Kurtz and Ketcham, 1992).

이러한 것들이 회복 중인 사람들에게만 독특한 과제들은 아니다. 그러나 약물에 의존하는 개인은 약물적인 수단으로 영적 전체성으로 가는 지름길을 찾고 있는 것으로 이해될 수 있다(Peck, 1993; Kurtz and Ketcham, 1992). 시간이 흐르면서, 사용자는 알코올과 다른 남용약물들이 통제에 대한 환상을 제공해줄 뿐이라는 사실을 발견할 수 있다(Martin, 1990; Brown, 1985).

그런 경우에, 개인은 자신의 약물사용 문제에 대해 도움을 구하거나 약물의 사용을 중지할 수 있다. 불행하게도, 중독장애들의 본질의 일부분은 부인(denial)의 요소이고, 이로 인해 너무나도 흔하게 개인은 자신이 약물사용을 통해서 추구하는 '통제'가 단지 환상일 뿐이지, 내적 및 외적 현실을 통제할 수 있는 진정한 신적인 능력이 아니라는 사실을 볼 수 없게 된다.

이러한 통제 환상과 싸우기 위해서는, 개인이 '자기'와 위대하신 힘 사이의 관계를 형성하는 것이 필요하다. 이것은 우리가 공식적인 종교를 받아들여야만 한다고 말하는 것이 아니다. 오히려, 위대하신 힘은 개인이 하나님을 이해할 때 하나님으로 나타난다. 공식적인 종교적 교리에 포함되지 않은 위대하신 힘의 개념은 아마도 라코타족의 지혜자 매튜 킹에 의해 가장 잘 반영되었을 것이다.

> 당신은 와칸-탕카를 당신이 원하는 어떤 이름으로도 부를 수 있다. 영어로 나는 그분을 하나님 혹은 위대하신 영으로 부른다. 그분은 위대한 신비요, 위대하고 신비로운 분이다. 그것이 와칸-탕카가 정말로 의미하는 것, 위대하고 신비로운 분이다. 당신이 그분을 규정할 수는 없다. 그분은 실제로 '그'나 '그녀,' '그를'이나 '그녀를'이 아니다. 당신이 단지 '그것'이라고 할 기 때문에 우리는 그런 종류의 말들을 사용해야만 한다. 하나님은 결코 '그것'이 아니다 (Arden, 1994, pp. 4-5).

12단계 프로그램에서, 종교적 교리는 그 자체로 개인에게 강요되지 않는다. 영혼을 치유하는 통로로서 **영성**의 개념이 소개될 뿐이다. '치유'라는 말은 고대 영어 헬렌(*haelen*)이라는 말에서 나왔는데, 이 말은 "온전하게 만드는 것"(to make whole)을 의미한다(Stratton, 1996). 이러한 방식으로, 개인은 온전하게 되는 지름길로서 약물사용의 덫에 **빠졌던** 동료 환자 공동체에 점진적으로 소개가 된다.

이것은 종교가 회복 공동체에서 금지된다고 말하는 것이 아니다. 종교적 교리에 대해 신봉하거나 그 종교에 참여하는 것은 어떤 유익들이 있다.

> 종교는 우리의 가치들을 순전히 인간적인 가치판단의 변화무쌍한 각본이 아니라 객관적인 근거에 결부시킴으로써 붙들어 매기 때문이다. 그것은 그것들을 모든 존재의 근저에 있는 목표에서 나타나듯이 하나님의 뜻에 붙들어 **맨다**(Bokser, 1966, p. 196).

요점은 영적 성장이 종교의 범위 안에서뿐만 아니라 유사한 욕구, 욕망 그리고 관심을 가진 개인들의 공동체 속에서도 가능하다는 것이다(Stratton, 1996; Kurtz and Ketcham, 1992). 영성과 공식적인 종교는 흔히 공통되는 부분이 있지만, 둘 사이에는 실질적인 차이가 있다(Kurtz and Ketcham, 1992; Martin, 1990). 이것은 공식적인 종교가 12단계 프로그램에 중심이 되는 위대하신 힘과의 관계에 대한 감각을 개발하는 데 자동적으로 필요하지는 않은 이유를 설명해준다.

그러나 종교적 가치들과 신념들은 삶의 여정에서 의미감을 추구하는 하나의 수단을 제공한다(Rosenberg, 1966). 치료사는 평가 과정에서 개별 환자가 기성종교의 일원인지 아닌지를 탐색하고, 그 종교의 틀 속에서 작업하기 위한 단계를 밟거나 공식적인 종교에 참여하지 않고 영성을 활용하는 회복 프로그램을 개인에게 소개한다.

셋째, AA의 가장 초기 회원들은 그들이 알코올중독으로부터의 회복에서 위대하신 힘의 역할을 인정할 필요가 있다는 사실을 알게 되었다.
자신의 자기를 위대하신 힘에 복종시키는 행위는 자신의 자기를 위대하신 영 앞에서 겸손하게 하는 것이다. 예를 들면, 퍼디낸드 이서먼(Ferdinand M. Isserman, 1966)은 기도에 대해 말하면서, 이러한 행위를 통해서 우리는 하나님 앞에서 겸손해지고 그분의 뜻에 복종한다고 하였다.

이러한 과정을 통해서, 개인은 우주에서의 자신의 역할이 위대하신 힘의 그것에 종속하는 것으로 인정하고, 신의 명령을 이해하고 따르려고 하면서 개인의 욕망을 '유보'하게 된다. 라코타족의 지혜자 매튜 킹은 신에게 말하는 것이 유익하지만, 신에게 귀 기울이는 것도 마찬가지로 중요하다고 하면서 거의 같은 결론을 내렸다(Arden, 1994).

12단계 프로그램에서 토론되지는 않았지만, 개인이 '자기'를 위대하신 힘과의 관계 속에 두려고 하면서 추구하는 것의 일부분은 머튼(1961)이 **구원**(salvation)이라고 했던 것으로 생각된다.

이러한 경험을 통해서, '자기'는

> … 바다 밑에서 보석처럼 끌어올려져서, 진부한 것, 막연한 것, 사소한 것, 천박한 것 속에서의 혼란, 구별되지 않음, 잠긴 상태로부터 구조된다(Merton, 1961, p. 38).

요컨대, 개인은 자신의 개인적인 자아의 명령으로부터 벗어나서 위대하신 힘과의 교제를 추구한다. 하나님과 이러한 관계를 추구하는 과정에서 개인은 향정신성 약물들을 포함해서 자신이 진정한 힘과 진정한 통제력을 갖지 못하는 것들을 포기한다.

이러한 관계를 추구하는 과정에서, AA의 가장 초기 회원들에 의해 고안된 영적 성장 프로그램을 따르면서, 개인은 자신의 삶에 대한 의미를 발견한다. 그것은 여전히 향정신성 약물들의 지배에 사로잡혀있는 사람들에게 회복의 메시지를 전하는 것이다.

8. 치료적 함의들

첫번째 단계는, 영성을 물질사용장애가 있는 사람의 재활에 통합하는 것은 그 개인의 성격구조와 영적 신념들을 평가하는 과정으로 시작된다.

두 가지는 흔히 깊이 밀접하게 관련되어 있다. 예를 들어, 저자의 경험으로 볼 때, 반사회성 성격장애를 가진 개인들은 흔히 통제의 주제와 관련된 문제들을 갖고 있고, 영성을 그가 위대하신 힘으로 인식하는 존재에 의해 통제당하거나 그 존재를 조종하는 방법을 찾는다는 관점에서 바라본다.

동시에, 경계성 성격장애가 있는 개인들은 그들의 위대하신 힘을 의심을 갖고 바라보는 경향이 있는데, 이것은 이러한 성격 패턴의 핵심에 있는 "좋은 부모/나쁜 부모" 갈등을 반영한다. 너무나도 자주 그런 개인들에게 위대하신 힘은 엄하고 처벌적인 존재로 이해된다.

두 번째 단계는 개인의 영적 성장을 촉진하는 회복 프로그램에 심리학적 통찰들을 통합하는 과정이다.

이 단계는 흔히 개인을 12단계 프로그램에 참여하게 함으로써 촉진된다. 이 단계가 완수되고 나면, 치료 회기의 내용은 임상 회기에 환자의 삶에서 지속되는 문제들을 토론하는 것과 영적 통찰들을 개발하는 것이 반복될 것이다.

치료사는 환자가 고착되어 있는 에릭슨의 발달 수준들을 가능한 정도까지 명확히 하고 개인이 그 갈등을 해결하도록 도와주는 과정을 시작할 필요가 있다. 동시에, 치료사는 환자가 자신이 지속적으로 물질남용을 금할 수 있도록 해줄 영적 통찰들을 발달시킬 수 있도록 돕기 위해 작업해야만 한다(Morgan, 1996을 보라).

예를 들어, 이러한 환자들이 흔히 해결되지 않은 **자율성/수치심과 죄책감**의 문제들을 반영하는 것으로 보이는 관심들을 갖고 있다는 것이 의존성 성격장애(DPD)가 있는 개인들을 다루었던 저자의 경험이었다. 더구나, DPD 환자들은 다른 개인의 느낌에 대한 **관심**과 그 사람의 정서에 대한 **책임감** 사이의 차이를 이해하는 데 어려움을 겪는 경향이 있다.

이러한 개인들에게서 흔히 발견되듯이 위대하신 힘에 대해 내면화된 엄하고, 판단적인 이미지 때문에, 그들에게 다음의 것들을 가르치는 것이 필요하다.

(1) 분노는 흔히 적절한 정서적 반응이다.
(2) 개인적인 분노를 적절하게 표현하는 방법들이 있다.

궁극적으로, 영적 성장은 공동체 안에서 가장 잘 촉진된다(Kurtz and Ketcham, 1992). 불행하게도, 물질사용 문제가 있는 개인은 흔히 자신의 동료들로부터 소외된다(Martin, 1990). 따라서, 치료 회기에, AA와 같은 12단계 그룹에 참여하는 것을 개인이 불편해하는 근거에 대해 탐구하는 것이 필요하다.

어떤 개인들, 특히 대인관계에서 친밀함을 두려워하는 사람들(회피성 성격장애가 있는 개인들과 같은)은 거절에 대한 두려움 때문에 12단계 그룹에 참여하는 데 대해 저항할 수 있다. 다른 사람들, 특히 매우 자기 중심적인 성격 유형들(예를 들어, 연극성 성격장애, 반사회성 성격, 혹은 자기애성 성격 패턴들)은 그러한 그룹들이 그들에게 관심의 중심이 되고 싶은 그들의 자기애적인 필요를 채워줄 수 없다는 사실을 알기 때문에 12단계 그룹에 참여하는 것을 회피할 수 있다.

심리치료와 영성 중심의 회복 프로그램의 궁극적인 목표는 치유 과정을 촉진하는 것이다. 이러한 목표를 성취하기 위해서는 물질사용장애를 가진 사람이 자신의 영적 성장을 지속하는 것이 필요하다. 치유는 공동체 안에서 이뤄질 수 있을 뿐인데, 거기에 참여하는 모든 사람들은 동일한 영적 목표들을 추구하고 있기 때문이다(Kurtz and Ketcham, 1992). 따라서, 개인의 회복 과정에서 필수적인 부분은 그들에게 회복에 중심이 되어야만 하는 '축'으로서 영적 성장의 개념을 소개하는 것이다.

9. 이론적인 질문들

물질사용장애가 있는 개인들의 재활에서 영적인 관점을 활용하는 것은 여전히 초보단계이다. 알코올 및 다른 약물 남용과 중독의 치료에서 영성의 역할에 대해서는 여전히 배워야 할 것이 많이 있다. 지속되는 몇몇 질문들은 다음과 같은 것이 될 수 있다.

(1) 어떤 평가 도구들이 개인의 성격과 영적 자원들에 대한 가장 좋은 통찰(들)을 제공해 주는가?
(2) 치료사의 가치들을 환자에게 강요하지 않는 중립적인 방식으로 환자의 영적 성장을 다루는 것이 가능할까?
(3) 만약 이것이 가능하다면, 치료사는 영적 성장을 촉진하면서도 자신의 개인적인 가치들을 환자에게 강요하지 않는 치료적인 환경을 조성하기 위해서 어떻게 노력해야만 할까?
(4) 치료사는 개인의 자율성, 혹은 자조그룹에 참여하지 않으려고 선택할 수 있는 권리와 같은 주제들에 대해 어떻게 반응해야만 하는가?
(5) 치료사는 환자의 저항에 대한 주제들을 어떻게 다뤄야만 하는가?

10. 요약

알코올 및 다른 약물중독에 대한 질병 모델이 상당히 대중적이긴 하지만, 사회복지 및 의료 전문가들은 '질병'의 다른 형태들과는 다르게 물질사용장애에 강력한 영적 요소가 있다는 사실을 이해하지 못하고 있다. 알코올 및 다른 약물을 남용하거나 그것들에게 중독된 개인들은 다른 형태의 질환을 다루는 재활 전문가들이 좀처럼 마주치지 않는 성격 방어들을 사용하는 경향이 있다. 그들은 그들의 회복이 아니라 지속되는 약물 사용에 있어서 기득권이 있다고 할 수 있다.

회복 과정에는 개인에게 자신의 방어기제에 도전하게 되고, 그 사람이 대처하기 위해서 약물이 필요한 지점을 넘어서 나아가기 시작할 수 있는 영적 성장의 프로그램을 소개하는 것이 포함된다. 12단계 프로그램은 이 자조운동의 가장 초기 회원들의 경험에 기반해서 영적 성장을 위한 단계적인 프로그램을 개인에게 제공하는 회복 방법으로 생겨났다.

그러나 개인의 영적 성숙 수준에 대해 평가하는 것과 전통적인 심리치료에 영적 성장의 기술들을 통합하는 것은 모두 여전히 초보단계에 있다. 개인의 영적 성장을 평가하는 방법과 흔히 간과되는 존재의 이 영역에서 자신의 성장을 촉진하는 방법에 대해서는 배워야 할 것들이 많이 남아있다.

참고문헌

Arden, H. (1994). *Noble red man*. Hillsboro, Oreg.: Beyond Words Publishing, Inc.
Bokser, B. Z. (1966). *The eternal light*. New York: Harper & Row.
Brown, S. (1985). *Treating the alcoholic: A developmental model of recovery*. New York: John Wiley & Sons, Inc.
Buber, M. (1970). *I and thou*. New York: Charles Scribner's Sons.
Doweiko, H. E. (1996). *Concepts of chemical dependency* (3rd ed). Pacific Grove, Calif.: Brooks/Cole.
Erikson, E. (1980). *Identity and the life cycle*. New York: W. W. Norton & Co.
Feinsilver, A. (1980). *The Talmud for today*. New York: St. Martin's Press.
Frankl, V. E. (1978). *The unheard cry for meaning*. New York: Touchstone.
Frankl, V. E. (1962). *Man's search for meaning*. New York: Touchstone.
Freedman, D. X. (1992). The search: body, mind and human purpose. *American Journal of Psychiatry*, 149, 858–866.

Fromm, E. (1956). *The art of loving*. New York: Harper & Row.
Fromm, E. (1968). *The revolution of hope*. New York: Harper & Row.
Fromm, E. (1965). *Escape from freedom*. New York: Avon Books.
Fulghum, R. (1991). *Uh-oh*. New York: Villard Books.
Graham, B. (1988). The abuse of alcohol: Disease or disgrace? *Alcoholism & Addiction*, 8 (4), 14-15.
Hackforth, R. (1989). Phaedrus (in) *Plato: The collected dialogues* (Hamilton, E., & Huntington, C., (eds). Princeton, N. J. : Princeton University Press.
Hilts, P. J. (1994). Labeling on cigarettes called a smoke screen. *St. Paul Pioneer Press*, 146 (5), 1A, 6A.
Horney, K. (1964). *The neurotic personality of our time*. New York: W. W. Norton & Co.
Hyman, S. E., & Cassem, N. H. (1995). Alcoholism. *Scientific American Medicine*. (Rubenstein, E., & Federman, D. D., eds.). New York: Scientific American Press.
Isserman, F. M. (1966). *The eternal light*. New York: Harper & Row.
Jacobson, S. (1995). *Toward a meaningful life—The wisdom of the Rebbe Menachem Mendel Schneerson*. New York: William Morrow & Co., Inc.
Kaiser, D. (1996). Not by chemicals alone: a hard look at "psychiatric medicine." *Psychiatric Times*, XIII (12), 41-44.
Kaplan, H. I., Sadock, B. J., & Grebb, J. A. (1994). *Synopsis of psychiatry* (7th ed). Baltimore: Williams & Wilkins.
Kurtz, E. & Ketcham, K. (1992). *The spirituality of imperfection*. New York: Bantam Books.
Lefkowitz, D. (1966). *The eternal light*. New York: Harper & Row.
Levinson, D. J., Darrow, C. N., Klein, E. B., Levinson, M. H., & McKee, B. (1978). *The seasons of a man's life*. New York: Ballantine Books.
Levinson, D. J. (1986). A conception of adult development. *American Psychologist*, 41(1), 3 - 13.
Levinson, D. J., & Levinson, J. D. (1996). *The seasons of a woman's life*. New York: Knopf.
Lieber, C. S. (1995). Medical disorders of alcoholism. *The New England Journal of Medicine*, 333, 1058-1065.
Lothane, Z. (1996). Psychoanalytic method and the mischief of Freudbashers. *Psychiatric Times*, XIII (12), 48 - 49.
Martin, J. A. (1990). *Blessed are the addicts*. New York: HarperCollins.
May, G. G. (1988). *Addiction and grace*. New York: Harper & Row.
Merton, T. (1955). *No man is an island*. New York: Harcourt Brace Jovanovich.

Merton, T. (1961). *New seeds of contemplation*. New York: New Directions Publishing.
Merton, T. (1995). *Run to the mountain: The journals of Thomas Merton* (Vol. 1). (Hart, P., ed.). New York: Harper Collins.
Merton, T. (1996). *Turning toward the world: The Journals of Thomas Merton* (Vol 4). (Kramer, V. A., ed). New York: HarperCollins.
Moore, T. (1996). *The education of the heart*. New York: HarperCollins.
Moore, T. (1997). Mystic clouds & natural spirituality. *Orion*, 16 (3), 30 - 33.
Morgan, O. (1996). Recovery-sensitive counseling in the treatment of alcoholism. *Alcoholism Treatment Quarterly*, 13(4), 63-73.
Murphy, C. (1996). A few loose ends. *The Atlantic Monthly*, 278 (6), 18-21.
Narcotics Anonymous. (1982). Van Nuys, Calif.: Narcotics Anonymous World Services Office, Inc.
Norris, K. (1996). *The cloister walk*. New York: Riverhead Books.
Office of National Drug Control Policy. (1996). *The National Drug Control Strategy: 1996*. Washington, D. C.: U.S. Government Printing Office.
Peck, M. S. (1993). *Further along the road less traveled*. New York: Simon & Schuster.
Peck, M. S. (1997). *The road less traveled & beyond*. New York: Simon & Schuster.
Rosenberg, S. E. (1966). *The eternal light*. New York: Harper & Row.
Samet, J. H., Rollnick, S., & Barnes, H. (1996). Beyond CAGE. *Archives of Internal Medicine*, 156, 2287-2293.
Schlesinger, G. N. (1994). Truth, humility and philosophers. In *God and the Philosophers* (Morris, T. V., ed.). New York: Oxford University Press.
Shapiro, D. (1981). *Autonomy and rigid character*. New York: Basic Books.
Sims, A. (1994). "Psyche-spirit as well as mind." *British Journal of Psychiatry*, 165, 441-446.
Stratton, E. K. (1996). *Touching spirit*. New York: Simon & Schuster.
Tillich, P. (1952). *The courage to be*. New Haven, Conn.: Yale University Press.
Tillich, P. (1957). *Dynamics of faith*. New York: Harper & Row.

제3장

중독적인 마음 치유하기

리 잼폴스키(Lee Jampolsky)

　나는 나의 삶에서 뿐만 아니라 중독을 다루는 심리학자의 한 사람으로서 중독 행위가 알코올 혹은 다른 약물들에 대한 의존에 제한되지 않는다는 사실을 발견했다. 화학물질들에 대한 중독은 현재 우리 인간의 상태에 대한 하나의 은유라는 것이 나의 믿음이다.
　중독의 뿌리는 그것이 약물이든, 관계이든, 혹은 빛나는 새 차이든, 우리 자신 밖에 있는 어떤 것에서 행복을 추구하려는 데서 발견할 수 있다. 우리가 자신의 마음이 아니라 세상에서 행복을 찾으려고 하는 한, 우리는 중독의 심한 고통에 빠질 수 있다. 우리의 마음이 중독의 악순환 속에 있다면, 마음의 평화에 이를 수 없다.
　나는 우리가 모두 중독적으로 사고하기 쉽고, 우리의 중독적 사고에 대한 해답은 개인적인 영적 여정 속에 있다고 믿기 때문에, 나는 본장을 개인적인 방식으로 기술하였다. 나의 소망은 이러한 의지의 결과로 문제에 대한 학문적인 이해뿐만 아니라 공감적이고 인격적인 해결책들을 제공하는 것이다. 나는 우리 문화에서 중독 문제에 접근하기 위해서는 지적인 틀 뿐만 아니라, 우리 마음에 존재하는 것에 대한 자각이 포함되어야만 한다고 믿는다.

본장에는 몇몇 사례들이 포함된다. 이름, 개인 정보 그리고 다른 요소들은 모두 바뀌어졌다. 어떤 이야기들은 합성된 내용들이다. 사례와 당신이 아는 어떤 사람과 어떤 유사성이 있다면 그것은 순전히 우연의 일치이다.

1. 영성과 중독의 관계

나는 나의 지성과 감성에서 영성을 고려하지 않고 중독에 대해 생각하는 것은 어렵다는 결론에 이르렀다. 중독이 상처, 절망, 그리고 갈망의 상태를 나타낸다면, 영성은 소망, 성취, 용서, 그리고 공감의 목소리와 더불어 전인성과 치유를 나타낸다.

본장에서 토론하겠지만, 중독은 우리 모두 각자가 물려받은 인간의 상황이다. 기쁜 소식은 우리 안에 공허하고 무의미한 존재보다는 관계를 지향하는 무엇인가가 있다는 것이다.

우리 대부분은 단지 단편적인 마음의 평화를 경험하며 삶을 살아가는 자신을 발견한다. 우리는 성공, 관계, 약물, 혹은 돈이 우리가 기대하는 행복과 만족을 가져다 줄 것이라고 생각하면서 우리의 삶을 소모한다. 우리는 자신의 꼬리를 쫓으며 쳇바퀴를 돌다가 걸음마다 더욱 좌절하고 사나워지는 굶주린 호랑이처럼 된다.

1) 중독을 다루기 위한 기본적 접근과 영성의 활용

만약 우리가 어떤 선택들이 있고 어떻게 선택하는지를 알기만 한다면, 내면의 평화는 선택의 문제라는 것이 나의 믿음이다. 나의 연구 목표는 단순하다. 그것은 개인이 내가 믿는 바 우리 모두의 내면에 있는 사랑의 존재를 인정하고 그것에 귀 기울이도록 돕는 것이다.

내가 이 분야에 관여하게 되고, 나 자신의 중독과 싸우고, 중독 문제로 싸우고 있는 개인들과 그들의 가족들과 여러 해 동안 작업하고 나서 나중에 『중독성 치료하기』(Healing the addictive mind, 1991)라는 책을 썼는데, 이 책은 본장을 위한 기초로 활용되었다.

나는 알코올중독 가정에서 성장했고 이로 인해 생겨난 많은 문제들을 계속해서 극복해왔다. 나의 작업에서 나는 대부분의 가족이 어떤 형태로 중독에 영향을 받는다는 것을 발견했다. 중독 영향을 받은 가족의 행동 패턴들은 개인적이든 집단적이든 예측할 수 있고 비극적이다(Black, 1982; Cermak, 1990; Steinglass et al., 1987; Wegscheider-Cruse, 1989).

나는 또한 중독으로부터의 회복이 사랑, 연민, 생명과 서로 연결되어 있다는 인식, 그리고 이러한 인식에 따르는 친절한 행위에 대해 각성하게 하는 길이 될 수 있다는 사실을 목격했다. 이것이 정확히 내가 영적인 여정을 정의하는 방법이다.

불행하게도, 나는 또한 나 자신을 포함해서 많은 사람들이 하나의 중독을 또 하나의 중독으로 바꾸고 그것을 회복이라고 하면서, 사랑을 어두움 속 더욱 깊이 묻어버리는 것을 보았다. 알코올 및 다른 약물들을 더 이상 사용하지 않게 된 후, 나는 알코올중독의 희생물이 되었다.

나는 사랑의 각성(즉, 영적 여정의 착수)와 중독의 맞바꿈의 차이를 결정하는 것은 우리가 우리 자신과 세계에 대한 근본적인 믿음들을 검토하는 정도라고 믿게 되었다. 이러한 이유로 나의 연구와 철학의 많은 부분은 인본주의와 실존주의를 토대로 하고 있다고 볼 수 있다.

중독이라는 말의 많은 용례가 있었지만, 대부분이 약물의존과 관련되었다. 나의 연구 목표들 가운데 하나는 우리의 문화가 중독의 범위에 대해 더 많이 인식하게 되는 것이다. 당신이 **중독**이라는 말을 보거나 들을 때, 나는 지적으로 그것을 "나 자신의 외부에 있는 것들(사람, 장소, 물질)에서 행복을 추구하는 것"이라는 문구로 바꾸라고 권하고 싶다.

나는 우리 대부분이 어느 정도는 우리의 삶에서 중독이라는 주머니를 갖고 있다고 믿는다. 당신이 몇 살인지, 당신의 이름이 어떤 글자로 이뤄졌는지, 혹은 당신의 은행계좌에 얼마나 많은 돈이 있는지와 상관없이, 우리가 중독적인 패턴에 묶여있는 정도는 우리가 사랑할 수 있는 우리의 잠재력을 억누르는 정도이다.

만약 당신이 세상으로부터의 피난처를 찾느라 지쳤거나, 런닝머신 위에서 더 빨리 달리는 것으로부터 위로를 얻으려고 하거나, 혹은 더 많이 가질수록 더 행복한 것은 아니라 사실을 깨달았다면, 나는 당신에게 당신의 마음에 답이 있고 당신의 영적 여정은 이미 시작되었다는 점을 겸허하게 제안한다.

2) 우리 자신 밖에서 행복을 찾는 오류

중독이 익숙한 말이기는 하지만, 그 말이 의미하는 바는 정확히 무엇인가?

그 어떤 중독자도 어느 날 아침 일어나서 문득 중독이 되려고 한 것은 아니다. 중독은 깊이 감춰져 있고, 음흉하고, 은밀하게 한 개인의 삶에 살며시 들어오는 것 같다. 대부분의 사람들은 그들 자신을 중독자라고 하지 않지만, 내가 관찰한 바로는 중독적 행동은 우리 사회에 만연해 있다.

우리가 자신이 좌절되었고, 화나며, 불행하다는 것을 발견할 때, 중독 과정이 일어나고 있을 수 있다는 사실을 인식하지 못할 수도 있다. 그리고 만약 우리가 중독을 인정하지 않는다면, 우리는 불편한 느낌으로부터 벗어나려고 하면서 우리 자신에게 보다 깊은 구덩이를 파게 된다. 개인적으로 그리고 문화적으로, 중독으로부터 도망치는 것을 멈추고 어떤 중독인지를 보다 가까이서 보려고 시작해야 할 때이다.

나는 3개월 째 피터를 상담하면서 보고 있었는데, 회기 중에 그가 갑자기 감당할 수 없을 정도로 울기 시작했다. 나는 그의 깊은 울음 때문에 동요되었다. 그의 입에서 나온 소리는 마치 아주 오랫동안 어두운 고립 속에 묶여 있었던 것처럼 들렸다. 피터는 터놓고 말하는 것이 그를 그렇게 덮고 있는 고통으로부터 그를 구해줄 것처럼 눈물로 말하려고 애썼다.

그러나 말은 나오지 않았고, 깊은 외로움의 절망만이 방을 채웠다. 그때, 잠시 동안 피터는 마치 미지의 깊은 바다에서 숨 쉬려고 하는 것처럼, 고통의 영향력으로부터 벗어났고, 눈물을 흘리면서 그가 할 수 있는 유일한 말을 속삭이듯 내뱉었다.

"너무 두려워요."

피터는 7년 정도 코카인에 중독되었다. 내가 그를 만나기 이전에, 그는 1년 정도 향정신성 약물을 사용하지 않았다. 그는 잘 알려진 28일 회복 프로그램에 참여하였다. 피터는 32세의 기혼자이자 변호사였고, 돈이 많았고, 멋진 집에서 살고 있었지만, "무엇인가가 빠져있다"라고 느꼈다. 피터가 나를 만나러 오기 시작했을 때, 그는 "모든 일이 잘 되고 있고 약물은 더 이상 사용하지 않지만, 나는 여전히 행복하지 않습니다"라고 말했다.

피터는 "무엇인가가 빠져있다"라고 했던 것이 사랑에 대한 자각과 경험이었다는 사실을 발견하게 되었다. 간단히 말하자면, 영적 여행의 부재였다. 그가 사랑과 영적 발달을 경험하지 못한 것은 그가 계속해서 자신 밖에 있는 것들에서 행복을 추구했기 때문인데, 그것이 결국 그의 깊은 공허감과 고독감을 은폐했다.

지금 기술했던 회기에 와서야 피터는 자신이 홀로 있고 모든 사람과 모든 것으로부터 떨어져 있다고 느낀다는 사실을 알게 되었다. 코카인은 외로움이라는 물을 막고 있는 댐이었다. 그가 코카인 사용을 중단한 것은 첫걸음이었고, 이제 피터는 그가 가장 두려워하는 것, 즉 외로움에 직면하게 되었다.

많은 사람이 그렇듯이 피터는 내심 그가 무자비하고 지치게 하는 세상에 홀로 고립되었다고 믿었다. 심하게 억누르는 이러한 믿음 때문에 피터는 이 공허한 공간을 채우려고 시도했다. 그는 자신에게 완전하다고 느끼게 해주리라고 잘못 생각했던 것들을 찾아서 그 자신 밖으로 눈을 돌리기 시작했다.

그렇게 하면서, 그는 중독으로 급속하게 빠져들기 시작했다. 지금 기술했던 회기에 와서 피터는 약물도, 돈도, 관계도 그 공간, 즉 그가 느꼈던 공허함을 채워줄 수 없다는 사실을 깨닫기 시작했다. 그 자신의 마음에 있는 사랑을 막는 장애물들을 제거할 때만이 그가 치유되고 온전하게 되기 시작할 수 있다.

이 회기 이후 수개월 동안, 피터는 그의 중독이 약함이나 의지력과는 아무런 관계가 없음을 알기 시작했다. 그는 코카인에 대한 그의 중독이 단순히 그 자신의 외부에 있는 것들에서 만족과 기쁨을 중독적으로 추구하는 것의 일부분이라는 사실을 보기 시작했다.

우리 사회의 많은 사람들이 알코올이나 다른 약물들에 중독된 사람들을 약하고 도덕적으로 열등한 것으로 본다. 처음으로 다르게 주장한 사람은 위대한 인류학자 그레고리 베이트슨(Gregory Bateson, 1972)이었다. 그는 중독자를 영적인 목마름, 즉 좀 더 다른 어떤 것이 있다는 것을 아는 감각을 가진 사람으로 그렸다. 베이트슨은 중독자가 알코올이나 다른 약물들이 이러한 갈망을 일시적으로 그리고 부분적으로 채워준다는 사실을 발견한다고 하였다(모건과 베렌슨의 글에서도 베이트슨의 공헌에 대해 언급한다).

피터는 깊은 고통 가운데 있었음에도 불구하고 좀 더 다른 어떤 것이 있어야만 한다는 그의 느낌과 다시 연결되기 시작했다. 이러한 영적 갈망을 인식하는 과정을 통해서 그는 자신의 내면을 들여다보기 시작했다.

3) 영성에 대한 혼란

성인의 삶에서 우리 가운데 많은 사람들은 영성을 피해왔다. 어떤 사람들의 경우, 어린 시절 종교와 관련된 부정적인 경험 때문에 하나님을 거부하게 된다. 나의 작업에서, 나는 언제나 개인이 편안하게 느끼는 언어를 사용한다.

영적 여행은 **종교** 혹은 **하나님**이라는 말을 전혀 언급하지 않고 시작할 수 있다. 이러한 이유로 나는 중독으로부터의 회복을 사랑에 대한 각성의 과정이라고 정의한다. 어떠한 영적 여행도 같은 방법으로 정의된다. 사랑에 대해 마음을 여는 것은 인간의 가장 고귀한 경험이고 중독으로부터의 회복이다.

예를 들어, 피터는 그의 외로움의 심연은 무한한 사랑의 심연과 비교할 때 피상적이라는 것을 발견했다. 나는 그가 사랑으로 그 자신을 에워싸는 것을 보았을 때, 언제가 휴 프레이더(Hugh Prather)가 말했던 어떤 것을 상기하였다.

"변화는 당신 자신을 사랑하는 법을 배우는 것이다."

중독의 정의를 보다 면밀하게 살펴보자.

중독은 만족이 항상 우리에게 주어지는 것은 아니라는 사실에도 불구하고, 우리 자신 밖에서 강박적이고 지속적으로 행복을 추구하는 것이다. 보다 정확히 말하자면, 중독은 그러한 추구가 항상 우리를 고통과 갈등으로 이끌어간다는 사실에도 불구하고, 지속해서 외부에 대해 강박적으로 추구하는 것이다.

만약 우리가 중독 행위를 바꾸려고 한다면, 우리는 자아(두려움과 분리에 기초한 우리 마음의 부분으로 정의되는)에 대한 근본적인 개념들에 대해 도전하기 시작해야만 하는데, 그것들은 다음과 같은 것들이다.

(1) 죄책감: 죄책감은 우리가 무엇인가 잘못되고, 나쁘고, 용서할 수 없는 일을 했다는 믿음이다. 그것은 과거는 회피할 수 없는 것이며, 그것이 미래를 결정한다는 믿음에 기초한다.

(2) 수치심: 죄책감이 커지게 되면, 우리는 자신이 무엇인가 나쁜 일을 했다고 믿을 뿐만 아니라 우리가 나쁘다고 믿기 시작한다.

(3) 두려움: 죄책감과 수치심 그리고 우리가 무엇인가 잘못된 일을 했고 우리가 무엇인가 잘못되었다는 결과적인 느낌들 때문에, 우리는 처벌에 대한 두려움에 시달리게 된다. 어떤 사람들에게 이것은 하나님에 대한 두려움으로 전환된다. 다른 사람들에게 이것은 그들이 사랑받을만한 자격이 없다는 믿음으로 나타난다.

죄책감, 수치심, 그리고 두려움은 한데 어우러져 우리에게 불안과 공허감, 불완전감, 절망감을 남겨준다. 자아는 우리가 죄책감과 수치심이 너무 강하고 그 영향이 널리 미치기 때문에 우리는 그것들을 넘어설 수 없을 것이라고 믿도록 만듦으로써 그것 자체를 너무 긴밀하게 검토하지 못하게 한다.

두려움 때문에 우리는 우리 자신을 들여다보지 않고, 우리의 행복을 위해서 사람들, 장소들, 활동들, 소유물들에 기대를 걸기 시작한다. 마음의 평화를 위해 외적인 것들로 마음의 평화를 추구할 때 우리는 비로소 중독으로 가는 첫걸음을 띠게 된다.

월쉬(Walsh)와 본(Vaughn, 1992)의 『이런 선물을 받아들이라: 기적 과정에서의 선택들』(Accept this gift: Selections from a course in miracles)에서 인용한 다음의 내용은 내가 중독에 대해 생각하는 것이다. 그것들은 우리의 목표들이 결코 우리를 만족시키지 못한다는 사실에도 불구하고 우리가 하나의 목표(관계, 일, 약물)에서 다른 목표로 계속해서 옮겨갈 때, 우리는 중독의 주기에 빠진다는 사실을 보여준다. *

* 사랑과 죄책감은 공존할 수 없으며, 하나를 받아들인다는 것은 다른 것을 부인하는 것이다.
* 당신이 죄책감에 대한 이유가 있다고 믿는 한, 그것은 결코 사라지지 않을 것이다.
* 당신은 죄책감이 항상 전혀 정상적이지 않고, 그럴만한 이유가 없다는 사실을 배워야만 한다.
* 당신의 마음이 두려움을 만들어낼 수 있을 뿐이다.
* 당신은 자아가 그 자체의 것으로 받아들이는 모든 목표의 두드러진 특징을 알아야만 한다. 당신이 그것을 성취했을 때, 그것은 당신을 만족시키지

못한다. 그것이 자아가 끊임없이 한 목표에서 또 다른 목표로 옮겨가도록 강요되는 이유이다. 그래서 당신은 그것이 여전히 당신에게 무엇인가를 제공해줄 수 있다고 계속적으로 소망하게 될 것이다.

4) 행복에 대하여

무익하게 외적으로 행복을 추구하는 것이 현대 사회에 널리 퍼져있다. 당신은 상업 방송을 보면서 15분마다 일련의 광고들을 접하게 되는데, 그것들은 당신에게 당신이 더 행복해지기 위해서는 뭔가 새롭고 향상된 상품이 필요하다고 말한다.

아주 어렸을 때, 당신은 두려움에 근거한 중독적인 사고체계의 핵심, 즉 당신은 근본적으로 부적절하고, 당신이 완전해지기 위해서는 당신 밖에 있는 무엇인가를 필요로 한다는 신념을 형성하기 시작한다.

두려움에 근거한 자아의 신념체계에 이의를 제기하는 것이 중요하다. 중독적인 사고체계는 심각하게 결함이 있고 우리에게 지속적인 마음의 평화를 결코 주지 못한다. 중독적인 사고체계와는 대조적으로, 사랑에 근거한 신념체계에 따르면 우리 마음의 자연스러운 상태는 온전함과 평화의 상태이다(Jampolsky, 1991).

당신은 내가 행복이라는 말과 **마음의 평화**라는 어구를 상호교환적으로 사용하고 있다는 사실을 알아챘을 수 있다. 나에게 행복이라는 말은 지속적으로 웃고 있는 얼굴을 뜻하지 않는다. 우리는 분명히 한가지 느낌과 한가지 표현 이상의 것을 갖고 있기 때문이다.

그러나 외상적인 상황들을 겪고 있으면서도 여전히 마음의 평화, 그리고 결과적으로 행복감을 유지할 수 있다.

만약 당신이 그 말을 마음의 평화를 나타내는 것으로 사용하고 있다면, 눈물과 행복은 상호배타적이지 않다.

결국, 참된 행복이 마음의 평화가 아니라면 무엇일까?

2. 중독적인 사고체계

사랑에 근거한 사고는 단순한 사실을 인정한다. 나는 아무것도 부족하지 않기 때문에 지금 당장 행복하다. 나는 최근에 "조그만 공포의 가게"(The Little Shop of Horrors)라는 영화를 보았다. 그 영화는 아마도 의도하지 않았겠지만 우리의 중독적인 사고체계의 강력하고 웃기는 예를 제공한다.

초반부에 한 젊은이는 작고도 이상한 식물을 발견하고, 그것을 기르기 시작한다. 어느 날 그 젊은이는 우연히 그의 손가락을 베었고 놀랍게도 그의 피에서 작은 식물이 자라나는 것을 발견했다.

그 식물이 잘 자라기를 원해서 그는 계속에서 그것에게 피를 먹였지만, 그 식물은 점점 더 많을 것을 원한다. 그 식물이 더 크게 자라면 자랄수록 그것은 더 많은 것을 원했다. 그 식물은 결코 만족하지 않았고 많이 먹을수록 더 시끄러워지고 더 추악해졌다. 는결국 그 식물은 "먹을 걸 내놔! 먹을 걸 내놓으란 말야!"라고 요구하는 괴물 같은 식물이 되었다.

이것은 중독적인 사고체계를 가진 자아가 열광하여 말하는 것이다.

중독적인 사고체계는 언제 시작되었는가?

그것은 정확히 우리가 자신을 순수한 사랑의 존재 이외의 어떤 것으로 보기 시작한 그 순간부터 시작되었다. 사랑의 경험은 성취되어야 할 어떤 것이 아니라 기억되어야 하는 것이라는 사실이 나의 연구의 전제이다. 이것은 근본적으로 영적 여정이다.

우리가 누구인가(사랑)는 결코 사라지지 않는다. 그것은 단지 중독적인 사고체계에 의해 은폐되었을 뿐이다. 우리는 우리 삶의 어떤 지점에서 불완전해지지 않았다. 우리는 단지 우리가 누구였는지를 잊어버렸고, 그래서 우리 자신 밖에서 행복을 찾기 시작했다. 사랑에 대한 기억은 멀어진 생각일 뿐이고, 그것은 우리의 환대만을 기다리고 있다.

3. 부인

1980년대 초반에 나는 샌프란시스코에서 북쪽으로 30마일 되는 마린 카운티의 한 농장에서 살고 있었다. 농장에서 제공된 유일한 서비스는 전기였다. 집에 필요한 물은 샘에서 나왔다. 우리가 모은 쓰레기는 재활용되거나, 쓰레기수거장에 수거가 되거나, 아니면 퇴비 더미로 옮겨졌다. 나는 퇴비 더미를 관리하고 있었다.

나는 그 일을 위해서 집 근처의 한 지점을 선택했는데, 그곳은 내가 양지에서 앉아서 책 읽는 것을 좋아했던 곳과 가까웠다. 일주일에 한번 정도 나는 쓰레기를 꺼내서 그것을 퇴비 더미로 옮기고, 부지런히 큰 조각들을 부수어서 흙과 섞었다.

시간이 지나면서, 나는 게을러졌고 시간을 갖고 재료를 분리해서 그것을 흙과 섞지 않고 큰 조각들의 일부를 묻어버렸다. 어느 날, 내가 좋아하는 곳에서 책을 읽는 동안, 나는 그곳이 퇴비 더비 같은 냄새를 풍기기 시작하고 있다는 사실을 알게 되었다. 쓰레기를 그저 묻어버렸던 나의 게으름이 휴식을 취하고 평화로운 장소를 즐길 수 있는 나의 능력을 망쳐버렸다.

나는 농부는 아니었지만, 단순한 규칙을 하나 배웠다. 무엇인가를 묻고

잊어버리면 효과가 없다. 부인의 한 측면은 만약 우리가 우리의 죄책감을 묻어버리고, 우리의 의식 밖으로 밀어낸다면, 우리는 그것에 대해 자유로울 것이라고 생각하는 것이다. 퇴비 더미에 대해 게을렀던 것과 다르지 않게, 부인이 죄책감을 없애지는 못한다. 부인은 두려움을 낳는다.

부인이라는 말은 약물의존 프로그램에서 흔히 사용된다. 아무런 문제도 없다는 부인은 약물의존 문제의 일부이다. 모든 약물의존자는 부인을 한다. 불행하게도, 부인으로 인해 중독자는 불합리한 마음의 틀을 유지하면서 지속적으로 중독에 머무르게 된다.

나는 중독에서 부인 과정이 약물의존 영역에만 제한된다고 믿지 않는다. 어떤 중독에서도 자아가 외적인 만족을 강박적으로 추구하기 위해서는 우리 내면에 있는 온전함이 부인되어야만 한다. 중독은 사랑과 온전함이 진정으로 인정되는 곳에서는 존재할 수 없다. 다른 말로 하자면, 중독이 가져다 줄 수 있는 선물은 영적 여행을 수행하는 치유 과정에 있다.

더구나, 중독의 토대는 우리의 내면에 있는 통일성에 대한 부인이다. 우리가 우리 자신을 온전한 존재로 경험하면, 자신을 온전하다고 느끼기 때문에 중독은 일어나지 않을 것이다. 불행하게도, 우리는 종종 우리 자신의 중독 패턴들을 보지 못한다. 중독과 관련된 어떤 치료에도 부인으로부터 벗어나려는 의식적인 노력을 기울이는 것이 요구된다.

4. 투사

죄책감으로부터 벗어나기 위한 자아의 퇴보적인 계획에는 두 가지 중요한 요소가 있다. 그것은 부인과 투사다.

당신이 죄책감을 부인하고 그것을 억압할 때, 그것은 당신을 손상시키기 시작한다. 그러면 자아는 그것 자체에서 죄책감을 제거하는 다른 방법을 찾게 된다. 투사에서, 만약 자아가 죄책감을 어떤 사람에게 무의식적으로 투사한다면, 당신은 마술적으로 자유롭게 될 것이라고 믿는다. 하지만, 당신의 죄책감, 두려움, 부적절감은 오히려 커질 것이다.

투사, 그리고 그것의 결과인 행동은 은유로 가장 잘 설명된다.

우리가 영화를 보기 위해서 영화 프로젝터를 세웠다고 상상해보라.

조명이 어둑해지고 영화가 시작된다. 영화를 본지 10여 분 정도 되면, 당신은 내가 초조해하고 불편해 보이는 것을 알게 된다. 당신은 나에게 괜찮은지 묻고, 나는 당신에게 그 영화를 좋아하지 않는다고 말한다.

사실, 그것이 나를 매우 불편하게 만들고 있다. 당신은 나를 합리적인 사람으로 알고 있기 때문에 그 다음에 내가 하는 것은 당신을 놀라게 한다. 나는 일어나서, 스크린 쪽으로 걸어가서, 스크린에 글을 쓰고, 그것을 흔들고, 심지어 그것을 뜯어내려고 애쓴다. 나는 그 영화가 싫고, 그래서 스크린을 바꾸려고 애쓴다.

나는 당신에게 우리 각자가 때로는 매일 이러한 이상한 행동을 보인다고 주장하고 싶다. 우리에게는 많은 친구가 있기 때문에, 그 누구도 그것에 대해 이의를 제기하지 않는다. 당신에게 질문을 하나 함으로서 설명을 시작해보려고 한다.

만약 당신이 그 영화를 싫어한다면, 보다 분별있는 선택 사항들은 어떤 것일까?

여러 가지 답이 있겠지만, 아마도 가장 합리적인 것에는 프로젝터를 끄고 영화를 바꾸는 것이 포함될 것이다. 이러한 대답들은 이미지의 원천이 스크린이 아니라는 사실을 이해하는 것을 반영한다. 이미지는 스크린에 투사된다.

당신의 일상적인 삶에서 투사가 어떻게 작동하는지 이해하려면, 영화 프로젝터가 당신의 마음이고 영화는 당신의 생각이라고 상상해보라.

투사는 복잡해 보일 수 있지만, 사실 아주 단순하다. 몇 년 전에 나는 장난기 많은 강아지 한 마리를 얻었다. 그 녀석은 온 방을 뛰어다녔고, 녀석은이 보이는 것은 무엇이든지 갖고 놀았다. 어느 날 나는 그 녀석이 사납게 짖어대고 으르렁거리는 것을 들었는데, 그것은 내가 이전에 전혀 듣지 못했던 것이었다.

내가 그 녀석이 욕실에 있는 것을 발견했는데, 문은 부분적으로 닫혀 있었고, 전신 거울을 드러내고 있었다. 그 녀석은 발은 꼿꼿하게 세우고, 등 위의 털은 곤두세우고, 거울 속에 있는 녀석의 이미지에 대해 으르렁거리면서 거기에 서 있었다.

나는 그 녀석이 자신의 이미지를 공격하면서 위협하고 있었다는 사실을 알지 못하는 것이 매우 어처구니없다고 생각했다. 그러나 나는 많은 경우 나도 그 녀석만큼이나 어처구니가 없다는 생각을 하게 되었다. 나는 다른 사람에게 투덜대지만, 내가 나 자신의 억압된 부분들을 보고 있다는 사실을 인식하지 못한다.

5. 중독적인 성격?

중독적인 성격과 같은 것이 존재하는지에 대해 끊임없는 논쟁이 있었다(Bean, 1981; Ludwig, 1988; Peele, 1989; Royce and Scratchley, 1996). 우리 가운데 어떤 이들은 약물중독에 대한 유전적인 소인을 갖고 있을 수 있지만, 나는 우리가 모두 중독적이고 모순된 방식으로 사고하는 경향이 있어서 중독적인 행동 패턴으로 이끌린다고 믿는다. 우리는 모두 어떤 수준에서는 온전함과 사랑에 대한 영적인 경험을 동일하게 갈망한다. 그리고 이 때문에 우리는 모두 자신 밖에서 평화와 행복을 찾으려는 오류를 범할 수 있다.

평안은 내면으로부터 나와야만 한다. 나는 사랑과 반대되는 감정이 유일하게 하나 있는데 그것은 두려움이라고 믿는다. 두려움은 우리의 자아가 만들어낸 어떤 것이고, 두려움은 중독적인 사고체계의 핵심이 된다. 두려움에 근거해서 많은 다른 모순된 신념들이 생겨난다.

나는 중독적인 사고체계에 4가지의 근본적인 부분이 있다고 가정한다. 그것들은 두려움, 과거 혹은 미래에 살기, 판단, 결핍에 대한 믿음이다. 다음의 도표는 중독적인 사고체계의 토대를 설명해준다.

중독적인 사고체계

1) 두려움에 대하여

투사는 두려움이 지속적으로 강화되는 세계로 우리를 이끌어간다. 우리는 결국 사랑과 자유를 두려워하게 된다. 우리는 우리 마음에 사랑을 초대하기보다는 죄책감의 주인이 되었다. 우리는 나는 법을 전혀 배우지 못하고 갇힌 새들이 되어서 우리 자신의 생각으로 만들어진 두려움의 창살에 둘러싸인 새장에 앉아 있다.

미란다는 11년을 함께 살았던 그녀의 남편과 헤어지고 난 후에 나를 만나러 왔다. 미란다는 17살에 임신이 되면서 결혼하게 되었다. 그녀의 아버지는 어린 아이였을 때 그녀를 성적으로 학대했다. 그녀는 나중에 임신과 결혼을 그녀의 지긋지긋한 집으로부터 벗어날 수 있는 유일한 방법으로 보았다는 사실을 인정했다.

그녀의 어머니가 그녀를 신체적으로 전혀 학대하지 않았음에도 불구하고, 어머니가 아버지에게 개입하지 않았고 안전한 환경을 제공해주지 않았다는 것 때문에 미란다는 그녀에 대해 엄청난 분노를 갖게 되었다. 어머니는 어떤 일이 벌어지고 있는지 알았지만 침묵했다고 그녀는 확신했다. 어린 시절 미란다는 그녀의 가족에게서 감정에 대해 말하는 것이 안전하지 않다는 것을 배웠기 때문에 그녀는 침묵하고, 두려움에 떨면서 홀로 있었다.

미란다는 그녀의 아동기의 과묵하고 숨겨진 감정들을 연기하면서 성인기를 거쳤다. 그녀는 항상 마치 그녀가 안전하지 않은 장소에 있고, 그 누구에게도 털어놓거나 의지할 수 없는 것처럼 느꼈다. 그녀는 친구도 별로 없었고 대부분의 동료들은 그녀를 서먹서먹하고, 방어적이고, 냉담하다고 보았다.

미란다는 남편과의 친밀함을 원했지만, 그녀는 그를 혹은 그 누구도 진심으로 신뢰할 수 없다고 느꼈다. 이것은 감정에 대해 말하지 못하는 그녀의 무능력과 결합하여 미란다를 지속적으로 외롭고 두려운 상태에 있게 하였다.

미란다는 종종 일을 빠뜨리고 눈에 띄게 심란해 보였기 때문에 고용주의 요청으로 나를 만나러 왔다. 그녀의 가족사 때문에 미란다는 나에게 마음을 터놓는 데 어려움을 겪었다. 우리의 초기 작업 과정에서, 그녀는 정말로 사랑받는다고 전혀 느껴보지 못했던 여성으로 드러났다. 사실, 그녀는 그러한 세 마디의 간단한 말을 전혀 들어보지 못했다.

나는 너를 사랑한단다.

어린 시절 그녀는 두려워하고 신뢰하지 못하게 되었다. 성인이 되어서도 그녀는 다른 길이 있다는 것을 몰랐다.
우리의 작업이 진행되면서, 미란다는 아버지와의 관계에서 일어났던 일에 대해 죄책감을 느꼈다는 것이 분명해졌다. 불합리하게도, 그녀는 자신이 아버지의 행동을 야기하는 무엇인가를 한 것이 아닌가라고 의문을 가졌다. 그녀는 또한 부분적으로 최소한 어떤 관심을 받게 되었다는 것에 대해 고마워했기 때문에 죄책감을 느꼈다. 죄책감 때문에 그녀는 그녀 자신에 대해서 잘못되고 부정적인 신념들을 많이 갖게 되었다.
미란다는 자신이 성적으로 '더럽고' 남성과 사귀는 데 적절하지 않다고 믿었다. 미란다는 사랑을 갈망하고 있었지만, 그녀는 자신의 두려움, 죄책감 그리고 부정적인 자기상 때문에 방어적이거나 그녀 자신을 다른 사람들로부터 고립시키는 순환에 빠지게 되었다. 당신은 미란다의 이야기가 중독과 어떤 관련이 있는지 질문할 수 있을 것이다. 미란다의 사례는 중독의 근원을 보여주기 때문에 나는 이 사례를 제시하려고 선택했다.
다른 사람들은 유사한 이야기로 시작해서 그들 자신을 고립시키는 방식으로 계속해서 약물을 사용할 수 있다. 그러나 또 다른 사람들은 문란한 성관계를 갖고, 그들에게 익숙한 방식으로 애정을 구하면서 성중독에 빠질 수 있다.

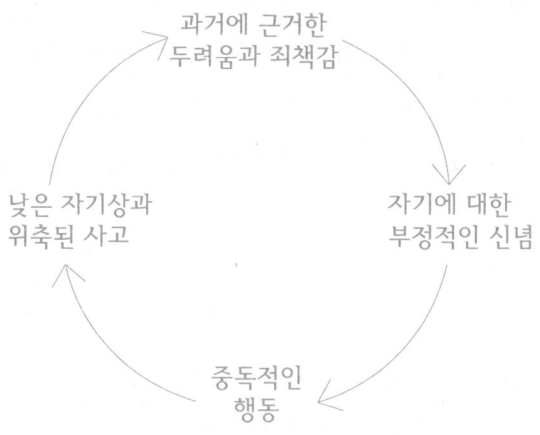

미란다의 경우 이 순환은 다음과 같다.

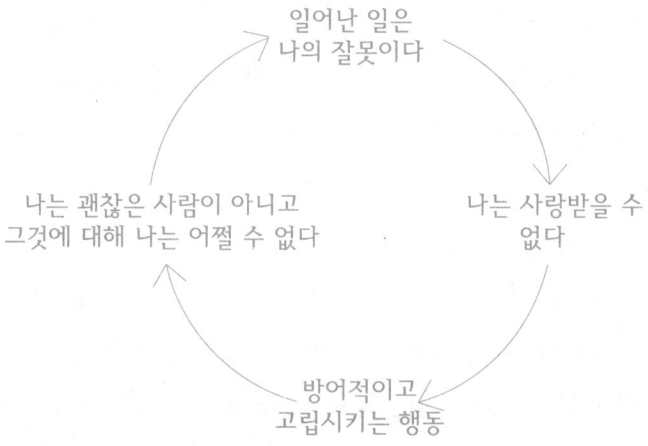

미란다의 사례에서, 그녀는 계속해서 죄책감과 두려움을 느꼈고, 그 것은 고립시키고 방어하는 행동으로 이어졌으며, 결국 이러한 행동들은 지속적인 불행으로 이어졌다. 행동과 감정의 수준에서 볼 때, 그녀가 부정적인 결과에도 불구하고 계속해서 동일한 방식으로 행동하고 생각

했다는 의미에서 이것은 중독이다. 다음의 도표는 이러한 중독적인 순환을 보여준다.

미란다는 서서히 나를 신뢰할 수 있게 되었고 어린 시절의 그리고 성인이 되어서의 감정들에 대해 깊이 있게 말하기 시작했다. 그녀는 죄책감과 두려움을 점점 덜 느끼게 되면서, 덜 방어적이게 되었고 그녀의 오랜 고립의 역사로부터 벗어나게 되었다.

미란다는 그녀의 삶에서 사랑을 경험하기 시작했다. 그녀는 언제나 그녀가 벌을 받고 있다고 느꼈기 때문에 하나님 혹은 우리보다 위대하신 힘을 결코 믿을 수 없었다. 그녀가 더 많이 신뢰하게 되면서, 그녀는 그녀의 영적인 측면을 발달시킬 수 있었다. 그녀의 마음은 무기력함, 냉담함, 고립감으로부터 충만함, 우호적임, 개방성으로 변해갔다.

2) 과거 혹은 미래에 살기에 대하여

중독적인 사고체계에서, 우리는 과거가 우리 자신과 다른 사람들을 비난할 때 사용하는 비축된 공격 수단이라고 믿는다. 우리는 과거의 불만을 다른 사람들에게 계속 유지하고 결국 분노와 원한이 우리를 손상시키게 한다. 우리는 샌드백처럼 되어버린 과거의 분노를 가지고 다니면서 우리의 관계에서 사랑이 유출되는 것을 방치한다.

나는 보통의 성인이 시간의 50% 이상을 미래의 어떤 일에 몰두하는 데 사용한다고 본다. 다음과 같은 질문들이 우리 마음을 채운다.

나는 청구액을 처리하기에 충분한 돈이 있을 것인가?
만약 내가 실패한다면 어떻게 될까?
이 사람 혹은 저 사람이 나를 좋아하고 받아들일까?

질문은 계속된다. 우리가 미래에 몰두하게 될 때마다, 우리는 사랑의 장애물을 만들고 있는 것이다. 사랑에는 현재 순간만이 있을 뿐이고 과거나 미래는 없다. 그 자체로 우리에게 정서적인 고통을 경험하게 하는 특별한 질환이나 상황은 없다. 만약 우리가 고통을 느낄지를 결정하는 것은 우리의 지각, 신념, 그리고 과거의 경험이다.

3) 판단에 대하여

판단에 대해 그것이 무엇인지 그리고 그것이 무엇을 만들어내는지 생각해보라.

판단은 당신에게 죄책감, 낮은 자존감, 부적절감을 가져다준다. 만약 당신이 지속적으로 당신 자신을 다른 사람들과 비교하고 있다면, 당신은 결코 사랑이 당신을 자유롭게 하도록 할 수 없다.

부정적인 판단의 뒷면은 수용과 용서이다. 판단이 사랑을 배척하면서 벽을 쌓는 곳에서 용서는 사랑을 초대하고 우리의 영적인 항해에 불어오는 바람이 된다. 『이런 선물을 받아들이라: 기적과정에서의 선택들』(*A course in miracles*)로부터의 인용은 다음과 같은 것을 보여준다.

> 내가 내 자신을 용서하고 내가 누구인지 기억할 때,
> 나는 내가 만나는 모든 사람과 모든 것을 축복할 것이다.

판단은 언제나 사랑에 조건을 달고 우리의 중독적인 사고를 영속시킨다. 그것은 "만약 네가 나의 기대에 맞는다면 그리고 만약 네가 나의 평가를 통과한다면 나는 너를 사랑할 것이다"라고 말한다. 판단하는 마음은 흔히 무의식적으로 사랑을 위한 통과 기준의 목록을 만든다. 반대

로 용서에는 아무런 조건이 없다. 용서는 사랑이 그 자체가 되는 것을 허용할 뿐이다. 우리는 언제나 판단과 수용 사이에서 선택하고 있다. 연습을 통해서, 우리는 사랑에 근거한 생각으로 우리의 마음을 채우는 것을 쉽사리 선택할 수 있는 것처럼, 우리는 중독적인 사고체계의 비난과 판단을 선택할 수 있다.

4) 결핍에 대하여

중독적인 사고체계는 우리에게 우리는 무엇인가 부족하다고 지속적으로 말한다. 돈도 충분하지 않다. 가진 것이 많아도 충분하지 않다. 사랑도 충분하지 않다. "충분하지 않다"라는 중독적인 철학은 하나의 핵심 신념인 결핍에 뿌리를 두고 있다.

결핍은 우리에게 항상 무엇인가 결여되어 있다는 개념이다. 이러한 신념 때문에, 우리는 이렇게 지각된 빈 공간을 채우기 위해서 끊임없이 무엇인가를 추구하게 된다. 우리는 우리가 추구하는 것이 온당하다고 생각하지만, 실제로는 다음과 같은 일이 일어난다.

> 우리의 정서적인 고통의 많은 부분은 우리가 결핍되어 있고 그래서 온전치 못하다는 생각으로부터 생겨난다.
> 자아는 우리에게 우리를 온전하다고 느끼게 해줄 수 있는 어떤 것들이나 관계를 추구하라고 한다.
> 우리는 우리가 그 빈 공간을 채워줄 것이라고 잘못 생각하는 것을 추구하기 시작한다.
> 결국 우리는 불완전하다고 느끼고, 다른 어떤 방법이 있는지도 모르고, 그 과정을 처음부터 다시 시작한다.

우리 사회에 결핍에 대한 신념이 너무나도 만연되어 있어서 우리는 어떤 방식으로든 우리가 괜찮지 않다고 말하지 않고는 하루를 지나가는 것이 어려울 수 있다. 텔레비전 상업방송은 우리에게 특별한 차나 어떤 종류의 커피 혹은 특별한 향수가 우리를 채워주고 만족스럽게 할 것이라고 말한다.

우리는 위신을 떨어뜨리는 일들로 인한 좌절감으로 고속도로를 달리다가, 담배를 피우고 있거나 버번 위스키를 마시며 쉬고 있는 행복하고 부유한 사람들의 광고판을 본다. 뉴스를 들을 때, 나는 이야기의 많은 비율이 너무나도 많이 스스로 "충분하지 않다"라고 느껴서 좌절감과 절망감 때문에 범죄를 저지르는 사람들에 대한 것이라는 사실을 발견한다.

그러한 외적 자극이 있다면, 우리가 우리 밖에 있는 어떤 것이 우리에게 자유와 힘을 가져다 줄 것이라고 생각하는 미친 환상 속에 계속 머물러 있는 것은 조금도 놀랍지 않다. 그러나 "충분하지 않다"라는 우리의 느낌이 광고 산업의 잘못이라고 생각하는 것은 고지식하다. 우리가 매체에서 보는 것은 우리 자신의 집단적인 마음 상태의 반영이다.

6. 잘못된 영적 추구로서의 중독

우리의 마음을 들여다보면, 우리는 중독의 뿌리를 볼 수 있다. 나는 대부분의 중독 행동이 중독적 사고의 3단계에 뿌리를 두고 있다고 제안한다.

(1) 나는 내 모습 이대로 괜찮지 않다. 내 속엔 채워져야 할 필요가 있는 빈 공간이 있다.

(2) 이 빈 공간을 채워줄 무엇인가가 혹은 누군가가 나 자신 밖에 있다.

(3) 나의 행복은 이러한 물질, 재산, 혹은 사람을 찾는 데 달려있다.

이미 제안되었듯이 무엇인가를 더 갈망하는 느낌은 잘못된 영적 갈망이다. 우리는 집을 떠나 방황하다가 길을 잃어버린 아이와 같다. 아이 마음에 있는 모든 것은 집으로 돌아가는 것이지만, 만약 아주 멀리 갔다면, 아이는 부모님의 얼굴과 집의 안전함을 잊어버릴 수도 있다.

우리는 온전함과 사랑을 잃어버리고 방황했다. 그 과정에서 우리는 우리가 누구인지를 잊어버렸고 길을 잃어버렸다. 우리가 자신 밖에서 더 많이 찾으려고 하면 할수록, 우리는 더 많이 잃어버리게 되었다. 마음을 잠잠히 할 때 우리는 우리 자신을 알 수 있게 된다.

약물의존에 대한 외래환자 병원치료 프로그램을 진행하고 있을 때, 나는 코카인중독자였던 알란을 치료했다. 알란은 프로그램을 마친 후 약 1년 만에 방문을 위해서 돌아왔다. 나는 그의 말을 통해서 그가 잘하고 있다는 것을 깨달았다.

> 저는 다른 분들이 제게 말씀해주셨던 모든 것을 진정으로 이해했습니다. 그러나 선생님께서 아시다시피, 우리의 모든 얘기가 저를 완전하게 하지는 못했습니다.
>
> 약물을 끊은 다음에도 저는 여전히 무엇인가 놓치고 있는 것처럼 느꼈습니다. 저는 그것이 무엇인지 확신하지 못했습니다. 어느 날 저는 침대에 앉아서 눈을 감고 내가 놓치고 있는 것이 무엇인지 물어보았습니다. 만약 제가 제 자신에게 있는 창을 들여다보고 있었다면, 저는 미쳤다고 말했을 겁니다. 저는 기도도, 묵상도, 그 어떤 것도 하지 않았습니다.
>
> 저는 저의 질문에 대답하는 그 어떤 말도 듣지 않았지만, 넘치는 평화와 고요함이 저에게 몰려왔습니다. 돌아보면 그 때 저는 제 자신에 대해 처음으로 편안하게 느꼈습니다. 그것은 새로운 느낌이었지만, 동시에 오래된 것처럼 느껴졌습니다.

제가 드리고 싶은 말씀은 감사하다는 것입니다. 제 자신과 제가 하고 있었던 것에 대해 돌아보도록 하는 데 있어서 중요한 역할을 했던 것은 대화였습니다. 그러나 제가 자신을 발견하기 시작한 것은 말이 아니라 고요함 속에서였습니다.

나는 알란이 그가 처음부터 갈망해왔던 것(자기 사랑과 자기 수용)을 발견하기 시작했다는 사실을 알았다.

1) 소통의 두 가지 형태

중독적인 사고체계는 크고 확고부동한 목소리이다. 그러나 그 이면에는 평온하고, 고요하고, 항상 존재하는 사랑의 목소리가 있다. 우리가 중독적인 사고체계를 벗어나는 첫 번째 단계는 고요하고 평온한 사랑의 목소리에 귀를 기울이려고 노력하는 것이다.

사랑에 귀를 기울이려는 의지는 강력한 도구이다. 강물처럼, 그리고 그것은 마침내 어떤 장애도 넘어설 것이다. 소통은 매우 복잡한 것처럼 보일 수 있지만, 사실 매우 단순하다. 실제로 단지 두 가지 형태의 소통이 있다는 것이 나의 신념이다.

(1) 사랑에 근거한 것이다. 여기에서 당신은 사랑과 공감을 당신 자신과 다른 사람들에게 확장한다.
(2) 중독적인 사고체계에 근거한 것이다. 당신은 방어적으로 행동하지만 내심 사랑을 갈망한다.

간단히 말하자면, 소통의 두 가지 방식은 사랑을 확장하는 것과 사랑을 요구하는 것이다.

당신이 중독적인 사고체계를 사용하는 다른 사람들과 상호 작용할 때, 그들의 방어와 태도 때문에 그들이 고슴도치처럼 보일 수 있다. 당신이 가까이 다가가려고 할 때, 그들의 가시는 당신을 고통스럽게 찌른다. 중독적인 사고체계에 갇혀있는 사람들은 너무나 두려워하기 때문에 그들 자신 주위에 벽을 쌓는다.

만약 다른 사람들이 분노로 만들어진 이 벽을 공격한다면, 그들은 그들의 벽을 더 두껍게 만들면서 강화할 것이다. 중독 행동에 대해 착암용 드릴을 사용하는 것은 효과적이지 않다. 사랑이 중독적인 사고체계의 벽을 뚫을 수 있는 유일한 힘이다. 이것은 중독적인 행동과 사고에 깊이 빠져있는 환자를 치료할 때 기억해야 할 중요한 것이다. 이것은 직면이 있을 자리가 없다고 하는 것이 아니라, 개인이 어떤 개입 이면에 있는 사랑이 담긴 공감을 경험해야만 한다고 하는 것이다.

가족에게서도 상담실에서도 사랑을 한다는 것은 다뤄져야 할 필요가 있는 문제들을 조심스럽게 이야기 하면서 단지 친절하고 점잖은 것을 의미하지 않는다. 사랑이 담기고도 판단하지 않는 방식으로 당신이 느끼는 바를 말하면 방어들은 조용히 허물어지게 된다.

중독된 사람이 실제로 말하고 있는 것은 자신이 두려워하고 있고 사랑이 필요하다는 것이다. 그 이하도 그 이상도 아니다. 언어적인 공격과 부정적인 행동을 동감하기보다는 사랑에 대한 이러한 요청에 더 많이 귀를 기울일 수 있으면 있을수록 중독의 벽을 깨뜨릴 수 있는 기회는 더 커진다.

평온한 곳에 있을 때 마음은 두려움과 죄책감의 환상을 녹여버릴 따뜻한 사랑을 허용할 수 있게 된다. 중독적인 마음이 두려움과 갈등에 깊이 빠져있는 한 그것은 치유할 수 없다. 그것은 중국식 핑거 퍼즐에서 벗어나려고 하는 것과 같다. 당신이 열심히 빼려고 하면 할수록 그것은 더 빡빡해진다. 두려움이 있는 곳에서 두려움을 극복하려고 애쓰는 것은 효과적이지 않다.

당신의 마음이 한꺼번에 두 가지 목표를 이루는 것은 불가능하다. 예를 들어, 나는 내가 지난주 혹은 지난해에 일어났던 어떤 일에 대해 여전히 유감을 갖고 있으면서 마음의 평화를 원한다고 말할 수 있다. 만약 내가 유감을 갖고 있는 것을 중시하고 있다면, 나의 목표는 마음의 평화가 될 수 없다. 우리가 여전히 중독적인 사고체계의 두려움에 근거한 생각을 중시하는 한 마음의 평화는 불가능하다.

본서가 가진 하나의 목적은 당신이 사랑에 대해 더욱 헌신하도록 돕는 것이다. 당신이 사랑만을 원하려고 할 때, 당신은 사랑만을 보기 시작할 것이다. 사랑에 근거한 사고체계는 간단하다. 사랑에 근거한 사고체계가 당신에게 요구하는 유일한 것은 당신이 중독적인 사고체계의 방어들을 내려놓고 사랑에 대한 초대를 확장하는 것이다.

7. 사랑에 근거한 사고체계

우리 가운데 많은 사람이 다음과 같은 무언의 메시지가 있는 가정에서 성장했다.

내가 너에게 원하는 것을 네가 한다면 나는 너를 사랑할 것이다.

"만약 ~라면, 너를 사랑할 것이다"라는 메시지는 자신이 사랑을 받을 만한 가치가 없거나 사랑을 받기 위해서는 다른 사람들을 기쁘게 해야만 한다고 생각하게 만든다.

이러한 메시지를 받은 우리는 만약 우리가 우리 부모에게 자신의 부족하고 숨겨진 생각들을 포함하여 자신의 모든 것을 보여준다면, 우리는 거절당할 것이라고 믿기 시작했다. 결과적으로, 우리는 우리가 충분히 사랑받을 수 있으리라는 소망으로 우리 자신의 어떤 부분들을 숨기는 것을 배웠다.

우리가 수용받기 위해서 우리 자신의 여러 면들을 숨겨야만 한다고 느낄 때, 결과적으로 우리는 우리가 받는 어떤 사랑과 지지도 받을 만한 가치가 있다고 전혀 느끼지 못한다. 그루초 막스(Groucho Marx)는 언젠가 이러한 느낌에 대해 다음과 같이 말했다.

> 나는 나를 회원으로 받아들이는 클럽에는 속하고 싶지 않을 것이다.

만약 우리가 중독적인 사고체계를 회복하기 원한다면, 우리는 우리가 사랑 자체이기 때문에 지금 있는 그대로 우리를 충분히 사랑할 수 있다는 사실을 깨닫기 시작해야만 한다.

1) 개인적인 치료적 개입에서 영성 활용하기

나는 페인트층으로 덮여진 오래된 고급 나무가구를 찾아다니는 것을 즐긴다. 가구 하나를 우연히 찾아냈을 때, 내가 관심을 갖는 것은 페인트층이 아니다. 그것은 오래되고 갈라진 페인트 밑에 있는 아름다운 참나무, 소나무 혹은 마호가니이다.

내가 나무를 상하지 않게 하기 위해 조심하면서 페인트를 서서히 벗겨내면, 그 밑에 있는 것이 드러난다. 페인트를 벗겨내는 것은 따분하고 지루한 일이다. 실제로 나무가 처음보다 더 좋지 않게 보일 때가 있고, 그럴 때 나는 일을 포기하고픈 마음이 든다.

때때로 나는 조금 더 수고하면 원래의 아름다운 나무를 볼 것이라는 믿음을 갖는다. 일단 페인트가 벗겨지면, 바싹 마르거나 습기나 더러운 공기에 취약할 수 있기 때문에 그 나무를 조심스럽게 다룰 필요가 있다. 기름을 조금 바르고 나면, 나는 화려한 가구 하나를 얻게 된다.

두려움에서 사랑으로 옮겨가는 것도 마찬가지이다.

죄책감과 판단의 세월에 의해 갈라진 두려움과 어두움의 층들에 대해서 염려만 하지 말라.

이면을 보고 드러나기를 기다리고 있는 아름다움을 상상해보라.

그것이 반드시 수월하거나 아픔이 없는 과정이 되지는 않겠지만, 그 보상이 풍성할 것이라는 사실을 알라.

가구를 다 벗겨냈을 때, 바닥에 있는 페인트를 애써서 모으지 않는다. 나는 그것들을 버린다. 그것들은 내게 쓸모가 없다.

마찬가지로 두려움도 그렇게 하라.

오래된 페인트처럼 두려움을 던져버려라.

사랑에 근거한 사고에서는 그것이 당신에게 아무런 쓸모가 없다.

중독적인 사고체계에서 우리는 사람, 물건, 물질에서 강박적으로 행복을 추구한다. 그 과정은 언제나 두려움의 악순환으로 귀결된다. 사랑에 근거한 사고체계에서 우리는 내면을 들여다보고, 두려움을 극복하고 넘어서서 사랑을 발견한다. 우리가 자신 안에서 사랑을 발견할 때, 우리는 어느 곳에서나 그것을 발견하기 시작한다.

어린이의 눈, 친구의 접촉, 심지어 우리가 전혀 만나지 않았던 사람들, 이 모두가 사랑을 생각나게 한다. 사랑은 모든 곳에 있기 때문에 우리는 모든 곳에서 그것을 발견한다. 일단 사랑이 우리 가슴에서 깨어나면, 우리는 사랑에 의해 접촉되지 않는 곳은 없다는 사실을 알게 된다.

우리는 사랑의 존재를 부인할 수 있지만, 그렇다고 해서 그것을 사라지게 하지는 못한다. 그것은 우리가 우리의 눈을 뜨고 우리의 마음을 여는 것을 끈기 있게 기다린다. 우리가 어두움과 증오를 볼 때, 그것은 가구에 있는 오래된 페인트를 보고 있는 것과 같다. 우리가 페인트를 볼 것인지 나무를 볼 것인지 선택할 수 있는 것과 같은 방법으로 우리는 언제나 어두움을 볼 것인지 빛을 볼 것인지 선택한다.

사랑의 경험을 증진시키기 위한 첫걸음은 중독적인 사고체계에 의해 형성된 어두움(페인트)의 환상에서 벗어나도록 우리의 마음을 훈련하기 시작하는 것이다.

사랑은 그 너머에 있다.

당신 자신의 보다 깊은 부분을 신뢰하기 시작하라.

그것이 드러나고 그것 자체가 될 수 있는 기회를 주라.

두려움은 우리에게 만약 우리가 우리의 내면을 들여다본다면 우리는 우리가 보는 것을 좋아하지 않고 분명히 그 누구도 그렇지 않을 것이라고 말하기 때문에, 신뢰하기 위해서는 신앙의 비약이 요구된다. 우리는 우리의 내면의 삶, 우리의 내면의 안내를 신뢰하는 것을 시작해야만 한다. 이것이 사랑의 조화를 드러낼 수 있는 방법이기 때문이다.

2) 현재 순간에 대하여

사람들은 언제나 정각에 일을 마치기 위해서 뛰어다니면서 시간과 씨름하고 있는 것 같다. 우리가 다른 사람을 처음 만났을 때, 우리는 그 사람이 과거에 한 것과 하지 않은 것으로 그 사람을 평가하는 경향이 있을 수 있다. 채용광고에 반응할 때, 우리는 과거의 목록을 이력서로 보낸다.

사실, 우리는 우리가 마음속에 정리해놓은 과거의 역사를 살펴봄으로써 우리 자신의 자기 가치를 결정하는 경향이 있을 수 있다. 하나의 사회로서 그리고 개인들로서, 우리는 현재 우리가 누구인가보다는 우리가 과거에 무엇을 했거나 하지 않았는가에 더 마음을 쓴다.

우리가 현재에 초점을 맞추게 될 때, 우리의 지각의 창은 급격하게 바뀐다. 우리는 세상과 우리 자신을 새롭게 보기 시작한다. 새로움, 해방감, 안도감이 있다. 현재 순간에는 자존감을 결정하는 외부적인 척도가 없다. 우리를 비쳐주는 사랑만이 있을 뿐이다. 시간에 대한 지각에서의 전환이 일어나면 평온함이 우리의 삶에 찾아온다.

얼마 전부터 연구자들은 최상의 성취(peak performance)에 관심을 갖게 되었다. 과학자들과 심리학자들은 최적의 수준의 성취를 이루고 있는 것으로 보이는 운동선수들을 면담하고 관찰했다. 이 운동선수들에게서 배운 것의 많은 부분은 나중에 운동선수가 아닌 사람들의 삶에 적용되었다.

그리고 운동에서든, 관계에서든, 혹은 일에서든 최적의 수준의 성취에 도달할 수 있는 능력에는 하나의 실마리가 있는 것으로 보인다. 우리가 현재에 초점을 맞출 때, 우리는 우리가 과거나 미래에 대한 부정적인 생각이나 이미지에 몰입할 때보다 더 높은 수준에서 운동하고, 사고하며, 성취한다.

3) 수용에 대하여

중독적인 사고체계의 기본적인 교리는 판단이다. 지속적으로 분석하고, 비교하며, 비판하고, 비난하는 것이 안전과 평화를 가져다주는 특성이라는 신념. 대조적으로, 사랑에 근거한 사고체계는 마음의 평화가 수용을 실천하는 기술을 통해서 얻게 된다고 본다.

나의 임상훈련의 많은 부분에서, 임상가들에 의해 만들어진 어떤 가정들이 있다. 한 임상가의 경우, 치료를 받으러 오는 개인들은 그들의 삶의 어떤 영역에서 문제들을 갖고 있고, 그들은 변화를 바란다는 가정이 있다. 우리는 우리 자신을 "변화의 대리인들"이라고 보고 환자를 "보다 기능을 잘하는" 사람으로 변화시키려고 노력했다.

나는 전부는 아닐지라도 대부분의 사람이 어떻게 해서든 변화를 원한다는 사실을 믿어 의심치 않는다. 나는 우리가 변화를 이루는 과정에는 겉으로 보는 것 이상의 것들이 있을 수 있다고 가정하고 있다. 나는 깊은 변화(즉, 행동적인 수준과 감정적인 수준 모두에서 일어나는 변화)가 일어나려면 그 이전에 어떤 현상이 일어날 수 있다는 사실을 알게 되었다. 나는 이 현상을 변화의 역설(paradox of change)이라고 부른다.

참된 변화가 일어나기 위해서, 우리는 먼저 우리 자신을 조건 없이 있는 그대로 받아들여야만 한다. 우리는 자신의 역기능을 넘어서 볼 수 있고 자신의 본질적인 온전함을 볼 수 있어야만 하다. 만약 우리가 수용과 사랑의 태도로 우리 자신에게 접근하지 않는다면, 우리는 우리 자신을 자책하게 된다.

그리고 우리가 우리 자신을 자책하는 한, 긍정적인 깊은 변화는 불가능하다. 당신 자신을 비난함으로써 일어나는 유일한 변화는 더 나쁘게 느끼게 되는 것이다. 변화의 역설은 우리가 먼저 우리 자신을 있는 그대로 받아들이기 전에는 깊은 변화를 가져올 수 없다는 것이다.

내가 생각하기에는 익명의 알코올중독자모임과 같은 다양한 형태의 12단계 자조 집단들이 효과가 있는 것은 모임 중에 얘기되어지는 것보다는 그들의 수용적인 태도 때문이다. 이런 태도다.

> 우리는 당신을 오늘 있는 그대로의 모습으로 받아들이고, 당신은 당신의 삶의 다양한 측면들을 살펴보아야만 합니다. 우리는 판단하기 위해서가 아니라 당신이 그렇게 하는 것을 사랑으로 돕기 위해서 여기에 있습니다.

다음은 당신 자신과 다른 사람들에 대한 수용의 본질에 대한 몇 가지 생각들이다.

* 우리가 판단하고, 분석하고, 비교하고, 비판할 때, 우리의 에너지는 고갈된다. 반대로, 우리는 수용할 때, 살아있다고 느낀다.
* 마음의 평화는 우리가 한 것에 대해 우리 자신을 평가하고 처벌하기보다는 우리 자신을 있는 그대로 수용하는 것으로부터 생겨난다. 마찬가지로, 마음의 평화는 또한 다른 사람들을 수용하는 것으로부터 생겨난다.
* 수용은 현재 순간에 근거한다. 판단은 과거에 근거한다.
* 수용은 부정적인 행동을 눈감아주는 것을 의미하지 않는다. 그것은 단지 우리 자신의 부정적인 행동을 변화시키기 위해서는(혹은 다른 사람이 변화하도록 고무하기 위해서는) 그 행동 이면에 소중한 사람이 있다는 사실을 알아야만 한다는 것을 의미한다.
* 마음의 평화는 변화시키려는 우리의 통제 밖에 있는 것들을 수용하는 것으로부터 생겨난다. 이것은 또한 우리가 다른 사람을 통제할 수 없다는 사실을 인정하는 것을 의미한다.

* 수용은 아무것도 기대하지 않는다. 수용은 미래의 결과에 대해 집착하지 않는다.

4) 충만함에 대하여

우리가 잘 기억하지 못할 수 있다 하더라도, 나는 우리 모두에게 우리 삶에서 완전하고 충만하다고 느꼈던 순간들, 즉 부족한 것 없이 온전함과 사랑만이 있었던 순간들이 있었다고 믿는다. 이런 때에, 우리는 자발적으로 결핍에 대한 자아의 믿음의 한계들을 넘어서고 우리가 누구인가에 대한 진실을 자각하게 된다.

사랑에 근거한 사고체계는 자아의 사고체계가 비상식적이고 우리를 갈등으로 이끌어갈 뿐이라는 사실을 인정한다. 충만함은 가치 있는 것은 시간이 흘러도 가치가 감소하지 않고 방어될 필요가 없다는 단순한 인식이다. 가치 있는 것은 나누어줄 때 가치가 커진다. 우리가 충만함을 받아들일 때, 우리는 무엇이 가치 있을 수 있는가를 결핍의 렌즈로 세상을 볼 때와는 완전히 다른 방식으로 결정한다.

마치 충만함이 사람들은 일하는 것을 멈추거나 아무것도 하지 않아야 한다고 주장하는 것처럼 들릴 수 있다. 이것은 사실이 아니다. 나는 충만함의 위대한 스승들 가운데 한 사람인 마더 테레사(Mother Teresa)와 시간을 함께 보낼 수 있는 행운이 있었다. 그녀는 분명히 아무것도 하지 않았다고 비난받을 수 없다. 그리고 동시에 선교를 시작했을 때, 그녀는 "오, 우리는 돈이 충분히 있지 않다고 해서 이것을 하지 않을 수 없습니다"라고 말하면서, 결핍이라는 관점에서 생각하지 않았다.

마더 테레사는 사랑과 친절이 정말로 중요한 모든 것이고, 다른 모든 것은 이것으로 인해서 제자리를 찾게 된다는 사실을 알았다. 치유를 일으키는 것은 예쁜 방이나 멋진 음식이 아니다. 그것은 사랑이다. 마더 테레사는 분명히 매우 열심히 일했지만, 자신이 무엇을 잃을지를 생각하는 결핍의 입장이 아니라 자신이 무엇을 주어야만 하는지를 아는 충만함의 입장에서 일하고 있었다. 사랑에 근거한 사고 체계는 충만함의 태도를 포함하고 있어서 중독적인 마음을 치유할 수 있다.

8. 두려움에 근거한 사고와 사랑에 근거한 사고의 인지적인 차이점들

이제 두 가지 사고방식의 차이점들이 아주 확실하게 드러난다. 좀 더 분명히 하자면,

- * 자아는 모든 상황에서 문제들과 장애들을 본다.
- * 사랑에 근거한 사고는 모든 상황에서 배울 수 있는 기회를 본다.

- * 중독적인 사고는 두려움이 뭔가 도움이 된다고 비합리적으로 믿으면서 두려움을 계속해서 유지한다.
- * 사랑에 근거한 사고는 치유가 두려움을 없애주는 것이라는 사실을 인식한다.

- * 중독적인 사고는 원한과 죄책감이 도움이 된다고 생각하면서 부정적인 과거를 유지한다.
- * 사랑에 근거한 사고는 치유가 과거를 놓아주는 것이라고 본다.

* 자아는 우리에게 누군가에게서 결핍, 오류, 무가치함을 보면 우리가 더욱더 강력하다고 느끼게 된다고 말한다.
* 사랑에 근거한 사고는 치유는 모든 것과 모든 사람에게 있는 가치를 인정하는 것이라고 말한다.

* 자아는 당신 자신을 판단하는 것과 당신 자신을 치유하는 것을 같은 것으로 본다.
* 사랑에 근거한 사고는 당신 자신을 사랑하는 것과 당신 자신을 치유하는 것을 같은 것으로 본다.

* 중독적인 마음은 우리는 분리되어 있고 우리의 생각은 변화를 가져오지 못한다고 말한다.
* 사랑에 근거한 사고는 우리에게 가장 강력한 치유의 힘은 모든 사람을 하나가 되게 하는, 사랑하고 용서하는 생각이라고 말한다.

아래에서 당신은 두 사고 체계를 비교해 놓은 것을 보게 될 것이다. 긍정적인 사고가 저절로 반드시 변화를 일으키는 것은 아니다. 당신은 부정적인 사고, 즉, 당신이 진리를 받아들일 수 없도록 하는 중독적인 사고를 분별해야만 한다. 따라서 만약 당신이 갈등 속에 있다면, 당신이 해야 할 과제는 두가지이다.

(1) 중독적인 사고를 분별하는 것
(2) 그것을 사랑에 근거한 사고로 대체하는 것

1) 중독적인 사고체계의 신념들

(1) 나는 무자비하고, 지치게 하고, 용서가 없는 세상에 홀로 있다. 나는 모든 사람들로부터 고립되어 있다.
(2) 만약 내가 안전과 마음의 평화를 원한다면, 나는 다른 사람들을 판단하고 내 자신을 빠르게 방어해야만 한다.
(3) 나의 길이 옳은 길이다. 실제로 나의 지각은 언제나 틀림이 없다. 내 자신에 대해 괜찮다고 느끼기 위해서 나는 항상 완벽해야할 필요가 있다.
(4) 공격하고 방어하는 것만이 나의 유일한 안전이다.
(5) 과거와 미래는 실재하고 지속적으로 평가하고 걱정해야 할 필요가 있다.
(6) 과거는 실재하기 때문에 죄책감은 피할 수 없다.
(7) 실수하면 교정과 학습이 아니라 판단과 처벌이 필요하다.
(8) 두려움은 실재한다. 그것에 대해 이의를 제기하지 말라.
(9) 내가 어떻게 느끼는가는 다른 사람들에게 책임이 있다. 상황이 나의 경험을 결정하는 요소이다.
(10) 만약 세상에서 성공하려고 하면 다른 사람들과 싸워야만 한다.
(11) 내가 완벽해지기 위해서는 내 자신 밖의 어떤 것 혹은 어떤 사람이 필요하다.
(12) 나의 자존감은 당신을 기쁘게 하는 데 달려있다.
(13) 나는 다른 사람들의 행동을 통제할 수 있다.

2) 사랑에 근거한 사고체계의 신념들

(1) 내가 다른 사람들에게서 보는 것은 내 자신의 마음 상태의 반영이다. 모든 삶은 조화를 이루고 있다. 나는 지금 당장 행복하고 온전하기 위해서 아무것도 부족하지 않다.
(2) 사랑에는 방어가 필요 없기 때문에 나의 안전은 방어하지 않음에 있다. 수용은 나에게 마음의 평화를 가져다 주는 것이다.
(3) 나의 자기 가치는 나의 성취에 달려있지 않다. 사랑은 무조건적이다.
(4) 아무런 예외 없이 용서하는 것이 평화를 보장해준다.
(5) 현재만이 실재한다. 과거는 지나갔고 미래는 아직 오지 않았다.
(6) 나의 경험을 바꾸기 위해서는 먼저 나의 생각을 바꿔야만 한다.
(7) 실수에는 판단과 처벌이 필요한 것이 아니라 교정과 학습이 필요하다.
(8) 사랑만이 실재적이고, 실재적인 것은 위협받을 수 없다.
(9) 나는 내가 보는 세상에 대해 책임이 있고, 나는 내가 경험한 느낌들을 선택한다. 나는 내가 성취할 목표를 결정한다.
(10) 주는 것이 받는 것이다. 내가 얻기 위해서 그 누구도 잃어서는 안 된다.
(11) 나는 지금 온전하다.
(12) 나의 자존감은 내 자신을 오늘 그대로의 모습으로 사랑하고 수용하고 다른 사람들과 사랑과 수용을 나누는 것으로부터 나온다.
(13) 다른 사람들을 바꿀 수는 없지만, 내가 다른 사람들을 지각하는 방식은 바꿀 수 있다.

3) 중독적인 마음의 비합리적인 신념들

(1) 나의 자존감은 내가 지구상의 모든 사람에게 인정받는 것에 달려 있다.
(2) 만약 내가 내 자신을 가치 있게 생각하려면, 나는 모든 때에, 모든 곳에서, 무슨 수를 써서라도 뛰어나고, 성취하고, 이기고, 열정적인 능력을 보여줘야만 한다.
(3) 나의 삶에서 잘되지 못한 모든 것은 다른 사람들 때문에 생겨난다. 이러한 사람들은 비난받고 처벌받아야 할 필요가 있다.
(4) 만약 내 삶에서의 외적인 상황들이 정확하게 내가 원하는 것이 아니라면, 나는 긴장감을 느끼고, 끊임없이 염려하고, 순식간에 재앙이 일어날 것으로 예상을 해야만 한다.
(5) 만약 과거에 뭔가 부정적인 것이 일어났다면, 나는 그것이 미래에도 반복될 것에 대해 매우 염려해야만 한다. 그것이 일어날 가능성에 대해 계속해서 생각한다면 그것이 도움이 될 것이다.
(6) 만약 내가 고통스러운 문제들을 회피하고 내 감정을 억누른다면, 나는 안전하고 행복할 것이다.
(7) 나는 약하고 누구가에게 혹은 무엇인가에 의존할 필요가 있다.
(8) 나는 다른 사람의 문제들에 관여하여 화를 내야만 한다.
(9) 세상을 바라보는 한 가지의 올바른 방식이 있다.
(10) 내가 할 수 있는 것과 내가 경험할 수 있는 행복에는 한계가 있다.

4) 당신이 어떤 사람인지 확인하라

마무리하면서, 나는 본장이 독자에게 중독의 개인적이고 전문적인 영역에 대해 생각할 수 있는 양식을 제공했기를 소망한다. 나의 가장 깊은 소망은 무조건적인 사랑의 힘이 모든 사람에게 받아들여지는 것이다.

우리는 개인적으로 그리고 문화적으로 중독적인 사고체계를 강화하는 데 무의식적으로 많은 시간을 소모한다. 우리는 끊임없는 부정적 자기 대화에 빠지고, 해결책과 개인적인 행동보다는 우리의 관계들과 사회에서의 비난과 비판에 초점을 맞춘다.

우리는 자신의 마음에 긍정적이고 진실한 어떤 것을 오래 갖고 있지 못하는 것 같다. 거울을 들여다볼 때, 우리는 자신을 뒤에서 비춰주는 사랑의 빛을 보기보다는 우리가 비판하는 사람을 보는 것이 더 쉬울 수 있다.

이것은 모두 중독의 주기에서 우리가 누구인가에 대한 우리의 신념들이 왜곡되기 때문이다. 두려움의 불에 부채질하는 데 소모했던 만큼의 시간을 사랑을 키워가는 데 투자하기 시작하는 것은 우리 각자, 당신과 나에게 달려있다.

참고문헌

Bateson, G. (1972). The cybernetics of the "self": A theory of alcoholism. In *Steps to an ecology of mind* (New York: Ballantine). [Originally published in 1971, *Psychiatry*, 34, 1–18.].

Bean, M.H. (1981). Denial and the psychological complications of alcoholism. In M.H. Bean and N.E. Zinberg (Eds.), *Dynamic approaches to the understanding and treatment of alcoholism* (pp. 55–96). New York: Free

Press.

Beattie, M. (1987). *Codependent no more*. San Francisco: Harper/Hazelden.

Black, C. (1982). *It will never happen to me*. Denver, Colo.: MAC Publishing.

Brown, S. (1985). *Treating the alcoholic: A developmental model of recovery*. New York: Wiley.

Cermak, T. L. (1990). *Evaluating and treating adult children of alcoholics*. Minneapolis: The Johnson Institute.

Jampolsky, L. (1991). *Healing the addictive mind: Freeing yourself from addictive patterns and relationships*. Berkeley: Celestial Arts.

Ludwig, A. M. (1988). *Understanding the alcoholic's mind: The nature of craving and how to control it*. New York: Oxford University Press.

Peele, S. (1989). *Diseasing of America: Addiction treatment out of control*. Lexington, Mass.: D.C. Heath.

Royce, J. E. and Scratchley, D. (1996). *Alcoholism and other drug problems*. New York: Free Press.

Steinglass, P., Bennett, L. A., Wolin, S. J., and Reiss, D. (1987). *The alcoholic family*. New York: Basic Books, Inc.

Wegscheider-Cruse, S. (1989). *Another chance: Hope and health for the alcoholic family*, 2nd Edition. Palo Alto, Calif: Science and Behavior Books.

제 4 장

영성에 대한 체계적 관점: 가족치료의 자원으로서 하나님과 12단계 프로그램

데이비드 베렌슨(David Berenson)

　아마도 오늘날 가족치료에서 가장 충분히 활용되고 있지 않는 자원은 하나님일 것이다.
　우리 사회에서, 하나님이 존재한다고 주장하는 것은 흔히 개인적인 믿음의 문제나 종교 분야에 속하는 것으로 무시되고 가족치료의 실제에는 관련이 없다. 우리는 일반적인 '계몽된' 과학적 세계관이 니체가 선언했듯이 "신은 죽었다"라고 하는 시대에 살고 있고, 모든 종교적 혹은 영적인 경험은 환상이자 소망 충족이고 "계시, 직관, 혹은 예지로부터 도출된 지식은 없다"(Freud, 1933, p. 159)라는 프로이트의 태도에 여전히 크게 영향을 받은 사고방식으로 치료를 한다.
　치료사로서 우리는 적극적으로 재구성하거나, 긍정적으로 암시하거나, 재구조화하거나, 규정할 수 있지만, 우리는 대부분 정서적이고 관계적인 문제들을 극적으로 치유할 수 있는, 우리를 사랑하는 신적 존재의 도움을 언제나 받을 수 있다는 확신을 가지고 임상에 임하는 것은 아니다.

우리가 하나님의 주제를 다루려고 할 때 어떤 두려움과 떨림이 있는데, 아마도 그것이 영적인 탐구에 본질적으로 내재된 것이기 때문이기도 하겠지만, 우리가 어떻게 받아들여질 것인가에 대한 혼란 때문이기도 할 것이다.

> 그 친구 얘기 들었어?
> 내가 생각하기에 그 친구는 갈 때까지 간 것 같고 종교적인 광신자가 됐어.

혹은 치료사들이 다음과 같이 말할 가능성은 확실히 적다.

> 그가 말하고 있는 것은 신성모독이고 위험합니다. 그것은 표준적인 종교 교리에 맞지 않습니다.

가족치료 분야에서는 그 분야의 두 창시자에 의해 신성함 혹은 영성의 주제를 직접적으로 다루려는 시도가 있었다. 그레고리 베이트슨(Gregory Bateson)은 죽기 전해에 그의 딸 메리 캐서린 베이트슨(Mary Catherine Bateson)에 의해 완성되고 『천사의 공포: 신성한 것의 인식론을 향하여』(*Angels fear: Towards an epistemology of the sacred*, 1987)라고 하는 제목으로 출간된 책을 쓰고 있었다.

그리고 머레이 보웬(Murray Bowen)은 1980년에 조지타운가족심포지엄에서 영성의 주제를 다루었지만, 그 후 그 주제에 대해서 사실상 침묵을 지켰다. 가족치료 공동체에서는 두 가지 시도에 대해 이렇다 할 반응이 없었는데, 이러한 현상은 아마도 이것들이 여생이 얼마 남지 않은 한 남자와 연로해가는 한 남자의 몰두라고 하면서 개인적으로 포기하는 것과 동시에 일어난 것 같다. 메리 캐서린 베이트슨(1987)은 아버지가 신성함의 주제를 공적으로 다루는 것을 주저했다고 하였다.

> 그는 『마음과 자연』(Mind and Nature)에서 단언했던 자연의 조화가 종교에서 익숙한 은유들을 통해 이해될 수 있다는 사실을 점진적으로 인식하게 되었다. 즉, 사실상, 그는 그가 신성함이라고 일컬었던 경험의 통합적인 차원에 접근하고 있었다. 이것은 그가 매우 혼란스럽게 접근했던 주제였는데, 부분적으로는 그가 교리적으로 무신론적인 가정에서 양육되었기 때문이고 부분적으로는 그가 종교에서 조종(manipulation), 반계몽주의, 그리고 분리(division)의 가능성을 보았기 때문이다. 종교라는 말을 단순하게 사용하면 반사적으로 오해를 유발할 수 있을 것 같다(p. 2).

종교라는 말을 배제하고 영성이라는 말로 대체하는 것은 쉬운 일이다. 많은 사람들에게 이것은 의미론적 트릭 이상의 것이다. 영성은 종교와는 대조적으로 교리나 사제, 목사, 랍비, 혹은 구루와 같은 위계구조에 의해 규정되는 특정 신념체계에 의해 중개되지 않은, 신성함에 대한 직접적이고, 개인적인 경험을 의미한다.

영성과 전통적인 종교의 관계는 체계론적인 사고와 직선적인 인과론적 사고의 관계와 같다고 말할 수 있다. 어떤 집단에서는 자신을 영적이지만 종교적이지는 않다고 선언하는 것이 유행하고 있다.

하나님이라는 말과 그것이 나타내는 실재 없이 사는 것이 쉬울까?

분명한 것은 사람들이 그것을 시도해왔다는 것이다. 베이트슨(1979)은 신성함, "연결시키는 패턴," 그리고 "자기 치유적인 동어반복"에 대해 얘기했다. 신학자 존 매쿼리(John Macquarrie, 1987)는 "거룩한 존재"(holy being)라는 용어를 제안했다. 동양 종교와 뉴에이지의 지지자들은

"자기"(Self), "우리보다 위대한 자기"(Higher Self), "더 높은 의식"(Higher Consciousness)에 대해 말한다.

익명의 알코올중독자모임에서는 "우리보다 위대하신 힘"(Higher Power)을 하나님과 상호교환적으로 사용한다. 우리는 "전체 체계의 속성들"(properties of whole systems)이라는 다소 어색한 용어를 사용할 수도 있다. 그러나 이러한 대안들 가운데 그 어떤 것도 하나님이라는 말과 연관된 경외심, 힘, 존엄과 그 말이 불러일으킬 수 있는 존재를 나타내지 못한다.

그러나 많은 사람들에게 하나님이라는 말이 사랑, 평화, 그리고 기쁨을 떠오르게 하기보다는 독선적인 신앙, 죄책감을 느끼는 위선, 복수심에 불타는 불관용을 덮을 수 있는 달콤한 목소리의 음색, 복잡한 교리, 맹목적인 신앙에 대한 열광적인 선포와 지루할 수 있는 설교의 이미지들을 떠오르게 한다.

우리가 사람들의 억제되거나 억압된 정서들과 그들의 현재 및 아동기 관계들을 살펴보면서 하나님에 대해 공언된 믿음의 내용을 임상적으로 조사해보면, 하나님에 대한 믿음은 "자신의 무력감을 견딜만한 것으로 만들려는 인간의 필요로부터 생겨났고 그 자신의 아동기의 무력감과 인류의 초기 단계에 대한 기억들로 형성되었다"(p. 18)라는 프로이트(1927)의 결론에 대한 증거가 있다.

신학자 한스 큉(Hans Küng, 1981)은 하나님에 대한 믿음에 대해 프로이트가 비판했던 것의 많은 부분을 받아들였다. 그는 다음과 같이 지적하였다.

(1) 신자의 하나님 이미지는 독창적인 통찰과 자유로운 결정으로부터 생겨날 수 없고 초기에 각인된 보복적인 혹은 관대한 아버지 이미

지로부터 생겨날 수 있다.

(2) '신처럼' 보이는 성인들에 대한 초기 아동기의 경험들은 긍정적으로 그리고 부정적으로 하나님께 전이될 수 있다.

(3) 보복적인 아버지-하나님 이미지는 자녀를 훈육하기 위해서 부모에 의해 의도적으로 악용될 수 있는데, 이것은 장기적으로 자녀의 종교적인 태도에 부정적인 영향을 미친다.

(4) 종교와 성(性)은 종교적인 갈등들인 것처럼 보이는 것이 사실은 가정에서의 가장 초기 경험들의 고착일 뿐이라는 그런 방식으로 결합될 수 있다(p. 310).

그러나 큉은 이렇게 말했다.

> 프로이트가 보여주듯이 종교는 분명히 환상, 즉 신경증과 미성숙(퇴행)의 표현일 수 있다. 그러나 꼭 그럴 필요는 없다…하나님에 대한 믿음은 아버지에 대한 아동의 태도에 의해 매우 크게 영향을 받을 수 있다. 그러나 이것이 하나님은 존재할 수 없다는 사실을 의미하지는 않는다(p. 300).

그는 또한 종교 사상들은 "가장 오래되고, 가장 강력하고, 가장 긴급한 인류의 소망들의 성취"(p. 300)라는 프로이트(1927)의 비판을 받아들이고 그것을 완전히 새롭게 뒤집어서 "하나님을 믿는 사람은 동일한 것을 말할 수 있다"(p. 300)라고 지적하였다.

큉은 무신론이 유신론만큼 소망적 사고나 투사에 근거할 수 있다는 점, 그리고 프로이트가 사실 종교적인 감정들을 억압했을 수 있고, 그것들을 극복하기 위해서 그의 무신론과 과학에 대한 믿음을 활용했다고 결론을 내렸다.

융(Jung)은 성적인 이미지들이 본질적으로 영적 혹은 종교적인 감정들에 대한 방어이거나 그것들의 징후라고 주장했던 반면, 프로이트는 종교가 성에 대한 방어라고 주장했다. 하나님의 존재를 인정 혹은 반대하는 결정적인 증거에 대한 우리의 심리나 주관적인 경험을 주의 깊게 살피게 되면, 때때로 한계가 없는 퇴행, 감정의 미로, 방어, 그리고 혼란과 불확실성을 막기 위해서 흔히 유신론 혹은 무신론으로 신앙적 도약을 하게 되는 해석으로 이어지는 것 같다.

어떤 다른 방식으로 결정할 수 있는 아무런 증거가 없는 것 같기 때문에 하나님의 존재를 사적이고, 어쩌면 임의적인 믿음의 문제로 취급하는 것은 이해할만하다.

1. 체계론적 사고와 치료: 미로로부터 벗어나는 길?

가족치료가 발전함에 따라서, 추상적인 이론과 실제적인 실천이 매혹적으로 융합되었다. 증명할 수 있는 임상적 기술들과 결과들이 강력하게 강조된 반면, 새로운 임상적 혁신은 흔히 인공두뇌학이나 일반체계이론에 의해서 정당화되었다.

따라서, 어느 누구도 가족치료사가 아님에도 불구하고, 움베르또 마뚜라나(Humberto Maturana)는 그의 이론적인 정확함 때문에 가족치료 분야에서 차용되었고, 밀턴 에릭슨(Milton Erickson)은 그의 임상적인 기법 때문에 차용되었다. 이론과 실천을 잘 통합하면, 우리가 하나님과 영성에 대한 우리의 이해를 확장하는 데 사용할 수 있는 특정 도구가 된다.

1) 논리 유형 이론과 메타커뮤니케이션의 원리

정보 이론뿐만 아니라 화이트헤드(Whitehead)와 러셀(Russell, 1910)의 논리 유형 이론은 베이트슨(1972)에 의해 학습 I에서 학습 IV까지의 범주를 개발하는 데 '길잡이'로 사용되었던 반면, 논리 유형 이론과 집단 이론은 바츨라비크(Watzlawick), 위크랜드(Weakland), 그리고 피쉬(Fisch, 1974)에 의해 유사한 방식으로 일차 질서변화와 이차 질서변화 사이의 구별을 위한 근거로 사용되었다.

화이트헤드와 러셀은 "한 작품의 모든 것을 포함하는 것은 그 무엇이든 그 작품의 하나가 되어서는 안 된다"(p. 37)라고 말했다. 이 진술은 하나님에 대한 질문에 어떤 도움을 주기 시작한다. 하나님은 "모든 것" 혹은 "탁월함들 가운데 탁월함" 혹은 "맥락들 가운데 맥락"으로 설명되었고, 부분들, 한 계급이나 세트 혹은 집단에 적용되는 특성들을 전체가 되시는 하나님께 속한다고 생각하는 것은 범주 오류이다.

세트 그 자체 또는 세트들의 세트로서 하나님은 인류와 개별적인 인간이 존재할 수 있는 가능성을 부여할 수 있지만, 집단의 특정 구성원들과 동일한 속성을 지니고 있는 것으로 정확하게 설명될 수는 없으며, 개별적인 인간이 전체로서의 집단에게 있는 것과 동일한 속성들을 갖고 있다고 설명될 수도 없다. 인간의 본질은 하나님의 본질과 유사할 수 있지만(인간 존재는 "하나님의 형상"으로 지음 받았다), 특정 인간은 하나님이 아니고, 하나님도 인간이 아니다.

우리는 메타커뮤니케이션의 원리를 이용함으로써 이 문제에 덜 추상적으로 접근할 수 있다. 가장 유능한 가족치료사들이 논리 유형 이론에 그렇게 정통한 것은 아니지만, 그들은 메타커뮤니케이션의 방법, 즉 의사소통과 관계에 대해 소통하는 방법을 안다. 그들은 부부에게 그들이 어떻게 서로 상호작용하는지에 대해 얘기하거나 개인에게 자신의 원가족으로부터 분화하는 것에 대해 코칭하거나, 팀으로 작업해서 가족을 위한 적절한 반대역설(counterparadox)을 만들어낼 수 있다. 메타커뮤니케이션은 특히 구조적, 보완적, 전략적, 체계적 치료뿐만 아니라 가족치료 일반에 내재되어 있다.

효과적인 메타커뮤니케이션은 최소한 두 가지의 결과를 가져온다.

(1) 효과적인 메타커뮤케이션 때문에 체계 내에 있는 구성원들은 그 체계의 특성들에 대해 더 많이 초연하고 명확하게 지각할 수 있게 된다
(2) 효과적인 메타커뮤케이션 체계의 과거를 바라봤을 때 예측될 수 없었던 새로운 가능성, 개연성, 그리고 현실성이 생겨날 수 있다.

따라서, 만약 우리가 하나님과의 그리고 하나님에 대한 인간의 소통에 대해 효과적으로 메타커뮤니케이션을 할 수 있다면, 우리는 현재 인간의 조건에 대한 새로운 관점을 획득하고 실현될 수 있는 새로운 초월적 현실에 대한 비전을 가져올 수 있다.

2) 과정의 사용

치료가 어떤 단계들과 국면들을 거쳐나간다는 사실, 즉 치료에는 그 것이 개인 상담이든 다년간의 정신분석이든, 초기, 중기, 말기가 있다는 사실에 대해 가족치료사들이 다른 치료사들과 달리 독특하게 이해하는 것은 아니다.

치료에는 설명될 수 있는 기저의 과정이 있다. 벨 헬리콥터 발명가이

자 체계 이론가요 철학자인 아서 영(Arthur Young, 1976)은 특정 단계들을 통해서 진행되고 신체의 진화와 의식의 진화에 모두 적용되었던 과정에 대한 명쾌하고 포괄적인 메타 이론을 개발하였다. 하나님에 대한 인간의 개념과 인식이 발달, 보다 정확히 표현하자면, 인간과 하나님의 공동 진화를 설명하기 위해서 과정에 대한 이러한 이해를 사용하는 것이 가능하다.

3) 관계의 중요성

가족치료사들에게 독특한 것은 그들이 변화의 방법으로서 두 명의 가족 구성원들 사이의 관계이든, 개인과 원가족 사이의 관계이든, 치료사와 가족체계 사이의 관계이든, 치료팀과 가족체계 사이의 관계이든, 개인과 자신의 사고 및 감정 체계 사이의 관계이든, 관계를 변화시키는 것에 우선성을 둔다는 점이다.

나는 의과대학 학생으로서 네이던 애커먼(Nathan Ackerman)이 가족치료를 설명하는 것을 관찰하다가, 그가 우리에게 사람들'을' 보기보다는 사람들 '사이를' 보라고 말하는 것에 사로잡히게 되었다. 20년 후에, 나는 마틴 부버(Martin Buber, 1965b)를 읽으면서 개인과 사회는 모두 본질적으로 환영이라고 하는 그의 말에 매료되었다.

> 그것 자체에 의해 고려되는 각각의 개인은 거대한 추상일뿐이다. 그가 다른 개인들과의 생생한 관계 속으로 들어갈 때 비로소 사실상 존재이다. 집단은 그것이 생생한 관계의 단위들로 이뤄질 때 비로소 사실상 존재이다…나는 이것을 "사이"의 영역이라고 한다(p. 203).

부버는 가족치료사들이 임상적인 우선순위를 부여하는 것에 대해 존재론적 우선순위를 부여한다.

관계의 중요성, 아마도 관계의 우선성은 하나님에 대한 질문과 관련하여 우리에게 도움이 될 수 있다. 신의 진화, 또는 인간의 신개념의 진화, 또는 인간과 신의 공동 진화에 대해 설명하려고 하기보다는 우리는 인간과 신 사이의 관계의 진화에 대해 설명하려고 할 수 있다. 우리는 한 걸음 더 나아가서 신 자체를 관계 속에 또는 '사이'에 내재하는 것으로 설명할 수 있다.

4) 영성에 대한 예증적이고 실용적인 실례로서의 익명의 알코올중독 자모임과 다른 12단계 프로그램들

신에 대한 새로운 개념과 인식을 개발하기 위해서 가족체계 이론과 일반체계 이론의 요소들을 사용했기 때문에, 나는 영적인 원리들의 실제적인 적용을 위한 모델로서 익명의 알코올중독자모임 및 그와 유사한 자조 그룹들의 역사와 실제를 사용하려고 할 것이다.

단지 하나님의 존재나 본질에 대해서 주장하는 것은, 이론적인 신학과 철학의 전통에 있으며, 이론적인 신학과 철학은 특별히 새로운 경험들과 통찰들을 일으키지 않는다면, 특별히 유용하지 않으며, 만약 직접적인 행동을 이론적인 지성으로 대체하도록 이끈다면 어쩌면 해롭기까지 하다.

현재까지 가족치료는 영성을 간과해왔고 개인치료와 가족치료에는 치료적 틀 속에 영적 실재에 충분히 접근하는 것을 어렵게 만드는 내재된 구조적 한계들이 있다. 그렇기 때문에 하나님을 "사이에 있는 존재"로 설명하기 위한 임상적인 증거 제공을 위해서는 가족치료의 경계들을 넘어설 필요가 있을 것이다.

나는 12단계 프로그램들 자체가 다른 치료들은 할 수 없는 방식으로 중독 장애들을 효과적으로 치료할 수 있는 맥락을 제공하는 독특한 구조를 가진 체계적 치료라고 주장할 것이다.

2. 하나님과 인류의 관계의 진화

메타커뮤니케이션 원리를 이용하여, 인류와 하나님의 관계의 진화를 설명할 수 있다. 그 설명은 널리 퍼져있는 신화들이나 하나님에 대한 은유들의 내적 과정을 이해하는 데에, 실재 역사에서의 하나님에 대한 인류의 개념에, 그리고 개인의 영성 의식의 진화에 동일하게 적용될 수 있다.

생물학에서 개체 발생은 계통 발생을 되풀이하는 것이라고 하듯이 개인의 영적 경험의 발달 과정은 인류의 영적인 은유들과 종교사의 진화와 같은 형태라고 말할 수 있다.

나는 인류와 하나님과의 관계의 발달을 1단계의 하나님과의 초기 하나됨에서 시작해서 4단계에서 하나님으로부터의 완전한 소외가 있을 때까지 전적으로 분리되고 의식적인 자기감을 분화시키는 방향으로 다음 단계에서 진행된 후, 7단계에서 하나됨을 다시 회복하면서 재통합으로 방향을 전환하며, 마지막으로 8단계에서 "사이에 있는 존재" 혹은 관계성으로서의 하나님의 출현에서 그 하나됨의 초월로 나아간다.

다음의 그림은 이러한 타락과 회복의 과정을 보여준다.

```
        8) 관계성 혹은 사이에 있음으로서 하나님
                          ↑
   1) 세상 안에 계신 하나님      7) 하나님과의 일치
          ↓                      ↑
   2) 세상 위에 계신 하나님      6) "나는 하나님이다"
          ↓                      ↑
   3) 세상 밖에 계신 하나님      5) 우주로서의 하나님
          ↓                      ↑
               4) "하나님은 죽었다"
```

1) 세상 안에 계신 하나님

영국의 변호사요 작가이자 철학자인 오웬 바필드(Owen Barfield)는 "원시적인" 인간들과 그들이 보기에 우리가 지금 무생물들이라고 보는 것을 포함하여 영혼 혹은 신성함을 가진 만물로 황홀했던 세상과의 관계를 설명하기 위해서 "원초적 참여"(original participation)라는 용어를 개발했다.

다른 문화들의 창조신화 뿐만 아니라 에덴동산 이야기도 역시 하나님이 세상에 거하는 본래적인 하나 됨을 반영한다. 바필드(1965)는 다음과 같이 말했다.

> 원초적 참여의 본질은 현상들 이면에, 그리고 그것들의 다른 면에, 나와 같은 본성을 나타내는 것이 있다는 것이다. 그것이 "마나"로, 또는 많은 신들과 악마들의 이름으로, 또는 하나님 아버지로, 또는 영적 세계로 불리든, 기계적이

거나 우발적인 것이 아니라 정신적이고 자발적인 한, 그것은 인식하는 자기와 동일한 본성이다(p. 42).

따라서, 인간의 본질, 자연의 본질, 그리고 하나님의 본질은 하나이고 동일한 것으로 이해된다. "신들은 미쳐야만 한다"(The Gods Must Be Crazy)라는 영화는 칼라하리 사막의 부시맨들의 존재 방식과 다른 아프리카인들과 유럽인들 사이의 차이에 대해 묘사하면서 참여하는 의식의 특성에 대한 어떤 감각, 그리고 그것과 현대적인 의식의 차이를 보여준다. 칼라하리 사막 사람들에게는 보다 문명화된 사람들에게 현저하게 결여되어 있는 자연스러움, 우아함이 있다.

모리스 버먼(Morris Berman, 1981)은 그의 책 『세계의 부흥』(The reenchantment of the world)에서 과학, 기술, 그리고 자본주의의 발달을 본질적으로 베버(Weber)의 "황홀함이 사라진 세계"(the disenchantment of the world) 또는 쉴러(Schiller)의 자연의 '탈신성화'(disgodding)와 연결되는 것으로 설명했다.

초기에는 자연과의 조화 혹은 하나됨이 있었지만 그것을 통제하려는 시도 속에서 자연으로부터의 분리가 일어났다. 버먼은 의식의 두 가지 형태 사이의 차이를 설명했다.

'원시적인' 사람은 흔히 그의 환경이나 그 속에 있는 것들 때문에 놀랄 수 있지만, 그는 결코 그것에 의해 소외되지 않는다…반면에 우리는 실재를 표현함에 있어서 영혼의 존재와 우리 자신의 영혼의 역할 모두를 부정함으로써 그것과 접촉하지 못한다(p. 142).

개인적인 수준에서 참여하는 의식에 대한 감각은 프로이트(1930)가 "확고한 결속이 가져다주는, 즉 외부 세계와 하나의 전체로서 하나가 되는" '대양'감(p. 65)이라고 설명했던 것을 통해서 나타난다.

그 느낌에 대한 그의 정신분석적 설명은 "우리가 내적인 것(자아에 속한 것)과 외적인 것(우리의 외부 세계로부터 나온 것)을 구별할 수 있기"(p. 67) 전에 존재하는 유아기의 자취라는 것이다.

2) 세상 위에 계신 하나님

세계와 하나라는 감각이 상실되었을 때, 신성과의 개인적인 소통의 관계는 여전히 유지되었다. 그리스의 신들과 히브리인들의 하나님은 언제나 세계 속에 존재하기보다는 올림푸스산이든 천국이든 세상 위에 거하면서 적극적으로 세상을 살피고 주기적으로 그곳에 개입하는 것으로 이해되었다.

줄리언 제인스(Julian Jaynes, 1976)는 일리아드의 그리스인들과 구약성경의 히브리인들이 신들과 여신들 혹은 하나님의 음성을 그들에게 해야 할 것을 전해주는 환청으로 들었다고 주장했다. 제인스는 그들의 매일의 삶 속에서 무의식적인 습관들에 지배받고 있고 새로운 어떤 것을 직면함에 있어서 음성과 환상의 지배를 받았다고 하였다.

이러한 앎의 양식은 정신분열적 환각에서 뿐만 아니라 어떤 유형의 종교적 경험에서도 현재까지 지속되고 있다. 이것은 종교적 환상이 본질적으로 망상적이라거나 정신분열증자들이 실제로 종교적인 지혜를 갖고 있다고 주장하는 것이 아니라 환상과 환각이 우리가 융합적 혹은 이자적(dyadic)이라고 설명할 수 있는 특정 양식에서 나타난다고 주장하는 것이다.

원시인들이 자연과의 관계에서 경험하거나 태아가 자궁에서 경험하는 일체감과는 다르게 과정의 두 번째 단계에는 나와 타자(그 타자가 하나님이든 유아의 어머니이든) 사이의 공생적이고, 융합적인 미발달된 관계가 있다. 융합 그리고 그것과 관련된 투사와 동일시의 심리적 방어기제 때문에, 타자는 자애롭게도 보이고 보복적이게도 보이기 때문에 크게 사랑의 대상의 되기도 하고 두려움의 대상이 되기도 한다.

3) 세상 밖에 계신 하나님

이스라엘의 예언자들이 더 이상 하나님의 음성을 듣지 못하게 되었을 때, 그들은 율법을 기록했고, 서양 문헌에서 잘 발달된 분리된 자기감을 갖고 있었던 첫 번째 인물로서, 율리시스는 자신의 자기 결정적인 행동으로, 더 이상 일리아드의 영웅들처럼 인도받기 위해서 신들의 음성에 의존해서는 안되었다.

종교적 관점에서 볼 때, 우리는 이러한 전환을 '타락'의 연장으로, 죄의 되물림의 일부로 볼 수 있고, 과학적인 혹은 인본주의적인 관점에서는 진보로, 인간성이 성장하고 신들로부터 받은 불을 돌려주는 것으로 이해할 수 있다.

어떤 경우든 그것들은 인간 의식 그리고 그것과 하나님과의 관계의 진화에 대한, 필요하고, 어쩌면 불가피한 가치 판단들이다. 자기에 대한, 나라는 생각에 대한 분리된 감각이 강해지면서, 의도적이고 계획적인 행동을 할 수 있는 능력은 강해지고 신성한 것과의 접촉에 대한 감각은 약해진다.

과정의 세 번째 단계에서, 두드러진 양식은 이자적이기보다는 삼자적이게 된다. 나와 경험의 흐름 사이에서 중재하는 생각인 내적인 삼각관계와 외적인 삼각관계는 특별히 오이디푸스적인 삼각관계로서, 보다 일반적으로는 가족체계 안의 맞물린 삼각관계들로서 나타난다.

다른 인간들과 그리고 하나님과 명확한 구분이 없는, 과정의 두 번째 단계의 무의식적인 자기감으로부터 다른 사람들과 하나님이 분리되고 외부에 있는 것으로 지각되는 세 번째 단계의 전의식적인 자기감으로의 이행은 2,000년에서 2,500년 사이(고대 그리스와 이스라엘로부터 18-19세기 계몽주의 시대 유럽에 이르기까지)에 일어난 것으로 이해될 수 있다. 이 시기의 끝 무렵에 가서야 수용된 세계관이나 패러다임이 일어나고 있었던 의식에서의 전환과 조화를 이루게 된다.

쿵은 데카르트, 코페르니쿠스, 케플러, 갈릴레오, 그리고 뉴턴이 모두 하나님을 믿는 신자들일뿐만 아니라 수학적-기계적 자연과학의 대표자들이었다고 지적했다. 그러나 그들의 하나님은 적극적으로 인간과 자연에 참여하는 자에서 "이 세상이라는 기계의 창조자(그러나 멀리 떨어져 있는)이자 통치자"(p. 90)로 크게 발전했다.

"세상 위에 계신 하나님에 대한 고대-중세적인 개념"은 "세상 밖에 계신 하나님에 대한 근대적이고 계몽주의적인 개념"(p. 90)으로 그리고 인격적인 하나님에 대한 의식은 비인격적인 신으로 바뀌었다. 하나님은 파스칼이 말했던 아브라함, 이삭, 그리고 야곱의 하나님에서 철학자들의 하나님으로 바뀌었다.

이러한 이신론(deism)은 "계속해서 과학적 무신론으로 발전했는데, 그것은 물리적으로는 세상에 대한 설명을 위해서 혹은 심지어 도덕적으로는 삶의 행위를 위해서도 하나님을 필요로 하지 않는다"(Küng, 1981, p. 91).

4) "하나님은 죽었다"

니체의 이 격언은 근대적인 의식이 참여하는 의식에서 고립과 분리로의 발전을 완료했을 때 그것의 특성을 설명하고 환기시킨다. 전적으로 의식적이고, 자의식적인 네 번째 단계의 자기는 이제 전례 없는 소외를 대가로 하나님이 제거된 기계로서 이해되기 때문에 보다 쉽게 자연을 지배하고 통제하려고 할 수 있다.

니체는 지적인 세계관의 변화를 수반하는 정서적인 결과들을 설명하려고 하였다. 현대적인 인간의 상황에 대해 그는 다음과 같이 환기시켰다.

> 위와 아래가 남아 있을까?
> 우리는 무한한 허무를 지나가듯이 길을 잃고 있지는 않은가?
> 공허한 공간의 숨결을 느낄 수 있는가?
> 그곳은 더욱 추워지지 않았는가?
> 끊임없이 밤이, 더 한층 깊은 밤이 오고 있지 않은가?
> …하나님은 죽었다. 하나님은 죽은 채로 있다. 그리고 우리는 그를 죽였다…
> 세상이 지금까지 소유했던 것들 속에서 가장 거룩하고 가장 강력한 것이 피를 흘리며 우리의 칼 아래 죽임을 당했다.
> 누가 우리에게서 이 피를 씻겨줄 것인가?
>
> (Kaufmann 역, 1950, p. 81)

니체를 과도하고, 낭만적이고, 신경증적이라고 일축하는 것은 확실히 가능하다. 그러나 아우슈비츠와 그것이 나타내고 일으켰던 악을 일축하는 것은 쉽지 않다. 엘리 위젤(Elie Wiesel, 1987)은 다음과 같이 기술했다.

> 모든 유비들을 무시한다고 하더라도, 아우슈비츠는 그 자체가 기준점이 된다…[그것은] 폭력, 증오 그리고 죽음의 정점을 상징한다(p. 4)…나는 그날 밤, 즉 일곱 번 저주 받고 일곱 번 봉인된 수용소에서의 첫날밤을 결코 잊지 않을 것이다…나는 나의 신앙을 영원히 태워 버린 그 불꽃을 결코 잊지 않을 것이다. 나는 내게서 삶의 의욕을 영원히 앗아가 버린 그날 밤의 침묵을 영원히 기억할 것이다. 나는 나의 하나님과 나의 영혼을 살해하고, 나의 꿈을 잿더미로 만든 그 순간들을 절대로 잊지 않을 것이다(p. 43).

아우슈비츠의 격렬한 공포와 악을 부버(1965b)가 말했던 현대인의 상황에 대한 은유로서 받아들이는 것은 견디기 힘들 것 같다.

> 이러한 상황은 우주적 및 사회적 고향 상실, 우주에 대한 두려움과 삶에 대한 두려움을 특징으로 하는데, 이것은 결국 아마도 이전에 결코 존재하지 않았던 수준의 고독이라는 실존적 상황으로 이어진다. 인간은…원치 않는 아이가 노출되는 것처럼 자연에 의해 노출되었고 동시에 격동하는 현대 세계의 한 가운데서 고립되었다고 느낀다(p. 200).

내가 보기에는 인간이 이러한 억압적인 상황에 대해 가질 수 있는 반응 혹은 응답은 네 가지 범주로 나뉘는 것 같다.

(1) 근본주의

악의 충만한 영향력과 하나님과의 관계의 죽음을 수반하는 공모 의식이나 무력감을 부인하는 방법으로서, 우리는 종교, 그의 자녀들을 멸망으로부터 보호해줄 아버지-하나님, 처음으로 혹은 두 번째로 세상을 구하기 위해서 육체를 입고 오게 될 메시야, 물리 법칙들을 깨뜨리거나 반전시키기 위해서 개입할 초자연적인 힘에 대한, 시대에 뒤진 아동기적 환상들을 더욱 끈질기게 고수할 수 있다.

그러나 근본주의가 단지 종교적인 것만은 아니다. 그것은 누구든지 위안을 주고, 악에 참여했던 것을 용서해주고, 현재의 인간 상황에 대해 외적으로 강요된 해결책인 유토피아에 대한 약속을 주는 도그마를 받아들일 때면 언제든지 존재한다.

따라서, 만약 우리가 이성적으로 상호 작용한다면 더 나은 세상을 약속해주는 인본주의적 근본주의, 혁명 이후에 혹은 나의 특정한 대의명분이 승리하게 될 때 모든 것이 더 나아질 것이라고 주장하는 정치적 근본주의, 기계론적 환원주의에 기초한 도그마에 대해 맹신하는 과학적 근본주의, 그리고 역설적이게도 치료적 성장이 무한하다는 도그마 혹은 근본적인 변화가 불가능하다는 도그마를 받아들이는 것을 위안으로 삼는 심리치료적 근본주의가 있다.

(2) 허무주의

허무주의는 잃어버린 목가적인 과거를 재건하거나 미래의 유토피아를 조성하려고 하는 근본주의적 입장을 받아들임으로써 현대의 삶에 내재된 무의미감과 공허감으로부터 벗어나려고 하기보다는 그것을 포용함으로써 허무함을 회피하려고 한다.

니체는 하나님과의 관계의 죽음 그리고 종교를 기반으로 하는 도덕 체계의 붕괴와 함께 허무주의가 급증할 것임을 정확하게 예견했다. 그는 허무주의를 "무효(nullity)에 대한, 즉 현실의 내적인 모순, 헛됨과 무가치함에 대한 확신"(Küng, p. 388)으로 보았다.

그것은 근본주의처럼 여러 형태를 취할 수 있다.

* 지루해하고, 지적으로 냉소적인 형태
* 더욱더 많은 성공을 성취하려는 끝없는 충동에 의해 이끌리는 여피족(도시에 사는 젊은 전문직 종사자-역주)
* 사회병질적 성격(sociopathic personality)
* 청소년기 사탄숭배
* 여러 형태의 중독
* 무작위적이고 무분별한 폭력의 발생
* 정치적 테러리즘
* 가정 폭력 및 학대
* 나치즘의 제도화된 폭력과 복수

특별히 누군가에게 마음을 끌게 되고, 모든 사람에게 위험해지는 것은 허무주의의 에너지가 근본주의의 수사학과 결합될 때이다. 히틀러, 스탈린, 그리고 존스타운은 이러한 결합의 위험을 보여준다.

(3) 의지력의 발휘

근본주의적 도덕의 붕괴와 함께 허무주의에 직면해서, 실존주의자들은 의지의 발휘를 받아들였다. 니체는 '권력에의 의지'(will to power), 하이데거는 『존재와 시간』(Being and time)에서 '결의'(resoluteness), 그리고 사르트르는 『존재와 무』(Being and nothingness)에서 '근본적 선택'(fundamental hoice)에 대해 말했다.

아마도 이러한 의지력의 전형은 언덕 아래로 내려가서 바위를 위로 밀어 올리면서 경멸했던 까뮈의 시지프스일 것이다.

자신의 의지를 강요하려는 도전적인 시도의 어려움은 그것이 정확히 현재 인간의 딜레마에 기여하고 있음을 강화한다는 점이다. 그 딜레마는 바로 이제 신에 대한 어떤 의식으로부터도 전적으로 분리되는 의식적이고 고립된 자기를 말한다.

베이트슨(1972)은 "알코올중독에 굴복하게 되면 보다 정확한 마음의 상태로의 부분적이고 주관적인 지름길이 주어진다"(p. 309)라고 지적했다. 비록 왜곡된 형태이기는 하지만, 적극적인 중독에서 접근되는 참여 의식에 대한 감각은 인식론적으로, 존재론적으로 그리고 신학적으로 중독을 통제하려고 하는 분리된 자기감보다 많은 면에서 더 '정확할' 수 있다.

따라서, AA의 회복 과정에 중심이 되는 "바닥치기"나 "나락에서의 위축"의 결정적인 단계에서는 파산, 헛됨, 그리고 무기력한 의지가 나타난다.

(4) 하나님과의 관계의 회복 혹은 부활

하나님의 죽음에 대한 유일한 치료는 하나님에 대한 새로운 의식, 그리고 하나님과의 새로운 관계가 생겨나는 것일 수 있다. 문제는 과거의 근본주의적인 개념들의 투사가 아니라 정말로 새로운 것이 되는 것 혹은 의지력의 발휘에 기초하는 것이다.

마틴 부버(1965a)는 하나님과의 오래된 관계와 대화가 죽고 새로운 관계가 아직 생겨나지 않은 이 공백의 본질을 강력하게 제시했다.

> 조명은 나 자신의 심연 이외에 어떤 다른 곳에서도 이뤄질 수 없다…그것은 가장 진실된 순간 안에 있으며 심지어 독백도 아니고, 더구나 실제 대화도 아니다…모든 말이 고갈되었다. 여기에서 일어나는 것은 자기-존재에 대한 무언의 전율이다(p. 137).

가족치료사 토마스 포가티(Thomas Fogarty, 1977)는 이러한 표현을 자신의 내면의 공허함과 접촉하는 것으로, 익명의 알코올중독자모임에서는 우리가 무력하다는 것을 보게 되는 것으로, 선불교에서는 '위대한 의심(Great Doubt)의 시기'로, 그리고 기독교 신비가들은 '영혼의 어두운 밤'(Dark Night of the Soul)으로 설명한다.

부버가 바닥치기 과정의 특성을 환기시켰듯이, 그는 또한 보다 넓은 맥락, 즉 그가 '하나님의 일식'(Eclipse of God)이라고 불렀던 것과 대조시켰다. 그는 다음과 같이 기술했다.

> 아직 아무런 이름도 필요로 하지 않지만 무엇인가가 심연에서 일어나고 있다…하나님의 빛의 일식은 사라짐이 아니다. 내일이라도 중간에 들어와 있는 그것은 사라질 수 있다(Buber, 1952, p. 129).

일단 오래된 하나님 개념의 죽음이 완료되면, 과정의 네 번째 단계가 끝날 때쯤, 하나님에 대한 새로운 의식이 생겨나면서 하나님의 일식 시기가 끝날 수 있다. 바닥치기 경험의 강도에 따라서, 5단계, 내면에서의 직접적인 하나님 경험이라는 새로운 하나님 개념, 혹은 6단계에서 자기의 개념, 7단계에서의 하나님과의 일치 개념, 혹은 8단계에서의 절대적이고, 사랑하시는 현존과의 관계가 생겨날 수 있다.

몰락이 완료되면, 회복이 시작될 수 있다.

5) 우주로서의 하나님

3단계에서, 하나님은 세상을 초월하시고 세상 밖에 계신 것으로 이해되었다. 5단계에서 하나님은 세상에 내재하시고 또는 고유하신 것으로 이해된다. 18세기와 19세기 과학의 유물론적 개념들은 우주로부터 하나님을 제거했지만, 양자역학이나 천체물리학과 같은 분야의 20세기 몇몇 과학자들은 비록 신의 비인격적인 속성이 남아있긴 하지만 어느 정도 하나님을 우주로 회복시켰다.

원자라는 아주 작은 영역과 우주라는 아주 큰 영역을 관조할 때, 경외심, 겸손함 그리고 놀라움이 생겨나지만 반드시 사랑, 기쁨 그리고 감사의 느낌이 생겨나는 것은 아니고, 이 하나님은 쉽게 자연으로 불릴 수 있다. 아인슈타인은 하나님에 대한 그의 개념을 다음과 같이 설명했다.

> 나는 인간의 운명과 행동에 관여하시는 하나님이 아니라 당신 자신을 존재하는 것의 질서있는 조화 속에서 드러내신 스피노자의 하나님을 믿는다
>
> (Küng, 1981, p. 628에서 인용).

6) "나는 하나님이다"

5단계에서의 발견이 하나님은 세상에 내재하신다라는 것이라면, 6단계의 발견은 하나님이 자기(self) 안에 내재하시고, 어쩌면 자기일 수도 있다는 것이다. "나는 하나님이다"라는 표현은 자아가 신에 용해되고 있는 수피 알 할라즈 만수르(Al-Hallaj Mansur) 같은 신비가나 자아가 자기 자신에 안에 있는 거룩한 불꽃을 발견함으로써 확장되는 경험을 했던 영적 호사가에 의해서 발언될 수 있다.

신의 현존에 직면한다는 강렬한 느낌이 있지만, 또한 들려오는 하나님의 외적 음성이 문자적으로 있는 것이 아니라 내면의 음성들을 경청하는 감각이 있을 수 있다는 점에서, 과정의 2단계, 혹은 세상 위에 계신 하나님과 유사성이 있다.

어떤 뉴에이지 영성의 지지자들은 때때로 하나님을 "자율적인 정신의 내용"(p. 239)으로 설명하고 무의식 혹은 정신은 하나님으로부터 구별될 수 없다고 말했던 칼 융(1928)에 기초해서 자기(self)가 하나님이라고 주장하지만, 전통적인 종교관은 하나님이 전적으로 자기로부터 분리되어 있다고 주장한다.

부버(1952)는 본질적으로 오늘날 우리가 말할 수 있듯이 융이 체계적으로 사고하고 있지 않으며, 하나님을 사이에 있음(the between)의 기능으로서 보다는 개별적인 현상으로서 이해하고 있다고 주장하면서 이러한 입장을 맹렬하게 비판하였다. 부버는 다음과 같이 기술했다.

> 만약 종교가 정신적 사건들과의 관계이고, 그것들이 인간 자신의 영혼의 사건들과의 관계 이외의 다른 것을 의미할 수 없다면, 그것은 아무리 깊은 인간의 영혼 속에까지 내려간다 하더라도 언제나 그것을 초월해서 남아있는 존재(Being) 혹은 실재(Reality)와의 관계는 아니라는 말이다. 좀 더 정확하게 말하자면, 그것은 '나'와 '너'의 관계가 아니다…융은 하나님이 정신적 내용과 일치하는 존재나 실재가 아니라 내용 그 자체라고 생각한다(p. 79-80).[1]

---

1 융에 대해 공평하게 말하자면, 그는 그 자신이 심리학자로서 말하고 있을 때보다 그의 개인적인 삶에서 하나님에 대한 주제를 다르게 말했다. BBC와의 유명한 인터뷰가 있는데, 하나님을 믿는가라는 질문을 받았을 때 그는 "저는 하나님을 압니다. 믿을 필요가 없어요"(McGuire and Hull, 1977, p. 428)라고 대답했고, 또 다른 인터뷰에서는 "이 두 가지 용어는 심리학적으로 매우 많은 관련이 있습니다. 이것은 제가 하나님이 자기(self)이거나 자기가 하나님이라고 믿는다는 것을 의미하지 않습니다. 저는 단순하게 그것들 사이에 심리학적인 관계가 있다고 말하는 것입니다"(McGuire and Hull, p. 327)라고 대답했다.

7) 하나님과의 일치

이것은 신비가들에 의해 보고되는, 어떤 분리도 없이 하나님과 융합되어 있는 궁극적인 상태이다. 그것은 바다위에 떨어진 물방울에 비유되었다. 만약 영적 의식의 발달의 5단계가 경외감과 놀라움과 연관된 상태들을 특징으로 하고 6단계가 강렬한 연민 혹은 아름다운 슬픔과 환희 혹은 기쁨을 특징으로 한다면, 7단계에는 특정 감정들을 초월하는 웰빙, 평화, 그리고 사랑의 널리 퍼져있는 기반이 있다.

철학의 배경을 갖고 있는 신비가인 프랭클린 메렐-볼프(Franklin Merrell-Wolff, 1973)는 이러한 상태를 설명해주는 책을 쓰고 『객체 없는 의식 철학』(The philosophy of consciousness Without an Object)라는 제목을 붙였다. 크리슈나무르티(J. Krishnamurti, 1979)도 주체나 객체가 없는 의식 상태로의 이러한 전환에 대해 말했고, 그 상태를 명상 혹은 무선택적 알아차림(choiceless awareness)이라고 하였다.

> 명상의 불꽃 속에서 생각이 끝나고 생각과 함께 느낌도 끝난다. 생각과 느낌, 그 어느 것도 사랑이 아니기 때문이다. 사랑이 없이는 본질이 없고 사랑이 없이는 우리의 존재가 기초하고 있는 잿더미만 있을 뿐이다. 비움으로부터 사랑이 존재한다(p. 52).

7단계에서는 개념적인 범주들이 완전히 무너지기 때문에, 하나님은 아무것도 아니며 하나님은 모든 것이라고 주장하는 것이 동등하게 가능하다. 이 영역은 다음과 같이 다양하게 표현된 동어반복의 선언으로 나타날 수 있다.

나는 스스로 있는 자이다.
주님은 한분이십니다.
하나님은 사랑이십니다.
하나님 외에는 신이 없습니다.
당신은 그분이십니다.

일치의 성취와 더불어 사람이 여전히 이전 단계의 정신 작용을 수행할 수 있고 일치에 대해 알아채고 있다는 중요한 차이가 있지만 세상 속에 계시는 하나님에 대한 의식이 회복된다.

그 차이를 진술하는 또 다른 방식은 1단계에서 자기는 그 자신을 알아채지 못하고, 4단계에서 자기는 그 자신으로부터 소외되고, 7단계에서 자기는 그 자신에 대해 알아챈다는 것이다. 일치의 상태는 융합의 느낌과는 전혀 같지 않다. 역설적으로, 자아 혹은 분리된 자기감이 환영인 것으로 이해될 때, 그 사람은 행동에서 더욱 스스로 결정하고 책임질 수 있다.

그러나 그것이 마지막 단계는 아니다. 부버(1952)는 그 자신을 오랫동안 신비가였다고 설명하지만 그것을 넘어서서 하나님이 대화 혹은 관계 속에 내재하신다는 것을 보게 되었다고 말한다.

8) 관계성 혹은 사이에 있음으로서 하나님

과정의 8단계에서 우리는 다시 역설적으로 표현될 수밖에 없는, 하나님이 나-너 관계에 내재하신다는 하나님에 대한 새롭고, 체계적인 개념과 지각에 이르게 된다. 그러나 대화 혹은 관계에 들어가는 것은 초월적이고 절대적인 현존에 대한 의식을 제공해줄 수 있다.

지금 여기에서 완전하게 관계하고 있다면 그것은 천국의 느낌을 가져오고 천국의 실재를 알아차리면 그것은 사람을 다른 사람들과의 보다 친밀한 관계로 이끌어간다. 이러한 하나님과의 관계는 사람을 세상으로부터 떠나게 하지 않고 보다 친밀한 접촉과 관계로 이끌어 간다.

"사이에 있음"(between)은 내부와 외부 사이에, 내면과 외면 사이에 균형이 있을 때 그 자체를 드러낸다. 하나님에 대한 이러한 개념은 자기 밖에 계신 하나님에 대한 전통적인 종교의 견해와 자기로서의 하나님에 대한 심리학적 견해를 모두 초월한다.

내가 보기에 대화 혹은 관계성(사이에 있음)으로서 하나님은 4가지 방식으로 드러날 수 있다.

(1) 개인과 신의 관계

AA의 공동설립자인 빌 윌슨은 그가 음주를 멈추게 되었던 경험을 설명했다.

> 나의 우울증은 극도로 깊어졌고 결국 나는 구덩이의 바닥에 있는 것 같았다. 나는 여전히 나 자신보다 더 위대하신 힘이라는 개념에 대해 받아들일 수 없었지만, 바로 그 순간, 나의 교만한 완고함의 마지막 흔적이 무너져 내렸다. 별안간 나는 "만약 하나님이 계시다면, 나에게 보여주세요! 나는 무엇이든 할 것입니다!"라고 울부짖고 있는 나를 발견했다.
> 갑자기 방에 거대한 하얀 빛이 비취었다. 나의 마음의 눈으로 볼 때 나는 산 위에 있었고 하늘의 바람이 아니라 영혼의 바람이 불고 있었던 것 같았다. 그리고 그때 갑자기 내가 자유로운 사람이라는 말이 내게 들려왔다. 그 황홀감은 서서히 진정이 되었다. 나는 침대 위에 누워있었지만, 이제 일시적으로 다른 세계, 새로운 의식의 세계에 있었다. 나에게 나를 통해서 일어난 모든

것은 놀라운 임재의 느낌이었고, 나는 "그래 이것이 설교자들이 말했던 하나님이야"라고 생각했다. 엄청난 평화가 나에게 엄습했다

(Alcoholics Anonymous, 1957, p. 61).

우리는 빌의 경험을 사용해서 이러한 영성에 대한 감각을 과정의 이전 단계들로부터 구별해주는 많은 특성들을 예증할 수 있다.

① 세상 속에 계신 하나님
본래 하나님과 일치를 이루고 있는 사람은 우울해질 수 없다. *The Gods must be crazy*에서 부시맨이 감옥에 갇혔을 때, 그는 먹는 것을 멈추고 평화롭게 그의 죽음을 기다렸지만 어떤 불행함도 표현하지 않았다. 이것은 새로운 영성을 위한 배경이 되는 빌의 소외, 우울, 그리고 절망과는 대조가 된다.

② 세상 위에 계신 하나님
빌은 사실상 하나님의 음성을 듣지는 못했다. 그가 "나의 마음의 눈으로 볼 때 그런 것 같았다"라고 한 것은 그의 경험의 은유적인 특성에 대한 자각을 나타낸다.

③ 세상 밖에 계신 하나님
"잠시 나는 또 다른 세계, 새로운 의식의 세계에 있었다."
하나님을 세상 밖에 두는 빌의 개념 체계, 그의 세계관은 일시적으로 정지되었고, 그는 곧 개념적인 사고가 약화시켰던 신적 현존에 대해 자각하게 되었다. 빌이 그의 평소 의식 상태로 돌아왔을 때, 그가 환각에 빠졌을 수 있다고 생각하고 그래서 잠재적으로 하나님을 다시 그의 세상 밖에 배치시키면서 그의 경험을 의심하기 시작했다는 점을 주목하는 것은 흥미로운 일이다.

④ 하나님은 죽었다

빌은 삶의 대부분에서 종교로부터 소외되었었고, 그에게 하나님은 사실 죽었고, 그를 위로해주는 아무런 근본주의적인 이상들도 없었다. 그의 태도와 행동에서 그는 확실히 허무주의적이었고, 그에게는 그가 나중에 "자기-의지라는 불가항력과의 운명에 가까운 만남"이라고 하였던 것이 있었다(Alcoholics Anonymous, 1953, p. 37). 그는 실패를 인정하고 근본주의, 허무주의, 혹은 의지력에로 더 이상 돌아갈 수 없었기 때문에 신성함에 대한 새로운 의식의 회복에 개방적일 수 있었다.

⑤ 우주로서의 하나님

바닥치기 과정과 관련된 고통때문에 빌은 현대 과학자, 체계 이론가, 혹은 신학자가 할 수 있었듯이 우주의 본질이나 하나님에 대한 새로운 지적 개념을 숙고하는 데 많은 시간을 할애하지 못했다. 부분적으로는 그의 친구 중 한 명이 "왜 너는 하나님에 대한 네 자신의 개념을 선택하지 않는 거지?"*Alcoholics Anonymous*, 1976, p.12)라고 제안했기 때문에 그는 그 자신보다 위대하신 힘에 대한 개념에 반대하는 것을 멈추었다. 그의 하나님, 혹은 위대하신 힘은 비인격적으로 우주에 계신 것이 아니라 직접적으로 그리고 인격적으로 사랑해주시는 것으로 확실히 경험되었다.

⑥ 나는 하나님이다

빌이 보고했던 강력한 황홀감은 과정의 6단계를 특징짓는다. 그러나 결정적인 차이는 빌이 황홀경을 그의 정신의 산물로 보지 않는다는 점이다. 그는 "안팎으로 나를 둘러싸고 나를 샅샅이" 다루어주는 임재를 발견했다. 이후에, AA의 메시지의 토대는 알코올중독자 개인은 "하나님이 아니다"라는 것과 하나님과 같은 힘들을 주장하는 것, 특히 통제에 대해 주장하는 것은 파멸을 초래할 수 있다는 것이었다(Kurtz, 1982).

⑦ 하나님과의 일치

황홀경이 진정되는 것에 대해, 그리고 그에게 엄습해오는 엄청난 평화와 함께 새로운 의식 세계에 있는 것에 대해 얘기하면서, 빌은 메렐-볼프(1973)가 했던 것과 상당히 유사한 방식으로 이 상태를 설명하고 있다. 초점은 이제 강렬한 황홀감에 있는 것이 아니라 전반적인 평화의 상태에 있다. 빌의 설명은 그 자체로 과정의 7단계인 하나님과의 일치, 혹은 8단계인 '사이'로서의 하나님과 구별하기 위해서 사용될 수 없다. 그것을 위해서 우리는 사이로서의 하나님을 드러내는 다른 것들을 살펴보고 AA와 다른 12단계 프로그램들이 그것들을 어떻게 예증하는지 이해해야만 할 것이다.

(2) 사람들 사이에서

전통적인 신비주의자는 혼자서 하나님을 발견한다. 사이로서의 하나님을 지각하는 사람은 다른 사람들과의 관계에서 하나님을 발견한다. 성경을 들여다보면, 사람들 사이에서 나-너 관계성의 기능으로서 드러내시는 하나님에 대한 선례를 발견할 수 있다.

예수님은 "두세 사람이 내 이름으로 모인 곳에는 나도 그들 중에 있느니라"(마 18:20)고 말씀하셨고, "하나님 나라는 너희 안에(within you) 있느니라"(눅 17:21, KJV)라는 예수님의 진술은 어쩌면 "하나님 나라는 너희 가운데(in your midst) 있느니라"(NASB)라고 번역되는 것이 더 정확할 것이다.

하나님 나라는 사람들 안에서, 그들의 마음 안에서 발견되는 심리적 현상이라기보다는 사람들 사이에서, 그들 가운데서 발견되는 상호인간적인 현상으로도 이해될 수 있다.

AA의 역사와 실제는 사람들 사이에 있는 영성에 대한 이러한 개념을 보여준다. AA의 시작은 빌이 금주하게 되었던 변화의 경험으로부터가 아니라, AA의 공동설립자인 밥 스미스 박사가 술을 끊었던 날로부터 비롯된다. 빌의 "뜨거운 경험"은 빌과 밥 박사가 처음 만났을 때 그들이 나누었던 6시간의 대화보다 덜 중요한 것으로 이해되었다.

빌의 통찰과 카리스마적인 지도력보다는 밥 박사와 빌의 협력관계가 AA의 원천인 것으로 고려되었다. 따라서, AA는 초월적인 힘을 위한 통로로서 역할을 하는 관계보다 개인에게 권위와 지도력을 부여하는 다른 영적 운동들을 어렵게 했던 많은 함정들과 어려움들을 피해갔다.

실제로, AA 및 그와 유사한 12단계 프로그램들은 눈에 띄게 비위계적이다. 정식 지도자들도 없고, 모임들은 최대 3개월의 기간 동안 간사에 의해 주재되고, 모임들은 대개 자신의 회복에 대한 이야기를 하고 다른 사람들과 나누도록 요청하는 비전문적인 자원봉사자에 의해 인도된다.

정직, 진정성, 그리고 개방성의 분위기 속에서 개인치료 혹은 가족치료에서는 유료 전문치료사와의 상담에 내재된 위계질서, 권위, 그리고 전이의 불가피한 문제들 때문에 쉽게 접하기 어려운 영성에 대한 감각이 발달할 수 있게 된다.

만약 프로그램에 새로 온 사람들이 개인적인 위대하신 힘의 개념에 대해 어려움을 겪는다면, 그들은 흔히 집단 자체를 위대하신 힘으로 이해하도록 초대되고, 개별적인 자기 안에 힘을 부여하는 데서 상황적인 방향 전환을 허용하게 된다. 그들은 또한 집단에서 누군가를 선택해서 그들의 후원자로 삼도록 고무된다. 이것은 나-너 관계를 모델링하고 물려주는 방법이다.

후원자는 새로 온 사람보다 우월한 것으로 이해되지 않고 AA의 12단계를 거쳐감으로써 자기 자신의 절제를 심화시키고 다른 알코올중독자들에게 메시지를 전달하고 있는 누군가로 이해된다. 후원자에게서 후원자에게로 전수된 지식이 있고, 우리는 이것을 후원 관계에 참여하는 특정 개인들을 통해서 그것 자체를 되풀이하는 사이 혹은 맥락으로 볼 수 있다.

(3) 여성과 남성 사이에서

새로운 영성의 핵심에는 여신의 귀환(Whitmont, 1982)이라고 불리운 것이 있다. 『성배와 칼』(*The chalice and the blade*, 1987)에서 리안 아이슬러(Riane Eisler)는 내가 세상 안에 계신 하나님이라고 명명했던 인간사의 시기에 여신이 신성의 최고의 양상으로 경배되었고, 양육하고 공급하는 "'여성적인' 힘이 규범적인 이상, 여성과 남성 모두에 의해 모방되어야 하는 모델[이었다]"(p. 28)라는 증거를 제시했다.

그녀는 더 나아가서 "여신의 탁월함(여성의 몸에서 구체화된 양육하고 재생산하는 힘에 의해 상징되는 가치들의 중심성과 함께)이 여성이 여기에서 남성을 지배했다는 추론을 정당화하지는 못한다"(p. 27)라고 지적했다. 모계사회들은 가모장적이지 않았다. 오히려 여성과 남성의 관계 혹은 협력이 중요한 것으로 높이 평가되었다.

협력 모델은 세상 위에 계신 하나님이라고 명명했던 시기에 시작되면서 그녀가 "지배자 모델"(인간의 위계질서가 궁극적으로 힘 혹은 힘의 위협에 의해 뒷받침되는, p. xix)이라고 하는 것을 대체하였다.

아이슬러가 진술했듯이 "우리가 사회의 협력 모델과 연관된 여신숭배라는 보다 초기의 영적 전통을 다시 회복하는 것은 인류의 절반의 존엄성과 가치를 재확인하는 것 이상이다"(p. 194).

우리가 칼로 상징되는 인간의 관계와 영성에 대한 지배자적인 관점으로부터, 성배로 상징되는 협력적인 관점으로 돌아갈 때, 그것은 정말로 모든 인류의 미래에 중심적인 것이 될 수 있다.

하시딤은 집 없이 방황하는 여인처럼 여성적이고 추방된 것으로서의 **쉐키나**, 즉 하나님의 영광, 본질, 혹은 땅위의 임재를 말한다. 아마도 우리 시대의 주요 과제들 가운데 하나는 신성, 하나님 혹은 영의 남성적인 측면을 여성적인 측면, 여신, **쉐키나**, 혹은 혼과 재결합시키는 것일 것이다.

여성적인 것과 남성적인 것 사이의 관계가 표현된 명백한 영역은 성(sexuality)이다. 종교와 성은 전통적으로 분리되고 양립할 수 없는 것으로 이해되었지만, 다른 사람들 가운데 일레인 패걸즈(Elaine Pagels, 1988)는 이것이 항상 그런 것은 아니었고, 예를 들어 성을 악한 것으로 보는 견해는 어느 정도 갈등이 있은 후에야 초기 기독교 교회에 의해 채택되었다는 점을 지적했다.

영성과 성 사이의 이러한 분리는 서구의 과학적 및 종교적 사고에 만연하게 되었던, 마음과 몸 사이의 분리, 혹은 하늘과 땅 사이의 분리와 같은 다른 형태의 이원론적 사고와 일치하며, 성적 표현은 이러한 분리들이 치유되는 주요 영역들 가운데 하나로 떠오를 수 있다.

영성의 표현으로서 남성적인 것과 여성적인 것 사이의 관계가 외면적으로만 드러날 필요는 없다. 융(1946, 1963)은 남성적인 것과 여성적인 것, 혹은 아니무스와 아니마 사이의 "내적인 결혼"이 있다고 지적했다. 이러한 내적인 결혼은 **융합의 신비**(mysterium coniunctionis), 즉 성스러운 영적 실재의 직접적인 경험으로 이어진다.

AA와 다른 12단계 프로그램들의 최근 역사는 여성적인 것이 그리고 관계의 중요성이 점점 더 많이 강조되고 있음을 반영한다. 자신의 무력함을 받아들이는 것, 지배하고, 통제하려는 고집의 무익함을 이해하는 것, 그리고 자기 자신보다 더 위대하신 힘의 돌봄에 대해 기꺼이 수용하려고 하는 것에 대해 AA가 강조한 것에는 여성적인 경향이 언제나 있긴 했지만, AA의 프로그램은 최근까지 일차적으로 남성들을 위해 남성들에 의해 운영되는 프로그램이었다.

지난 몇 년간 AA 프로그램에 여성들의 유입이 있었지만, 더욱 놀라운 것은 알코올중독 가정의 성인아이운동(Adult Children of Alcoholics movement)이 시작되었는데, 그것은 초기에 두드러진 여성 지도력을 보여주었고, 흔히 관계의 문제들에 초점을 맞추는 여성 참여자들의 비율이 높아지면서 다른 12단계 프로그램들이 꽃을 피우게 되었다.

(4) 사람과 신적 존재(Supreme Being) 사이에서

얼핏 보기에 사람과 신적 존재 사이의 관계는 개인과 신적 현존(divine presence) 사이의 관계와 유사한 것으로 보일 수 있다. 중요한 차이는 신적 현존을 만나는 것이 경험적이라면 사람과 신적 존재 사이의 관계는 맥락이 있다는 것이다.

신성한 것에 대한 경험은 베이트슨(1979)과 마투라나(1988)가 각각 "연결해주는 패턴"(pattern which connects)과 "행동들의 조화"(coordination of actions)에 대해서 말할 때 언급할 수도 있는 영역을 우리에게 열어준다. 거기에는 일관성, 응집성, 일치성, 그리고 연결성으로 이어지는 사람, 부분적인 존재, 유한자와 신적 존재, 전체적인 존재, 무한자 사이의 상호 작용과 상호 소통이 있다.

영성에 대한 감각이 개인들의 삶에 충만해질 때, 개인들이 나-너로써 서로 관계하고, 하나님이 여신과 다시 결합될 때, 개인들이 그들의 독특한 운명을 발견하고 실현하도록 힘을 북돋워주면서 연결하고 조화시키는 모든 것이 생겨난다. 그것은 동시성(synchronicity)과 공동 작용(synergy)이라는 두 가지 방식으로 나타난다.

어원상으로, 동시성은 헬라어의 함께를 의미하는 신(*syn*)과 시간을 의미하는 크로노스(*chronos*)에서 나왔기 때문에, 문자적으로는 우연의 일치나 시간적으로 함께 발생하는 것이다.

융(1952)은 동시성을 무인과적 연결 원리로 설명했다. 한 사람이 영적 실재에 열려있을 때, 동시성들 혹은 의미있는 우연의 일치들이 극적으로 증가하게 된다. 빌 윌슨(*Alcoholics Anonymous*, 1957)은 그의 변화 경험과 밥 박사와의 첫 번째 만남이 있을 때 일어났던 수많은 동시발생적 사건들이 있었음을 설명하였고, 흔히 사람들은 그들이 처음으로 12단계 모임에 참석하게 되는 일로 이어지는 기묘한 우연의 일치들을 얘기할 것이다.

공동작용은 신(*syn*)과 일하다를 의미하는 에르곤(*ergon*)에서 나와서 함께 일하는 것이다. 공동작용 혹은 상승작용(synergism)은 생물학과 의학에서 "두 개 혹은 그 이상의 물질, 기관, 혹은 유기체가 각각이 개별적으로는 불가능한 결과를 성취하기 위해 하는 행동"을 가리키기 위해서 사용되었지만, 더욱 놀랍게도 신학에서 신인협동설은 "회심이 인간의 의지와 하나님의 은혜의 조합에 의해 달성된다는 교리"(*American heritage dictionary*, 1969)이다. 따라서 공동 작용은 그들 각자가 고립된 상황에서 추구해서는 성취될 수 없는 공동의 목표를 향해서 함께 일하는 사람들 사이에서도 발견되고, 사람과 하나님 사이에서도 발견되는데, 여기에서는 유한한 사람들이 하나님의 패턴을 해석하고 실행한다. 사람들과 신적 존재 사이의 이러한 관계도 공동—창조라고 할 수 있다.

전형적인 AA모임은 흔히 이러한 공동 작용 혹은 내재적 질서에 대한 감각을 드러낸다.

화자 혹은 토론을 시작하는 첫 번째 사람은 자신이 어떤 말을 해야 할지 확신할 수 없다고 하면서 다소 말을 더듬으며 시작할 수 있지만, 곧 마음의 소리를 찾을 것이고, 다른 사람들이 나누기 시작하면서 뚜렷한 공동 의식이 생겨난다. 사람들이 모임 중에 서로 직접적으로 이야기하지는 않지만, 대화와 관계성에 대한 강력한 의식이 있다.

부버(1965a)는 사람들이 신적 존재와 공동으로 창조하는 AA 및 그와 유사한 상황에서 관찰할 수 있는 대화의 어떤 본질을 다음과 같이 표현했다.

> 진정한 대화에 참여하는 모든 사람은 실제로 말할 필요가 없다. 때로는 침묵하는 사람들이 특별히 중요할 수 있다. 그러나 각 사람은 대화의 과정이 자신이 할 말을 하기에 적절할 때 물러서지 않으려고 해야만 한다. 물론, 그 누구도 자신이 해야만 하는 말이 무엇인지 미리 알 수는 없다. 진정한 대화는 미리 준비될 수 없다. 그것에는 사실 시작부터 그것 나름의 기본적인 질서가 있지만, 아무것도 정해질 수 없고, 그것은 마음의 과정이고, 어떤 사람들은 마음의 소리를 알아차렸을 때에만 해야 할 말을 발견한다(p. 87).

3. 결론

이 논문은 어쩌면 말하기를 두려워하라는 그레고리 베이트슨의 암묵적인 경고와 "말할 수 없을 때는 침묵해야만 한다"라는 루드비히 비트겐슈타인(Ludwig Wittgenstein, 1922)의 충고를 무시하면서 달려들었는지 모르겠다.

그러나 비트겐슈타인은 또한 "실제로 말할 수 없는 것이 있다. 이것은 그 자체를 보여준다. 그것은 신비로운 것이다"라고 했고, 베이트슨(1987)은 "성스러운 것의 필요성에 대해 강력하고 분명한 논거들이 있고, 이러한 논거들은 발달된 과학과 분명한 것에 뿌리는 두고 있는 인식론에 기초한다고 믿는 소수의 사람들이 있음"(p. 11)을 주장했다.

하나님과 인간의 관계의 발달에서 8단계를 분명하게 서술하려고 했던 나의 시도는 하나님을 현존, 즉 당신보다는 사물, 즉 그것(it)으로 바꾸어 버리는 위험을 무릅쓰고 수행되었다. 더구나 이 논문은 아마도 대화의 중요성에 대한 매우 긴 독백이었는지도 모른다.

다행스러운 일인지 모르겠지만 논문의 분량 때문에 임상 실재에서 영성을 적용하는 것, 하나님을 하나의 기법으로 사용하는 것에 대한 더 많은 토론을 하지 못했다.

나의 주요점은 하나님이 단지 하나의 기법, 흥미로운 철학, 혹은 임상적으로 유용한 가설이 아니라 솔직히 주관적인 것과 객관적인 것에 대한 우리의 일반적인 개념을 뛰어넘는 "초–객관적인" 실재라는 것이다.

가족치료사들은 '저기에' 있지도 '여기에' 있지도 않고 사이에 있고, 가운데 있고, 초월해 있는 정말로 참된 자원을 이해함에 있어서 독특한 위치에 있다.

참고문헌

[Alcoholics Anonymous]. (1953). *Twelve steps and twelve traditions*. New York: AA World Services.
[Alcoholics Anonymous]. (1957). *Alcoholics Anonymous comes of age*. New York: AA World Services.
[Alcoholics Anonymous]. (1976). *Alcoholics Anonymous*. (Third Edition) New York: A. A. World Services.
Barfield, O. (1965). *Saving the appearances*. New York: Harcourt Brace Jovanovich.
Bateson, G. (1972). *Steps to an ecology of mind*. New York: Ballantine.
Bateson, G. (1979). *Mind and nature: A necessary unity*. New York: E.P. Dutton.
Bateson, G., and Bateson, M.C. (1987). *Angels fear: Towards an epistemology of the sacred*. New York: Macmillan.
Berman, M. (1981). *The reenchantment of the world*. Ithaca, N.Y.: Cornell.
Bowen, M. (1980). Presentation, Georgetown University Family Symposium.
Buber, M. (1952). *Eclipse of God*. New York: Harper and Row.

Buber, M. (1965a). *The knowledge of man*. New York: Harper and Row.
Buber, M. (1965b). *Between man and man*. New York: Macmillan.
Eisler, R. (1987). *The chalice and the blade*. New York: Harper and Row.
Fogarty, T. (1977). On emptiness and closeness. *The Family*, [*Journal of the Center For Family Learning*], Rye, N.Y., vol. 2, no.1.
Freud, S. (1927). *The future of an illusion*. Standard Edition 21:3 - 56.
Freud, S. (1930). *Civilization and its discontents*. Standard Edition 21:59 - 147. Freud, S. (1933). *New introductory lectures on psychoanalysis*. Standard Edition 22:3 - 180.
Jaynes, J. (1976). *The origin of consciousness in the breakdown of the bicameral mind*. Boston: Houghton Mifflin.
Jung, C. G. (1928). *The relations between the ego and the unconscious*. Collected Works.
Jung, C. G. (1946). *The psychology of the transference*. Collected Works, 16.
Jung, C. G. (1952). *Synchronicity: An acausal connecting principle*. Collected Works, 8.
Jung, C. G. (1963). *Mysterium coniunctionis*. Collected Works 14.
Kaufmann, W. (1950). *Nietzsche: Philosopher, psychologist, antichrist*. Princeton: Princeton University Press.
Krishnamurti, J. (1979). *Meditations*. San Francisco: Harper and Row.
Küng, H. (1981). *Does God exist?*. New York: Random House.
Kurtz, E. (1982). Why AA works: The intellectual significance of Alcoholics Anonymous. *Journal of Studies on Alcohol*, 42, 38 - 80.
Macquarrie, J. (1987). *In search of Deity: An essay in dialectical theism*. New York: Crossroad Publishing.
Maturana, H. (1988). Reality: The search for objectivity or the quest for a compelling argument. *Irish Journal of Psychology*, 9, 25 - 82.
McGuire, W. (Ed.), and Hull, R. F. C. C. and Manheim, R. (Trans.) (1977). *C. G. Jung speaking: Interviews and encounters*. Princeton: Princeton University Press.
Merrill-Wolff, F. (1973). *The philosophy of consciousness without an object*. New York: Julian Press.
Pagels, E. (1988). *Adam, Eve, and the serpent*. New York: Random House.
Watzlawick, P., Weakland, J. and Fisch, R. (1974). *Change: Principles of problem formation and problem resolution*. New York: Norton.
Whitehead, A. N., and Russell, B.(1910). *Principia mathematica*. Cambridge: Cambridge University.
Whitmont, E. (1982). *Return of the Goddess*. New York: Crossroad.
Wittgenstein, L. (1922). *Tractatus Logico-philosophicus*. London: Routledge.
Young, A. (1984). *The reflexive universe: Evolution of consciousness*. Portland, Oreg.: Robert Briggs Associates.

제5장

중독의학의 실제에서 영성에 대한 저항의 문화적 요소들을 극복하기

데이비드 E. 스미스(David E. Smith)
리차드 B. 시모어(Richard B. Seymour)

최근에 중독치료 분야에서 위대한 진전들이 이뤄졌다. 여기에는 뇌화학과 수용체 과학에 대한 이해에서의 진전들, 많은 새로운 치료 방법의 채택, 그리고 재발의 본질과 치료에 대한 이해에서의 진전들이 포함된다. 중독의학은 미국중독의학회(American Society of Addiction Medicine)에 의해 대표되는 인정된 의학의 한 분야가 되었고, 1차 진료와 비전문인 의사들을 위한 의과대학 교육 과정에 포함되었다.

그러나 가장 위대한 진전들 가운데 하나는 중독과 치료 그리고 회복 공동체가 한데 모여진 것이다. 그것은 익명의 알코올중독자모임뿐만 아니라 중독 회복에 대한 폭넓은 관심을 나타내는 많은 단체와 프로그램에 의해서 이뤄졌다.

장기 회복의 유용성 때문에 환자들에게 절제와 지원 회복을 포함하는 치료 후 목표를 제시함으로써 치료가 정당화되었다. 그러나 치료와 회복의 상호 작용으로 인해서 저항의 다양한 문화적 및 전문적인 요소들을 고려하고 해결하는 회복의 형태들에 대한 요구가 생겨났다. 이러한 문제들을 다룸에 있어서, 중독의학 분야에 있는 사람들과 회복 공동체의 선구자들 사이의 협력의 필요성이 커지고 있다(중독 연구에서 협력의 필요성에 대한 통찰을 위해서는 Morgan의 제1장을 보라).

회복 집단 과정의 영향은 일반적으로는 중독의학과 특별하게는 헤이트 에쉬버리 클리닉(Haight Ashbury Free Clinics)에 중요한 영향을 미쳤다. 이 기관의 약물치료 프로그램의 관리자인 약학박사 데릴 이바나(Darryl Inaba)는 매주 50개의 다양한 12단계 모임들이 이곳의 다양한 장소에서 이뤄지고 있다고 평가한다.

사실, 교회가 되었든, 클리닉이 되었든, 입원 프로그램이 되었든, 문화적으로 적절한 모델들을 사용하는 12단계 회복의 조용한 혁명은 많은 생명들을 구했고 약물의 만연으로 인해 황폐케 된 많은 도심과 교외, 공동체들을 지배하는 치료적 비관주의와 절망에 대항하기 위해서 많은 것을 했다.

1. 영성의 본질

중독, **회복**, 그리고 **영성**에 대해 글을 쓸 때, 이러한 용어들이 저자들에게 의미하는 바가 무엇인지로 시작하는 것이 적절한 것 같다.

이러한 맥락에서, **중독**은 그 자체가 강박, 통제의 상실, 부정적인 결과에도 불구하고 계속되는 사용을 특징으로 하는 하나의 질병이다. 그 질병은 점진적이고, 치료되지 않는다면 때로는 치명적이기도 하다.

중독은 고칠 수 없다. 그 질병에 빠졌던 그 어떤 누구도 중독적이지 않게 사용하는 상태로 돌아갈 수 없다. 다시 사용하려고 하는 어떤 시도도 그 질병이 더 많이 진전되는 상황으로 이어질 것이다. 그러나 중독은 마리화나와 알코올을 포함하는 모든 향정신성 약물들을 끊고 회복을 지지해주는 프로그램에 충실함으로써 완화될 수 있다.

회복에는 그 질병에 대한 자신의 무력감을 수용하는 것과 개인의 영적 성숙의 발달을 포함하는 행동체계를 채택하는 것이 포함된다. 회복에서 영적 요소가 필요하지 않다고 주장하는 회복 프로그램들과 단체들도 있지만, 우리는 그러한 요소가 중독으로부터의 효과적이고 지속적인 완화를 위해 필요하다고 믿는다.

이러한 믿음은 본성상 사람들은 상호 침투적이고 상호 작용하는 신체적, 심리적, 그리고 영적 측면들로 이뤄진 존재들이고, 중독이라는 질병은 그것이 고통스럽게 하는 사람들처럼 세 부분으로 이뤄진 본질을 갖고 있고 신체적으로, 심리적으로, 그리고 영적으로 나타난다. 따라서, 중독은 효과적인 치료와 회복을 위해서 세 가지의 모든 측면에서 다뤄져야만 한다.

익명의 알코올중독자모임(AA)과 그것과 관련된 다른 12단계 단체들은 회복에 대한 접근에 영적인 차원을 포함하기 때문에 어떤 이들에 의해 종교로 불리웠다. 그러한 칭호는 근거가 없는 것이다. 영성은 종교가 아니다. 최상의 상태에서 종교에는 영성의 요소들이 포함되어 있지만, 영성은 삶 자체의 한 측면이 됨으로써 개별적인 종교의 한계들을 초월하는 요소이다.

우리의 견해에서, **영성**은 일차적으로 연결성과 관계의 과정, 즉, 자기보다 더욱 크고 더 많은 것을 망라하는 어떤 것에 대한 개인의 관계에 포함된다. 그 "어떤 것"은 집단 혹은 단체, 우리가 하나님으로 이해하고 해석할 수 있는 하나님, 형태가 없는 사랑의 현존, 혹은 위대하신 힘에 대한 어떤 해석, 혹은 개인의 자아를 초월하는 어떤 것이 될 수 있다.

중독은 흔히 "말기적인 독특함을 가진 질병" 혹은 "고독한 질병"으로 불린다. 이것은 애써서 부인하려고 하는 중독자는 자신의 자아개념을 초월하는 어떤 것 혹은 어떤 사람에 대해 반응할 수 없기 때문이다.

영성의 각성으로 인해서 중독자들은 그들 자신의 자아의 감옥으로부터 벗어날 수 있다. 여기에 포함되는 내어맡김(surrender)의 개념, 그리고 영성을 종교로 잘못 해석하는 것, 혹은 어떤 특정 종교는 특히 12단계의 회복을 백인적이고, 남성적이고, 기독교적인 특정 사고방식과 동일시하는 문화에서 회복 과정에 대한 많은 저항의 중심에 있다.

2. 중독: 다문화적 해결책이 필요한 다문화적 문제

중독이 국가적이거나 지역적인 현상이라기보다는 세계적인 현상이듯 중독의 문제들은 그 영향에 있어서 다문화적이다. 비록 '용광로'(melting pot)로 특징지어지긴 하지만, 미국은 사실상 많은 다양한 인종, 종교, 배경을 가진 사람들로 구성된 다문화 사회이다.

많은 사람들에 의해 지배 문화로 이해되는 유럽계 미국인들도 많은 국적과 열거하기에는 너무 많은 민족 집단, 가톨릭, 정교회, 개신교, 이슬람, 그리고 다른 종교적 배경을 가진 사람들로 구성되어 있다.

국제적으로, 우리는 뉴욕이나 시애틀에서의 성공적인 치료 프로그램을 단순하게 받아들이거나, 피렌체나 아디스아바바에서 그것을 복제하고, 그 복제품이 성공하기를 기대할 수는 없다. 약물의존의 기술적인 측면들은 유사할 수 있지만, 중독은 하나의 문화적 환경에서 발생하고 치료된다. 성공적인 치료라는 원단은 문화적 실재와 엮여질 필요가 있다.

동일한 것이 개인들에게도 적용될 수 있다. 우리는 교체 가능한 많은 기계장치들처럼 조립 라인에서 생산되지 않았기에, 가능한 한 다양한 돌봄이 있을 때 우리의 치료 결과는 더 좋아진다. 우리의 다문화 사회에서의 치료와 회복도 마찬가지이다.

1) 중독의학에서 12단계 회복의 상대적인 유효성

이 사회에서, 익명의 알코올중독자모임(AA), 익명의 마약중독자모임(NA), 그리고 익명의 코카인중독자모임(CA) 같은 12단계 단체들은 점차 중독 회복을 통해서 장기적인 금욕과 절제를 보증해주는 일차적인 수단으로 이해되고 있다.

정부에서 지원하는 한 심포지엄이 의학, 법집행, 그리고 사법 단체 사이에서 뿐만 아니라 학교상담사들과 목회자 사이에서, 즉 사실상 잠재적 중독자들과 접촉하며 이러한 개인들을 생명을 구해줄 수 있는 회복을 의뢰할 입장에 있는 모든 개인들 사이에서 12단계 단체들에 대한 일반적인 이해를 증진시키려는 목적으로 개최되었다.

1990년 국립약물중독연구소(NIDA) 이전 소장이자 행동과건강연구소 현재 소장인 로버트 뒤퐁(Robert L. DuPont) 박사에 의해 주최된 심포지엄 과정에서, 부분적으로는 12단계 프로그램의 익명성의 전통 때문에 확실한 자료는 없지만, 수천 명의 중독자들이 회복 지원을 활용한 결과, 점차 절제와 웰빙의 시간들을 누리게 되었음이 분명해졌다.

그 심포지엄의 결과는『회복을 위한 다리: 12단계 프로그램 소개』(*A bridge to recovery: An introduction to Twelve Step programs*)(DuPont et al., 1992) 라는 책으로 출판되었는데, 이 책은 12단계 회복 단체들의 특성에 대해

많은 통찰들을 제공해준다.

12단계 단체들과 그들의 성공으로 인해서 중독과 회복 사이에 있는 다리로서 중독치료에 대한 신뢰가 생겨났다. 이것은 이 나라의 소위 백인, 유럽계 미국인 문화의 주류에게는 점차 사실이 될 수 있었지만, 우리 사회의 다른 문화들에서는 사실이 아닐 수 있다.

몇 년 전에, 스미스(Smith)와 동료들(1993) 그리고 벅스톤(Buxton)과 동료들(1987)은 12단계 회복 과정에 대한 다양한 "저항의 지점들"을 열거하고 토론하는 논문들을 발표했다. 그러한 논문들의 초점은 소위 사회의 주류 내부의 저항의 지점들에 대한 것이었고, 그것들은 개인적이고 문화적인 관심사들에 집중했다.

다양한 문화적 지향들로 인해서 생겨난 어떤 관심사들은 개인들의 관심사들을 반영한다. 일반적으로, 여기에는 만약 이러한 문화들이 12단계 회복 단체들로부터 도움을 받으려고 한다면 다뤄질 필요가 있는 실제 문제들뿐만 아니라 중독의학, 그리고 12단계 회복 및 그 단체들에 대한 여러 가지 잘못된 생각들, 잘못된 해석들 그리고 잘못된 지각들이 포함된다.

아프리카계 미국인 공동체가 직면하고 있는 문제들을 기술하면서 글라이드감리교회의 세실 윌리암스(Cecil Williams) 목사는 흑인들을 위한 확대가족 프로젝트를 개발하면서 직면했던 어떤 관심사들, 그리고 이러한 문제들이 특정한 문화적 필요들을 충족시켜주는 프로그램에 대한 이해와 적응을 통해서 해결될 수 있는 어떤 방법들을 언급했다.

중요한 연결이 개발되고 있고, 중독의학 치료와 영적 회복 사이에 놓여져야만 하기 때문에, 우리들은 관심의 영역들을 살펴보고 그것들에 포함되는 문제들을 다루는 방법들과 수단들에 대해 토론할 것이다.

이것들 가운데 첫 번째는 12단계의 단체들이 배타적으로 백인 및 주류의 단체들이라는 비유럽계 미국인들의 인식이다.

2) 배타적으로 백인, 남성, 기독교, 중산층에 초점이 있는가?

역사는 첫 번째 12단계 단체인 익명의 알코올중독자모임(AA)은 뉴욕 출신의 운이 없는 주식 중개업자 빌(Bill)과 오하이오주 애크런에 사는 외과의사 밥(Bob) 사이의 만남을 통해서 1935년에 탄생했음을 우리에게 말해준다(AA, 1957).

AA와 그 단체의 계승자들에게 기본적인 형태와 특성을 제공해주었던 '단계들'과 '전통들'을 개발하는데 도움을 주었던 대부분의 형성기 회원들이 그랬던 것처럼, 이 남성들은 모두 백인이자 중산층 출신이었다. 새로운 단체의 원래 이상들과 개념들은 후에 도덕재무장운동(MRA)으로 알려지게 되었던 기독교 단체인 옥스퍼드운동에 뿌리를 두고 있었다.

AA가 처음 알코올중독자치료와 관계를 맺게 되었을 때, 가톨릭교회의 부분적인 초기 후원으로 헤이즐덴(미네소타에 있는 초기 치료센터)에서 개발된 미네소타 모델을 따랐다(McElrath, 1987). 원래 1939년에 출판된『빅 북』(*Big Book*)(AA, 1976)에서 발견된 문제도 저자들의 백인, 남성, 중산층, 기독교적 기원과 가치를 반영하는 것으로 이해될 수 있다(다시 말하자면, 이러한 역사에 대해 보다 자세한 내용은 Morgan, 제1장을 보라).

시작이 그러했기 때문에, 우리는 AA와 다른 12단계 단체들이 기독교와 백인 중산층의 가치들에 지속적으로 충실하고, 다른 문화들을 배제할 것이라고 생각할 것이다. 그럼에도, 그 시작부터, AA의 "집단 의식"에 있는 요소들이 그 단체의 범위와 유연성을 확대하는데 작용하기 시작했다.

초기부터 계속해서, AA의 회원들은 그들 자신을 옥스퍼드운동과 거리를 두기 시작했고, 기독교적 교리를 명시하지 않는 보다 절충주의적인 영성에 대해 우호적인 태도를 유지하고 그 방향으로 나아갔다.『알코올중독자구제회가 성년이 되다』(*Alcoholics Anonymous comes of age*)(AA, 1957)에서, 빌은 회복의 12단계가 발달하는 과정에서 어떻게 "우리보다 위대하신 힘"과 "우리가 하나님으로 이해하는 분"과 같은 포괄적인 용어들과 개념들을 사용해서 재구성되었는지에 대해 밝혔다.

AA는 그것의 특별한 시작을 옥스퍼드운동과 빌(Bill)과 밥(Bob) 박사 사이의 상호 작용에서 찾을 수 있겠지만, 그것의 기본적인 견해는 『마약에서 자유롭기: 알코올과 그외 약물들을 멀리하는 독특하며, 긍정적인 방법』(*Drugfree: A unique, positive approach to staying off alcohol and other drugs*)(Seymour and Smith, 1987)에서 논의된 다양한 문화적 전례들을 반영한다.

역사적으로 보면 다양한 문화에서 중독 및 그것과 관련된 인간의 문제를 다루기 위한 시도들이 있었다. 이것들 가운데 가장 일반적으로 성공적인 것에는 지지해주는 환경에서 개인의 영적 성숙을 개발하는 것이 어떻게 해서든지 포함되었다.

저자들은 AA에 의해 개발되고 다른 회복 단체들에 의해 개작된 12단계를 영적 성숙을 개발하기 위한 청사진으로, 그리고 그 의도에 있어서 불교의 사성제(四聖諦)와 팔정도(八正道), 힌두교의 베다, 선불교의 십우도(十牛圖)와 같은 것들과 유사하다고 본다.

미국에서 AA의 역사에는 일차적으로 유럽계 미국인 문화가 포함되었지만, 12단계의 본질과 다양한 '단체들'의 근거가 되는 가르침들은 훨씬 더 보편적인 것으로 이해될 수 있다. AA의 접근 방식은 그 자체가 기본적이고 탄력적이기 때문에, 폭넓게 해석되고 적용되기에 적합하다.

얼 (Earle M., 1989) 박사는 그의 책 『물리학자여, 스스로를 치료하라!』(*Physician, heal thyself!*)에서 전 세계의 다른 문화에 있는 AA지부들과의 개인적인 경험들을 언급한다. 그의 여행에서, 얼 박사는 12단계의 통찰들을 그들 자신의 문화적 필요들과 준거점에 적용했던 불교, 이슬람, 그리고 다른 AA 지부들을 만났다.

특정 종교적 배경을 가진 개인들은 12단계의 어떤 견해와 관련된 특별한 문제를 가질 수 있다(예를 들어 랍비 캐롤 글래스[Carol Glass]의 글을 보라). 예를 들어, 많은 불교신자들이 부처를 따르고 모방해야 하는 완전히 깨달은 자로서 받들어 모시지만, 그를 "우리보다 위대하신 힘"으로 보지 않는다.

이러한 불교신자들은 그들의 문화적 배경에서 하나님 혹은 위대하신 힘 개념을 사용하지 않고 그들의 신앙을 종교라기보다는 하나의 철학이자 삶의 방식으로 본다. 12단계의 회복이 이들에게 의미있는 것이 되기 위해서는 준거점이 세워질 필요가 있다.

3) 12단계 단체들에서의 영성: 공공 정책과 문화적 주제들

AA와 다른 고전적인 12단계 단체들은 영성 프로그램들이다. 영성은 지속적인 절제와 회복으로 가는 수단들로서 그것들이 효과적일 수 있는 핵심이다. 그 사실은 부정될 수 없다. 그러나 이것은 AA와 다른 회복 단체들이 종교에 해당된다는 것을 의미하지 않는다.

AA가 태동하면서 기독교적 수사를 많이 사용한 것이 사실이지만, 세속적 인본주의를 종교라고 할 사람들이 있음에도 불구하고, AA는 종교도 아니고 소위 세속적인 인본주의도 아니다.

어떤 이들은 AA가 종교라는 '증거'로서 '하나님'이라는 단어가 때때로 단계들과 『빅 북』(Big Book)에 나온다는 사실을 지적한다. "우리는 하나님을 믿습니다"라는 표현은 우리의 화폐에도 나타난다.

그것이 미국 정부를 종교로 만드는가?

그리고 재무성은 교회인가?

그 생각은 흥미로운 추측을 불러일으킨다.

루이스 앤드류(Lewis Andrews, 1991)는 자신의 논문, "12단계: 정치적 시한폭탄"(The twelve steps: A political time bomb)에서 교회와 국가의 분리 아래에서 헌법상의 금지에 대한 AA의 취약성이라는 측면에서 12단계의 종교성에 대한 주제를 제기한다.

그는 과거 대부분의 AA모임들이 교회, 또는 개인 상담실과 병원에서 열렸지만, 오늘날 그것들은 점차 학교, 대학교, 지역보건센터, 지역주민회의장, 교도소, 그리고 청소년 보호감호소와 같은 공공 기관에서 볼 수 있다고 지적한다.

많은 사람들이 이처럼 세속화가 증대되는 것을 환영하지만, 12단계 회복을 종교로 규정하는 어떤 이들은 공공기관에 그것이 나타나는 것을 헌법이 보장하는 교회와 국가의 분리를 침해하는 것으로 본다. 알코올 중독자들과 다른 중독자들의 위탁에 부분적으로 개입하는 공공부문의 기관들이 12단계 단체들을 바람직한 회복 방법으로 보게 되면서 상황은 더욱 불안정해진다.

사실, 그것은 1990년 뒤퐁 박사에 의해 주도된 위탁 심포지엄의 요점이었다. 당시의 정치를 감안해서, 앤드류는 AA에 환자들을 위탁하거나 혹은 환자들의 위탁을 지지하거나, 혹은 모임들이 그들의 구내에서 열리도록 하는 병원들과 다른 공공기관들에 허용되지 않고 있던 공적 자금의 가능성을 예견했다. 그는 또한 미국시민자유연맹의 경직된 신봉자들과 싸우기 위해서 "회복"을 지원하는 보수적인 "교실기도" 추종자들 때문에 12단계를 지지하거나 반대하는 세력들의 이상한 재편성이 있을 것을 예견했다.

12단계의 종교성은 헌법의 중요한 사항이 되었지만, 그것은 단계들에 대한 기본적인 오해에 기초한 것이다. 이러한 오해들 가운데 하나는 AA

와 다른 12단계 회복 단체들이 뚜렷한 규칙들이 있고 회원자격에 대한 제한이 있는 응집력있는 기관들이라는 오해이다. 토론의 목적을 위해서, 우리의 일반적인 의견들은 다른 주요 회복 단체에 대해서도 유사하기 때문에, 우리는 아래에서 AA에 대해 언급할 것이다.

실제로, AA에는 전국적인 협의회, 자료 출판, 그리고 공급을 주요 업무로 하는 사무실도 있지만, 그것은 전 세계의 회복 중인 사람들의 자율적인 집단들이 받아들이고 적응하는 하나의 방법이다. 12단계로 구성되고 『빅 북』(Big Book)과 다른 출판물들에 의해서 보완되는 그것의 회복 프로그램은 "제안된" 행동 과정으로 그 단체에서 언급되고 폭넓은 해석에 열려있다. AA의 세 번째 전통에 따르면, "AA의 회원자격을 위한 유일한 요구 사항은 음주를 멈추려는 열망이다"(AA, 1952).

대부분의 중독치료의 초점에 신체적이고 심리적인 요인들이 포함되는 것처럼, 12단계 회복의 초점은 영성에 있다. 영성과 영성적 초점은 우리가 종교라고 하는 것이 대부분을 차지하지만, 종교는 영성 그 이상의 것이고, 그것은 헌법적인 갈등에 이르게 되는 "그 이상의 것"이다.

종교는 본질상 배타적이다. 그것의 준거틀이 아무리 넓더라도 누군가는 제외된다. 학교기도의 주제들은 사람들에게 기도할 권리가 있는가를 중심으로 다뤄지지 않는다. 우리가 적절하다고 이해한다면, 우리에게는 모두 기도할 권리가 있지만 우리의 신념이 그렇다면 기도하지 않을 권리도 있는 것이다.

학교기도에서 언급되지 않은 주제에는 정부에 의해서 인식되듯이 다른 종교에 대한 배타성으로 이어지는 한 종교의 우월성이 포함되고, 그것은 헌법적인 문제이다.

반면에, 12단계 회복 과정은 영적으로 포용적이다. 음주(혹은 사용)을 멈추려는 기본적인 열망 안에서, 다양한 영적 선택사항들이 회복 중인 중독자에게 열려있다. 개별적인 집단들의 자율성은 12단계 전통에 의해 격려받는다.

이러한 것들에 의해 12단계 회복의 내규들이 형성되었고 그것들은 12단계를 진행하는 단체들 사이에서 크게 다르지 않다. 전통들은 또한 AA에 기초한 단체들이 범위 밖의 주제들에 대해 아무런 견해가 없으며, 종교는 범위 밖의 주제라고 확신한다. 단계들의 핵심은 영적이고 상대적이다.

이것에 대한 진리는 무신론과 불가지론뿐만 아니라 다양한 종교들과 종교적 신념들을 구현했던 동유럽과 아시아의 문화들을 포함하는 다양한 문화들에 의해 생겨났는데, 12단계 운동은 여기에 뿌리를 두고 번성하기 시작했다.

손을 모으는 것과 주기도문을 외우는 것을 넘어서는 독특한 기독교적 지향을 가진 많은 모임들이 있지만, 그렇게 하지 않는 다른 모임들도 많이 있다. 하나님과 "우리보다 위대하신 힘"에 대한 정의에는 여러 가지 선택사항들이 포함된다.

얼(1989) 박사는 그의 책에서 무신론자들과 불가지론자들, 그리고 자유사상가들을 위한 모임 집단들을 설명하고 단계들에서 종교적인 언어로 받아들이는 것 때문에 불편해하는 개인들을 위해 포럼과 같은 프로그램들을 개발하였던 자신의 활동에 대해 논의한다.

본질적으로, 어떤 특정 종교에서도 나타나는 종교성과 하나님에 대한 신념은 12단계와 관련된 회복 프로그램들에는 필요하지 않다. 그러나 우리를 온전하게 해줄 수 있는 자기 자신 밖에 있는 힘에 대한 믿음은 이러한 힘이 모임 집단 자체로 규정된다고 할지라도 중독의 측면에서는 필요하다.

12단계 회복에 대한 반동으로 합리적 회복(Rational Recovery)과 같은 프로그램들은 AA의 내용들, 특히 위대하신 힘에 대한 믿음을 주장하는 것을 강력하게 반대하는 것 같다. 이러한 주장은 개인들이 음주와 사용을 멈추도록 도움을 주는데 성공했지만, 우리는 이러한 프로그램들이 12단계 프로그램들에서 회복 중인 사람들에게 위대하신 힘에 대한 믿음이 왜 중요한지에 대한 요점을 간과하고 있다고 느낀다.

중독은 고립 그리고 중독자의 약물 선택의 본질과 효과에 대해 깊이 고수되고 있는 긍정적인 확신들에 의존하는 자기-중심적인 두려움의 질병으로 이해될 수 있다. 그러한 고립 때문에 중독자는 그 질병과 그것의 개인적인 영향들을 이해할 수 없게 된다. 중독치료가 아무리 유용할 수 있다 하더라도, 중독자가 단지 개인적인 의지의 힘으로 중독과 싸우려고 하는 한 재발의 문제가 심각하게 남는다.

그 중독자는 스트레스로 인해 증가된 불안 때문에 불가피하게 재발로 이어지는 "아슬아슬한 절제" 상태의 정서적인 마비 상황에 묶인 채 지는 싸움을 하고 있는 것이다. 이렇게 되는 이유는 사용에 대한 긍정적인 확신들이 개인의 영적인 신념체계 속에 묻혀있기때문이다.

그것들은 만약 중독자가 자기 자신의 존재 밖에 그 사람을 정상으로 이끌 수 있는 어떤 것, 즉 우리 자신보다 더 위대하신 힘이 있다는 사실을 기꺼이 받아들일 경우 비로소 도달할 수 있는 것들이다(비슷한 토론이 Jampolsky, 제3장에 나온다).

4) 내어맡김과 무력함

내어맡김의 개념은 점령, 폭행, 자유의 상실 등등의 전쟁과 관련된 의미들이 담겨 있기 때문에 누구도 받아들이기에 충분히 어렵지만 오랜 시간 많은 점령과 자유의 상실로 고통을 겪었던 문화적 집단들에게는 특히 어렵다.

예를 들어, 아프리카계 미국인들은 그들이 많은 세대를 거치면서 개인적, 문화적 무력함의 상태에 있었고 더 이상의 내어맡김을 위한 아무런 바람도 없다고 느낄 수 있다. 본토 미국인들은 자립과 극기라는 종족의 관습에 어긋나기 때문에 12단계 회복의 그런 측면에 대해 유사한 어려움을 느낀다.

청소년들은 청소년기에 대한 그들의 문화적 유대감이 일시적임에도 불구하고 그들 자신의 개성을 발달시키는 과정에 있고 흔히 그들이 그렇게 최근에 획득한 어떤 것을 포기하는 것처럼 보이는 것을 받아들이려고 하지 않는다.

무슬림들은 내어맡김의 개념에 대해 크게 문제가 없을 수 있다. '이슬람'은 문자적으로 "하나님의 뜻에 대한 복종"(Guralnik & Friend, 1962)을 의미한다.

그러나 회복 공동체의 회원들은 "내어맡김"이라는 용어를 사용할때, "이기고 있는 팀과 함께 하는 것"에 대해 말하고 신입회원들에게 "승자들과 함께 지내라고" 촉구한다. 그 질병에 대한 무력함을 인정할 때, 중독자들은 그들의 위대하신 힘의 지지를 얻음으로써 실제로는 힘을 얻게 되고, 그들 자신의 회복에 대해 책임을 지게 된다.

이러한 과정에 대한 오해는 단계들과 관련된 회복 중에 있는 사람들이 개인적인 책임을 어느 정도 "회피하고 있다"라는 해석으로 이어질 수 있다. 그러나 요점은 중독자가 생리적이고, 어쩌면 유전적이고, 심리적이고, 환경적인 요인들이 포함되는 질병이 있는 것에 대해 책임지지 못할 수 있겠지만, 12단계 단체에서는 중독자가 자신의 회복에 대해 가장 분명하게 책임을 진다는 것이다.

5) 건강 전문가들의 저항의 요점들

어떤 문화에서는 회복과 그 약속을 중독치료의 목표로 인정하지 않는, 중독에 대한 치료적 접근에 많이 투자하고 있다. 이러한 치료적 접근들은 중독이 질병이자 기존의 정신병리에 부수적인 증상들과 행동들이라는 개념에 근거할 수 있다. 이런 관점에서, 중독은 일차적 치료가 가능한 대상이라기보다는 심리치료와 회복 과정에서 처리해야 할 무엇이고, 따라서 실행 가능한 일차적 목표가 아니다.

12단계 회복의 유효성이 중독 전문가들에 의해 일반적으로 인정받긴 하지만, 미국의 치료 공동체는 여전히 이 주제에 대해 어느 정도 나뉘어져 있다. 중독의 전체적인 개념은 하나의 책략이기에, 다양한 약물 및 알코올 남용은 도덕적 문제이고 일차적으로 사법체계를 통해서 다뤄져야만 한다고 주장할 의사들과 학자들이 있다.

전문가들의 저항이 반박되고 있는 하나의 방식은 의학 교육이다. 예를 들어, 의과대학교 학생들에게 익명의 알코올중독자모임(AA)와 익명의 약물중독자모임(NA)에 대한 직접적인 지식을 제공하는 것은 물질 남용에 대한 교육이 의과대학교 교육 과정에 추가되었던 1974년 이후 네바다대학교의 목표였다.

이러한 방향에는 교육 목표들에 적절한 과제와 더불어 2학년 때 AA/NA모임에 한번, 3학년 때 4번 참석하는 것이 포함된다. 이러한 목표들에는 다음과 같은 것들이 포함된다.

* AA/NA에서 일어나는 것들에 대해 배우고 안식처 집단(home group)의 중요성에 대해 익숙해지기
* 후원자들의 역할과, 12단계로 작업하는 것의 유익들뿐만 아니라 문제들을 이해하기
* 회복 중인 중독자가 고통을 겪고 있는 다른 중독자들에게 회복의 메시지를 전달할 때 봉사의 가치를 이해하기

학생들은 또한 영성과 종교의 차이들, 12단계 '전통들'의 중요성, 그리고 회복 단체들에서 발견되는 문제들과 역설들을 배운다.

프로그램의 목표는 의사들에게 12단계 단체들에 대한 긍정적인 태도와 회복 프로그램의 환자들을 지원해주기 위해 충분한 기술 및 지식을 갖도록 하는 것이다(Chappel, 1990).

중독자들이나 약물중독을 다루는 의사들이 심리치료적 접근에 많이 투자하고 있는 프랑스에서는, 12단계의 프로그램들이 존재하고, 혹은 그것들이 존재한다면, 프랑스 환자들에게 어쨌든 효과가 있을 것이라고 생각한다.

어떤 중독자들은 그들이 12단계 회복을 옹호하고 환자들을 회복 프로그램에 위탁하려고 하지만, 프랑스인들은 그들이 가진 개인의 자유와 독특한 행동과 신념의 유산 때문에 AA와 같은 단체들에 참여함으로써 그들의 자유를 제한하려고 하지 않을 것이다.

이탈리아, 스페인, 그리고 프랑스와 같이 와인을 생산하고 소비하는 나라들의 건강 전문가들도 모든 향정신성 약물들을 끊어야 할 필요가 있는 중독자들의 문제에 대해 염려를 표현했다. 그들은 와인은 음식이고 그러한 포괄 금지에 포함되어서는 안 된다고 주장한다.

외국에서의 12단계 회복의 수용은 문화에 따라서, 나라에 따라서, 어

떤 경우에는 지역사회에 따라서 달랐다. 스칸디나비아에서 핀란드, 아이슬란드, 그리고 스웨덴과 같은 나라는 지난 20여 년 동안 기존의 AA 집단들의 현상적인 증가를 경험했지만, 덴마크와 노르웨이 같은 다른 나라는 같은 기간에 감소를 경험했다(Stenius, 1991). **글라스노스트**(구 소련에서의 정보공개정책)의 시작과 더불어 이제 구 소련의 중독자들은 AA를 발견했다. 그때부터, 러시아와 다른 동유럽 국가들에서의 치료는 점차 12단계 회복과 연결되었다(Zimmerman, 1988).

3. 흑인확대가족프로젝트

샌프란시스코에 있는 헤이트에쉬버리클리닉과 세실 윌리암스 목사의 글라이드연합감리교회의 협력적인 노력인 흑인확대가족프로젝트(Black Extended Family Project)는 12단계 회복의 교훈들이 아프리카계 미국인 문화의 필요들에 따라 어떻게 적용될 수 있는가에 대한 좋은 사례이다.

그것에서 아프리카계 미국인 문화의 관습과 전통이 고려되고 회복보다 중요하게 다뤄진다. 그 지지체계는 아프리카계 미국인의 유산에 대한 지식과 자부심을 담아내고 그것의 목표들과 활동들을 재규정하기 위해서 그 유산에 고유한 영성을 활용한다.

HAFC/Glide 프로그램은 시내의 마약 위기에 대한 효과적인 개입을 가능하게 했던 중요한 협력을 나타낸다. 이러한 개입의 핵심은 12단계의 회복 원리들을 아프리카계 미국인의 도심 문화에 적용하는 것이었다. HAFC/Glide 프로그램에서, 회복의 기본적으로 실제적인 내용들이 아프리카계 미국인의 경험의 측면에서 독특하게 의미 있는 모델로 활용된다.

AA의 『빅 북』(Big Book)에서는 회복이 이뤄지기에 충분한 인격의 변화를 일으키는 것을 설명하기 위해서 "영적 경험"과 "영적 각성"과 같은 용어가 매우 다양한 형태로 사용된다. 이것들 가운데 어떤 것들에는 "직접적이고 압도적인 '하나님 의식'"이 포함되지만, 대부분은 윌리엄 제임스(William James)가 계시의 "교육적 다양성"이라고 했던 것인데, 이것은 시간이 흐르면서 천천히 발달한다(James, 1969)(각성과 같은 것에 대한 개인적인 설명을 위해서는 Kasl의 제6장을 보라).

영적 경험에 대한 『빅 북』(Big Book)의 부록에 따르면 이 과정의 핵심은 현재 이 자원을 "그들 자신보다 위대하신 힘에 대한 그들 자신의 개념"과 동일시하는 회원들에 의해 "기대되지 않았던 내적 자원"을 활용하는 것이다(AA, 1976).

마약중독으로 인해 고통받는 흑인 공동체의 많은 구성원들은 교회에서 자랐다. 그곳에는 계시의 전통이 있어서 많은 사람들이 구원을 받았고 이제 그들이 마약을 사용하고 그들 자신의 사람들에게 팔았기 때문에 그들은 죄인이라고 믿는다. 하나님은 엄격한 교단적 의미에서 기술되었다.

교회 프로그램의 회복 모델에서 영적 각성은 전통적인 종교적 정의들과 갈등을 일으킬 수 있는데, 특히 세 번째 단계가 그렇다.

"우리가 이해하게 된 대로, 하나님의 돌보심에 우리의 의지와 생명을 맡기기로 결정했다."

윌리암스 목사와 같은 종교 지도자들은 전국적인 약물의 유행병에 더 잘 반응하기 위해서 잠자는 사자인 교회를 움직이는 데 도움이 되는 회복신학의 모델을 제시하는 데 지도자 역할을 했다. 그의 모델에서 윌리암스 목사는 회복의 영성에서 자기 인식을 사용한다.

1) 신앙과 저항에 대한 BEFP의 용어들

흑인확대가족 프로그램을 개발하기 위해서 작업하고 『균열에 관한 사실들』(Facts on Crack)을 출판하면서 세실 윌리암스는 그가 전통적인 AA 회복 모델이 아프리카계 미국인 공동체에 적용될 때 그것의 단점으로 이해했던 것을 날카롭게 관찰했다.

그가 보기에는 아프리카계 미국인 중독자들이 AA와 다른 기존의 12단계 회복 프로그램에 거의 의지하지 않는 것이 분명했다. 그는 분명하게 전통적인 가치들의 어떤 부분이 아프리카계 미국인의 가치들과 모순된다고 결론 내렸다.

윌리암스는 "합리적 회복"과 다른 변형된 회복 프로그램들이 했던 것처럼 전통적인 12단계적 접근들을 비판하는 대신에 회복의 뿌리에 주의를 기울여서 아프리카계 미국인의 가치들과 조화하는 방법을 발전시켰다.

무엇보다도 그는 회복을 "치유의 기적"이자 "우리의 사람들을 위한 사회변혁운동"으로 이해했다. 아프리카계 미국인들은 "공동체적인" 사람들이고, 확대가족과 아프리카계 미국인 공동체에 있는 구성원이라는 점을 강력하게 동일시하기 때문에, 절제와 회복을 향한 개별화된 노력들에 초점을 맞추는 AA에 대해 반응을 하지 않기가 쉽다.

집단적으로 그리고 개인으로서, 아프리카계 미국인들은 "이름도 없고," "힘도 없었던" 역사를 경험했다. 윌리암스는 "자신의 삶의 모든 것을 볼 수도 들을 수도 없다고 느꼈던 흑인에게 익명의 존재가 된다는 것은 이미 익숙한 삶의 방식이다"라고 지적한다.

12단계 프로그램의 익명성은 회원들의 일상생활을 보호하기 위해서 의도되었지만, "글라이드에 오는 많은 사람들에게는 아무런 일상생활이 없다. 그들에게는 집도, 직장도, 보호해야 할 명예도 없다." 이들에게 익명성이란 사회적 약자로 정체도 없이 사회로부터 숨은 채 존재하는 또 하나의 방식이다.

글라이드에 있는 중독자들에게 필요한 것은 익명성과 내어맡김이 아니라, 인정, 목소리, 인정된 유산이고 인정, 자기-인식, 회복에서의 재탄생, 그리고 공동체에 헌신하는 영적 확대가족 안에서 책임을 지는 것이다.

이러한 통찰들에 따라서, 윌리암스 목사는 전통적인 모임에 12단계가 있듯이 글라이드 회복 모임에서 반복되는 "저항의 용어들" 열 가지 목록을 제안했다.

(1) 나는 나의 삶을 통제할 것이다.

(2) 나는 거짓말을 멈출 것이다.

(3) 나는 나 자신에게 정직할 것이다.

(4) 나는 나 자신을 받아들일 것이다.

(5) 나는 나의 진정한 감정들을 느낄 것이다.

(6) 나는 나의 고통을 느낄 것이다.

(7) 나는 나 자신을 용서하고 다른 사람들을 용서할 것이다.

(8) 나는 나의 새로운 삶을 살 것이다.

(9) 나는 나의 영성을 살아갈 것이다.

(10) 나는 나의 형제들과 자매들을 지지하고 사랑할 것이다(Williams, 1992).

말은 다를 수 있지만, 저항의 용어들을 통해서 12단계와 유사한 것들이 나타날 수 있다. 무력함을 받아들이는 첫 번째 단계는 "통제력을 갖는 것"으로 변형되었지만, 오랜 예속과 굴종의 역사를 가진 아프리카계 미국인들과 다른 사람들에게는 그러한 첫 번째 단계의 내어맡김으로부터 겉으로 보기에 정반대로 시작하는 것이 필요할 수 있다. 흑인이 무력감을 받아들이는 첫 번째 단계에 대해 들을 때 그것은 흔히 "굴복하고 그 것을 받아들이라는 또 하나의 명령"으로 해석된다.

그러나 처음 세 개의 단계는 회복 중인 형제들과 자매들의 확대가족에 있는 유산을 인정해줌으로써 회복 중인 아프리카계 미국인 중독자가 통제력을 얻게 되는 데서 가능해지는, 내부지향적인 두려움으로부터 외부지향적인 회복으로의 전환과 일치한다.

요컨대, 자기-탐색, 영적 청소, 자기 자신과 다른 사람들을 용서하기, 자신의 영성에 항상 깨어있고 그 영성을 살아가기의 전반적인 과정은 아프리카계 미국인의 문화 해석에 주어지고 그러한 맥락에서 살아가게 되는 전통적인 회복의 경로로 이해될 수 있다. "나의 형제들과 자매들을 지지하고 사랑하는 것"과 12번째 단계의 "이 메시지를 전하고," "우리 일상의 모든 면에서도 이러한 원칙을 실천하는 것" 사이에는 거의 차이가 없다.

세실 윌리암스는 다음과 같이 말함으로써 필요했던 것과 글라이드교회의 프로그램이 제공해주는 것의 핵심 의미를 제시했다.

"회복을 위해서 우리가 필요로 하는 것은 어떤 사람, 그리고 모든 사람 앞에서 우리의 이야기를 터놓고 하고, 우리의 삶에 대한 진실을 주장하는 것이다."

4. 중독과 영성에 대해 더 많은 것을 배우기

본서의 핵심적인 질문은 우리가 전문가로서 중독과 영성과 관련된 잠재적이고 필요한 매우 폭넓은 지식에 대해 어떻게 더 많은 것을 배울 수 있는가이다. 저자들이 생각하기에 배울 수 있는 가장 좋은 방법은 "나가는 것"이다.

역사 속의 어떤 지혜로운 왕들은 그들의 다양한 영토 내의 상황들에 대해 제대로 된 그림을 얻기 위해서 백성들 사이에서 암행을 했다. 유사하게, 우리 문화에서, 그들의 상황에 대해 더 많은 것을 배우려는 사람들은 유사한 경로를 거쳐 가고 있는 사람들을 만남으로써 지식을 얻는다.

중독 전문가들은 그들이 회복의 과정과 실제에서 배울 수 있는 모든 것을 배우는 것이 필요하고, 개념적인 수준에서 그리고 모임에 참여해서 회복 공동체와 대화하는 과정에서 그렇게 할 수 있다. 유사하게, HAFC/Glide의 협력과 같은, 교회와 시민단체들의 상호 작용에 의해서 회복의 실제에 관련된 문화적 및 영적 역동들을 이해하고 다룰 수 있는 능력이 확장될 수 있다.

5. 결론

회복을 위한 영적 프로그램은 그것을 필요로 하는 모든 사람들을 포함하는 방향으로 작용하는 한, 마약 없는 삶으로 전환하는 치료에서 중심적인 방법일 수 있다는 것이 저자들의 의견이다.

영적 프로그램으로서 12단계 회복은 그 자체로는 개방적이고 포괄적이지만, 백인, 남성, 기독교, 중산층 사회에서의 그것의 기원과 우세함 때문에 다른 문화의 구성원들에게 배타적인 것으로 보일 수 있다. 대부분 백인인 건강 전문가 청중들에게 이것에 대해서 강의하면서, 라피크 비랄(Rafiq Bilal)은 이렇게 질문한다.

반대라면 어떨까요?
회복을 위해 도움을 찾는 중독자인 당신이 아프리카계 미국인들로 가득찬 방에 들어갔는데 당신이 유일하게 하얀 얼굴이라면 어떨까요?
어떤 느낌일까요?(Bilal, 1992).

문화의 차이는 때때로 작은 협곡처럼 보일 수 있지만, 그것은 회복 그리고 문화적 동등함을 개발하는 방법을 제공해주는 흑인 확대가족과 같은 기획들에 의해서 메워지고 있다.

사회는 급격하게 변하고 있고, 감사하게도, 회복 프로그램에는 그것과 함께 변화하려는 유연성이 있다. 그것은 12단계 전통에 의해 보장된 자율성 때문에 혁신적이고 적응성이 있을 수 있게 된다. AA에 있는 많은 특정 집단들은 만약 그들의 특별한 필요를 채워주는 모임이 없다면, 그들은 나가서 그들 자신만의 모임을 시작할 수 있다는 것을 배웠다.

기존의 단체에 있는 사람들이 적응이 요구된다고 결정했을 때 느슨한 경계를 넘어서 새로운 단체들이 생겨났다. 따라서 1950년대 중반에 이르러서는 회복 중인 젊은 마약중독자들이 알코올중독에 초점을 두고 있는 AA에서 그들의 특별한 필요들이 채워지고 있지 않다고 있다고 느끼고 익명의 마약중독자모임(NA)을 설립했다. 그때부터, 익명의 코카인중독자모임과 익명의 마리화나 중독자모임을 포함하는 다수의 다른 단체들이 생겨났다.

도전은 이러한 회복 과정을 모든 문화와 인종에 적응시키고, 회복 프로그램이 단지 특정 집단에게만 작용한다는 고정관념을 반박하는 것이다. 공공 정책과 관련하여, 중독이 백인 중산층 집단에서 나타날 때 그것은 질병으로 불리고 그것에 대한 반응은 적절한 치료이지만, 중독이 사회경제적으로 낮은 비백인 집단에서 일어날 때 그것은 흔히 범죄로 불리고 그것에 대한 반응은 교도소로 보내는 것이다.

Glide/Clinic 모델은 회복 프로그램이 문화적으로 적응될 때, 그것은 모든 집단에 작용하고 그 구성원들을 위한 치료와 절제 및 회복의 삶 사이에 연결점을 제공해줄 수 있다는 것을 보여준다.

참고문헌

Alcoholics Anonymous. [AA]. (1952). *Twelve steps and twelve traditions*. New York: Alcoholics Anonymous World Services.
Alcoholics Anonymous. (1957). *Alcoholics Anonymous comes of age: A brief history of AA* New York: Alcoholics Anonymous World Services.
Alcoholics Anonymous. (1976). *Alcoholics Anonymous: The story of how many thousands of men and women have recovered from alcoholism*, Third edition. New York: Alcoholics Anonymous World Services.
Alcoholics Anonymous. (1985). The Bill W.–Carl Jung Letters. *Best of the Grapevine*. New York: The AA Grapevine.
Andrews, L. M. (1991). The twelve steps: a political time bomb. *Professional Counselor*, pp. 28–34.
Bilal, R. (1992). Personal communication.
Brissette, C. (1988). Personal communication.
Buxton, M. E., Smith, D. E., & Seymour, R. B. (1987). Spirituality and other points of resistance to the Twelve–Step process. *Journal of Psychoactive Drugs*, 19(3), 275–286.
Chappel, J. N. (1990). Teaching medical students to use Twelve–Step programs. *Substance Abuse*, 11, 143–150.
DuPont, R. L., McGovern, J. P., & Brock, P. (1992). *A bridge to recovery: An introduction to Twelve–Step programs*. Washington, D.C.: American Psychiatric Association Press.
Guralnik, D. B. and Friend, J. H. (Eds.). (1962). *Websters new world dictionary of the American language*. Cleveland: The World Publishing Company.
HAFCI (1990). Cocaine: Treatment & recovery, African American perspectives on crack: vol. 2, tape 2. D. Inaba and W. E. Cohen (Eds.), *The Haight Ashbury Training Series*, San Francisco/Ashland, The Haight Ashbury

Drug Detoxification, Rehabilitation & Aftercare Project and Cinemed, Inc.

James, W. (1969). *The varieties of religious experience*. New York: Crowell—Collier (Originally published in 1902).

M. E., (1989). *Physician, heal thyself*! 35 years of adventures in sobriety by an AA 'old timer.' Minneapolis: CompCare.

McElrath, D. (1987). *Hazelden: A spiritual odyssey*. Center City, Minn.: Hazelden.

Seymour, R. B. (1992). Panel presentation at "To Heal a Wounded Soul" conference at Glide Church, San Francisco.

Seymour, R. B. and Smith, D. E. (1987). *Drugfree: A unique, positive approach to staying off alcohol and other drugs*. New York: Facts on File Publications.

Smith, D. E., Buxton, M. E., Bilal, R., and Seymour, R. B. (1993). Cultural points of resistance to the Twelve Step recovery process. *Journal of Psychoactive Drugs*, 25(1), 97—108.

Stenius, K. (1991). Introduction of the Minnesota Model in Nordic countries. *Contemporary Drug Problems*, 18, 151—179.

Zimmerman, R. (1988, November). Alcoholism treatment—Soviet style. *American Medical News*, pp. 21—22.

제6장

여러 개의 길, 하나의 여정:
진실을 향한 한 여성의 길

샬럿 캐슬(Charlotte Kasl)

> 나는 진실을 추구하는 열정적인 구도자이다,
> 그것은 하나님의 또 다른 이름이다.
>
> 마하트마 간디

1977년, 오하이오대학교에서 상담학 박사과정을 마친 후, 나는 10,000개 정도의 치료센타들이 있는 미네아폴리스로 거처를 옮겼다. 미네아폴리스는 "중독의 항구"였는데, 여성, 레즈비언, 그리고 미국 원주민을 위해 특화된 프로그램들이 있었다.

이러한 프로그램들은 흔히 성차별, 인종차별, 그리고 억압의 주제들을 고려하면서 그 접근 방식에 있어서 전인적이고 포괄적인 경향을 띠었다. 수치심, 동반의존, 그리고 가족체계들과 같은 말들은 대부분의 전문적인 대화에서 오르내렸다.

회복은 유행어였고, 12단계는 신성불가침이었다. 근친상간과 아동 성폭력의 발생률이 드러나고 있었고, 1980년에 나는 근친상간컨소시엄(incest consortium)이라고 불리는, 전문가들(성범죄자들, 재소자들, 아동, 청소년 및 성인 생존자들을 다루는 사람들)의 다양한 네트워크에 참여하였는데, 그 모임은 정기적으로 함께 모여서 서로 배울 수 있도록 도와주었다.

나는 알코올중독과 다른 약물남용을 분간할 수 있었기 때문에, 흔히 내담자들을 지역 치료 프로그램들에 의뢰하였고, 그들은 그곳의 수료생들을 나에게 의뢰하였다. 나는 12단계 프로그램들에서 엄청난 가치를 볼 수 있었지만, 가부장적 규범들과 유사한 것들은 불편했다.

가부장제의 규칙들

* 순종하라.
* 질문하지 마라.
* 당신이 억압당하고 있다하더라도 알려고 하지 마라.
* 지배 체계가 당신의 현실을 규정하게 하라.
* 스스로 생각하지 마라.
* 그리고 당신의 내적 지혜를 따르기 보다는 당신의 의지를 전능한 남성 하나님께 맡겨라.

AA의 정직한 행위에서, 나는 "피해자에게 책임을 묻는" 입장도 발견했다. 만약 중독자들이 성공하지 못했다면, 그것은 그 단계들을 충분할 만큼 열심히 밟아 가지 못했다는 점에서 그들의 잘못이다.

"우리는 우리의 과정을 철저하게 따랐던 사람이 실패하는 것을 거의 보지 못했다."

나는 그 누구도 12단계, 특히 그것들을 다른 중독, 문화적 배경, 종교,

관습을 가진 사람들에게 적용하는 것이 유효한가에 대해 질문하는 것을 들어본 적이 없다.

AA의 접근 방식이 분명히 많은 사람들에게 큰 지지가 되었지만, 그것의 어떤 측면들은 여성들, 특히 학대를 당했거나 폭력을 당했고 그들의 자아 강도를 형성하고 그들 자신에 대해 긍정적으로 느낄 필요가 있었던 여성들의 필요들을 거스르는 것 같았다.

한 사람의 재능, 강점, 그리고 지성을 이해하는 데 아무런 초점을 두지 않았다. 강하다고 그리고 행복하다고 느끼는 것조차도 의심이 되었는데, 그것은 내가 참여하고 있던 12단계 집단에 들어가서 "안녕하세요… 저는 샬럿이예요…기분이 좋구요, 사는 것도 괜찮아요. 그리고 저는 이 집단에 그렇게 오래 오게 될 것이라고 생각하지는 않아요"라고 말했던 어느날 나에게 강조되었다.

이것은 이단이었다. 그 집단의 반응은 나를 이중 구속에 빠지게 했다. 행복한 것과 좋다고 느끼는 것은 집단으로부터의 배제를 의미했다(나는 "부인하고 있거나," "중독에 빠져있는 것이기" 때문이었다). 혼란스럽고 불행하다고 한다면 나는 포용되었지만, 나의 힘을 부정해야 하는 끔찍한 대가를 치러야했다.

공인된 AA와 Al-Anon(익명의 알코올중독자가족모임)의 모든 문헌을 읽으면서, 나는 건강한 사람에 대한 어떤 모델도 발견하지 못했다. 언제나 '회복 중이고,' 언제나 집단에 의존하고, 결코 자신의 지성을 충분히 신뢰하지 못하는 것은 에릭슨(Erickson), 매슬로우(Maslow), 파울러(Fowler) 그리고 다른 사람들이 제시했던 힘이나 성숙 혹은 정서발달의 어떤 모델과도 맞지 않는다.

즐거운 삶은 개방적이고, 창조적이고, 다르게 입증되기 전까지는 모든 것을 가능한 것으로 고려한다는 나의 신념은 중독의 세계에서는 어울리지 않는 것처럼 느껴졌다. 그곳은 강한 느낌들과 지성이 의심을 받게 되는 곳이었다.

레이키 치유사(reiki healer, 생명력의 에너지를 전달하는 고대의 방법)로서의 나의 작업은 그 간격을 더 크게 만들었다. 나는 1983년에 레이키 마스터가 되었다. 치유 단체들에는 흥분, 창조성, 열정, 그리고 치유를 위한 가능성에는 아무런 제한이 없다는 믿음이 있었다. 나는 루푸스로부터 치유를 받았던 한 여성을 보았다. 나는 수많은 사람들과 작업하면서 나를 통해서 나오는 에너지의 힘을 느꼈다. 나는 두 개의 세계 속에 살았다.

이러한 갈등으로 인해서 나는 AA 및 12단계와는 다른 치유의 통로들을 탐구하게 되었는데, 이것은 나의 필생의 작업의 발달에 결정적이라고 할 수 있는 탐구가 되었다. 거기서부터 나는 나 자신의 "힘 북돋워주기 16단계"(sixteen steps of empowerment)를 개발했고, 나의 책 『여러 개의 길들, 하나의 여정: 12단계를 넘어서 움직이기』(Many roads, one journey: Moving beyond the Twelve Steps, 1992)를 저술했다. 그러나 이 책은 단지 나의 전문적인 상담의 초기 경험으로부터 나온 것이 아니다. 그 뿌리는 나의 아동기 그리고 지식과 진리를 추구했던 가장 초기로 거슬러 올라갔다.

삶의 의미에 대한, 나의 가족과 다른 많은 사람들을 가리고 있던 평범한 의례들을 넘어서는 어떤 것에 대한 나의 갈망은 나의 역사 속에 자리잡고 있는데, 그것은 힘 북돋워주기 모델을 설명하기 전에 진리에 대한 나의 토론에서 소개될 것이다.

칼릴 지브란(Kahlil Gibran)은 "당신의 위대한 자기에 대한 갈망 속에 당신의 선함이 있고, 그 갈망은 당신들 모두에게 있다"라고 하였다. 중독을 극복하는 것은 우리의 위대한 자기를 찾고, 가족, 문화, 그리고 전통으로 주어진 내면화된 메시지들을 자세히 살펴보고, 우리의 강점들을 확인하고, 우리의 내면의 지혜를 신뢰하는 법을 배우고, 우리의 강점들과 잠재력에 초점을 맞추는 데 달려있다는 것이 나의 믿음이다.

　질문, 실험, 의심, 각성, 내적인 가치들과 자원들을 개발하기는 이러한 여정에서 고유한 것들이다. 그것은 다음의 질문을 하는 전인적인 접근이다.

　　당신은 누구인가?
　　당신은 무엇을 필요로 하는가?
　　당신에게 맞는 것은 무엇인가?

　사람들은 도그마나 미사여구 뒤에 숨기보다는 자신의 삶에 대해 권위자가 되도록 고무된다. 우리의 영성 발달에 기여하는 인간관계는 우리를 균질화하기보다는 차이들을 메워주는 진정한 관계에 기초한다. 관계에 대한 갈망을 채워주는 참된 연합과 친밀함을 조성하기 위해서는 두 개의 분리된 정체성이 필요하다. 가장 중요한 것을 말하자면 치유는 두려움이 아니라 사랑에 기초한다.

　진리를 따라 사는 것은 엄청나게 복잡한 일이다. 진리는 덧없고, 정의하기 어렵고, 복잡할 수 있다. 그것은 혼란으로부터 생겨나는 번개 같은 명료함처럼 나올 수 있다. 그것은 서서히 생겨나고, 흔들리고, 불확실하다가 초점을 맞춰갈 수 있다.

　진리는 침묵의 소산이다. 왜냐하면 우리가 조용히 받아들이려고 할 때 지혜의 목소리가 들리기 때문이다. 진리는 당위, 전통, 두려움, 그리고 고정관념에 의해 통제받는 팽창된 자아의 포기를 요구한다. 그것은 우리의 계획과 조건화와는 어울리지 않는 분명한 음성이고, 우리의 가슴과 마음을 흘러가는 영혼의 강이며, 우리를 보편적 지혜에, 그리고 서로에게 연결시켜준다(이 연결 개념은 본서의 여러 장에서 나타난다).

내가 "신의 현현," 혹은 계시에 의해서 충격을 받았던 첫 번째 경험은 4-5세에 있었다. 나의 아버지는 논문을 읽으면서 포도주를 즐기고 있었다. 나의 어머니는 부엌에서 저녁을 준비하고 있었고, 나의 언니는 피아노를 치고 있었기 때문에 식당에 보이지 않았다.

내가 친근하고 편안한 우리 가족의 멀리 있는 관찰자처럼 거실에 가만히 서있을 때, 나는 거대하고, 예리하고, 경이로운 어떤 것에 대한 갈망이 밀려오는 것을 느꼈다. 나는 나의 운명이 이 가족과 내 이웃의 모든 가족들 밖에 있다는 것을 분명히 알았다.

"나의 삶은 다를 것이다."

진리를 따라 산다는 것은 진리를 안다는 것을 의미하고, 그것은 거짓으로 가득 찬 사회에서 하나의 도전이다. 탐구심, 독창성, 정신이 아니라 물질적 이익, 아름다움, 재산, 그리고 지위가 순종과 신봉에 대해 말하는 가치들이다.

우리가 진리를 발견할 수 있도록 해주는 내면의 고요함 속에 머물기 위해서는 컴퓨터, 인터넷, 음악, 텔레비전, 광고 우편물, 그리고 위원회 모임들의 자극으로부터 물러나 있는 것이 요구된다. 그것에는 또한 몰두하던 것으로부터 물러나 있는 것이 요구된다.

많은 사람들이 집이 없고, 굶주리고, 무력하거나 위험에 처한 사람들을 돕는 것과 그들 자신을 돌보는 것 사이에서 균형을 찾으려고 분투한다. 많은 사람들이 말하기 고통스러운 것은 "아니에요, 저에게는 에너지가 없어요"라는 말이다.

내가 5살 때 발견한 대로 우리의 문화가 언제나 진리를 소중하게 여기거나 보상해주는 것만은 아니다. 쿠키를 굽는 냄새, 통신판매 회사의 크리스마스 카탈로그를 보면서 보내는 시간, 그리고 워싱턴에 장난감들을 보기 위해서 가는 가족 여행으로 크리스마스의 흥분이 커지고 있을 때,

나는 산타클로스에 대해 의문을 갖게 되었다.

뭔가 이해가 되지 않았다. 나는 벽난로에 기어들어가서 위를 쳐다봤다. 분명히 뚱뚱한 사람에게는 너무나 좁았다. 나는 부모님과 주일학교 선생님들에게 질문했다.

모두에게 굴뚝이 있나요?(숙모 댁에는 없는데).

세상에는 얼마나 많은 사람들이 있나요?

산타는 지구 전체를 담당하나요?(아니다, 아버지는 어떤 사람들에게는 크리스마스가 없다고 하셨다.)

나는 즉석에서 산타클로스는 하나의 불가능성, 부모들이 순진한 아이들에게 강요하는 우화라고 생각했다. 나의 발견에 스릴을 느끼면서, 나는 길 건너편에 사는 4살짜리 티나에게 달려가서 말했다. 너무나도 놀랍게도 그녀는 창백해져서 울면서 집으로 달려갔다. 나의 깨달음은 곧 바래졌다. "티나 엄마가 전화하셨다"라고 내 어머니는 어색하게 말했다. 분명하게 드러나는 어머니의 불편함 때문에 나의 기쁨은 황량한 공허함으로 변했다.

"티나가 맘이 많이 상했나봐. 네가 그 아이한테 산타클로스는 없다고 말해서 오후 내내 울고 있었단다. 도대체 어디서 그런 생각을 하게 되었니?"

나는 "제가 생각해냈어요"라고 대답했다. 나는 너무 화가 났다.

왜 부모님은 거짓말을 하셨지?

왜 주일학교 선생님들은 거짓말을 하셨지?

산타클로스가 없어도 크리스마스는 좋았다. 그러나 나의 의로움이 나의 외로움과 내가 잘못되었다는 생각을 없앨 수는 없었다. 나는 종족의 규칙을 깨뜨린 것이었다. 그것과 유사한 갈등이 나의 삶 속에서 다양한 형태로 반복해서 일어났다.

나의 힘과 지능은 소속하고 싶은 열망과 착한 아이가, 후에는 착한 사람이 되어야 한다는 다소 모호한 개념에 맞서게 되었다. 오래 전에 나는 억압과 성차별에 대한 저술들에서 위안을 발견했다.

산타클로스 사건 때문에 나의 질문이 멈춰지지는 않았지만, 그것은 발견의 기쁨을 누그러뜨렸고, 엄중한 경고를 보냈다. 진리는 위험하다. 사람들은 그것을 들으려고 하지 않는다. 그 사건은 또한 내가 보는 것 혹은 내가 무엇을 보는지 혹은 무엇을 아는지 알아야만 한다는 것을 전해주었다.

나는 순진한 체하는 법을 배웠다. 어른들은 흔히 나의 질문들이 귀엽고 조숙하다고 생각했지만, 나의 질문들은 중요했고 나는 도움이 필요했다. 나는 삶을 이해할 수 있기를 원했다.

왜 우리는 교회에 가는가?

왜 소녀들은 학교에 갈 때 스커트를 입어야 하는가?

왜 결혼하면 여성은 이름을 바꿔야 하는가?

대부분의 어른들은 이러한 단순하고, 자연스러운 질문들을 불편해했지만, 나의 아버지는 내게 진지한 답을 주려고 애썼다. 그는 논리와 지적 탐구를 중요하게 생각하는 과학자였고, 나는 그의 정중한 의도에 매우 감사했다.

불행하게도, 나의 질문의 많은 부분이 과학에 관한 것은 아니었다. 그것들은 그가 내면화시켰던 사회체계에서 여성인 것에 대한 것들이었고, 결과적으로 흔히 주어지는 대답들은 만족스럽지 못했다.

"산다는 게 다 그런 거란다. 그게 최선인 거 같아."

나는 스스로 그렇지 않다고 생각했고, 내가 다르고 외롭다고 느꼈다. 나는 할머니 샬럿 데이비스에게서 위로를 받았는데, 그녀는 식물학 학위로 1986년 미시간대학교를 졸업한 당당한 여성이었다. 그녀는 종교와 사회 관습에 대한 나의 모든 질문들을 환영했다.

그녀는 의식적인 여성주의적 관점이라고 할 수 있는 것을 갖고 있지는 않았지만, 그녀의 삶은 그녀의 정체성을 유지할 수 있는 한 여성의 능력에 대한 증거였다. 그녀는 새로운 생각들을 받아들이고, 의견들을 바꾸고, 그녀 자신의 경험에서 답을 구하면서 흔들리지 않고 그렇게 했다.

나의 아버지와 할머니의 좋은 의도들이 소녀의 생각들과 가능성을 억누르는 문화로부터 나를 보호해줄 수 없었다. 12살이 되었을 때, 내가 신경성 위염이라고 했던 만성적인 고통이 나의 위장과 명치에 자리 잡았다. 사랑을 받고 그 종족에 속하기 위해서, 나는 내가 본 것을 감추고, 나의 힘을 숨기고, 나의 지혜를 억제해야만 한다는 것을 배웠는데, 그 모든 것 때문에 나는 우둔하고, 고립되고, 외롭다고 느끼게 되었다. 14살 때, 할머니가 돌아가시자마자 나는 우울증으로 고통을 겪기 시작했다. 그것은 그 다음 16년 동안 마치 덮개처럼 나를 숨 막히게 했다.

진리에 대한 나의 추구는 내가 학교 가기 전에 버지니아 주 알렉산드리아에서, 11살 때까지 살았던 몬타나 주 미줄라에서, 20대 후반까지 살았던 미시간 주 앤 아보에서 출석했던 성공회 교회에서 배운 종교 관습에 의해 더 혼란스러워지고 희미해졌다.

내가 처음으로 영적 경험에 대해 희미하게 알게 된 것은 내가 하나님의 사랑에 초점을 맞추는 이 자유로운 교회들의 주일학교에서 흔히 느꼈던 연결감, 친절함, 그리고 돌봄에 뿌리를 두고 있다. 보통의 학교와는 다르게, 아무도 수치를 당하지 않았고 선생님들은 언제나 친절했다. 그러나 내가 10대가 되면서 내가 회중들과 함께 되풀이하고 있었던 말들에 귀 기울였을 때 환멸감이 밀려왔다.

나는 "나는 불쌍한 죄인이 아니야"라고 생각했다.

"나는 최선을 다하고 있어."

"왜 나는 비굴하게 굴면서 당신의 상 아래에서 부스러기를 모으고 싶어할까?"

하나님의 충실한 종들 가운데 조용히 서있을 때 나는 불쾌감을 주는 말들을 편집하기 시작했고 속으로 익숙한 고통을 느꼈다. 나는 어딘가에 속하기를 원했지만, 혼자라고 느꼈다.

11살 때, 젊은 목사가 우리 주일학교에 왔다. 그는 팔을 흔들며 "사다리 위 높은 곳에 있을 때 하나님을 발견할 수 있는 것이 아닙니다. 여러분이 떨어졌을 때, 여러분이 낮은 곳에 있을 때 여러분은 하나님을 발견할 수 있는 것입니다"라고 외쳤다. 나는 그가 하는 말이 싫었다. 그것은 나에게 이해가 되지 않았다. 나는 "사다리에서 떨어지면 무릎을 다치지"라고 생각했다.

왜 하나님은 내가 행복하고, 풍부하고, 성공할 때 나를 사랑할 수 없으셨을까?

기쁨, 경탄, 그리고 하나님이 어우러질 수 있는 여지는 없었을까?

목회자 지망생이었지만 신학 공부만 하고 끝낸 주일학교 선생님에게 나의 관심사를 드러냈다. 그녀는 아무런 대답을 해주지 못했지만, 궁금해 하는 것은 괜찮다는 것을 알게 해주었다. 나는 그녀에게 얌전한 아이가 아니었고, 질문들, 어쩌면 그녀의 것과 유사했던 질문들이 많은 아이였다.

나의 아버지는 성경에 대한 자유로운 해석을 제시해줌으로써 도와주었다. 그는 "실제로 물이 포도주로 변하거나 예수님이 산위에서 말씀을 전하실 때 신비롭게 빵이 생겨난 것은 아니란다"라고 설명해주곤 했다. "사람들은 당시에 음식이나 포도주 없이는 나가지 않았단다. 예수님의 말씀의 영에 의해 깊이 감동을 받은 무리는 그들의 마음을 열고 그들이 가진 것은 무엇이든지 풍성하게 나누었던 것이지."

이와 같은 설명들은 성경 이야기들을 덜 동떨어지고 덜 불가능한 것으로 보는 데 도움이 되었다.

영적이라는 것은 기적에 관한 것이 아니다. 그것은 사랑, 관용, 선함, 연결감에 관한 것이다. 나중에, 내가 토착 영성, 불교, 다른 동양 전통들, 그리고 퀘이커라고 알려진 형제들의 단체에 대해 배웠을 때, 나는 그 모든 것을 함께 엮어주는 공통 요소를 알게 되었다.

영성은 신비한 경험이면서 연민, 친절, 단순함, 진리, 타인에게 베풂, 그리고 서로를 더욱 깊이 사랑하는 법을 배우는 것이 포함되는 실제적이고, 현세적이고, 일상적인 삶의 방식이었다. 나는 영적 여정을, 그것이 가족, 친구들 그리고 동료들과 다르거나 분리되었다고 느끼는 것을 의미할 때라도, 진리를 따라 살고, 나의 소명에 대해 듣고, 나의 믿음을 지키는 것을 배우는 것으로 이해하게 되었다.

최근에, 『우주적 평화의 춤』(Dances of Universal Peace)의 도움으로, 안도의 눈물과 더불어, 나는 마침내 내가 믿는 진정한 기독교의 핵심(자비와 연민과 사랑)에 내적으로 연결되었다.

내가 종교적 수사의 위선을 목격했을 때 성공회에 대한 환멸이 깊어졌다. 그 교회는 연민, 자비, 친절, 그리고 타인을 도와주는 것을 설교했지만, 내가 좋아했던 사역자는 돈을 모으는 일을 잘하지 못했기 때문에 작은 교회로 좌천되었다.

또 다른 사역자는 성공회대학교 학생들이 흔히 모이는 부속 건물인 캔터베리하우스에 알코올중독자들과 가난한 사람들을 데려왔다는 이유로 해고되었다. 연민과 자비는 나이제리아나 아프가니스탄의 굶주린 아이들을 위한 것이지, 우리 가운데서 볼 수 있는 사람들을 위한 것이 아닌 것 같았다.

17살이 되었을 무렵, 나는 나의 교회 공동체를 원하는 것 그리고 내가 위선으로 봤던 것에 공모하고 있다는 죄책감을 느끼는 것 사이에서 극심한 갈등을 느꼈다. 나는 말할 사람이 없어서 외로웠다. 어떤 사람은 내가 정상적인 반항을 겪고 있고 나중에라도 결국 교회로 돌아오게 될 것이라고 말했다. 그런 종류의 안전, 수용, 그리고 공동체를 대체할 수 있는 아무 것도 없었기 때문에 교회를 떠나는 것은 고통스러웠다.

나는 피아노 공부와 결혼할 사람을 찾는 데로 초점을 옮겼다. 친밀한 관계가 내게는 너무 힘들었다. 어쩌면 나를 직업과 충실한 가정을 위한 잠재력이 있는 여러 명의 매우 친절한 좋은 남성들에 대해 무관심하게 만든 것은 나의 침착하지 못함, 혹은 더 많은 것에 대한 갈망이었을 것이다.

나는 또한 나의 가족, 협력하는 법은 알지만, 상처나 분노를 드러내거나 갈등을 이해하는 법은 알지 못했던 가족에게 영향을 받았다. 그리고, 물론 나는 나의 지성에 대한 진정한 존중을 보았고, 반항적인 기질이 있었지만, 여성은 어떠해야 하는가에 대한 숨 막힐 듯한 개념을 내면화했다.

결과적으로, 나는 친밀한 관계를 형성할 수 있는 기술들을 갖지 못했다. 나는 생각이 있고 감정이 있는 사람이었지만, 내가 원하는 것을 요구해야할 때가 되면 내 목소리를 제대로 내지 못했다. 나는 자존감이 너무나 낮았기 때문에 나에게 친절한 남성들을 밀어내고 신비롭고, 까다롭고, 거리를 두는 남성에게 끌렸다.

24세에 나는 피아노로 석사학위를 취득했고 앤 아버에서 젊은 사회심리학 교수와 사랑스러운 가정을 꾸렸다. 그 사람은 애정을 보여주거나 신실할 수 없다는 여러 가지 징후들에도 불구하고 내가 결혼한 사람이다. 내가 나중에 알코올중독자가족모임(Al-Anon)에 대한 문헌을 읽으면서 회상했던 것이 인생에 있어서 이 시기였다.

나는 나의 정체성을 잃어버렸고, 그렇게 함으로써 기가 죽고 우울해졌다. 나에게 필요했던 것은 나의 목소리, 내가 원하는 것을 요구하는 것, 내가 존중받을만하다고 믿는 것이었다.

나는 역할을 수행하면서 좋은 아내, 즉 내 자신의 희화(caricature)가 되었다. 나는 디자이너에게서 옷을 만들어 입었고, 매일 저녁 6시에 호화스러운 저녁을 마련했고, 우아한 저녁 파티를 벌였고, 부업으로 피아노 교습을 했다. 나는 또한 대부분의 오후에 우울해져서 거실 쇼파에 누워 있다가, 내가 살고 있는 세상에 대해 자각하기를 바라면서 잠이 들었다.

따분하고 맥 풀린 나날들을 깨뜨리는 일이 있었다. 나는 미시간주립대학교에서 피아노로 박사과정을 시작했고 일주일에 4일을 랜싱(미시간 주의 주도)으로 통근하였지만, 학기가 끝날 무렵에는 나를 지탱해주는 수업도 없었기 때문에 나의 우울증은 더욱 악화되었다.

남편과 나는 어떤 수준에서 서로 돌보기는 하였지만, 우리의 결혼생활에는 연결감, 친절함, 혹은 사랑이 없었다. 그나 나는 있었지만, '우리'라는 일치감이 없었다.

결혼생활 4년이 되던 해에, 어느 날 밤 남편이 집에 오지 않았다. 나는 수면제 한 병과 브랜디 반 병을 마셨다. 다음날, 오전 늦게, 내가 깨어났을 때, 내가 아팠고 의식을 잃은 상태에서 여러 시간 동안 토했다는 사실을 알게 되었다. 아무도 나를 병원으로 데려가지 않았고, 내 옷들은 꽉 끼게 느껴졌고, 나의 몸은 짓이겨지고, 두들겨 맞고, 찢겨진 것처럼 느껴졌다.

그날 늦게, 침대에서 내려와서 혼수상태에서 벗어나게 되면서 나는 전날 밤을 마치 그것이 다른 사람에게 일어났던 것처럼 선명하게 되돌아보았다. 내가 생각하기에 그것은 관심을 끌려는 처절한 시도였다.

그 약을 다 먹었으니 얼마나 끔찍한 일인가.

그러나 그게 나였다. 나는 죽을 수도 있었다.

나는 어딜 갔다 온 것일까?

나의 의식이 회복된 것은 오랫동안 묻혀있던 화산의 폭발처럼 급작스럽고 폭발적이었다.

"나는 사람이야. 나에게도 삶이 있어."

그리고 나서 아주 재미있는 생각이 떠올랐다.

"자, 나는 자살하려고 했는데 그렇게 하지 못했네. 그리고 나는 내가 어떻게 살아야 할지 더 잘 알게 되었어."

심리학자와 단지 3회기를 상담한 후에 나는 남편에게 이혼을 원한다고 말했다. 집, 안전, 그리고 정원 모두를 잃을 수도 있었다. 나는 그렇게 불행하게 계속해서 살기보다는 원룸에서 지내면서 싸구려 잡화점에서 일하는 것이 나았을 것이다.

그렇다면 그때에 무엇이 잘못되었었는가?

어떤 이는 내가 동반의존 때문에 고통을 겪었다고 말할 수 있다. 그러나 나는 내가 나의 정신과 반대되는 역할에 맞추려고 했던, 가부장적인 사회의 강한 여성이었다고 말하는 것이 좋겠다.

나는 아픈 것이 아니었다. 나는 외로웠고, 공동체로부터 고립되었다. 나는 우울하게 만드는 상황에 대해 정상적인 반응을 하는 정상적인 여성이었다.

적응하고 결혼하기 위해서, 나는 고립 속에 살았고 영혼과 기쁨으로 가는 모든 수단들, 즉 나의 정서, 지성, 창조성, 지각, 그리고 지혜를 억압했다. 사회화가 잘 된 여성으로서, 나는 내가 원하는 것을 요구하지 않았고 자진해서 정서적 기아를 받아들였다. 나는 내면화된 억압으로 인해 고통당하고 있었다.

내가 나의 정서적 감옥의 위로에 매달리는 한, 나는 우울할 수밖에 없었다. 그래서 원룸에서 살면서 싸구려 잡화점에서 일하는 것에 대한 생각이 그토록 달콤하게 들렸다. 그것은 텅 빈 하늘에 울리면서 나를 두려움으로부터 자유롭게 해주는 종소리와 같았다.

몇 년 후에, 『억압된 사람에 대한 교수법』(*Pedagogy of the oppressed*, 1972)의 저자인 파울로 프레이리(Paulo Freire)는 나의 내면의 투쟁, 즉 우리가 사회에 의해 요구되는 거짓 자기들에 대해 진정한 자기를 맞서게 할 때 필연적인 투쟁을 표현해주었다.

나는 미친 것이 아니었다. 나는 혼란스럽고 두려웠다. 나는 나의 선택의 힘을 포기하고, 나의 진실을 말하는 것을 멈추었기 때문에 우울증이 나를 뒤덮었다. 나는 내 어머니를 기쁘게 하기 위해서 결혼했고, 나의 남편을 지혜로운 사람으로 기대하였다.

겉으로 보기에는 수동적이었지만, 나는 어둡고, 곪은 분노를 내면 깊이 숨겼다. 흔쾌히 순응하려는 마음 때문에 나는 죽음의 언저리에 이르게 되었다. 이제, 나는 나의 정체성과 나의 삶을 붙들기 위해서 열심히 투쟁할 것이다.

> 갈등은 전적으로 자기 자신이 될 것인가 혹은 분열될 것인가 사이에서, 인간적 연대 혹은 소외 사이에서, 방관자 혹은 참여자 사이에서, 말할 것인가 아니면 침묵할 것인가 사이에서, 창조하고 재창조하는 그들의 힘, 세계를 변화시킬 힘을 발휘할 것인가 아니면 포기할 것인가 사이에서 선택하는 것에 있다. 이것은 피억압자의 비극적인 딜레마이다.
>
> 그러나 이미 지배 구조에 파묻혀 적응한 채 체념하고 있는 피억압자에게는 자유를 위한 투쟁이 내적으로 금지되고 억제되어 있으므로 그들이 위험까지 감수하면서 투쟁에 나서기란 대단히 어렵다…피억압자는 자신의 내부에 깊숙이 자리잡은 이중성으로 고통을 겪는다. 그들은 자기 자신인 동시에 자신이 내면화한 의식의 소유자인 억압자이기도 하다(Freire, 1972).

어떤 수준에서 만약 내가 나의 진실들을 주장한다면, 나는 말썽꾸러기, 암캐, 혹은 남성 혐오자와 같이 여성들을 함부로 굴지 못하게 하기 위해서 사용된 이름들로 불리는 위험을 감수해야 한다는 사실을 알았다. 프레이리의 저술들은 내가 동반의존이라고 하는 것이 여성들의 억압의 이중구속이고, 그것은 안전에 대한 중독으로 나타난다는 사실을 이해하는 데 도움이 되었다.

여성들은 거짓을 배우고, 그 거짓에 몰두하게 되고, 그들 자신을 해방시키기 위해서 필요한 위험들을 무릅쓸 수 없다고 느낀다. 두려움은 마비시키고, 분별력을 잃게 만들고, 약하게 만든다. 대부분의 경우, 그것은 자기-비난과 죄책감을 완화시키기 위해서 다른 사람들의 지지와 내면화된 억압의 역동에 대한 이해를 필요로 하는데, 그것들은 여성들과 다른 소외된 사람들을 더욱 약하게 만들고 고립시킨다.

나에게는 다행스럽게도, 베티 프리던(Betty Friedan)의『여성의 신비』(The feminine mystique, 1963)가 출간되었고, 로빈 모건(Robin Morgan)의『자매애는 강력하다』(Sisterhood is powerful, 1970)가 뒤를 이었다. 그 책들은 영혼을 위한 만나였다. 나는 그것들을 탐독했다.

억압에 대한 이러한 토론이 중독과 영성에 어떻게 연결되는가?

영성은 진리로부터 나온다. 만약 우리가 우리 자신을 고정화된 성역할이나 실제로 어떤 유형의 칭호들에 제한한다면, 우리는 우리의 잠재력의 많은 측면들(열정적이고, 다정하고, 수동적이고, 자신감 넘치고, 두려워하고, 지혜롭고, 모를 수 있는 우리의 능력)을 부정하게 된다.

아람어에서 나사렛 예수가 말했던 루아흐(ruakh)는 호흡, 영혼, 그리고 생명에 해당하는 말이다. 그것은 모두 하나이다. 우리의 진리에 대한 접근을 막는 것은 영혼/호흡/생명의 이러한 흐름을 가로막는 것이다. 소외와 고립으로부터 우리를 달래주는 영적인 결합조직이 없다면, 우리는 공허하고, 허기진 채 남겨질 것이다. 우리는 중독의 심각한 위험에 처하게 된다.

공허한가?

먹어라.

두려운가?

마셔라.

슬픈가?

웃어라.

불안한가?

왕자를 찾아보라.

    10대 초반부터, 나는 나의 강하고 유능한 측면과 '소녀,' 즉 한 남성에 의해 기대되는 한 여성으로서 나의 가치 사이에서 내적으로 싸웠다. 당신과 같은 남성을 얻는 것의 대가는 영혼의 황폐함을 누그러뜨리는 것이었다. 남성들과 경쟁하는 영역에서는 아닐지라도 다소 성취할 수 있었지만, 탁월함을 추구하고 자신의 목적에 집중함으로써 나는 '노처녀'가 되는 것을 초래했다. 금지명령들(너무 과감하지도, 너무 열정적이지도, 너무 독립적이지도 말라)은 모두 말은 하지 않지만 "남성을 위해" 무엇인가를 성취하라는 것이었다.

    그것들은 명백하거나 위장된 여러 가지 형태로 나타났다. 가장 심한 것은 내 어머니로부터 주어졌는데, 내가 21살이었을 때 스타인웨이 그랜드피아노를 사기 위해서 돈을 모으고 있다는 것을 알고, 그녀는 "하지만 네가 그렇게 커다란 피아노를 원하지 않는 남자를 만난다면 어떻게 하니?"라고 엉겁결에 말을 했다.

    사회학, 심리학, 페미니즘, 그리고 억압에 대한 나의 경험들과 공부를 통해서 결국 나는 중독들을 효과적으로 치료하려면, 그것들이 문화적 맥락에서 이해되어야만 한다고 믿게 되었다(본장의 많은 주제들은 제5장에서의 Smith와 Seymour의 문화 분석을 반영한다).

　사람들을 순종 혹은 반항의 이중구속으로 몰아가는 위계체계는 언제나 내적인 혼란을 가중시킨다. 우리는 우리 자신을 잃을 수 있는 위험을 감수하고서 순종하는가 하면 비난받고 배제될 위험을 감수하고서 반항한다. 나는 이러한 이중구속을 여러 상황에서 목격했지만, 가장 마음에 남는 것은 내가 1994년 5주간의 여행으로 뉴질랜드의 마오리치료 프로그램에 방문했을 때였다.

　지도자였던 타비라는 이름의 마오리족 남성은 폴리네시안 원주민의 춤, 역사, 그리고 마오리족 언어 공부를 치료 프로그램의 일부로 포함시켰다. 프로그램은 성공적이었고 내담자들은 그것이 백인들을 위한 전통적인 프로그램들보다 훨씬 유익하다는 것을 발견했지만, 상부 단체의 지도자인 AA 전통에 깊이 빠진 북미의 한 백인은 "그것을 제대로 하지 않는다"라는 이유로 계속해서 프로그램을 비판했다.

　누구를 위해 제대로 하는 것인가?

　그의 반응은 프로그램의 그 자기애적 가두기를 반영하는데, 그것은 만약 AA가 한 사람(대부분 특권을 가진 백인 남성)에게 작용한다면 그것이 모두에게 작용해야만 한다는 것을 의미한다. 타비는 그 사람들의 절망, 소외, 그리고 중독은 그들의 문화, 언어 그리고 전통의 상실과 연관이 있다는 사실을 인식했다. 사회에 의해 행해진 잘못들을 개선하고, 억압에 이름을 붙이고 그것을 변화시키기 위해서 행동하려고 시도할 때, 그는 위계상 그보다 위에 있는 사람들에게 비난받았다.

　위계체계에서 전형적인 이러한 반응은 이미 제한된 기금으로 어려운 과제를 시도하고 있는 타비에게 추가적인 스트레스를 주었다. 중독을 효과적으로 치료하기 위해서 우리는 성별, 문화, 계급, 인종, 그리고 개인의 필요들을 고려해서 프로그램을 사람들에게 맞춰야만 한다.

불안과 마찬가지로 중독은 많은 유전적 및 문화적 요인들과 함께 자기로부터의 소외로 인해서 생겨난다. 영성은 우리 자신(자연스럽고, 꾸밈 없고, 전인적이고, 영혼과 땅에 연결되어 있는)이 되는 것을 의미한다. 여성들은 그들의 힘과 지성을 긍정할 필요가 있다. 남성들은 약하고, 슬프고, 두려워할 자유를 필요로 한다. 인종집단들은 그들의 문화유산을 존중할 필요가 있다. 우리는 모두 우리가 침범당하고, 제한당하고, 거짓으로 유혹 당할 때 느끼는 격노와 슬픔을 탐색할 수 있는 안전한 장소를 필요로 한다.

중독에 빠지거나 지속적으로 회복되는 것은 받아들일 수 있지만, 우리가 중독을 초월하거나 다른 방법으로 치유할 수 있다고 믿을 때, 우리는 기존의 질서를 위협하고, 그것은 흔히 우리를 다른 사람들과 갈등에 빠지게 한다. 그러나 프레이리가 말했듯이, 우리는 그 갈등을 "분열되는 것과 통합되는 것 사이에서의, 규정을 따르는 것과 선택하는 것 사이에서의, 관객이 되는 것과 배우가 되는 것 사이에서의, 말하는 것과 침묵하는 것 사이에서의 선택"으로 이해해야만 한다.

이러한 관점에서, 우리는 중독과 의존을 개인적 관점보다는 사회적 맥락에서 이해해야 한다. 이것은 유전적 특성과 기질을 무시하는 것이 아니다. 오히려, 그것들을 그 문제의 넓이에 대한 통찰을 제공해주는 보다 큰 틀에서 보는 것이다.

28살에 남편과 헤어지고 나서 얼마 지나지 않아, 나는 서부와 산악지대에서 고향이 같은 한 남성과 처음으로 강렬하고, 정열적이고, 성적인 관계를 가졌다. 나는 그를 편안하게 느꼈고, 사랑받고 있고, 매력이 있고, 살아있다고 느꼈다. 나는 정서적으로 소망이 없었던 아동기의 결핍들을 극복하지 못했지만, 이전에 내가 알지 못했던 마음의 가벼움과 즐거움을 경험했다.

그것은 로맨스의 샘, 산책, 꽃들, 친구들, 포크콘서트, 공동체, 그리고 오랫동안 잠복하고 있던 나의 부분들과 다시 연결되는 것이었다. 나는 또한 피아노를 다시 치고 옛 친구들을 만나기 시작했다. 나는 계속해서 피아노를 가르쳤고 이전 남편과 공유했던 집에 머물렀다.

이 시기의 더할 나위 없는 즐거움으로 인해서 나는 영성, 행복, 그리고 성과 삶의 에너지의 자유로운 흐름이 우리의 전체성에 결정적이라고 믿게 되었다. 이것은 반드시 명시적으로 성적이어야 함을 의미하지는 않는다. 그것은 삶과의 사랑에 열정적인 것을 의미한다.

우리가 영혼으로 가득 차고, 몸, 마음, 그리고 영혼이 균형을 이룰 때, 중독에 빠질 여지가 없다. 즐거움과 영성을 조화시키려는 나의 바람은 내가 수피교의 전통에 대해 배웠을 때 이루어졌다. 루미(Rumi)와 카비르(Kabir)의 황홀한 시들은 나의 영혼을 위한 찬가와도 같았다.

> 태양이 떠오르는 매 순간,
>   내가 성전에 있든, 발코니에 있든,
>   뜨거운 들판에 있든, 벽으로 둘러싸인 정원에 있든,
>   나의 주님은 나를 사랑하고 있습니다.
> 아무도 울리지 않았지만 나는 그 종소리를 듣고,
>   '사랑'에는 우리가 알고 있는 것보다 더 많은 기쁨이 있고,
>   비는 쏟아지고, 하늘에는 구름이 없지만,
>   생명의 강물이 흘러갑니다.
> 우주는 단 하나의 사랑으로 모든 곳이 가득 차 있습니다.

내가 깨어나던 시기에, 나는 또 하나의 통찰을 얻었다. 나는 앤 아버를 떠나 혼자서 모험을 떠났다. 사랑에 빠지긴 했지만, 이것은 또 하나의

관계를 위한 때는 아니었다. 나는 어디로 가야하고 무엇을 해야 할지 몰랐지만, 그 대답이 주어질 것을 절대적으로 신뢰했다. 나는 사람들, 음악, 책, 공동체 그리고 성(性)에 열려있는 상태에서 삶에 몰두했고, 동시 발생적인 일련의 사건들을 겪으면서 런던으로 거처를 옮겼고 음악가들을 위한 하숙집에 살면서 피아노를 공부하게 되었다.

나를 이주하도록 했던 인생을 바꾸는 사건은 우리 시대 가장 위대한 피아니스트인 블라디미르 아슈케나지(Vladimir Ashkenazy)가 가르치는 마스터 클래스였다. 나는 그가 런던심포니오케스트라와 한 달간 머무는 동안 그와 공부하기 위해서 데이토너 비치(Daytona Beach)로 갔다.

그는 내가 이전에 만났던 어떤 선생님과도 달랐다. 그는 나의 제약들(나는 학생이 아니었고, 평범한 피아니스트 샬럿이었다)에 대해 아무런 전제도 갖지 않았다. 그는 목소리, 소리, 기술을 발견하기 위해서 나와 함께 음악을 파헤쳤다. 우리는 악구를 풀고, 마침내 그가 "그래, 바로 그거야. 그 소리야"라고 할 때까지 한 음을 반복해서 검토하면서 쇼팽의 발라드 한 페이지에 한 시간 이상을 보냈다.

그것은 진정한 열정, 헌신, 위대한 누군가와 함께 있음에 대한 마음을 사로잡는 경험이었다. 네 번의 레슨이 있은 후에, 나의 잠재력에 대한 개념은 되살려졌고 크게 확장되었다. 소리, 악구, 음색에 대한 나의 보다 깊은 수준의 조율 때문에 하루 6시간의 연습에 대해서 매력을 느끼고 쉽게 몰두하는 것이 가능해졌다.

내가 블라디미르 아슈케나지와의 레슨과 이후 런던에서의 2년으로부터 배운 것은 진정한 열정은 그것이 성적인 것이든 음악적인 것이든 영성과 하나라는 것이었다. 그 2년 동안, 나는 지나치게 먹는 것(우리는 많은 호화로운 레스토랑에 가기도 했지만 그때는 여전히 "하루에 5달러를 쓰는 유럽"의 날들이었다), 몸무게가 지나치게 나가는 것, 지나치게 마시는 것, 혹은 지나치게 사랑하는 것에 대해 전혀 염려하지 않았다. 왜냐하면 놀이와 일, 음악, 우정, 그리고 연애에 균형이 있었기 때문이다.

나는 나중에 초점이 절제와 박탈에 있을 때, 중독자들은 멀쩡할 수는 있지만, 치유되지는 않는다는 사실을 깨달으면서 이러한 지식과 나의 중독 작업을 통합했다. 치유는 열정, 즐거움, 그리고 목적에 의해 축복을 받은 영혼을 통해서 나타난다.

한번은 좋은 친구였던 일본인 바이올리니스트와 나는 모짜르트 바이올린 소나타를 내리 연주하기로 했다. 그것은 2-3일은 걸리는 일이었다. 때때로 두 명의 그리스 친구와 나는 밤늦게까지 아일랜드인 바텐더 패디와 함께 브릿지 게임을 즐겼고, 그리고 나서 일출을 보기 위해서 홀랜드 공원을 걸었다. 그것은 "해야만 하는 일들"이 없는 삶이었다.

그 자유의 경험으로 인해서 나는 쾌락이 죄책감에 이끌리지 않는다면 그것이 우리의 삶을 압도하지 않을 것이고, 우리는 즐거움과 열정이 보다 높은 목적을 위해서 작용하거나 균형 있게 누릴 수 있다면 그것들을 두려워할 필요가 없다는 것을 이해하게 되었다. 이러한 경험을 통해서, 나에게는 혹독한 결심으로만 이뤄지는 절제(white-knuckle sobriety)는 불필요하고, 우리는 중독을 치유하고 초월할 수 있고, 무엇보다도 우리가 두려움 가운데 살면 치유는 일어나지 않을 것이라는 믿음이 생겨났다.

2년 후 미국에 돌아왔을 때, 나는 뉴잉글랜드를 생각나게 하는 그림 같은 도시인 애선스에 있는 오하이오대학교에서 피아노를 가르치는 자리를 구했고, 완만한 애팔래치아 구릉에 자리 잡은 흰색 프레임의 집에서 지내게 되었다.

나는 인생의 목표(아름다운 지역에 살면서 대학에서 가르치는 일)에 도달했다고 생각했다. 그러나 일 년 만에 나는 충격적인 통찰을 하게 된다.

늦은 오후의 커피 한 잔을 위해서 음악당으로부터 걸어가고 있을 때, 공기도 매우 기분 좋았던 청명한 가을 오후, 나는 커브를 돌다가 나뭇잎들이 내 발밑에서 부스럭거리는 소리를 들었고, 다음과 같은 메시지가 주어졌다.

"이것은 네가 영원히 하지 않으면 안 되는 일이 아니다. 뭔가 다른 일이 있어."

"아니야!"

나는 속으로 외쳤다.

"제기랄, 아니야!"

그러나 나의 등을 따뜻하게 비추는 태양을 등지고 거기 서있을 때, 나는 내가 무엇인가 더 많은 일을 하도록 부르심을 받았다는 것을 알았고 따르기로 했다. 나는 사건들의 어떤 과정을 통해서 내가 4년 후에 상담학 박사과정에 입학하게 되었는지 전혀 모르지만, 다시, 나는 나의 일이 삶에 몰두하고 나에게 주어진 내면의 안내에 마음을 여는 것이었다는 사실을 알았다.

자신의 내면에서 나오는 지혜의 소리에 기꺼이 귀를 기울이고 따르는 것은 결국 중독을 극복하는 나의 방법에서 가장 중요해지게 되었다. 만약 우리가 마음으로부터 오는 안내를 거부한다면, 우리는 불완전하다(우리 자신의 삶에 낯선 사람, 마음에 낯선 사람)고 느낄 것이다. 여러 번 부르심이 주어지지만 우리는 그 이유를 이해하지 못한다.

이것을 통해서 우리의 신앙과 헌신은 시험을 받는다. 우리는 진실과 흥정할 수 없다. 나에게 주어지는 안내를 따를 때마다, 움직이고, 꼼짝 못하기보다는 무엇인가를 향해 나아가고, 안정을 위해서 흥정하기 보다는 진실되게 살아간다고 느꼈다.

우리가 두려움 혹은 안전에 대한 애착 때문에 진실을 거스를 때, 우리는 엄청난 어려움을 경험할 수 있다. 나는 그러한 것들을 겪어봤다. 예를 들어, 내가 오하이오대학교에서 피아노 가르치는 일을 그만 두고 직업을 바꿔야만 한다는 사실을 알았지만 그러한 변화를 지연시키고 있을 때, 결국 나는 휴가 기간에 해고되었다.

상담학과에서 무료로 과정을 밟으면서 음악과에서 내가 마지막 학년을 가르치도록 허용해준 것은 전화위복이었다. 그러나 내가 스스로 그 결정을 할 수 있는 용기가 있었다면 더 좋았을 것이다. 우리가 자신의 능력을 부정할 때, 그것은 내적으로 혹은 외적으로 우리에게 향할 수 있다. 우리는 아프거나 우울해지고, 혹은 다른 사람들이 우리를 옮겨가도록 강제한다.

상담학으로의 전환은 의외로 덜 극적이었다. 나는 언제나 심리학, 혹은 더 정확하게 말하자면 사람들을 행동하도록 만드는 것에 매우 관심이 있었다. "소중한 사람에게"라고 불렀던 일기를 썼던 내가 나의 10대 시절부터, 사회학과 심리학을 부전공으로 했던 대학에서의 경험 내내 나는 친구들과 함께 동기, 학습, 그리고 관계에 대해 예측하는 것을 좋아했다.

피아노 강사로서 나는 어려움을 겪는 학생들을 가르치는 데 더 많은 관심을 갖게 되었다. 그 장애물들이 어디에 있는지 아는 것은 도전이었다(마음, 감정, 혹은 듣거나, 박자를 느끼거나, 신체적 능숙함을 개발하는 능력). 이것 때문에 나는 교육학과 수행 불안에 대해 가르치게 되었다.

이 시기에, 나는 3살 여자 아이를 입양하(애선스아동보호시설에 의한 첫 번째 한부모 입양)므로, 또 하나의 인생의 꿈을 성취했다. 이 일로 인해서 적절한 사람이 나타날 것에 대한 기다림은 끝이 났고, 나는 다른 사람들에게 의존하지 않고 삶에서 내가 원하는 것을 추구하는 과정에 확실히 서게 되었다. 나에게는 다른 젊은 부모들의 부유한 공동체가 있었는데,

그들은 아이들을 교환하고 소풍, 캠핑, 발리볼, 그리고 지원집단을 위해서 모였다.

나는 또한 3년간의 미국 캠퍼스사역위원회에서 영혼의 안식처를 발견했다. 그것은 가치를 중요하게 보는 영적 공동체의 일원이 되고 싶었던 나의 열망을 채워주었다. 그 사역은 급진적인 집단들을 위한 센터를 제공했다(징병상담, 낙태상담, 그리고 여성워크샵). 나는 또한 캠퍼스에서 페미니스트 집단에 참여하였는데, 페미니즘은 단지 여성들을 위한 것이 아니라 모든 사람들을 위한 전체성, 평등, 공정성, 그리고 정의에 대한 영적 운동이었다.

상담학 프로그램에서, 나는 AA가 절주를 위한 유일한 방법이라는 전통적인 입장에 기초하는 알코올중독에 대한 강의를 들었다. 그 강의는 내가 약물의존을 인식하는 데 도움을 주었기 때문에 매우 소중했지만, 그것은 또한 어떤 문제 제기도 허용되지 않는 이데올로기 덩어리를 강요받는 오래된 느낌을 되풀이했다. 이것은 내가 12단계의 신조에 대해 공개적으로 문제 제기를 했던 어느날 표면화되었다. 수업이 시작되기 얼마 전에, 중고가게를 샅샅이 뒤지다가, 나는 시계를 힐끗 보고 수업에 늦겠다고 중얼거렸다.

가까이 있던 한 남성이 "무슨 수업이죠?"하고 물었다.

나는 "알코올중독에 대한 수업이에요"라고 대답했다.

그는 "오, 내게 그 문제가 있었지요"라고 말했다.

"그런데 5년 전에 끊었지요."

나는 그가 술을 어떻게 끊었는지에 대해 호기심이 생겨서 "정말요?"라고 물었.

"AA에 다니셨나요?"

"아뇨. 그냥 끊었어요."

"혼자서요?"

"예, 그것은 내 삶을 파괴하고 있었지요. 나는 차사고를 냈고, 직장을 잃고, 아내 역시 죽을뻔했습니다. 다시는 그건 손도 안 될 거예요."

"상담이나 어떤 것도 하지 않았다고요?

AA도요?"

그는 머리를 흔들며, 아니라고 했다.

"끊지 않으면 내가 죽을 수 있다는 것을 알았죠."

나는 산타 클로스가 없다는 사실을 알게 된 아이처럼 흥분이 되었기 때문에 강의실로 달려가서 그들에게 결국 모든 사람에게 AA가 필요한 것은 아니라는 사실을 알려주었다. 교수는 나의 이야기를 신랄하게 무시하였다.

"그 사람은 진짜 알코올중독자가 아니었을 수 있거나 재발했을 것이다. 그리고 만약 그가 재발하지 않았다면, 곧 그렇게 될 것이다."

산타 클로스 일화와는 다르게, 나는 수치심이나 후회에 빠지지는 않았다. 나는 지겨운 문장들을 암송하면서, 교회에 있는 사람들을 유리벽을 통해서 바라보고 있는 것처럼 그저 조용히 앉아 있었다.

나는 페미니즘과 억압에 대한 확고한 토대를 갖고 있었다. 그 누구도 나에게 AA 교리의 신성함을 확신시키지 못했다. 유일한 방법으로 제시했던 어떤 조직이나 모델은 자동적으로 다른 사람들을 억압했다.

하지만 내가 믿어왔고 여전히 믿는 것은 사람들이 중독되는 유일한 과정도 없고, 사람들이 회복되는 유일한 방법도 없고, 중독에 대한 유일한 예방도 없다는 것이다. 사랑, 능력, 기쁨, 친절, 그리고 진리의 길을 걷는 것이 있을 뿐이다.

나는 상담 프로그램에 참여하는 것을 좋아했다. 나는 좋아하는 교수를 도와서 수업조교를 하게 되었고, 흔히 계급차별적이고, 인종차별적이고, 성차별적인 것으로 보이는 교재들에 대한 나의 질문들이 어떤 교수들을 불안하게 하고 있었지만, 나는 사랑받고 인정받고 있다고 느꼈다. 공부를 하던 마지막 해에, 나는 오하이오대학교 상담센터에서 인턴 과정을 하였다. 그것은 나에게 3시간의 상담을 위해서 1시간의 개인 수퍼비전을 제공해주는 풍성한 경험이었다.

박사과정을 마치고 나서, 내가 성장하기 위해서는 그곳을 떠날 필요가 있다는 것이 분명해졌다. 이 결정 때문에 나는 엄청난 슬픔을 겪게 되었다. 나는 굴곡진 산지들, 목가적인 골짜기, 좋은 친구들, 그리고 공동체가 있는 애썬스를 사랑했다. 나는 현 상태에 안주하는 것이 두려웠기 때문에 이사를 했다.

오하이오에서, 나는 여성상담에 대한 강의를 들었는데, 그것은 8명의 남성 수퍼바이저들과 함께 한 남성에 의해 이뤄졌다. 나의 박사과정에는 유일하게 여성 시간강사 한 명이 있었다. 근친강간, 폭력, 그리고 학대와 같은 주제들은 좀처럼 언급되지 않았다.

나는 여성들의 관심사들에 대해 더 많은 것을 배워야했지만, 애썬스에서는 그렇게 할 수 없다는 것을 알았다. 첫 번째 디딤돌은 미네아폴리스에서 사가리스(Sagaris)라고 불리는 페미니스트 여성치료 집단이었다. 그곳에서는 여성들에게 비용을 차등적으로 적용한 상담 서비스를 제공했고, 도움을 위해 찾아오는 여성들 가운데 많은 이들이 중독에서 회복 중이었고 12단계 집단에 참여하고 있었다. 그 집단의 여성들은 중독에 초점을 맞추기 시작하고 있었고, 많은 이들이 관계, 학대, 충동성 폭식, 그리고 약물의존 때문에 12단계 집단에 참여하기 시작했다.

내가 치료 프로그램들의 회복 자료나 결과에 대한 연구들을 찾았을 때, 나는 매우 소수의 연구들을 발견했고, 그나마 AA 기관들에서 나온 것은 없었다. 그들은 자신들의 접근 방법의 적절성에 대해 전적으로 확신했기 때문에 문서화에 대한 필요성을 느끼지 못했다. 많은 양의 AA 및 Al-Anon 공인문헌을 읽는 것은 그 자체가 문학적인 기아 체험이다.

열정, 힘, 기쁨, 그리고 축하에 대한 근본적인 두려움이 그 저술의 따분하고 당연한 어조에 반영되었다. 조심하라는 뜻이 담겨있다.

"너무 활발하거나, 격렬하거나, 혹은 심지어 행복하려고 하지 마라." AA의 『빅 북』(Big Book)의 "아내들에게"라는 장에서는 여성들에게 그들의 분노를 억압하고 결코 두려움이나 완고함을 드러내지 말라고 충고했다. 그들은 은근히 정서적 박탈을 수용하고, 자녀에 대해 전적으로 책임을 지고, 항상 웃고, 배우자의 술주정에도 불구하고 바가지를 긁거나 흥을 깨기보다는 그를 기분 좋게 바라보도록 상담을 받았다.

그 처방은 거의 나를 죽음으로 몰아갔고 무수한 여성들을 우울증과 중독으로 이끌어갔다.

엄격한 정직성에 어떤 일이 생겼는가?

나는 의아스럽게 여겼다. AA의 문헌은 나에게 내 자신의 우울했던 결혼 시절, 행복한 체하며 역할을 해야 했던 나의 필요를 생각나게 하였다.

공인된 동반의존 문헌에서, 아무도 중독자와 사는 것은 지옥이라고, 진정성있는 사람이 되고, 당신 자신의 힘을 발견하고, 당신 자신을 잘 돌보고, 진실을 말하고, 순교자가 되지 말라고 말하지 않았다. 오히려, "동반의존자들"이라고 생각되었던 여성들은 속상해하거나, 화내거나, 혹은 어려운 상황을 벗어나려고 한다는 이유로 비난을 받았.

만약 당신이 슬프다면, 당신은 12단계를 더 열심히 해야만 하고, 혹은 어쩌면 5단계를 또 해야만 할 것이다. 나는 만약 당신이 기분좋은 상태에서 한 집단에 온다면, 당신은 의심을 받고 대개 무시되지만, 만약 당신이 문제들에 둘러싸여 온다면 당신은 많은 주목을 받게 된다는 사실을 알게 되었다. 그러므로, 나는 여성들과 다른 소외된 사람들이 삶의 어려움들에 대해 지지를 제공할 뿐만 아니라 힘을 모아 연대하고, 그들의 강점과 지성을 긍정하는 것이 중요하다는 사실을 믿게 되었다.

관계들을 탐색하기 위한 지지를 얻기 위해서 12단계 집단들에 참여했을 때, 혼란스러운 느낌들이 뒤섞여있던 한 단계에서, 나는 내가 무력하다고 말하는 것을 거부했다. 나는 죽음 직전에 이르렀었고, 심각한 우울증으로 고통을 겪었고, 끊임없는 무력감에 빠져있었다.

나는 1단계(중독의 힘을 인정하고 그것을 해로운 결과와 연결시키는)의 필요성을 이해했지만 나는 무력하다고 말해야 한다는 생각은 잘못되었다고 느껴졌다. 사람들이 왜 그렇게 말하는지 이해를 했지만, 나는 다른 방식이 필요했다.

마찬가지로, 나는 모든 종류의 꼬리표들이 싫었다. 나는 인간의 삶의 기적을 하나의 꼬리표로 축소하는 것이 사람들을 통제하려는 것이 아니라면 그 목적을 이해할 수 없었다. 모임에서 반복적으로, 나는 사람들이 "나는 알코올중독자, 동반의존자, 충동성 폭식자, 근친강간 피해자입니다"라고 말할 때 사람들의 에너지가 시드는 것을 볼 수 있었다.

교회 사람들이 불쌍한 죄인들이라고 고백할 때 엄청난 저항을 느꼈던 것처럼, 나는 외치고 싶었다.

"아니오, 그렇게 말하지 마세요. 당신은 신비한 생명의 기적이자 경이입니다. 당신의 능력과 창조성을 기대하세요."

나는 또한 AA의 어떤 구호들과 용어도 불쾌했다. 사용하기 쉬운 문구들은 사람들을 센터로 되돌아오게 할 수 있었지만, "간단명료하게" 말하는 것은 무례하고 지나치게 단순하게 느껴졌다. "활용하세요, 분석하지 말고"나 "여기에 온 것은 당신의 가장 좋은 생각입니다"와 같은 구호들은 자신의 지성을 사용하지 못하게 하는 것처럼 느껴졌다.

치료 회기에, 여성들이 느끼는 것이 학대와 차별과 관련된 건강한 분노였음에도 불구하고, "분노를 내려놓으세요"라는 조언을 받았다고 나에게 말할 때, 나는 흠칫 놀라곤 했다. 너무나도 익숙한, "피해자를 비난하는" 태도가 자주 나타나는 것을 보고 깜짝 놀랐다. 만약 여성이 강간을 당한다면, 그것은 그녀의 잘못이다.

만약 12단계가 당신에게 효과가 없다면, 당신은 회복되기를 원하지 않거나 그것들을 충분히 적용하지 않고 있는 것이다.

AA의 방식에 대해 내가 가장 심하게 느낀 갈등은 두려움으로부터 기인하는 신념체계를 주입식으로 교육하는 것이었다.

단 한가지 유일한 방법만이 있을뿐이었다.

* 만약 당신이 그 단계들을 따르지 않는다면, 당신은 회복되지 않을 수 있다.
* 만약 당신이 집단에 가지 않으면, 당신은 재발할 것이다.
* 만약 당신이 화를 낸다면, 당신은 재발할 것이다.
* 만약 당신이 재발한다면, 당신은 죽게 될 것이다.

사람들은 진정성 없는 구호들과 문구들을 복창했다. 모임에 가지 못했거나 규정된 독서를 하지 못했다면 사람들은 예배에 참여하지 못한 신자들처럼 죄책감과 두려움을 느꼈다. 나는 "프로그램에 의해 움직여지는 사람들"에 대해 초현실적인 느낌이 들곤 했다. 말들은 많았지만 흔히 진정한 관계는 그리 많지 않았다.

이렇게 질문이 많던 시기 동안, 1980년에 나는 켄 케이즈(Ken Keyes)의 『더 높은 의식을 위한 안내서』(Handbook to higher consciousness, 1995)에 기초하는, 3주간의 삶을 바꾸는 영성 훈련에 참가했다. 그는 인본주의 심리학과 혼합된 동양의 영성 전통들을 깊이 있게 조합한 프로그램을 제공했다.

그 선생님들과 그 프로그램 모델의 기술과 지혜에 대해 충분히 말할 수는 없다. 그것은 아무런 비난이나 수치심도 없는 사람들과 사는 자유롭게 하는 경험이었다. 모든 사람들은 각기 자신의 프로그래밍을 작동시키고 있는 것 같았다. 우리는 우리의 중독적인 요구들, 불교적인 개념으로 하자면 집착 때문에 고통을 겪는다. 나는 우리가 얼마나 많이 우리 자신의 현실을 만들어내는지, 어떻게 사랑이 우리의 환영 밑에 있는 현실인지, 그리고 우리가 어떻게 상호 연결된 생명의 망의 일부분인지를 내면화하기 시작했다.

돌아오고 나서 얼마 지나지 않아, 나는 흔히 퀘이커교도들로 알려져 있는 형제들의 단체(Society of Friends)에서 영적 안식처를 발견했다. 그들의 철학은 영에 대한 우리의 관계는 성스럽지만, 우리를 그곳에 이르게 하는 말들은 그렇지 않다는 나의 믿음을 정당하다고 입증해주었다. 퀘이커교도들은 도그마를 회피한다. 그들은 진리가 어떤 책이나 기록된 말보다 더욱 신성하고 사람들은 하나님의 관점에서 모두 동등하다고 믿는다. 퀘이커모임에는 아무런 위계질서도 없고, 모든 결정은 합의에 의해 이뤄진다.

나는 또한 인간 발달의 발달 모델들에 점차 관심을 갖게 되었다(매슬로우의 욕구 위계 단계, 에릭슨의 발달 단계들, 제임스 파울러의 신앙 발달 수준들, 그리고 하나의 발달 모델인 분화는 친밀함과 정신 건강의 토대라는 머레이 보웬의 주장). 이러한 모델들은 모든 치유 모델들은 사람들이 발달 단계들을 거쳐갈 때 고정된 방식을 제시하기보다는 사람들을 지지해 줄 필요가 있다는 나의 믿음을 구체화했다.

분화(differentiation) 개념을 통해서 나는 AA 모델에 있는 몇몇 중요한 위험들을 보게 되었는데, 그 모델에서 사람들은 그들 자신의 가치들을 내면화하거나 그들 자신의 지혜를 신뢰하도록 고무되지 않으며, 다양성은 흔히 위협으로만 이해된다.

12단계 모임들에서, 나는 헌신적인 지지자들 가운데 섞인 이단처럼 느꼈다. 그러나 나처럼 느끼지만, 어쩌면 두려움 때문에 침묵하고 있는 다른 사람들이 있다고 생각하는 사회적 변화에 대해서도 서로 충분히 인지했다. 1980년에 나는 혼자 일을 하기 위해서 사가리스를 떠났고, 1983년에 졸업을 하고 공인 심리학자가 되기 위한 시험을 통과하였다. 앞서 언급했듯이, 나는 동시에 레이키치유마스터가 되었고, 학문적 연구에도 놀라운 균형을 갖게 되었다.

1985년, 미네아폴리스의 골든밸리병원에서 있었던 120명의 치료사들과 중독상담사들을 위한 동반의존에 대한 강연에서, 나는 12단계에 대한 나의 견해를 피력함으로써 "진실을 외쳐라"는 격언을 따르기로 결정했다. 나는 그것을 "힘 북돋아주기(empowerment)를 위한 단계들"이라고 하였다.

내가 나의 의도를 소개했을 때, 나는 그 방에서 무거운 침묵을 느꼈지만, 이윽고 사람들은 그들의 펜을 들어서 주목하였다. 발표를 마치고 난 후, 60명이 복사해달라는 요청을 했다. 전국 여성학 및 여성심리협회모임에서, 대규모 집단의 여성들이 AA 프로그램을 탐구하기 위해서 내가 제시한 워크샵에 참석했다.

한 여성은 나와 비슷한 생각을 했다.

"저는 우리가 비밀 모임을 갖고 있는 한 무리의 이단들처럼 느껴집니다."

AA를 좋아하는 사람들은 질문이 주어지면 위협받는다고 느꼈기 때문에 마치 그것이 그들의 회복을 약속하거나 그들을 악화시키는 것처럼 대화는 때때로 격렬해졌다. 그것 때문에 AA가 사람들이 다름을 인정하도록 도와주지 못하고, 그래서 그들은 다른 이데올로기들과 경험들에 대해 위협적으로 혹은 방어적으로 느끼기보다는 그것들에 매혹될 수 있다는 나의 믿음은 더욱 강화되었다.

나는 그 주제, 즉 힘 북돋아주기의 필요성과 중독의 극복에 대해 책을 써야겠다고 느꼈고, 그 제목을 『여러 개의 길, 하나의 여정: 12단계를 넘어 움직이기』(Many roads, one journey: Moving beyond the Twelve Steps, 1992)라고 했다. 그 당시, 나는 나의 첫 번째 책인 『여성, 섹스, 그리고 중독: 사랑과 힘의 탐구』(Women, sex and addiction: A search for love and power, 1989)를 쓰고 있었고, 의존적인 성적 관계의 주제들을 다루기까지 반복적으로 재발을 겪는 많은 사람들을 면담했고, 더 나아가서 약물의존으로부터의 회복은 복잡한 주제라고 주장했다.

사람들의 치유방식들에 대한 연구를 통해서 나는 시골의 애팔래치아 여성들, 도시들과 보호구역에 있는 원주민 집단들, 아프리카계 미국인 치료사들, 부자인 백인 실업가들, 그리고 다양한 계급과 민족적 배경을 가진 많은 다른 사람들을 면담하게 되었다.

내가 배운 한 가지가 있다면, 그것은 중독의 원인은 많고 치유로 가는 길은 문화, 몸의 신체적 욕구들, 기질, 가족배경, 그리고 유전적 특징에 따라서 극적으로 다양하다는 점이었다. 한 가지 방법만 있는 것이 아니다. 이러한 믿음 때문에 나는 다양성을 지지해주는 집단 모임들을 위한 개론서(아래에 제시된)를 쓰게 되었다.

여러 해를 거치면서, 힘 북돋아주기를 위한 16단계가 개발되었다. 워크샵이나 강연에서 내가 제공한 복사본들이 많이 유통되었다. 초기의 한 버전이 「미즈 메거진」(Ms. Magazine)에 실렸고 수백 통의 편지를 끌어냈다. 나의 최종적인 버전은 『여러 개의 길, 하나의 여정』(Many roads, one journey)에 나온다.

나는 활용되고, 바뀌고, 혹은 다른 치유 모델들과 통합될 수 있도록 그것들을 나의 여정에 대한 성찰로서 여기에 제시한다. 나는 단계들의 기초가 되는 힘 북돋아주기 원리들의 목록으로 시작한다. 그것들은 사람들이 그들의 창조성과 친밀함을 위한 잠재력을 꽃피울 수 있도록 해주면서 그들의 최고의 잠재력을 발전시키는 것을 도와주기 위해서 고안되었다.

1. 힘 북돋아주기의 원리들

1) 힘 북돋아주기는 두려움이 아니라 사랑에 기초한다.

두려움이 사람들을 회복으로 이끌어갈 수 있지만, 사랑, 그리고 더 좋은 것에 대한 약속은 치유의 길을 계속 갈 수 있는 동기를 부여해준다. 우리가 얻어야만 하는 것에 초점을 맞춤으로써, 생존의 뇌(survival brain)에서의 변화를 일으켜서 중독과 파괴적인 행동을 버릴 수 있게 한다.

2) 힘 북돋아주기에는 문제에 대한 전체론적인 접근(몸, 마음, 영혼, 그리고 공동체)이 포함된다.

치유로 가는 길은 여러 형태를 띤다. 어떤 이들은 몸에 대한 균형을 회복하는 데 초점을 둔다. 다른 이들은 아동기 학대를 치료하고, 12단계 모임에 참여하고, 혹은 해로운 관계로부터 분리하는 법을 배운다. 여전히 다른 이들은 묵상이나 사회봉사활동에서 지지를 구한다. 하나의 바른 길은 없다.

3) 힘 북돋아주기는 분화를 고무한다.

에릭 에릭슨에 따르면, "친밀감에는 홀로 설 수 있고 위험을 무릅쓰고 자기 자신의 정체성을 형성하는 능력이 요구된다. 그것은 다른 사람들과 다른 이데올로기들에 가까이 관여하면서도 자신의 정체감을 유지하는 능력이다."

분화가 잘 된 사람은 고통을 겪는 다른 사람들에게 공감적인 증인이 될 수 있기 때문에 그들의 드라마에 정서적으로 말려들지 않으면서 요청을 받았을 때 도움을 줄 수 있다. 그들은 다른 이론들과 이데올로기들에 매력을 느끼고 실험과 연구를 통해서 그들의 가치들을 발전시키고, 때로는 다양한 방식들을 종합한다.

4) 힘 북돋아주기는 질문과 선택을 고무한다.

파울로 프레이리는 『억압된 사람에 대한 교수법』(*Pedagogy of the oppressed*, 1972)에서 "자유로운 질문을 막는 것은 일종의 폭력이다"라고 했다. 질문은 우리의 내면세계를 자극해서 우리가 지혜를 탐구하고, 적용하고, 통합하도록 도와준다. 질문은 한다는 것은 사람들이 그들의 신앙을 찾고 있다는 하나의 신호이다. 분화가 잘 되지 않은 사람들은 질문하는 사람들을 두려워하면서 맞추려고 한다.

5) 힘 북돋아주기는 칭호들과 모델들을 초월해서 사람들을 받아들인다.

칭호들은 우리에 대한 어떤 것을 표현해 주지만, 그것들이 우리의 본질이나 영혼은 아니다. 자아는 공백 상태의 두려움을 상쇄하고 정체성을 형성하고, 혹은 두서없고 혼란스러워 보이는 사건들을 설명하기 위해서 칭호들을 붙잡으려고 한다. 질병을 확인하지 않아도 그 질병을 돌보는 것이 중요한 것처럼, 우리의 중독들을 확인하는 것이 중요하지만, 그것들을 우리의 정체성에 흡수시키는 것은 아니다.

우리는 중독에 빠질 수 있지만, 그 중독이 우리인 것은 아니다. 우리는 모두 창조주의 자녀들이고, 우리 모두는 살아있기에 신성하다. 마찬가지로, 치유 모델은 우리가 지지할 수 있는 하나의 구조이지만, 그것이 결코 한 사람의 통합성을 대체해서는 안 된다. 그 누구도 그들의 신념을 훼손하는 말을 하거나 그런 의례들에 참여하도록 강요받거나, 조종되거나, 강제되어서는 안 된다.

6) 힘 북돋아주기는 우리에게 우리 자신의 지혜를 신뢰할 것을 가르쳐준다.

우리는 묻는다.
무엇이 우리에게 진실일까?
나는 무엇을 느끼는가?
나는 무엇을 원하는가?
우리는 책들로부터 아이디어를 얻거나 선생님들에게 귀를 기울일 수도 있다. 그러나 결국 우리는 지극히 개인적이고, 깊이 느끼고, 쉽사리 흔들리지 않고, 거의 지적인 논쟁의 주제가 되지 않는 신앙과 신념체계를 발달시킨다.

결국, 우리가 우리 자신과 다른 사람들에게 머물러있을 때, 모든 모델들과 도그마는 순간순간 내면으로부터 드러나는 진실에 귀를 기울이는 것으로 흡수된다. 우리의 몸들은 온전한 상태로 살아가는 데 적응이 되는데, 그렇게 살 때는 깊은 내면의 공명이 형성되지만, 그렇지 않을 때는 고통스러운 부조화가 형성된다.

7) 힘 북돋아주기는 창조성, 열정, 그리고 즐거움을 고무한다.

인위적인 수단들에 의해 '흥분된' 것과 혼돈되어서는 안 되는 열정은 우리에게서 넘쳐 나오고, 우리 주위의 아름다움과 경이로움에 연결되어 있다고 느끼도록 해주는 생명 에너지의 힘이다. 대부분의 사람들은 상실이나 성공에 대한 그들의 생각들, 느낌들, 그리고 정서적 반응들의 흐름을 지속적으로 검열하고 있다.

그 결과로 나타나는 '과로'로 인해서 그들은 그들의 위대한 자기로부터 계속해서 분리된다. 워크샵에서 나는 마이크 옆에 있는 종을 치고, 그리고 나서는 그 울림들이 그것들의 자연스러운 주기를 마치기 전에 그것을 멈춤으로써 이 원리를 입증한다. 사람들은 불안하게 느끼고 흔히 숨을 죽인다. 그때 나는 종을 다시 울리고 끝날 때까지 흘러가게 한다. 사람들의 반응은 편안해지고, 숨을 깊이 쉬고, 평화롭게 느낀다.

요약하자면, 힘 북돋워주기는 매료된 관찰자이면서도 아무것도 두려워하지 않고, 아무것도 멈추지 않고, 우리 자신을 탐구하도록 고무한다. 우리는 우리의 인생을 살아가는 것이지 그 삶의 소유자는 아니다.

힘 북돋아주기는 우리 자신과 다른 사람들에 대한 깊은 친절과 긍휼에 기초한다. 우리 자신의 부분들을 제거하려고 하는 대신에, 우리는 그것들이 변화될 수 있도록 그것들을 알아야한다. 우리의 힘은 우리 자신을 깊이 알고, 내면의 지혜의 소리에 귀를 기울이고 그것을 따라서 살려고 하는 용기를 가지는 데서 나온다. 힘 북돋아주기는 그것이 우리 삶의 순간 순간 나타나는 것처럼 진리에 대한 지속적인 추구이기 때문에 영적 여행과 함께 하는 것이다.

8) 여러 개의 길, 하나의 여정: 우리는 함께 만난다

치료에서 사람들의 욕구들의 다양성에 기초하여, 나는 모든 사람들의 방식들을 긍정해주는 집단 모임을 위한 개론서를 썼다. 여기에 "우리는 함께 만난다"(We Gather Together)에서 발췌한 것과 『여러 개의 길, 하나의 여정』(Many roads, one journey)에 나오는 발견과 힘 북돋아주기를 위한 16단계가 있다. 나는 당신이 그것들을 활용하고, 그것들을 바꾸고, 당신의 마음에 울리는 말들을 발견하기를 바란다. 신성한 것은 사랑과 치유이지 말들이 아니다.

2. 여러 개의 길, 하나의 여정

모임에서 우리의 목적은 중독, 동반의존, 그리고 내면화된 억압을 극복함에 있어서 서로를 지지하고 격려하는 것이다. 회원이 되기 위해서 요구되는 유일한 조건은 우리 각자가 절제를 유지하려는 열망이다.

우리는 다양한 배경에서 모였고, 우리는 서로의 방식들과 경험들로부터 배울 수 있다. 우리 가운데 그 누구도 다른 사람을 위한 답들을 갖고 있지 않다. 우리는 우리의 신념을 다른 사람들에게 주입하거나 다른 사람들이 우리에게 그 방법을 말해줄 것을 기대하지 않는다.

우리에게는 결심하기, 우리의 이야기를 나누기, 서로 지지해주기, 그리고 우리에게 미치는 사회 시스템의 영향에 대해 이해하기를 통해, 각자가 치유와 절제로 가는 우리의 개인적인 길을 발견할 수 있다는 믿음이 있다.

성장하고 강해지는 것은 자기-수용과 절제에 대한 확고한 약속 사이의 균형이다. 우리는 우리에게 주어진 삶을 귀하게 알고 누릴 수 있기 위

해서 중독과 내면화된 억압을 극복한다. 이 과정은 도덕적 가치에 대한 것이 아니다.

이 순간 우리는 모두 피조된 거룩한 자녀들이다. 발견과 힘 북돋아주기를 위한 이러한 단계들은 시간이 지나면서 강박적인, 중독적인, 혹은 의존적인 행동을 제거하는 데 도움이 될, 건강하고 의식 있는 자기(Self)를 형성하기 위해 기획되었다.

우리는 다른 사람들과 연대하고, 진심을 말하고, 우리 자신과 다른 사람들을 용서하고, 목적을 발견하고, 사회적인 변화가 일어나도록 돕고, 삶의 불완전성을 수용하는 것을 통해서, 우리는 우리의 중독적인 행동을 성취와 기쁨으로 대체할 것이다.

여정은 때로는 힘들고, 때로는 순조롭다. 이것은 자연스러운 일이다. 우리는 치유의 모든 방법들에 열려있고 우리의 개인적인 길들을 추구함에 있어서 서로 지지한다. 이러한 단계들을 활용할 때 다음의 몇 가지를 기억해두면 좋겠다.

* 우리가 하루 하루 선택하는 어떤 완벽한 방법도, 유일한 방법도 없다.
* 우리가 중독의 강력한 특성에 대해 알지만, 절제에 대한 우리의 집단적인 의지와 약속은 더욱 강력하다.
* 변화는 시간을 필요로 하고 다양한 단계들로 이루어져 있다.
* 많은 사람들이 중독과 내면화된 억압으로부터 치유되었다."

1) 발견과 힘 북돋아주기를 위한 16단계

단계들은 선형적으로 제시되지만, 내가 생각하기에 그것들은 순환적이다. 흔히 사람들은 그들에게 해당되는 한 단계를 선택하고 그것을 몇

주나 몇 달 동안 활용한다. 나는 단계들의 유효성에 대한 설문지에 대해 반응했던, 16단계 집단들에 참여했던 사람들에게서 인용한 것들을 포함시켰다.

(1A) 우리는 우리가 우리의 삶에 대해 책임지고 우리의 자존감과 안전을 위해서 물질들이나 다른 사람들에 의존하고 있는 것을 멈출 수 있는 힘을 가지고 있음을 인정한다.

> 9번의 치료를 거치고 절제하는 데 실패한 후, 나는 내가 정말로 무력하다는 것을 믿기 시작했다. 나는 내가 그것을 할 수 없다가 아니라 할 수 있다고 나에게 말하기 위해서 무엇인가를 필요로 했다. 내가 AA 사람들에게 나는 무력하다고 생각하지 않는다고 말할 때, 나는 의심의 눈초리를 받았지만 나는 결코 나는 무력하다고 다시 말하지 않을 것이다.

억압당하고 소외되었던 사람들에게 그들의 내적인 힘을 인정하는 것은 중요하다. 억압의 기본적인 원칙은 의지를 파괴해서 통제하는 사람들이 그것을 찬탈할 수 있도록 하는 것이다. 내 자신의 삶에서, 나를 약하게 만드는 우울증으로 몇 년간 고통을 겪은 후에, 내가 어떤 상황에서 무력하다고 말하는 것은 마개를 뽑아서 내 에너지를 흘려버리는 것처럼 느껴졌다.

나는 나의 힘을 기억할 필요가 있었다. 교도소에 있는 한 여성이 이 단계를 읽은 후에 나에게 편지를 써서 그것은 누군가가 그녀에게 그녀가 자신의 힘을 갖고 있다고 처음으로 말해주었던 때라고 하였다. 그것은 소망의 촉매제였다.

그녀의 교도소 상담사는 그녀에게 16단계를 활용하라고 격려했고,

그녀는 성공적으로 교도소를 나와서 몇 해 동안 스스로의 힘으로 잘 살았다. 다른 사람들은 약물이나 다른 사람들과 관련하여 무력함이라는 말을 유지하는 것이 유용하다고 생각했다.

(1B) 대안: 우리는 우리가 _____을 통제하지 못하고 무력했지만 여전히 우리의 삶에 대해 책임을 지고 우리의 자존감과 안전을 위해서 물질들이나 다른 사람들에 의존하고 있는 것을 멈출 수 있는 힘을 가지고 있음을 시인한다.

(2) 우리는 우리가 우리 자신을 개방할 때 하나님/여신/우주/위대한 영혼/우리보다 위대하신 힘(한 가지를 선택하라)이 우리 안에 있는 치유의 지혜를 깨운다고 믿게 되었다.

이 단계가 나에게 상기시켜주었듯이, 오랫동안 나는 내면의 지혜를 믿었고 그것을 신뢰하는 법을 배울 필요가 있었다.

이 단계에서는 거룩한 영 혹은 삶의 에너지가 우리 안에 그리고 우리 주위에 있음을 확인해준다. 그것은 우리 자신과 우주의 힘 사이의 적극적인 합일을 제안한다. 신앙과 자기 개방을 통해서 우리는 우주의 힘에 다가가고, 그것을 끌어들여서, 치유를 위한 우리의 내적 능력을 깨우는 데 사용한다.

(3) 우리는 우리의 진정한 자기를 발견하고 진리가 가진 치유의 힘을 신뢰하기로 결정한다.

나는 '진정한' 이라는 말을 사랑한다. 이 단계는 나에게 멈추어 서서 내가 하

고 있고, 말하고 있고, 생각하고 있는 것을 정말로 신중히 검토해 볼 것을 상기시킨다.

그것이 정말 내가 의도하는 것인가?

내가 삶 속에서 우리가 해야 할 일은 진실을 말하고 그 결과를 신뢰하는 것이라는 사실을 깨달았을 때 느꼈던 갑작스러운 명료함을 기억한다. 우리는 사람들을 이해하고, 그들을 돌보고, 혹은 그들을 분석할 필요가 없다. 내적인 메시지들을 처리하는 것이 쉽지는 않지만(무엇이 옳고, 무엇이 사기꾼의 목소리인지), 그것은 길을 단순하게 만든다.

진리를 발견한다는 것은 우리가 깊은 곳에 있는 우리의 꿈, 열정, 창조성, 그리고 강점을 확인한다는 것을 의미한다. 우리는 예술적인 시간 감각을 발달시킨다. 그것은 개인적으로 위험할 수 있을 때에라도 진실을 외치는 것을 요구하는 도전적인 단계이다. 왜냐하면 그것이 우리 자신의 가치들에 대해 질문하고 명확히 하는 것을 분명히 하기 때문이다.

(4) 우리는 위계적이고, 가부장적인 문화에서 살아간다는 맥락에서 우리의 신념들, 중독들, 그리고 의존적인 행동을 검토했다.

이 단계에서는 중독과 의존을 문화적 맥락에서 고려한다. 나는 종종 페미니즘이 나의 삶을 구원했다고 믿는다. 사회적 요인들과 부정적인 고정관념이 나의 우울증, 두려움, 그리고 의존적 행동의 원인이었다는 사실을 배웠을 때, 나는 더 이상 혼자라고 느끼지 않았다.

나는 내면화된 억압의 목소리들(나의 영혼을 무겁게 하고 나를 꼼짝 못하게 하는 원치 않는 침입자들과 같은, 문화와 권위의 가짜 목소리들)을 있는 그대로 인식할 수 있었다. 이 단계에서 우리는 우리의 진정한 목소리들과 억압의 목소리들(우리의 삶을 통제하는 당위, 죄책감, 두려움)을 분별하게 된다.

(5) 우리는 우리가 수치감과 죄책감을 느끼는 모든 것을 다른 사람 그리고 우주와 공유한다.

근원이 무엇이든지, 인식되지 않은 수치심과 죄책감은 우리의 명쾌함과 자유를 방해하기 때문에 우리의 시스템에서의 해로운 오염과 같다. 우리가 누군가에게 상처를 주었든, 혹은 학대를 받았든, 비밀들은 수치심이 된다. 그것들을 말하는 것은 그것들을 제거하는 과정을 시작하는 것이다. 이 단계는 집단 상황에서나 신뢰할 수 있는 친구와의 관계에서 이뤄질 수 있지만, 또한 지속적인 과정으로서 이해될 수 있다.

(6) 우리는 우리의 강점, 재능, 그리고 창조성을 우리 자신이나 다른 사람들로부터 숨기지 않고 이것들을 인정하고 누린다.

> 우리의 16단계 모임에서, 각 사람은 그들 자신에 대해 무엇인가 좋은 것을 말하고 그 다음에는 우리의 오른쪽이나 왼쪽에 있는 사람에 대해 인정하는 것을 말했다. 우리 자신에 대한 이러한 축하는 어색할 수 있지만, 사랑스럽고, 놀랍게 치유적이었다.

만약 우리의 재능들이 창조주로부터 왔다면, 그것들을 축하하는 것은 창조를 축하하는 것이다. 겸손은 우리의 은사들을 받아들이고, 그것들을 누리고, 인간을 섬기기 위해서 그것들을 사용하는 것이다. 우리는 우리의 재능들과 성취들에 대해 오만한 태도를 취하지도 않고, 다른 사람들의 자아를 위협하는 것을 피하기 위해서 우리의 지능, 열정, 그리고 강점을 죽임으로써 거짓된 겸손의 덫에 빠지지도 않는다.

(7) 우리는 죄책감, 수치심, 그리고 우리 자신과 다른 사람들을 사랑하지 못하게 하는 어떤 행동도 기꺼이 내려놓게 된다.

12단계 모델에 대해 경험하는 나의 어려움들 가운데 하나는 그것이 사랑보다는 두려움과 통제에 기초한다는 점이다. 이 모델에서 명백한 목표는 우리 자신과 다른 사람들을 사랑하는 것이다. 이렇게 하기 위해서 우리는 방해가 되는 장애들을 검토할 필요가 있다.

(8) 우리는 우리가 피해를 준 사람들과 우리에게 피해를 준 사람들의 명단을 작성해서, 존중하는 방식으로 보상하고 우리의 불만을 나눔으로써 부정적인 감정들을 정리하는 단계를 밟는다.

이 단계는 우리가 관계를 회복하고 균형 잡힌 방식으로 모든 "미해결 과제"를 정리하는 데 도움이 된다. 나는 학대받은 것에 대해 그들 자신을 비난하는 여성들과 유색인들을 많이 보았기 때문에, 이 단계는 적절할 때 보상하지만, 학대를 당하거나 폭행을 당한 것에 대해 우리 자신을 비난하지 않는다고 제안한다.

우리는 모두 멋진 인생을 만들어가는 데 책임이 있지만, 많은 사람들이 그들의 슬픔을 통제하는 수단으로서 학대에 대한 자기-비난의 덫에 빠진다. 우리가 해를 끼친 것에 대해 다른 사람들이 책임을 지도록 할 때, 우리는 힘을 얻고 수치심으로부터 우리 자신을 자유롭게 한다.

(9) 우리는 다른 사람들에게 사랑과 감사를 표현하고, 점차 우리에게 주어진 삶의 경이와 축복들에 대해 감사한다.

역경은 우리의 성격과 강점을 시험하지만, 사랑은 우리의 마음을 둘러싼 갑옷을 뚫고 우리를 사랑에로 열어준다. 사랑에 의해 우리의 마음이 뚫려지면 또한 우리의 마음의 고통과 슬픔에로 우리를 열어준다. 사랑은 위대한 치유자이고, 우리의 영과 혼에 연결되어 있다.

하나님이 사랑이라면, 우리의 사랑을 드러내는 것은 주는 자와 받는 자 모두에게 축복이 되는 일종의 기도이다. 마찬가지로, 우리가 우리의 축복들을 기억하고 우리 주변의 아름다움과 경이에 대해 마음을 쓰게 될 때, 우리의 의식을 보다 높은 수준으로 끌어올리게 된다. 이것은 문제를 부인하거나 극단적으로 낙천적인 접근을 취하는 것이 아니고, 오히려 우리 자신에게 우리의 모든 축복들을 상기시키는 것이다.

(10) 우리는 계속해서 우리의 현실을 신뢰하고 날마다 우리가 보는 것을 보고, 우리가 아는 것을 알고, 우리가 느끼는 것을 느낀다는 것을 확인한다.

이 단계는 파괴적인 관계로부터 나 자신을 분리하는 데 도움이 되었다.

우리 자신의 지각을 신뢰하는 것은 우리 자신을 우리의 제한된 역할에 제한시키는 사람들의 눈으로 보도록 훈련시켰던, 내면화된 억압에 대한 해독제이다.

이 단계에서, 우리는 건강한 자아를 세우고 자기-신뢰를 발전시킨다. 나의 동반의존을 치유함에 있어서, 나의 현실을 신뢰하기 시작하고 그것이 다른 사람들에 의해 확인받을 필요가 없다는 것이 중요했다.

기존의 16단계 지원 집단들에 대한 나의 연구에서, 이 단계는 12번째 단계와 함께 의존적이거나 학대적인 관계에 있는 사람들에게 가장 유용한 것으로 고려되었다.

(11) 우리는 적절할 때 즉시 잘못을 인정하고 보상하지만, 우리는 우리가 하지 않은 것들에 대해서 미안하다고 말하지 않고, 우리는 다른 사람들의 단점들을 감추거나, 분석하거나, 혹은 그것들에 대해 책임지지 않는다.

이 단계는 특히 다른 사람들의 여정에 말려들어 있는 우리 자신의 동반의존적인 부분에 적절하다. 우리가 다른 사람에게 피해를 주거나 상처를 주었을 때 미안하다고 말하는 것은 중요하다. 또한 다른 사람들의 행동을 분석하거나 감추거나 그것에 대해 변명함으로써 우리의 에너지를 고갈시키지도 않고 다른 사람들과 융합되지도 않는 것이 중요하다. 다른 사람들을 이해하는 것은 흔히 상황의 현실을 바로 보고, 우리의 느낌들을 표현하며, 그리고 행동을 취하는 것에 대한 방어이다.

(12) 우리는 우리의 지성, 지각, 그리고 자기-가치를 인정해주는 상황들, 직업들, 그리고 사람들을 찾고 우리에게 상처를 주거나, 해가 되거나, 혹은 품위를 떨어뜨리는 상황들 혹은 사람들은 피한다.

> 이 단계는 다른 사람에게 매우 의존적이거나 학대적인 관계 속에 있었던 사람들을 위한 모든 단계들 가운데 중요한 단계이다. 그것은 당신이 사람들을 놓아줄 수 있고 당신이 괜찮다는 것을 알 수 있다는 점을 확인시켜준다.

이 단계에서 사람들은 행동, 생각, 관계, 그리고 에너지 수준 사이를 연결하도록 고무된다. 그것은 우리의 생명력 에너지에 맞추고 우리가 어떻게 그것을 흘러가게 하거나, 그것을 나누어주거나, 다른 사람들로부터 가져오는지에 대해 신경을 쓰는 것과 같다.

이 단계는 빛 에너지가 더 많은 에너지를 만들어낸다는 전제에 기초한다. 그것은 사람들에게 지지가 되고 도움이 되는 사람들 주변에 있으라고 고무한다. 많은 사람들에게 그것은 전혀 새로운 개념이다. 당신은 지지가 되고 재미있는 어떤 사람을 주변에 있도록 선택할 수 있다. 당신이 모든 사람을 "바로 잡아야만" 하는 것은 아니다.

(13) 우리는 우리의 신체를 치유하고, 우리의 삶을 조직하고, 스트레스를 줄이고, 재미있게 지내는 단계들을 밟아간다.

많은 사람들이 무기력, 우울증, 갈망, 그리고 신체 균형 상실(중독 그리고 스트레스가 많은 문화에서 살아가는 삶의 공통적인 증상)의 연관성을 인식하지 못한다. 많은 사람들이 심리적 외상 때문이 아니라 그들의 몸에 다양한 호르몬과 비타민이 고갈되고, 운동이나 적절한 영양을 취하지 않기 때문에 갈망을 갖게 된다.

회복의 이러한 측면은 중독 분야에서 가장 소홀히 하는 것들 가운데 하나이다. 이 단계의 다른 부분은 단순하고 정리된 삶을 유지하는 것이고, 웃음과 즐거움이 우리의 에너지를 촉발시킨다는 점을 기억하는 것이다.

(14) 우리는 우리의 내적 소명을 발견하고 그것을 따르려는 의지와 지혜를 개발하려고 한다.

먼저 우리가 내면의 안내에 귀를 기울이고 우리의 내면의 진실들을 따라서 사는 방법들을 찾는다. 내면의 목소리를 찾는 것은 깊은 수준의 경청을 포함하는 과정이다. 우리의 진실들을 따라서 살기 위해서는 의지, 힘, 그리고 미지의 것에 대한 수용이 필요하다.

(15) 우리는 인생의 굴곡을 우리의 성장을 위한 교훈으로 사용될 수 있는 자연스러운 사건으로 받아들인다.

이 단계에 대한 나의 부제목은 "가볍게 하라. 그것은 중요하지만, 심각하지 않다"이다. 이 단계는 내가 회복의 자기애(또한 새로운 수준의 자기애)라고 불렀던 것을 완화하기 위해서 의도되었다. 내면의 신호들을 인식하는 것도 중요하지만, 많은 사람들은 그들 자신을 지속적인 경계와 회복이 필요하다고 보기 시작한다.

우리에게 일어나는 모든 사소한 기분 변화, 갈등, 혹은 문제에 대해 분석적이고 자기애적이게 됨으로써 삶을 '병리적인 것으로 간주하지' 않는 것이 중요하다. 그것은 균형의 문제이다. 우리의 초점에는 우리의 내면과 외면 사이의 균형을 이루는 것이 필요하다.

우리의 드라마들이 중요하지만, 우주적 계획 속에서 보면, 그것들은 심각하지 않다. 그것들은 가고 온다. 우리는 우리의 드라마들 저변에 있는 우리의 본질을 발견할 필요가 있다.

(16) 우리는 우리가 모든 살아있는 것들과 상호 연결되어 있다는 인식에 있어서 성장하고, 이 땅의 평화와 균형을 회복하는 데 기여한다.

창조신학을 말하면서, 매튜 팍스(Matthew Fox)는 말한다.

> 만약 당신의 가슴과 우뇌의 에너지를 세상의 고통을 없애기 위해서 일하는 데 사용하지 않는다면 가슴과 우뇌를 깨우는 것만으로는 충분하지 않다.

궁극적으로, 우리는 중독과 동반의존의 꼬리표를 넘어서서 보다 넓은 공동체와 다시 연결될 필요가 있다. 우리는 모두 신비로운 피조물들이고, 결국 우리 내면의 영성은 우리가 다른 사람들과 세계 공동체를 위해 우리가 행하는 모든 것에 반영된다.

3. 후기

선생님은 제가 느끼고 있었던 것에 이름을 붙여주셨습니다. 선생님은 저에게 표현할 수 있는 말들을 주셨습니다.

나는 힘 북돋아주기를 위한 16단계와 『여러 개의 길, 하나의 여정』(Many roads, one journey)에 대한 반응으로 거의 2천여 통의 편지를 받았다. 반응들은 여러 주제로 나뉜다. 그 책과 단계들은 전통적인 AA와 다른 12단계 집단들에 대한 불만족과 부조화를 표현했다. 그것들은 사람들에게 그들이 혼자가 아니고, 미치지 않았다고 느끼도록 도움을 주었다.

책과 단계들은 그들이 생각해왔던 것을 정당화해주었고 그들을 자유롭게 해주어서 그들의 회복/발견 여행에 보다 창조적일 수 있게 해주었다. 또 하나의 공통된 반응은 그것이 집단을 떠나고 싶은 것, 혹은 이미 떠난 것에 대한 죄책감을 해소시켜주었다는 것이다. 그러나 또 하나의 반응은 그것이 12단계 모델에 대한 반가운 대안을 제공해주었다는 것이었다.

16단계는 학대 생존자들뿐만 아니라 모든 형태의 중독과 동반의존을 위해 사용되었다. 전국적으로 거의 300개의 16단계 집단들이 생겨났다. 많은 사람들이 왔고 또 떠나갔다. 어떤 집단은 연구 집단, 혹은 단기 집단이었다. 그것들은 몇 가지 치료 프로그램들에 통합되었다. 셀 수 없는 사람들이 중독을 극복하기 위해서 뿐만 아니라 그들의 강력한 자기들을 지지하기 위해서 스스로 그 집단들을 사용했다.

한 워크샵에서 어떤 여성은 나에게 거의 5년 동안 그녀의 가방에 넣고 다녔던 낡은 복사본을 보여주었다.

단계들은 나의 인생에서 새로운 관계로 이어졌다. 나는 뉴질랜드의 마오리치료 프로그램, 16단계를 사용하는, 몬타나주 보즈만 근처 인디언 집단의 오두막집, 그리고 버몬크의 여성 집단의 초대를 받았다.

한 남성 상담사는 최근에 나에게 그가 16단계에 대해 처음 들었을 때는 좋아하지 않았지만 몇 년이 지난 후 AA에서 회복되지 못하고 있었던 여성을 상담할 때 서랍에서 그것들을 꺼냈다고 말했다. 그가 그녀의 얼굴에서 환희를 보았을 때 그리고 그것들이 그녀에게 어떻게 도움이 되었는지 알게 되었을 때, 그는 16단계가 많은 사람들에게 유용한 언어로 말하고 있음을 깨달았다.

사랑과 치유로 가는 우리의 여정에는 분명히 많은 길들이 있다.

참고문헌

Fox, M. (1988). *The coming of the cosmic Christ: The healing of Mother Earth and the birth of a global renaissance*. New York: Harper & Row.
Fox, M. (1983). *Original blessing*. Santa Fe, N.M.: Bear.
Freire, P. (1972). *Pedagogy of the oppressed*. New York: Herder & Herder.
Friedan, B. (1963). *The feminine mystique*. New York: Norton.
Kasl, C. (1992). *Many roads, one journey: Moving beyond the Twelve Steps*. New York: HarperCollins.
Kasl, C. (1989). *Women, sex and addiction: A search for love and power*. New York: Ticknor and Fields.
Keyes, K. (1975). *Handbook to higher consciousness*. St. Mary, Ky.: Living Love Center.
Morgan, R. (1970). *Sisterhood is powerful: An anthology of writings from the women's liberation movement*. New York: Vintage.

제 3부

목회-임상적 그리고 회복의 관점들

제7장 무조건적인 내어맡김
로버트 앨버스

제8장 회복의 영성: 회복은 사랑하는 법을 배우는 것이다
어니 라슨

제9장 도박꾼들을 위한 영성: 도박 회복에서 자존감의 역설
조셉 W. 시아로키

제7장

무조건적인 내어맡김

로버트 H. 앨버스(Robert H. Albers)

    기분을 바꿔주는 물질들에 대한 중독의 발달을 야기하는 상황들이 복잡하기 때문에 하나의 단순한 해결책을 제시하는 것은 어렵다. 역사적으로, 현장에서 일했던 사람들은 중독을 한 사람이 살고 있는 사회적 환경 혹은 모체뿐만 아니라 몸, 마음, 영혼에서의 부정적인 효과를 유발하면서 그 사람 전체에 영향을 미치는 **전인적(全一的) 질병**으로 특징지었다.

    중독의 거미줄에 빠졌던 개인들의 이야기는 강력한 저류처럼 그들을 완전히 휩쓸어버리는, 나선형으로 급락하는 생활방식을 입증하는 자료들로 가득하다.

    이것이 개인만을 괴롭히는 질환 이상의 것이라는 점은 적절히 제시되어왔다. 그것은 사회적 질병일 뿐만 아니라 가족적인 병폐이기도 하다. 사회 도처에 부인(denial)이 만연되어 있기 때문에 사회구조적으로 공모가 있음은 분명하다. 이러한 현상은 체계적인 차원에서 확인되어야만 하고 보다 큰 그림을 다루기 위해서 적절한 행동이 이뤄져야만 한다.

이미 1961년에 공중보건국의 특별위원회는 알코올중독과 관련하여 다음과 같은 권고문을 만들었다.

> 알코올중독자에 대한 포괄적인 치료 프로그램에는 그 사람의 가족과 직접적인 사회적 환경에 대한 고려가 포함되어야만 한다(Blum, 1967, p. 275).

'직접적인 사회적 환경'을 넘어 하나의 전체로서의 사회를 포함하고 사회적 태도들을 다루는 보다 넓은 시야에까지 그 관심이 미쳐야만 한다.

본장의 목적과 의도는 더욱 큰 그림을 다루는 것이 아니라, 직접적인 사회적 환경을 중독에 대한 그림이 그려지는 중요한 배경으로 염두에 두는 것이다. 병인, 진행과정, 개입, 치료든 혹은 사후관리이든 이러한 현상에 대한 많은 관점들 가운데 중독을 다룸에 있어서 유익했던 한 가지가 설명될 것이다.

더구나, 목회신학자로서 나는 그 관점에 내 자신의 전통으로부터 생겨난 성경적이고 신학적인 기여들을 통합할 것이다. 중독으로 인해 고통 받고 있는 사람의 영성은 그것의 전개와 해결에 있어서 없어서는 안 되는 부분이기 때문에 이러한 차원을 엮여진 보다 큰 양탄자에서 중요한 것으로서 초점을 맞추는 것이 현명해 보인다.

"무조건적인 내어맡김"이 중독과 관련될 때 지속적인 이론 및 신학의 발전뿐만 아니라 문헌에도 유용한 도움을 제공할 수 있다고 소망하고 기도하는 마음으로 일반적인 제목 아래 다뤄지는 특별한 관점을 설명하는 데 다양한 원천에서 나온 자원들을 활용할 것이다.

1. 영성의 특성

　유대-기독교 전통을 대표하는 우리들은 전인적 질병인 중독으로 인해 고통을 받고 영향을 받고 있는 사람들에 대한 진단, 치료, 그리고 사후관리에서 영성생활이 중요하다고 진술한 것에 대해 익명의 알코올중독자모임과 다른 12단계 집단들의 창시자들에게 진심으로 동의한다.
　회복에 대한 현존하는 문헌은 대부분의 회복의 계획에서 영성이 중심이 됨을 지적한다. 영성이라는 말을 사용하는 데 있어서 어려움은 그것이 다중적인 의미를 가질 뿐만 아니라 다양한 상황과 문화에서 다양한 사람들에게 미묘한 차이가 있다는 것이다.
　그것이 파악하기 어려운 용어이기 때문에 적절히 정의될 필요가 있다. 그것은 우리가 모든 상황과 경우에 충분할 명확한 정의를 제공할 수 있다는 말이 아니라, 그 용어를 사용할 때 의도되고 포함되는 것에 대해 개념적으로 분명히 하는 것이 필수적이라는 말이다.
　치료 분야에서 영성은 흔히 종교와 현저하게 대조되고 심지어 반대되는 것으로 간주된다. 주어진 인상은 종교가 시대에 뒤진 의례, 효력이 다한 형식들, 둔감한 신념체계들의 영역으로 밀려났다는 것이다. 다른 한편, 영성은 역동적이고, 활기차고, 교리와 구조 및 형식의 덫에 얽매이지 않는다.
　역사적으로, 거의 모든 종류의 제도화된 종교는 그러한 양분된 사고의 존재를 설명해줄 수 있는, 중독에 의해 고통을 받고 영향을 받고 있는 사람들을 치료하는 데 선명한 업적을 남기지 못했다. 종교와 영성을 관계없고 다른 두 개의 실체라고 주장하는 것은 결국 양자 모두에 손해가 되었다.
　익명의 알코올중독자모임은 그 조직의 문헌에서 회복 중인 사람들에게 그들의 종교적인 뿌리들을 다시 한 번 발견하고 그 전통과 AA 프로그램을 서로 반대되는 것으로 보기보다는 전인에 대한 전체 치유(total healing)를 위해 그것들을 활용하도록 제안하고 격려한다.

다른 사람들의 견해에서, 영성은 사람들이 하나님께 더욱 가까워지게 되는 특별한 신앙심 혹은 심지어 경건 훈련과 관계가 있어야만 한다. 주도권은 구도자에게 있고, 구도의 과정에서 그 사람은 하나님과 관계하는 기쁨을 발견한다. 언뜻 보기에 이것은 형식에 충실한 것으로 보이겠지만, 많은 사람들에게 끊임없이 제기되는 질문들이 남는다.

나는 언제 충분했었는가?
나의 영성은 최선의 것인가?
그 이상의 어떤 것 혹은 내가 놓치고 있는 어떤 것이 있는가?

책임의 무거운 짐은 전적으로 개인이 진다. 그 사람이 참되거나 온전한 영성에 이르게 되었는지 아닌지를 궁극적으로 측정할 수 있는 그 어떤 표준 척도도 없다.

다른 사람들에게, 영성은 자기 자신, 즉, 다른 사람들 및 세상과 관계하는 삶에서의 자신의 위치나 성향에 대한 '좋은 느낌'으로 규정되는 것 같다. 다른 말로 하면, 그것은 대부분 정서적으로 주관적인 웰빙 경험에 달려있다.

따라서 영성은 오로지 개별적인 자기 자신에게 근거를 두는 사유화되고 개별화된 활동이 되었다. 인간 존재로서, 우리는 우리 자신을 발견하는 상황들에 의해 영향을 받음에 따라 기복을 경험하면서 우리의 정서적 흐름에 지배를 받는다. 우리의 정서를 포함해서 우리의 존재 전체는 영성의 필수적인 부분이고, 유사시에 우리의 정서적인 동요가 일어나면 우리는 부족함을 느끼게 될 수 있다.

영성의 다차원적인 특성 때문에, 그 말은 한정적인 정의보다는 서술적인 분석에 더 알맞을 수 있다. 브래드 홀트(Brad Holt) 박사(1993, p. 5)가 쓴 다음의 단락은 영성의 본질을 잘 표현하였다.

> 기독교적 관점에서 볼 때, 영성에 대해서 이해할 때 우리는 그것의 뿌리가 되는 용어이자 중요한 성경의 단어인 영(spirit)의 중요성을 인식해야 한다. 히브리어와 헬라어 모두에서 호흡, 바람, 그리고 영에 같은 단어(각각 루아흐와 프뉴마)가 사용된다. 성경은 인간의 영과 성령을 모두 언급한다. 영을 어떻게 이해하는가에 따라서 영성을 어떻게 이해하는가가 결정될 것이다.
> 예를 들어, 만약 영이 물리적 실체로부터 분리되어, 인간 경험의 일상적인 삶 이외에 그 자체의 영역에 있다면, 이로 인해 나온 영성은 다른 세상으로의 도피가 될 것이다. 그러나 만약 요한복음에 나타나듯이 하나님이 세상을 선하게 창조하셨다면, 그리고 이후에 육신이 되셨다면, 영은 물리적인 존재와 공존할 수 있는 실체의 한 차원이다. 인간은 나뉘지 않고, 오히려 몸, 마음, 그리고 영의 단일체이다. 결과적으로 영성에는 훨씬 더 전인적이고 실제적인 의미가 있다. 그것은 인간의 삶 전체를 포함하고 문화, 교단, 성격, 그리고 은사에 따라서 다양한 방식으로 발달할 것이다.

영성에 대한 나의 이해는 하나님, 다른 사람들, 자연, 그리고 자기 자신과의 관계 속에 있는 전인에 대한 전인적인 개념에 달려있다. 중독과 회복의 주제들을 다루는 데 중요한 결론의 몇 가지 의미들은 이러한 이해로부터 나왔다. 영성의 주요한 특성들이 제시될 것이고, 그것들의 중요성과 그 질병에 대한 전인적인 이해에 적용될 수 있는 가능성과 회복 과정이 설명될 것이다.

1) 영성은 하나님의 실재성과 주도권에 깊게 결부되어 있다.

성경적인 전통에는 하나님께서 존재하실 뿐만 아니라 관계적이고 피조세계와의 관계 속에서 주도권을 행사하고 계시다는 증거가 가득하다. 이사야서에는 하나님께서 이스라엘의 선택에서 수립하셨던 일방적인 언약의 예가 다음과 같이 아름답게 표현되어 있다.

> 그러나 나의 종 너 이스라엘아 내가 택한 야곱아 나의 벗 아브라함의 자손아 내가 땅 끝에서부터 너를 붙들며 땅 모퉁이에서부터 너를 부르고 네게 이르기를 너는 나의 종이라 내가 너를 택하고 싫어하여 버리지 아니하였다 하였노라 두려워하지 말라 내가 너와 함께 함이라 놀라지 말라 나는 네 하나님이 됨이라 내가 너를 굳세게 하리라 참으로 너를 도와 주리라 참으로 나의 의로운 오른손으로 너를 붙들리라(사 41:8-10).

인칭대명사 '나'를 반복해서 사용하는 것을 보면 이 관계의 주도권은 하나님에게 있다는 것이 독자들의 마음에 의심의 여지가 없다. 요한의 전통에 따르면 제자들의 선택에 있어서 예수님의 주도권에 대해 독자들에게 분명한 메시지를 남긴다.

> 너희가 나를 택한 것이 아니요 내가 너희를 택하여 세웠나니 이는 너희로 가서 열매를 맺게 하고 또 너희 열매가 항상 있게 하여 내 이름으로 아버지께 무엇을 구하든지 다 받게 하려 함이라(요 15:16).

요한복음에 나타난 부활절 이후의 내러티브에서도 마찬가지로 제자들의 영성은 그 기원이 부활하신 그리스도께 있음이 강조되어 언급된다.

> 예수께서 또 이르시되 너희에게 평강이 있을지어다 아버지께서 나를 보내신 것 같이 나도 너희를 보내노라 이 말씀을 하시고 그들을 향하사 숨을 내쉬며(엠푸사오, 성령을 전달하는 수단으로 사용됨) 이르시되 성령을 받으라 (요 20:21-22).

뒤에서 살펴보겠지만, 유대-기독교 전통의 영성이 하나님에게만 견고히 뿌리를 내리고 있다는 점은 회복 과정에 중요한 의미를 가진다. 기독교적 관점에서 볼 때, 그것은 단지 "어떤 신"이 아니라 창조 속에서 계시되고, 그리스도와 성령의 역사 속에서 가장 명확하게 나타난 은혜와 사랑의 하나님이시다.

2) 영성은 관계를 중심으로 한다.

자주 인용되는 은유를 사용하자면, 관계에는 수평적인 차원뿐만 아니라 수직적인 차원도 있다.

먼저 수직적인 차원을 살펴보면, 하나님은 인간과 이러한 사랑과 수용의 관계를 맺으심에 있어서 주도권을 행사하시고 인간은 감사함으로 반응한다. 성경의 이야기는 은혜의 하나님이 모든 피조물과 관계를 맺으시고 그것을 유지하시려는 은혜로운 하나님의 활동을 기록한 수세기에 걸친 이야기이다.

성경의 내러티브들은 하나님-인간의 만남을 역사를 통해서 물결치듯이 나타났던 선택, 배교, 용서, 소원, 그리고 화해의 파란만장한 관계로 묘사한다. 인간은 빈번한 불신을 나타냈지만, 하나님은 확실한 약속을 제시하셨고 항상 신실하셨다. 하나님의 신실하심에 대한 이러한 약속은 하나님과 사람들의 파란만장한 관계의 역사를 통해서 종종 표현된다.

시편 기자는 애매하게 표현하지 않고 다음과 같이 기록한다.

> 여호와께서는 자기 백성을 버리지 아니하시며 자기의 소유를 외면하지 아니하시리로다(시 94:14).

인간이 겪을 수 있는 모든 부침을 차례로 열거하고 난 뒤에 다음과 같이 말할 때 사도 바울의 확신은 최고조에 달했다.

> 그러나 이 모든 일에 우리를 사랑하시는 이로 말미암아 우리가 넉넉히 이기느니라 내가 확신하노니 사망이나 생명이나 천사들이나 권세자들이나 현재 일이나 장래 일이나 능력이나 높음이나 깊음이나 다른 어떤 피조물이라도 우리를 우리 주 그리스도 예수 안에 있는 하나님의 사랑에서 끊을 수 없으리라(롬 8:37-39)

중독의 고통을 겪고 있는 사람들에게, 그들이 누구이고, 무엇을 했는지, 혹은 어디에 있었는지에 관계없이 모든 인간들과 관계하기를 원하시고 그렇게 하기로 결정하신 하나님의 이러한 약속들은 회복 과정에 너무나도 필요한 수용의 결정적인 부분이다. 영성은 인간들을 위해서 그들이 스스로 할 수 없는 것을 하실 수 있고, 그것을 하시는 하나님에 초점을 맞추는 것과 더불어 매우 관계적이다.

하나님의 제안에 대한 인간의 반응은 감사와 찬양이다. 하나님 혹은 우리보다 위대하신 힘과의 관계는 기도와 묵상에서 조성된다. 12단계 프로그램의 11번째 단계에 이것에 대한 지시가 있다. 여기에서는 회원들에게 기도와 묵상을 통해서 하나님과의 의식적인 접촉을 증진시키라고 한다.

하나님과의 영적/관계적인 삶은 감사, 묵상, 기도, 그리고 찬양에서 조성된다. 이것들은 하나님과 인간의 관계라는 선물을 풍성하게 조성하기 위한 수단들로 제공되는 "영적인 도구들"이다.

감사는 무기력에 대한 보호수단이다. 기도는 회복이 단지 인간의 일이라는 유해한 생각에 대한 해독제이다. 묵상은 우리가 하나님이 행하시고 주신 모든 것에 대해 숙고할 수 있는 기반을 제공해준다. 영성은 기도와 묵상에서 하나님과의 관계를 드러낸다. 영성에는 또한 수평적인 차원이 있다.

3) 영성은 공동체 안에서 경험된다.

영성의 본질이 하나님과의 관계에 기초한다면, 영성의 표현은 공동체 안에서 경험된다. 개인들이 특별한 신앙을 실천할 수 있고 확실히 실천하고, 혹은 그들 자신의 성장이라는 점에서 의미를 발견하는 영적 훈련을 할 수 있지만, 유대-기독교 전통의 증거는 영적인 삶은 공동체 안에서 발견된다는 것이다.

성경에 개인들에 대한 이야기들이 있지만, 그들은 그들이 살아가고 움직이고 존재하는 공동체적 환경으로부터 분리해서 생각되지 않았다. 히브리 성경의 집단인격개념은 서구사회의 개인주의적 지향과는 상반된다. 초기 기독교인에게 공동체 생활의 중요성은 사도행전에 간명하게 요약되어 있다. 여기에서 공동체 활동은 사도들의 가르침, 교제, 떡을 떼는 것과 기도에 힘쓰는 것으로 묘사된다(행 2:42).

안전, 수용, 참여, 가치, 그리고 중요성에 대한 의식을 불러일으키는 이러한 공동체적 관계의 결속은 초기 기독교 공동체의 삶에 중심이 되었다. 공동체적 구조가 갈등이나 어려움들을 막아주지는 못하지만, 거기에는 자기 자신보다 더 위대한 무엇인가에 "속해있는 것"이 자신의 정체성을 이해하는 데 가장 중요하다는 의식이 있다.

단주 동료집단에게 중요했던 관계는 중독으로 인해 고통받고 있는 사람들의 지속적인 회복 과정에도 역시 필수적이다. 게다가, 중독 과정에 의해 부정적으로 영향을 받고 있는 다른 중요한 사람들도 모두 공동체적인 환경에서 그들의 위안과 지지를 발견한다. 따라서, 회복 과정에 기능적으로 도움이 되는 어떤 영성에도 이 중요한 요소가 있다.

4) 영성은 화해에 뿌리를 두고 있다.

보편적인 인간의 조건은 고립, 소외, 그리고 깨어짐으로 특징지어질 수 있다. 대부분의 사람들의 마음속에는 삶의 여정에서 흩뿌려진 상처를 싸매고, 치유하고, 회복하려고 하는, 깊이 경험된 바람이 있다.

다시 한 번 말하자면, 화해의 과정은 하나님의 행동에 의해 가능하게 된다. **욤 키푸르**(속죄일)에서 정점에 이르는 히브리 성경의 희생제는 화해를 일으키는 의례뿐만 아니라 하나님의 백성과의 화해에 대한 하나님의 바람의 증거이다.

성경의 출애굽기와 레위기 전통은 하나님과의 화해 혹은 속죄(at-one-ment, 하나가 됨)가 이뤄지는 방식에 대해 가르쳐준다. 백성의 죄는 레위기 16장에 정해져있는 것처럼 규정된 이 의례를 통해서 덮여지고(**카파르**) '희생양'(**아자젤**, 떠나보내기 위한 양)을 통해서 상징적으로 공동체로부터 제거된다.

거기에는 창조주로부터의 소원과 소외는 불순종한 피조물에 의해 일어났고, 속죄 규례를 통한 화해가 필요하다는 인식이 있다. 하나님으로부터 떨어져있는 것은 하나님의 백성의 존재를 가장 위협하는 불안과 공포이다.

같은 주제가 신약성경, 특히 바울 서신에 나타난다. 모든 사람이 죄를 범하여 하나님의 영광에 이르지 못했기 때문에(롬 3:23), 그리스도의 인격 안에서 화해의 과정에 다시 한 번 영향을 미치는 데 하나님의 주도권이 행사되었다(롬 5:10). 이러한 진리가 중심이 된다는 점에 대한 인식은 고린도후서 5:18-19에서 사도 바울에 의해 가장 감동적으로 진술되었다.

> 모든 것이 하나님께로서 났으며 그가 그리스도로 말미암아 우리를 자기와 화목하게 하시고 또 우리에게 화목하게 하는 직분을 주셨으니 곧 하나님께서 그리스도 안에 계시사 세상을 자기와 화목하게 하시며 그들의 죄를 그들에게 돌리지 아니하시고 화목하게 하는 말씀을 우리에게 부탁하셨느니라 (고후 5:18-19).

히브리 성경의 이 주제는 에베소서 2:16과 골로새서 1:20-21에서 나타난다. 여기에서 화해 혹은 속죄는 동물 희생의 의례를 통해서가 아니라 십자가의 희생을 통해서 이뤄진다.

죄로 인해서 창조주와 피조물 사이에 관계가 회복되고 평화가 우세하기 위해서 메워져야만 하는 틈 혹은 간격이 생겨났다. 기독교적인 선포의 복음(유앙겔리온)은 하나님께서 그 틈을 메우는 데, 즉 하나님으로부터 인류를 분리시키는 간격을 메우는 데 주도권을 행사하셨다는 것이다.

하나님의 은혜의 기적으로 인해서 회복된 용서의 관계와 "새로운 생명"에 대한 약속이 가능해졌다. 용서 받은 사람은 화해가 되거나 다시 하나님, 다른 사람들, 자연 그리고 자기와 **하나됨**(at-one-ment)을 경험하는 사람이다.

다른 이미지를 사용하자면, 성 어거스틴이 매우 강조해서 언급했듯이 인간의 마음을 괴롭히는 불안은 인간의 마음이 하나님 안에서 쉼을 얻을 때까지는 개선되지 않는다. 인간의 삶의 공허는 채워질 필요가 있고 그 공허함은 포만에 의해 채워지지 않는다. 폴 틸리히(Paul Tillich)는 그의 책 『존재의 용기』(The Courage to be, 1952)에서 우리의 시대를 불안과 무의미함의 시대로 특징지었다.

초조함, 걱정, 그리고 공허함으로 나타나는 그 실존적인 불안은 하나님의 "채우심," 인간의 영에 성령이 내주하심으로만 채워진다(요 4:13-14). 그럴 때 인간의 목마름은 영생하도록 솟아나는 생수의 샘물에 흠뻑 적셔질 수 있다. "마음에 구멍"이 있다는 것은 중독 경험을 설명하기 위해서 많은 중독자들에 의해 사용되는 은유이다. 거기에는 선택해야 할 약물과의 관계를 제외하고 모든 중요한 관계들이 피폐해짐으로써 나타나는 공허가 있다.

그 결과로 나타나는 고립은 삶의 주류로부터 단절되고, 고립과 어둠이라는 실존에 몰리게 되는 독방 감금과도 같다. 하나님, 다른 사람들, 자연, 그리고 자기와의 화해를 가져오는 영성은 중독 상황에서 경험되는 고립된 실존에 필요한 해독제이다.

2. 진단 과정에서의 영적인 고려

중독이 전인적인 현상이라는 사실과 중독자의 영적 상태가 중요한 현실이라는 사실을 감안한다면, 중독자들에 대한 "영적 평가"는 그 질병을 이해하는 데 중요한 요인이다. 편의상, 이 글에서는 알코올중독이 중독의 범주가 될 것이다.

일반적으로 중독에 적용될 수 있는 많은 일반적인 특징들이 있지만,

각각은 독특하게 표현된다. 언뜻 보기에 알코올중독이 미국에서 가장 만연된 중독 현상이기 때문에, 이 글에서는 그것이 대표적인 중독이 될 것이다.

많은 치료센터들에서는 슬픔, 학대, 죄책감, 고통, 수치심, 그리고 깨어진 관계들을 포함하는 두드러진 영적 주제들뿐만 아니라 하나님, 신앙공동체, 삶의 의미와 목적에 대한 그 사람의 이해를 명확히 하기 위해서 다양한 형태의 영적 평가를 사용할 것이다.

젤레닉(E.M. Jellenik, 1960)에 따르면, 그 질병의 징후가 다양하기 때문에 전형적인 알코올중독자에 대해 기술하는 것은 불가능하다. 중독자의 프로필은 경제적, 사회적, 그리고 정치적 고려 사항들뿐만 아니라 성별, 연령, 문화, 민족적 배경, 성별 지향, 종교, 그리고 인종과 같은 다양한 요인들에 달려있다. 역기능성은 알코올중독자의 영성을 포함하여 그 사람의 삶의 전반에서 명백하다.

중독자들의 대부분의 이야기들에 널리 퍼져있는 것 같은 공통된 주제는 소외와 고립의 주제이다. 이것은 전체 피조물뿐만 아니라 하나님, 다른 사람들, 그리고 자기와의 관계에서 경험된다. 폴 틸리히는 이것이 인류의 기본적인 상황이라고 주장한다.

> 실존의 상태는 소외의 상태이다. 사람은 그의 존재의 기반으로부터, 다른 존재들로부터, 그리고 그 자신으로부터 소외되어 있다(Tillich, 1957, p. 60).

존 켈러(John Keller, 1966)는 이것이 인간 존재가 경험하는 가장 의식적인 불안이 아닐 수는 있지만, 신학적으로 그것은 가장 기본적이라고 말한다. 고립은 보편적인 인간의 상황이고 따라서 중독자에게만 독특한 것은 아니다. 이러한 상황은 그 사람의 '질병'을 유발한다.

중독자를 위해 영적으로 말하자면, 기본적인 소외와 불안 상태는 이러한 두려운 현실에 대해 자기 자신을 마비시킴으로써 해소된다. 자주 가정되었던 것처럼, 알코올은 문제가 아니다. 그것은 삶의 도전에 대한 해결책이다. 그러나 이 해결책은 착각을 일으키고 덧없는 것이다. 그 사람이 술 취하지 않을 때 현실을 다루는 것은 두 배로 어려워진다. 실존적인 불안과 소외는 남아있고 그 상황이 자책감, 죄책감, 그리고 수치심에 의해 복잡해지고 악화되기 때문이다.

영적 진단이라는 면에서 볼 때, 삶의 의미와 목적에 대한 불안을 야기하는 소외와 고립의 현상은 진단, 치료, 그리고 회복 중인 사람들의 사후 돌봄에서 다뤄지는 중요한 주제이다.

치료 센터에서 원목으로서 내 자신의 경험과 회복 중인 사람들과의 대화에서, 소외의 주제는 이러한 상황에 수반되는 부수적인 문제들과 함께 되풀이되는 주제이다. 영적 평가는 소외와 고립의 상태에 있는 다양한 관계들을 측정하는 데 도움이 된다.

알코올중독자가 이러한 현실을 의식의 어떤 수준에서 인식하게 되면, 자신의 유한성을 부인하고 자기 신격화에 빠짐으로써 그 상황을 수정하려는 헛된 노력을 한다. 틸리히는 언급한다.

> 모든 사람에게는 하나님처럼 되고자 하는 숨겨진 욕망이 있고, 따라서 그들은 자기-높임과 자기-긍정 속에서 행동한다(1957, p. 51).

임상적인 용어로 표현하자면, 이것은 흔히 과대성(grandiosity)의 현상으로 일컬어진다. 심리학적으로, 그것은 깊은 부분들에 대한 방어기제로 이해된다. 신학적으로 말하자면, 그것은 하나님처럼 되려고 하는 시도이다.

> 알코올의 영향으로 인해 신성은 도달할 수 있는 것처럼 된다. 사람이 술 마시는 것에 본질적으로 초인간적인 위업을 이룰 수 있는 능력을 부여할 때, 거기에는 삶의 위급함을 넘어섰고, 자신의 행동에 있어서 전능하고, 자신의 지식에 있어서 전지하다는 거짓-초월감이 생겨난다(Albers, 1982, p. 304).

'하나님처럼' 되고자 하는 창세기 3장의 오래된 시험은 의미를 찾으려는 헛된 시도이지만, 그것은 처음부터 실패할 수밖에 없었다. 피조물은 창조주와 혼동될 수 없다.

신성의 수준이 가져다 줄 것으로 생각되었던 모든 권리, 특권, 통제력을 획득하는 데 비참하게 실패했기 때문에 더 많은 영적 분석을 통해서 극도의 반항 현상이 드러날 수 있다. 알코올중독 치료의 초기 의학의 개척자였던 실만(L. S. Sillman) 박사는 성격학적 분석을 통해서 알코올중독자들을 과대적인 성격과 반항적인 성격의 두 가지 범주로 분류했다(Tiebout, 1944a, p. 469).

반항은 흔히 중독자의 전존재에서 암처럼 먹어치우는 숨겨진 분노의 공공연한 표현이다. 그것은 알코올중독자의 비참한 상황에 대해 책임이 있다고 주장되는 하나님에 대한 분노일 수 있다. 그것은 그들을 실망시키거나, 포기하거나, 혹은 무시했던 다른 사람들에 대한 분노일 수 있다.

그러나 그 사람의 상황에 대해 경멸하고, 그 상황에 대해 어떤 일을 하는 것도 무력하게 느끼기 때문에 흔히 그것은 자기 자신에 대한 분노이기도 하다. 도전적인 반항으로 모든 사람과 모든 것을 비난하는 것은 그 개인의 **행동방식**이 되었다. 자기애가 만연하고 자아중심성이 하나의 생활방식이 되었고, 실제적인 혹은 상상된 형태의 모든 권위에 대한 반항이 팽배하다.

알코올중독이라는 질병과 연관된 이러한 모든 영적 징후들의 가장 중요한 부분은 소외와 고립의 주제와 이런 상황을 자기 자신의 노력으로 극복하려는 헛된 시도이다. 하워드 클라인벨(Howard Clinebell)은 이 주제를 다음과 같이 잘 요약하였다.

> 중독자는 종교적이거나 유사종교적인 방식으로 자신의 실존적 불안을 처리한다. 그의 종교적인 욕구들에는 초월 경험에 대한 욕구, 자신의 실존에서의 의미감과 가치감에 대한 욕구, 그리고 삶에 대한 깊은 신뢰감과 친근감에 대한 욕구가 포함된다. 알코올중독자의 질환이 진행되면서, 그는 점차 그의 종교적 욕구의 세 가지 측면을 모두 알코올로 처리하려는 경향이 있다. 그것은 일종의 신비로운 삶, 그의 가치-진공상태(Frankl)를 채워줄 최고선, 사람들에 대한 일시적인 신뢰감과 친밀감을 제공해준다. 알코올은 두 얼굴을 가진 신이다. 그것의 숨겨진 얼굴은 악마의 것이다(Clinebell, 1962 p. 44).

이미 지적되었듯이, 중독은 어떤 하나의 원인이나 징후로 축소될 수 없는, 다양한 측면을 가진 복잡한 현상이다. 만약 우리가 영적인 차원을 그것의 병인, 발달, 치료에 있어서 중요한 요인으로 진지하게 받아들인다면, 하나님과의 관계에서 인간의 상황의 본질이 중심적인 고려 사항이다.

이 글의 앞부분에서 설명되었듯이 영적인 평가는 건강한 영성의 요소들이 간과되거나 심하게 왜곡될 수 있다는 사실을 보여줄 수 있다. "영적 진단"은 이 질병의 의학적, 심리적, 사회적 측면들만큼이나 중요하다. 중독은 하나님이 아니라 자기에게 견고하게 뿌리를 내리고 있는 거짓-영성을 만들어낸다.

건강한 영성에서 필수적인 관계성이 간과되고, 다른 사람들과의 공동체적인 연대도 마찬가지이다. 소외와 고립이 하나님, 다른 사람들, 자기, 혹은 피조세계와의 화해 혹은 하나됨에 대한 어떤 의식도 대체해버렸다. 하워드 클라인벨은 중독이 스스로의 생명력을 갖고 있고 중독된 사람의 모든 것을 소멸하는 열정이 되었기 때문에, 신학적으로 그것은 **우상숭배**로 가장 정확하게 설명된다고 통찰력 있게 주장했다.

> 이러한 우상숭배에서 비롯된 하나님으로부터의 고립은 인간의 외로움과 불안의 근원이다. 인간은 그 자신을 우주의 중심으로 만듦으로써, 그 자신을 창조주 및 나머지 피조물과 진정한 관계가 조성될 때에만 이뤄질 수 있는 자기 자신의 실현으로부터 멀어지게 했다(Clinebell, 1968, p. 171).

중독의 수렁에 빠지면, 상당한 변화가 없는 한 가차 없이 절망과 궁극적으로는 죽음의 심연으로 끌려들어가는 것은 불가피해 보인다. 생명이 우세하려면 완전한 변형 혹은 변화가 필수적이다.

3. 변화 과정에서의 영적인 고려사항

중독자에게 중독 과정의 마지막 결과는 4가지이다.

(1) 법적인 연루로 인한 구속
(2) 알콜성 정신증의 결과로서 정신병원 감금
(3) 알코올중독의 결과로서 상황과 관련된 사고나 질병으로 인한 죽음
(4) 회복

이러한 "여러 가지 선택"이 있다고 한다면, 대답은 분명할 것으로 보인다. 그러나 실제의 선택은 그렇게 단순하지 않다. 통계적으로 보면, 열 명에 한 명 정도만이 그 질병으로부터 회복된다. 회복율이 그렇게 낮은 이유에 대해서는 여러 가지 요인들이 결합된 것으로 인용될 수 있다.

이유들은 중독의 그림이 그려지는 보다 큰 캔버스로서의 보다 큰 체계나 사회의 현실에서부터 보다 작은 많은 공동체와 가족 단위들, 개별적인 자기 자신에까지 이른다. 영향을 주지 않는 것에 집착하기보다는 영향을 주는 것에 초점을 맞추는 것이 현명해 보인다. 나의 논지는 영적인 차원이 알코올중독자를 속박하는 족쇄를 풀어내는 데 중요한 열쇠라는 것이다.

회복을 일으키는 변화 과정은(인식이 되었든 그렇지 않든) 하나님의 은혜라는 것은 근본적인 신학적 확신이다. 은혜에 대한 기본적인 정의는 익명의 알코올중독자모임의 『빅 북』을 통틀어서 "하나님께서 우리들이 스스로 할 수 없는 것을 우리를 위해서 하셨다"라는 고백과 함께 다양한 방식으로 여러 곳에서 단순하게 표현되었다.

한 사람이 거룩한 은혜의 작용에 완전히 열려지게 되는 과정에 대한 설명은 엄청난 주제이다. 하나님의 개입으로 향하는 문을 열어줄 수 있는 열쇠는 **고통**이라고 흔히 주장되었다. 알코올중독적인 체계는 무엇인가가 간절한 그런 정도의 고통이 있을 때까지 온전히 남아있다.

조셉 마틴(Joseph Martin)은 언젠가 한 성직자 집단에서 했던 발표에서 알코올중독자들과 그 가족들에 대한 하나님의 가장 큰 선물은 고통이라고 명확하게 말했다. 그것 때문에 우리는 결국 행동하게 된다. 그러나 우리는 **고통을 견뎌낼 수 있는 인간의 능력을 절대로 과소평가해서는 안 된다!**

요점은 그러한 극도의 고통을 야기하는 위기가 알코올중독으로 인해 고통 받고 영향을 받고 있는 이들의 삶 속에서 하나님의 은혜가 작용할 수 있는 기회의 창으로 이해되어야만 한다는 것이다.

만약 부적절하게 다뤄지면, 그것은 보다 큰 절망과 어둠으로 이어질 수 있기 때문에 변화 과정에서 그러한 고통을 처리하는 것은 중요한 주제이다. 그러나 그것이 적절하게 활용된다면 이전에는 어떻게 할 수 없었고 그래서 도와줄 수 없을 것 같았던 다루기 어려운 체계를 금이 가게 해서 열어주는 망치가 될 수 있다. 폴 존슨(Paul Johnson)은 그것을 다음과 같이 잘 표현하였다.

> 욕구가 절실해지면 우리가 흔히 하는 방어들과 미약한 노력들보다는 더 큰 자원이 요청된다. 반쯤 밖에 되지 않는 신들(half-gods)이 사라지면, 우리는 그 누구도 우리의 궁극적인 관심에 적합하지 않을 것이라는 사실을 이전 어느 때보다 깨닫게 되면서 궁극적인 그분에게 의지한다(Johnson, 1959, p. 108).

고통 혹은 위기 그 자체가 변화를 일으키지는 않는다. 오히려 그 고통은 하나님의 은혜를 향해서 한 사람의 마음을 열어주는 기제가 된다.

변화 과정에 대한 묘사적인 분석은 알코올중독자 치료에서 선구자적인 정신과 의사인 해리 티보(Harry A. Tiebout) 박사에 의해 설득력 있게 약술되었다. 티보는 후세를 위해 그다지 많지 않은 논문들을 유산으로 남겼지만, 내 견해로는 그것들이 중독 상황과 회복 과정을 매우 잘 해석했다.[1]

그는 알코올중독자를 위한 도움의 궁극적인 원천은 본질적으로 영적

---

1 그 주제에 대해 보다 철저하게 다룬 것은 나의 학위논문을 참조하라(Albers, 1982). 또한 Robert H. Albers, "Spirituality and surrender: A theological analysis of Tiebout's theory for ministry to the alcoholic," in *Journal of Ministry in Addiction and Recovery*, 1(2), 47-68을 보라.

이며, 필요로 하는 것은 그 사람이 힘과 통제에 대한 모든 환상들을 철저하게 내려놓는 회심의 경험이라는 결론에 이르렀다. 그의 접근방식의 근본적인 주제는 "무조건적인 내어맡김"(unconditional surrender)이라는 말로 가장 간결하게 요약될 수 있다.(회복운동에서의 티보의 역할에 대한 더 많은 설명을 위해서는 모건의 제1장을 보라.)

그의 환자들을 관찰하면서, 그는 삶에 대한 그들의 태도와 접근에 있어서 설명할 수 없는 변화를 목격했다. 이러한 신비한 회심은 어떤 과학적인 방법으로도 실증적으로 입증될 수 없었다. 오히려 그것은 한 사람의 존재의 중심에서 일어난 존재론적인 변화에서 기인한 생활방식의 급격한 반전이었다. 독자들에게 티보가 관찰했던 것의 맛을 보여주기 위해서 그의 묘사적인 문장들 가운데 하나를 인용해본다.

> 전면적으로 성격이 변하면서 그 벽이 갑자기 사라질 때, 종교에 정통한 사람들이 "힘의 방출"이라고 말하는 독특한 현상이 나타난다...갈등, 긴장, 의심, 불안, 적대감, 모든 것이 마치 아무 것도 아닌 것처럼 사라지고 개인은 하나님, 사람들 그리고 모든 우주의 창조적인 힘들과의 교제 속에서 안전하다고 느끼는 고양된 단계에서 자기 자신을 발견한다(Tiebout, 1944b, p.1).

『익명의 알코올중독자들』(Alcoholics Anonymous, 1955)의 1장 "빌의 이야기"에서 기술되었듯이, 그 과정은 즉각적으로 이뤄지는 엄청난 변화의 형태를 취할 수 있다. 더 많은 경우, 그것은 삶의 점진적인 재각성, 회복, 재건이다.

다른 방식으로 말하자면, 그 과정은 무조건적인 내어맡김이라는 하나의 비상한 회심 경험이라기보다는 하나님의 은혜가 그 질병의 억제에 영향을 미치고 그 결과로 무조건적인 내어맡김이 이뤄지기 전에 나타나는 일련의 '작은 내어맡김들'일 수 있다. 그 과정이 어떠하든, 티보는 "그 경험을 이해하기 위한 열쇠는 내 생각에 회심의 스위치를 작동시키는 내어맡김의 행위에서 찾을 수 있다"라고 주장했다(Tiebout, n.d., p. 2).

가장 중요한 것은 무조건적인 내어맡김을 통해서 회심을 경험했던 사람들의 삶에서 그가 보았던 것에 대한 이러한 예리한 통찰이다.

> 내어맡김의 행위에 대하여, 나는 이 점을 강조하고 싶다. 그것은 환자가 그렇게 하기를 원한다 하더라도 되어 지지 않는 무의식적인 사건이다. 그것은 무의식적인 마음에 어떤 특성을 가진 개인이 어떤 상황에 연루되었을 때만 일어날 수 있다(Tiebout, n.d., p. 3).

영적 관점에서, 우리는 죽음에서 생명으로의, 속박에서 자유로의, 어둠에서 빛으로의 회심을 일으키는 하나님의 은혜로운 손길을 분별할 수 있다.

영적 돌봄을 제공하는 우리 모두에게 결정적인 요인은 **우리는 그 일을 강제할 수 없다는 것이다!**

우리는 그 사람이 이러한 경험을 하도록 강요할 수 없을 뿐만 아니라 우리가 때맞춰 하나님을 통제할 수 있다고 믿을 만큼 주제넘어서도 안 된다. 그래서 흔히 영적 돌봄을 제공함에 있어서 좌절이 있다. 우리는 우리가 느끼기에 회심에 도움이 되는 환경을 조성하기 위해서 도움을 주는 도구가 될 수 있지만, 우리가 그것을 일어나게 할 수는 없다.

돌봄을 받는 자들뿐만 아니라 돌보미들도 하나님의 은혜를 위해 기도하고 그것에 의지할 필요가 있다. 통제할 수 없다는 것은 관련된 모든 당사자들에게는 겸손하게 하는 경험이다!

린다 메르카단테(Linda Mercadante)는 그녀의 저서 『희생자들과 죄인들』

(*Victims and sinners*, 1996)에서 회복 과정과 관련이 있는 은혜를 이해하는 것에 대하여 탁월하게 논의해서 영적 돌보미를 위한 함의들뿐만 아니라 적절한 신학적 해석을 제공하였다. 회복을 이해함에 있어서 영적인 것을 고려하면 지속적인 절제를 위한 씨앗들이 심겨질 수 있는 옥토가 공급된다.

전체 과정은 자기보다 더 위대한 힘에 대한 신앙의 모험이다. 폴 틸리히(1963)는 삶에서 신앙의 특성을 명료하게 설명해주는 세 가지 요소를 규정하였다. 틸리히가가 약물중독과 회복에 대해 저술을 하지는 않았지만, 해석에서 그가 사용한 말들은 알코올중독 때문에 고통받고 영향을 받고 있는 사람들의 회심과 변화된 삶에 대한 논의에 잘 맞다.

> 신앙의 첫 번째 요소는 수용적인 특성, 즉 성령과의 관계에서의 단순한 수동성이다. 두 번째 요소는 역설적인 특성, 영적 현존에 용기를 가지고 서는 것이다. 세 번째 요소는 신앙을 선취적인 것, 즉 만물을 완성시키는 성령의 창조 행위에 대한 소망으로 규정한다(1963, p. 133).

영적 평가에서 확인된 영적 장애들을 다루게 되면 아마도 과대성, 반항, 자기중심성, 그리고 회복 과정에 중요한 저항을 조성하는 나머지 장애들의 역동이 드러날 것이다. 자신이 무력하고 삶은 수습할 수 없게 되었고, 자기보다 더 위대한 힘을 필요로 하는 현실을 받아들이는 것은 알코올중독자의 깊게 뿌리박힌 우상숭배적인 자세에 대한 도전이다.

이전에 전혀 경험해보지 못했던 소망을 열어주면서 한 사람을 온전함으로 회복시킬 수 있는 "영적 현존"에 대한 인정은 회복이 일어나도록 하는 데 있어서 필수적인 요소이다. 새로운 생활 방식을 시작하는 것은 키엘케고르식으로 표현하면 "신앙의 도약"(leap of faith)이다.

도약하는 사람은 그것이 평온과 함께 안전한 절제로 이끌어줄 수 있는 사랑의 하나님의 품으로의 도약이라는 사실을 깨닫게 된다.

자신들의 성별 때문에 이미 무력하게 된 사람들의 **무력함**을 옹호하는 것에 대한 여성주의적 비판을 진지하게 받아들이는 것은 결정적으로 중요하다. 이 문맥에서 사용된 대로, 무력함은 선택하는 약물에 대한 무력함과 각별히 관련이 있다.

성별, 성적 지향, 혹은 다른 완화 요인들과 관계없이, 그 사람은 사용하지 않을 수 없고 그래서 정말로 무력하다. 무력함을 인정하는 것이 힘 북돋워주기(empowerment)로 가는 통로로 개념화하는 것도 유용했다. 무력함을 인정하는 것을 통해서 힘 북돋워주기가 이뤄진다는 역설적인 주장에 담긴 진리는 다음과 같이 바울에 의해 간결하게 요약되었다.

<small>이는 내가 약한 그 때에 강함이라(고후 12:10b).</small>

무력함의 현실에 내맡기고 자신의 자기를 은혜와 사랑의 하나님의 손에 맡길 때 변화가 일어난다.

4. 지속적인 절제에서의 영적인 고려 사항들

질병의 과정을 차단하고 자신의 삶에서 '전환점' 혹은 현저한 변화를 경험하는 것은 그 과정의 시작일 뿐이다. 평온과 더불어 지속되는 절제는 매우 깊이 갈망되는 선물이다. 나의 견해로는 익명의 알코올중독자 모임(그리고 다른 중독 행위를 위한 12단계 집단들)은 풍성한 삶을 세워가기 위한 건강한 청사진을 제공한다.

익명의 알코올중독자모임의 회원들을 관리하는 규정은 그들의 회복에 관한 이러한 현실을 간단하게 진술한다.

> 우리의 이야기는 일반적인 방식으로 우리가 어떤 사람이었는지, 어떤 일이 일어났는지, 그리고 지금 우리가 어떤 사람인지를 보여준다(AA, 1955, p. 58).

회복에서 영성생활은 무엇보다도 **기억**에 의해 구성된다. 회복은 과거를 잊는 것의 문제가 아니라, 과거에 대해서 용서받는 것의 문제이지만, 회복 중인 사람이 자신이 어떠했는지를 잊지 않고 그런 개인의 역사를 반복하지 않도록 그것을 상기해야 하는 문제이다.

그 이야기가 생생해야 회복 중인 사람이 생생할 수 있다. 또한 그 사람의 회심 혹은 변화의 경험을 통해서 일어난 것에 대한 **감사**의 요소가 있다. "어떤 일이 일어났으며" 이러한 변화를 일으킨 이가 누구였는지를 기억하는 것도 마찬가지로 지속적인 회복 과정에서 결정적인 요소이다. 그 과정의 전형은 "현재의 우리"(What we are like now)를 암송하는 데 있다.

회복 공동체의 회원들은 "현재의 우리"는 프로그램의 모든 단계들을 거친 결과라는 사실을 알고 있다. 그것은 내가 혼자서 그것을 할 수 없었다는, 나는 하나님께서 하실 수 있었음을 믿게 되었고, 이제 나는 하나님께서 나를 위해서 그것을 하시도록 허용할 것이라는 현실을 인정하는 데 있다(1-3단계).

성경의 이미지로 설명하자면, 회복은 그 사람을 참된 생명으로 인도하는 험하고 좁은 길이었다. 거기에는 파괴적인 생활 방식의 결과로 남겨진 폐허더미를 회상하고 되풀이하여 말해야 하는 고통스러운 과정이 포함된다(4-5단계). 태도들, 성향들 그리고 다른 "성격적 결함들"을 온전히 "청소하는 것"은 필수적이었다(6-7단계).

적절한 곳에 변상을 하는 고통스러운 과정은 반성과 후회로 가득 찬 황폐한 삶에 대한 적절한 반응이 된다(8-9단계). 삶의 환희뿐만 아니라 위급함도 다루면서 하루 하루 살아가는 주의 깊게 경계하는 삶이 새로운 삶의 틀을 구성한다(10단계).

은혜의 관계를 굳건히 하기 위해서 기도와 묵상의 은사를 활용하는 것은 삶의 핵심이다(11단계). 이러한 '복음'을 다른 사람들과 나누는 것은 익명의 알코올중독자모임의 공동 창립자들이 깨닫게 되었던 놀라운 발견이었다(12단계). 그들은 다른 사람들이 회복 중에 있지 않다 할지라도 다른 사람들을 섬기기 위해서 손을 내밀면 관심의 초점이 자기에게서 다른 사람들에게로 바뀌기 때문에 자기 자신의 절제를 보장해줄 수 있다는 사실을 깨달았다.

지속적인 회복 과정에서 영성은 일종의 여행으로 그려질 수 있다. 이미 언급되었듯이, 그 여행을 위해 가장 신뢰할 수 있는 지도는 평온함과 더불어 절제를 보증해주는 삶의 방식을 제안하는 12단계들이다(Albers, 1982, p. 417). 이것이 '제안된' 삶의 방식이라는 사실은 대안적인 방법론들과 전략들을 위한 여지를 남겨놓지만, 12단계 프로그램은 건강한 영성의 기본적인 신조에 너무나도 적절하게 어울리는 것 같다.[2]

영적 돌보미들은 익명의 알코올중독자모임과 너무나도 많은 사람들에게 삶의 고리가 되었던 다른 12단계 집단들을 지지하고, 격려하고, 돌보고, 옹호하는 일을 잘 할 것이다.

영적인 각성의 결과로서 일어나는 생활 방식에서의 급격한 반전에는 이 글의 초반부에서 제시되었던 영성의 특성들이 포함된다. 그것은 인

---

2 이 책의 다른 장들, 특히 하워드 그레이(Howard Gray) 목사와 랍비 캐롤 글래스(Carol Glass)의 글들은 이 부분에 있어서 더 많이 생각할 거리를 제공해준다.

간적으로 상상할 수 있는 것보다 훨씬 위대한 은혜, 사랑, 수용의 능력이신 하나님께 견고하게 뿌리내리고 있는 영성이다. 하나님을 우주의 주로 생각한다면 때때로 "어떤 것이든" 우리보다 위대하신 힘으로서 충분할 것이라는 어리석은 제안은 하지 못한다.

영적 돌보미들은 때때로 AA 집단들에서도 제안되듯이 문의 손잡이, 담장 기둥, 혹은 커피 잔이 그 목적에 적합할 수 있다고 주장하는 사람들에게 적절히 도전할 것이다. 그러한 주장은 우리를 창조하신 하나님에 대한 모욕이다. 어떤 이들은 처음에 집단의 힘을 자기보다 위대한 힘으로서 받아들일 수 있겠지만, 궁극적으로 그들은 그 집단과 그 집단의 회원들의 오류 가능성에 마주하게 될 것이다.

건강한 영성은 모든 인류와 피조물을 무조건적으로 그리고 신실하게 사랑하시는 은혜로우신 하나님의 실재에 뿌리를 두어야만 한다.

하나님에 대한 토론과 대화에서, 이해를 추구하는 신앙으로 정의될 수 있는 신학과 살아계신 하나님과의 역동적인 관계를 설명하기 위해 사용된 말인 영성을 구분하는 것이 매우 중요하다. 신학은 인간의 용어와 철학적인 사고들을 활용해서 하나님의 실재에 대해 말하려고 시도한다.

가장 좋은 때에도, 어떤 전통이 하나님을 하나의 신학체계로 요약했다고 주장하지 않도록 하나님에 대한 모든 언어는 필연적으로 은유적이어야만 한다. 우리는 주어진 교리적 명제들에 지적으로 동의함으로써 하나님에 대한 이해를 축소할 수 없다. 자기보다 위대하신 힘이신 하나님은 인간 존재들에 의해 규정되지 않지만, 실재하든 상상의 산물이든 모든 신들 위에 계신 하나님이시다.

따라서 다양한 종교적 혹은 영적 전통들은 다양한 신의 이름들을 사용하고, 다양한 방식으로 신을 표현하고, 다양한 의례들로 신을 경배할 것이다. 하나님을 정의하지 않는 것이 잠정적인 은유적 이미지들을 사용할 때는 예외가 되겠지만, 영적 돌보미들이 십계명의 첫 번째 계명, 즉 하나님은 인간의 창의력에 의해 만들어진 어떤 조각상과 동등시될 수 없다는 사실에 유의하는 것이 매우 중요한 것 같다. 하나님을 하나님 되시게 하는 건강한 영성이 증진될 필요가 있다.

회복에서 건강한 영성은 이러한 사랑과 수용의 관계를 중심으로 한다. 존재의 이러한 수준에서 하나님의 상징적인 대리자들인 영적 돌보미들은 당연히 불완전한 방식이겠지만 이러한 관계를 형성한다. 영성은 하나님과의 건강한 관계에 관한 것인데, 그 하나님은 처벌에 대한 비참한 두려움을 끌어내는 이도 아니시고 응보 행위에 특별히 몰두하는 이도 아니시다.

이러한 하나님 이미지들은 많은 중독자들 사이에 널리 퍼져있고, 따라서 그들 중 많은 사람들이 하나님에 대한 이러한 개념화를 당연히 그리고 정당하게 거부했다. 많은 사람들이 불가지론이나 무신론을 선택했다. 『익명의 알코올중독자들』(Alcoholics Anonymous, 1955) 4장의 "우리 불가지론자들"이라는 제목의 공감적이고 동정적인 내용은 다른 사람들의 생각들, 이미지들, 혹은 인상들에 근거하지 않는, 우리보다 위대하신 힘과의 관계에 대해 설득력 있게 주장한다.

영적 돌보미는 은혜로우신 하나님과의 확실하고 신뢰할만한 관계를 추구하는 사람들의 관심들, 의심들, 그리고 고통의 미로를 천천히 걸어가고 친절하게 거쳐가야 한다. 질문들은 존중되어야만 하고, 의문들은 진지하게 받아들여야만 하고, 망설임과 의심은 인내심을 갖고 다뤄야만 한다.

건강한 영성은 본질상 공동체적이고 사랑하고, 수용하고, 돌보는 공동체 속에서 드러난다. 이미 제안되었듯이, 12단계 집단들은 절제를 첫 번째 우선순위로 유지하려는 견고한 목적과 결의 때문에 모든 조건을 만족 시킨다. 바라건대, 다양한 영적 및 종교적 전통들은 그들 자신의 지원 방식에서 이러한 환경에 뒤지지 않는다. 그것은 허위가 아닌 정직의, 오만이 아닌 겸손의 공동체여야만 하고, 아마도 무엇보다 중요한 것은 판단보다는 사랑에 의해 유지되는 공동체여야만 한다는 것이다.

그것은 기꺼이 이야기들을 나누고 경청하는 공동체여야 한다. 공동체의 힘은 분투와 고통의 이야기를 하게 될 동료 인간을 포용할 수 있는 능력에 정확히 비례한다. 그것은 공통된 인간애의 연대의식으로 함께 묶여진 긍휼의 공동체이다. 상호 노출은 절대적 신뢰에 의해 촉진되고, 상호수용은 무조건적인 수용에 의해 이뤄지고, 상호 회복은 목적과 사명의 연대의식 속에서 경험된다.

건강한 영성에는 하나님, 다른 사람들, 자연, 그리고 자기 자신과의 화해의 필요성이 포함된다. 영적 돌보미들은 이것을 다른 사람들에게 선물로 주는 독특한 위치에 있다. 하나님께서는 창조의 목적과 의도로부터 멀어졌던 고립되고 소외된 피조물을 연결해주는 하나의 방법으로 화해의 선물을 주신다. 그 약속과 초대는 결코 취소되지 않는다.

그러나 다른 사람들, 특히 중독자와 가장 가까이 관련이 있는 사람들과의 화해도 역시 중요하다. 다시 한 번 말하지만, 영적 돌보미들은 이러한 과정을 촉진하는데도 전략적인 위치에 있다. 다른 사람들과의 화해가 이상적이기는 하지만, 영적 돌봄을 제공할 때, 때때로 받은 상처들이 너무 깊기 때문에 다른 사람들과의 용서와 화해가 일어나지 않을 수 있다는 점을 인식할 필요가 있다.

그럴 때는 괴로운 현실을 그 사람과 함께 겪어가는 것이 특별히 중요하다. 중독자가 보상을 하는 것이 적절하기는 하지만, 그런 보상이 존중되거나 받아들여질 것이라는 보장은 없다.

그러나 성령에 의해 불러 일으켜진 용서와 화해의 과정에 참여하는 것보다 더 만족스러운 영적 경험은 없다. 그것이 인간의 영혼을 어루만지고 분노, 적대감, 증오, 그리고 무관심의 벽들을 무너뜨리기 때문이다. 이것들은 가장 놀라운 은혜의 기적들이다.

5. 영성과 중독에 대해 더 많이 배우기

이 글에서 이미 언급되었듯이 영성과, 회복 과정에서의 그것의 다양한 역할들이 복잡하다면, 이 분야에서의 관련된 연구로부터 어떤 추가적인 설명을 얻을 수 있을까?

보다 구체적으로 연구하고 숙고하기 위해서 다양한 질문들이 제기될 수 있다.

회복 중인 사람의 영성은 회복 중에 있지 않은 어떤 사람의 영성과 실질적으로 다른가?

혹은 같은 질문을 다른 방식으로 한다면, 회복 중인 사람의 영성에 특별히 독특한 무엇인가가 있는가?

회복 중인 사람들에게 있는 영성의 차이들은 무엇을 설명해주는가?

회복 중인 사람의 영성에는 자신의 특별한 중독에 따르는 독특한 특징들이 있는가?

영성의 본질, 경험, 혹은 표현을 체계적으로 정리하기 위한 노력들이 있어야만 하는가?

그 목적이 회복 과정을 도와줄 때 작용하는 역동들을 설명하고 보다 명료하게 하는 것이라면, 연구와 숙고는 고무되어야만 한다. 그 과정에서, 그 연구가 일종의 관음증이 되지 않고 적당한 경계선들을 침해하지

않도록 하기 위해서는 분별(discretion)의 주제가 다뤄져야만 한다.[3]

방법론적으로, 회복 중인 사람들의 이야기들을 주의 깊게 경청하는 것은 가장 설득력 있는 정보를 제공해줄 것이다. 그들은 그들의 회복 이야기들을 영성에 대한 그들의 이해들, 지각들, 그리고 경험들과 통합하기 때문이다. 그러한 이야기들로부터 회복 중인 사람들을 위한 특징적인 핵심 영적 문제들인 공통 주제들을 추론하는 것이 가능하다.

탐구를 위한 또 하나의 유용한 방법은 영적 평가에서 확인된 "영적 장애물들"을 회복 중인 사람들이 속박으로부터 벗어나기 위해서 활용하는 영적 자원들과 서로 연관시키는 것이다.

"중요한 타자들"에 대한 관찰들도 마찬가지로 소중한 통찰의 자료라는 것이 증명될 수 있다. 회복 중인 사람이 일어나고 있는 일에 대해 항상 인식할 수 있는 것은 아니지만, 중요한 타자들 모임에 있는 또 다른 사람은 그들의 사랑하는 사람의 영성의 과정에 대해 더 많이 말해줄 수 있다.

회복 중인 사람들과 집중적으로 혹은 배타적으로 작업을 하는 목회자도 역시 보다 객관적인 관찰자가 되어서 회복 중인 사람의 영적 발달 과정에서 나타나는 것에 대한 신학적인 해석을 제공해줄 수 있다.

우리는 또한 많은 경우 회복 중인 사람들의 마음과 삶 속에서 역사하는 성령의 신비가 어떤 종류의 분석적인 설명도 허용하지 않을 수 있다는 점을 인정할 필요가 있다. 변화의 과정은 축하되어야 하고, 찬양은 그 변화를 가져온 그분께 드려져야만 한다. 하나님은 계속해서 신비로운 방식으로 역사하시고, 인간의 마음으로는 이해할 수는 없지만 인간의 가슴 속에서 충분히 경험되어지는 변화의 기적들을 일으키신다.

---

3 예를 들면, '불명예'(disgrace) 수치심뿐만 아니라 '분별적'(discretionary) 수치심에 대한 설명을 위해서는 Robert H. Albers (1995). *Shame: A faith perspective*. Binghamton, N. Y. : Haworth Press, pp. 7 – 14, 29 – 65를 보라.

6. 결론

이 글은 영성과 회복에 관련된 것이기 때문에 영성의 주제에 대한 하나의 관점 혹은 시각 그 이상의 것이 아니다. 이 글은 그 과정에서의 영적 도우미의 역할에 대해 특별히 관심을 기울이면서 유대-기독교 전통의 어떤 교리들을 중독과 회복에 대한 이해에 의식적으로 통합하려는 시도였다.

이 글의 중요한 기여는 역설적으로 중독에 대한 "무조건적인 승리"의 계기가 되는 "무조건적인 내어맡김" 개념에 초점을 맞춘 것이다. 어떤 이들은 그것을 본질적으로 절충주의적이고 혼합주의적이라고 볼 수 있고, 다른 이들은 그것을 시야가 너무나 편협하고 제한된 것으로 볼 수 있다.

지난 몇 년간 너무나도 많은 12단계 모임들에서 들었듯이, 유용한 것은 취하고 나머지는 버리라!

영적 돌보미들로서 우리의 주요 의무는 중독과 회복을 다루는 과제가 미국뿐만 아니라 전 세계적으로 지속되면서 나타날 수 있는 지속적인 배움, 세련, 개정, 그리고 새로운 사실들에 대해 우리 자신을 개방하는 것이다.

참고문헌

Albers, R. H. (1994). Spirituality and surrender: A theological analysis of Tiebout's theory for ministry to the alcoholic. *Journal of Ministry in Addiction and Recovery*, 1(2), 47-68.

Albers, R. H. (1982). *The theological and psychological dynamics of transformation in the recovery from the disease of alcoholism*. Ann Arbor: University Microfilms International.

Alcoholics Anonymous World Services (1955). *Alcoholics Anonymous*. New York: Author.
Blum, E. M. and R. H. (1967). *Alcoholism*. San Francisco: Jossey-Bass.
Clinebell, H. J., Jr. (1968). Understanding and counseling the alcoholic. Nashville: Abingdon.
Clinebell, H. J., Jr. (1962). Alcoholism and ethical issues. In *The pastoral care function of the congregation to the alcoholic and his family*. New York: National Council of Churches.
Holt, B. P. (1993). *Thirsty for God: A brief history of Christian spirituality*. Minneapolis: Augsburg.
Jellinek, E. M. (1960). *The disease concept of alcoholism*. New Haven: College and University Press.
Johnson, P. (1959). *The psychology of religion*. Nashville: Abingdon.Keller, J. (1966). *Ministering to the alcoholic*. Minneapolis: Augsburg.
Mercadante, L. (1996). *Victims and sinners: Spiritual roots of addiction and recovery*. Louisville: Westminster John Knox.
Tiebout, H. A. (1944a). Therapeutic mechanisms of Alcoholics Anonymous. *American Journal of Psychology*, 100, 469.
Tiebout, H. A. (1944b). Conversion as a psychological phenomenon. New York: National Council on Alcoholism.
Tiebout, H. A. (n.d.). The act of surrender in the therapeutic process. New York: National Council on Alcoholism. [Reprinted in *Quarterly Journal of Studies on Alcohol*, 10, 48-58].
Tillich, P. (1963). *Systematic theology, Volume III*. Chicago: Chicago University Press.
Tillich, P. (1957). *Systematic theology, Volume II*. Chicago: University of Chicago Press.
Tillich, P. (1952). *The courage to be*. New Haven: Yale University Press.

제8장

회복의 영성:
회복은 사랑하는 법을 배우는 것이다

어니 라슨(Earnie Larsen)

"약물들은 고통을 치료한다"라는 것은 1970년대 초반에 병원을 중심으로 하는 한 치유센터에서 현장 상담사가 했던 강의의 주 요점이었다. 그 문장은 그때에는 내가 이해하지 못했던 어떤 이유 때문에 웅성거림을 촉발했다.

어떤 면에서 나는 쉽게 얘기된 말들 이면에 대단한 진리가 있다는 것을 알았다. 이제 20여 년이 지난 지금 나는 여전히 그 진리의 의미들을 보다 충분히 이해하려고 노력하고 있다.

어떤 중독이든(그리고 여기에서 나는 주로 알코올중독에 대해 말하고 있다), 중독 단계에서는 약물이 고통을 피하기 위해서 사용된다. 그러나 그 시도가 아무리 단기적이고 혹은 궁극적으로 자기-기만적이라 할지라도 그것을 사용하는 의도는 피하는 것이다. 만약 그것이 사실이라면, 일단 그 '투약'이 중지될 경우, 남는 것은 고통이다. 만약 투약이 매일 매일의 삶에 관련된 고통을 피하기 위해서 이뤄진다면, 고통은 보다 창조적인 방식으로 처리되고 다뤄져야만 한다는 것이 이치에 맞다. 기분전환 약물을 사용하지 않는 것으로 이해되는 단약(sobriety)에 대한 세 가지 선택 사항이 있다.

(1) 재발
(2) 대체 중독
(3) 무서운 의지력에 의한 단약, 혹은 즐거움과 평온함의 능력의 극단적인 감소

따라서 내재하는 삶의 주제들을 다루는 부분이 점점 더 명확해졌을 뿐만 아니라 중요해졌다. 사실, 그것은 회복의 질이 결정되는 조건이 되었다. 만약 약물들이 고통을 치료한다면, 회복 과정의 어딘가에서 삶에 수반되는 고통의 원천에 주의를 기울여야만 한다. 회복에서의 사소한 경험마저도, 고통은 인간이 중독되고 사용 단계에서 악화되기 전에도 인간의 삶의 일부분이었고 단약이 이뤄진 후에도 분명히 남아있다는 사실을 명확하게 보여준다.

이런 고통은 낮은 자존감, 억압된 분노, 정서적 역기능, 친밀함 기술의 부족, 지속적인 피해 의식, 외상후 스트레스 장애, 죄책감, 수치심, 처리되지 않은 슬픔 등 삶의 문제들 혹은 많은 다른 문제들로 다양하게 확인된다. 요점은 만약 이러한 문제들이 회복의 일차적인 양상들의 일부분이 아니었다면, 많은 것들을 잃어버렸을 것이라는 것이다.

병원 중심의 집단이기 때문에 우리는 흔히 다음과 같이 말했다.

암병동은 5층에 있습니다.
골수암으로 끔찍한 고통 속에서 괴로워하는 불쌍한 영혼이 그곳에 있다고 상상해보세요.
직원은 완화시키기 위해서 그에게 약물치료를 합니다. 그리고 나서 그들은 그 약물들을 치웁니다.
그는 무엇을 남겼을까요?

물론, 그 대답은 '고통'이다. 유비는 쉽게 만들어진다.

약물에 중독된 사람에게서 약물을 제거하면, 그들에게는 무엇이 남을까요?

역시 대답은 자명하다. 고통이다.
20여 년 이상 해왔던 것은 그 의미들을 추구하는 것이다. 진리를 말하는 것과 그 진리가 실행되도록 하는 양상들을 만들어내는 것은 다르다. 내가 지난 수년 동안 만날 수 있었던 특권을 가졌던 많은 용감한 영혼들뿐만 아니라 나 자신의 회복에서 매우 분명해진 것은 일단 중독이 억제되었던 사람을 다루기 위해서 명확하게 명시되거나 쉽게 활용되는 그 어떤 방법도 없다는 사실이다. 그 모델을 만들어내고 사용할 수 있도록 하는 것은 이제 30년이 가깝도록 나의 초점이었다.

1. 회복은 사랑을 배우는 것이다

중독에 대해 토론하는 것과 중독으로 고통당하고 있는 **사람들** 사이의 세상에는 중요한 차이가 있다. 사람들은 도구의 도움으로 만들어진 예술품을 훼손시키면서 쉽게 도구를 신성시한다. 사람들은 중독에 의해 규정되지 않는다. 중독은 인간의 상황에 비추어 이해되어야만 한다.

우리의 전제가 되어야 하는 것은 사람이다. 회복하고 있는 것은 사람이고, 중독이 끼친 해는 그 사람의 인간성에 대한 돌봄에까지 영향을 미친다.

무엇을 회복할 것인가?

무엇을 잃어버렸는가?

치유가 필요한 것은 무엇인가?

나는 참된 회복의 모델이 단지 이러한 질문들과 대답들에 대한 명확한 이해의 관점으로부터 도출될 수 있다고 믿는다. 중독과 회복의 약리학이 어떻든 간에, 중독과 회복의 심리학 혹은 역학(疫學)이 어떻든 간에, 여전히 중독된 것은 **사람**이고, 회복되어야만 하는 것도 **사람**이다.

물론, "인간이라는 것이 무엇을 의미하는지" 혹은 "중독들이 한 사람의 인간성에 일으키는 가장 깊은 상처는 무엇인지"에 대해서는 많은 출발 지점들이 선택될 수 있다. 그러나 선택하는 출발 지점이 무엇이든지 간에, 우리는 선택을 해야만 한다. 그렇지 않으면 회복의 초점이 흐릿해진다.

우리의 출발점은 단순하다. 인간의 웰빙에는 사랑이 있는데 사랑이 부정되었다. 사랑이 부정된 곳에는 상처가 있다는 것이다. 중독자들에게 어떤 유전적 성향이 있을 수 있다하더라도, 무엇보다도 부정된 사랑의 상처로 인해 생겨난 취약함 때문에 중독으로의 진행이 일어난다. 그리고, 질적인 회복이 있기 위해서는 궁극적으로 이러한 상처들에 대한 정신적이고 영적인 치유가 일어나야만 한다.

교도소에 있는 중죄인이든 처방에 의해 판매되는 진통제에 중독된 의심하지 않는 할머니이든 모든 중독자에 대한 나의 출발점은 이것이다.

시대를 불문하고 모든 인간의 가장 중요한 두 가지 욕구는 사랑하고 사랑받고픈 욕구와 수용 및 소속의 욕구라는 점이다.

사실은 우리가 이러한 욕구들을 갖고 태어났다 할지라도, 우리는 이러한 욕구들을 만족시킬 수 있는 기술을 갖고 태어나지는 않았다는 것이다. 우리가 어떻게 이러한 욕구들을 만족시킬 수 있는 법을 배우는가는 많은 요인들에 달려있다.

그러나 우리가 태어난 가족체계가 가장 중요하다. 초기에, 모든 인간은 "좋은 것"을 얻기 위해서 무엇이 필요한가를 배운다. 우리는 우리의 규칙들을 배운다. 이러한 규칙들이 "나는 내가 일하는 만큼만 괜찮다," "눈에 띄지 않는 것이 안전하다," 혹은 "내가 그들에게 어울릴 때만 나를 사랑할거야"와 같은 자기 파괴적인 가치들과 행동들, 혹은 신념들을 나타낼 때 친밀한 관계들을 나누는 능력의 토대가 적절하게 발달되지 않는다.

그것들을 원하는 것이 아니라 그것에 참여하는 능력이다. 대체 보상이 학습되고, 이러한 초기의 강력한 교훈들로부터 습관들이 생겨난다. 그러한 습관들은 현실에 영향을 준다. 자기와 다른 사람들과 그러한 가장 깊은 욕구들을 만족시키는 관계들을 형성할 수 없을 때, 고통스러운 삶을 악화시키는 주기가 발달한다.

채워지지 않은 욕구들을 다루려고 애쓰는 수단들은 많이 있지만 그 원인은 보편적이다. 있을 수 있는 중독의 어떤 전조들과 결합되면 이러한 취약함 때문에 "고통에 대한 약물치료"로서의 중독에 점점 더 영향받기 쉬워진다(Doweiko의 제2장, Jampolsky의 제3장, Albers의 제7장).

따라서, 이 글의 서두에서 두 번째 문장이 떠오른다. 만약 약물들이 고통을 치료한다면, 궁극적으로 회복의 진전을 위해서는 그 고통의 원인을 다뤄야만 한다는 말이다. 따라서, 궁극적으로 회복은 사랑하는 법을 배우는 것이다.

2. 단계 I과 단계 II

각 단계를 확인하는 실지 테스트와 함께 이러한 사고 방식을 확장함으로써 회복에서의 단계 I과 단계 II의 개념을 발전시켰다(Larsen, 1985). 회복 분야에서 경험이 많은 사람은 모든 개인의 에너지와 노력이 오직 중독을 억제하는 데 맞춰져야만 하는 회복의 단계가 있다는 사실을 명백하게 목격함으로써 이해한다(약물 끊기[sobriety]).

자기와 다른 사람들과의 관계 장애와 같은 고려 사항들은 이 단계에서 한 사람의 한계와 능력을 넘어선다. 회복의 이 첫 번째 단계는 평가, 개입, 해독 프로그램, 어떤 방식과 기간의 기본적인 프로그램과 같이 잘 알려진 양식들에 따라 다뤄진다. 당연히 그래야 한다. 단주가 될 때까지, 다른 좋은 것은 있을 수 없다. 이 단계를 우리는 단계 I이라고 칭한다.

그러나 경험은 또한 회복 과정의 어떤 지점에서 만약 "약물들이 고통을 치료한다"라는 말이 사실이라면, 삶의 고통의 근본적인 원인들에 주의를 기울여야만 한다는 사실을 보여준다. 이러한 주제들을 다루는 것은 내가 단계 II라고 칭하는 것이다. 이러한 주제들을 다루기 위한 프로그램을 우리는 생활관리 프로그램이라고 한다.

생활관리 프로그램은 단계 II의 회복에 이르기 위한 우리의 방법론이다. 다음의 도표는 단계 I과 단계 II의 차이를 설명하기 위한 것이다.

단계 I	단계 II
목표: 안정성 수립하기 위기 상황을 성공적으로 다루기 위해서 필요하다면 개입하기	목표: 되풀이되는 위기들을 일으키는 근본적인 패턴을 발견하기
초점: 물질 혹은 행위에 대한 중독을 억제하기	초점: 새로운 패턴을 조성하고 지속되는 상황들을 다루기 위한 새로운 기술 개발하기
프로그램: 단주, 12단계 프로그램과 같은 금주에 대한 정보 제공과 지원	프로그램: 원가족 작업, 확인, 시작/정지 행동들

3. 발견

물건들은 수리된다. 사람은 치유된다. 다르기는 하지만, 수리와 치유는 모두 이해를 필요로 한다는 점이 일치한다. 누구도 자신이 철저하게 이해하지 못하는 것에 지속적으로, 긍정적으로 영향을 미칠 수는 없다.

우리는 우리의 물건들을 수리하기 위해서 전문가들을 고용할 수 있지만, 우리 자신을 치유하기 위해서 누군가를 고용할 수는 없다. 다른 사람들이 큰 도움이 될 수는 있지만, 우리 자신 말고는 그 누구도 우리를 치유할 수 없고, 우리의 허락 없이는 누구도 우리를 도와줄 수 없다. 우리는 우리 자신의 전문가가 되어야만 한다.

자유에로의 여행(자조, 회복, 혹은 영적 성장)이 최소한 발견과 회복이라는 두 개의 부분으로 이뤄진다는 것은 오랫동안 우리의 믿음이었다. 발견은 이해이다. 회복은 이해된 것에 대해 긍정적인 무엇인가를 행하는 것이다.

특히 지난 10년간, 충분한 발견 없이 회복을 위해 선한 뜻을 품고, 헌신적으로 열심히 일하는 수많은 사람들이 있었다는 것이 우리의 믿음이었다. 그들은 그들이 이해하지 못한 것을 치유하려고 애쓰고 있다. 내가 아프다는 사실을 아는 것은 또 다른 문제이다.

무엇이 아프게 하는지를 아는 것은 그 길에서 한 걸음 더 나아가는 것이다. 그러나 내가 왜 아픈가를 아는 것도 한 걸음 더 나아가는 것이면서 지속적인 치유가 가능하기 위해서 필수적이다.

사람들이 상처를 주는 것에 대해 전혀 모르는 것은 흔히 있는 일이다. 단계 II의 회복을 시작하는 사람들이 첫 번째로 해야 할 일들 가운데 한 가지는 그들의 삶에 고통을 야기하고 있는 특별한 문제에 초점을 맞추는 것이다. 우리는 그들에게 무엇이 아프게 하는지 묻는다.

대개 중복되는 경계선들과 숨겨진 이유들 때문에 상처를 많이 받는다. 그 불편함에 부착된 쉬운 명칭들이 많이 있기 때문에, 회복 중인 많은 사람들이 어디서 시작해야 할지를 모르고, 보다 정확히 말하자면, "어디가 적절한 출발점인지"에 대해 당황스러워하기 시작했다.

가장 흔히 언급되는 총체적 증상이 다양한 표시어들을 설명해주고 있음을 주목하라.

* **마른 주정**(Dry Drunk): 신뢰하기 어려움, 억압된 분노, 친밀감의 문제들, 감정기복, 욕구들이나 필요들을 말함에 있어서 지나치게 공격적이거나 수동적임, 감정과의 접촉이 없음.

* **동반의존**(Codependent): 다른 사람들을 신뢰하는 것이 어려움, 친밀감의 문제들, 수동적/공격적 경향들, 해결되지 않은 분노, 정서적 혼란.

* **성인 아이**(Adult Child): 신뢰와 관계된 부적절한 경계선들, 애정 관계에서

의 어려움, 억압된 엄청난 분노, 필요로 하는 것을 요구하지 못하는 무능력, 자신의 느낌이 무엇인지 설명하지 못하는 무능력.

* **수치심에서 비롯됨**(Shame Based): 신뢰 경계선의 혼란, 관계의 와해, 욕구들, 필요들 그리고 느낌들에 대해 요구하지 못함, 분노를 제대로 다루지 못함, 지속적인 두려움과 불안감.

* **내면 아이**(Inner Child): 건강한 방식으로 신뢰하지 못함, 욕구들과 그 욕구들을 만족시키는 방법에 대한 혼란, 파괴적인 행동과 감정의 순환을 깨드릴 수 없는 무능력, 심각하게 혼란스러운 정서적 생활.

* **영적 미성숙**(Spiritual Immaturity): 근거가 없이는 신뢰하지 못하는 무능력, 친밀감의 문제들, 잘못된 분노, 느낌에 대한 혼란, 부적절감, 다른 사람들에게 미룸, 성공을 회피함.

* **낮은 자존감**(Low Self-Esteem): 실패 예상, 친밀함으로부터 거리 두기, 권리에 대해 수동적임, 갈등을 두려워함, 불안하게 느낌, 분노를 숨김.

이 모든 문제들이 오리처럼 보이고, 오리처럼 걷고, 오리처럼 들린다면, 그것들은 오리임에 틀림없다. 통찰에 의하면 만약 이런 표시어들이 모두 기본적으로 동일한 증상들이나 고통을 만들어낸다면 그것들을 야기하는 **공통적인 과정**이 있음을 보여준다.

우리가 추론하기에 진정한 변화나 치유가 경험되려면 이 과정이 이해되어야만 한다. 증상들로부터 벗어나는 것과 그러한 증상들의 원인이 되는 과정을 이해하고 변화시키는 것은 사뭇 다른 일이다. 이러한 참된 변화가 단계 II 회복의 목표이다.

이것은 다양한 표시어들이 모두 정확하게 동일한 실체를 명명한다고 말하는 것은 아니다. 그것들은 그렇지 않다. 그것은 모든 표시어들 이면에 작용하고 있는 공통적인 과정이 있다고 말하는 것이다. 간략하게 살펴보겠지만, 일단 그 과정이나 모델이 이해되면, 표시어들은 그것들 자체가 동일한 과정에 대해 다양한 초점들이라고 하는 것을 분명하게 알게 된다.

1) 원리들

모델들은 다음 단계까지 가는 이론들이다. 만약 하나의 이론이 하나의 작동 모델로 압축되지 않으면, 그것은 단지 하나의 생각, 다소 좋은 제안으로 남는다. 모든 이론들과 그것들의 발달된 모델들은 원리들에 기초한다. 원리들은 모델로 전환되는 이론의 척추이다.

만약 원리들이 정확하고 단순하면, 그 모델은 정확하고 단순할 것이다. 그것이 타당화될 수 있기 때문에 정확하다는 것이고, 그것이 이해되고 반복될 수 있기 때문에 단순하다는 것이다. 우리의 모델의 기초가 되는, 확실하게 단순하고 우리가 믿기에 정확한 원리들은 다음과 같은 것들이다.

(1) 누구도 우리 자신의 자기 인식을 능가할 수 없다.
(2) 우리는 세상을 있는 그대로 보지 못한다. 우리는 세상을 우리 식대로 본다.
(3) 우리의 자기 인식이 결과를 산출한다.

(1) 우리는 우리 자신의 자기 인식을 능가할 수 없다.

자기 인식은 자기상(self-image)과 동일하다. 우리 자신에 대한 인식은 언어적인 가르침, 신체적인 다루기, 그리고 다른 형태의 명백한 행동에서 신체 언어, 말투, 눈에 담긴 표정과 같은 미묘한 메시지에 이르는 교훈들로부터 나온다.

생애 초기에, 메시지들과 교훈들은 중요하고 힘 있는 사람들, 즉 우리의 부모, 형제들, 코치, 선생님, 그리고 목회자로부터 주어진다. 아이였을 때, 우리는 이런 사람들이 우리를 수용해주고 우리에게 우리는 안전하고, 놀랍다고 말해주기를 바랬다. 그것이 우리가 앞에서 말했던 기본적인 욕구들을 채워주었기 때문이다. 우리는 인정받기 위해서 무엇이든 하려고 했다.

이러한 메시지들과 교훈들에는 힘이 있다. 수용과 자존감에 대한 교훈들은 책에 기록된 정적인 문장들이 아니다. 그것들은 삶의 구조 속에 스며든다. 이러한 교훈들은 곧 명령이 된다(**해야만 하는 것들**). 만약 "해야만 하는 것"을 어기게 되면, 처벌이 따른다. 처벌은 자신의 규칙들을 어겼다고 보는 사람들에게서 주어졌을 뿐만 아니라, 우리의 자아 의식에 있는 내면의 성소로부터도 주어졌다.

우리가 자라서 성인이 되면서, 그 교훈들은 조정이 되었다. 어떤 교훈들은 건강한 삶에 긍정적이고 도움이 되었고, 어떤 교훈들은 부정적이고 우리를 혼란스럽고, 낙담시키고, 상처를 주는 결과를 초래했다. 어떤 경우에도, 이러한 메시지들은 우리의 마음에 각인되었고, 우리는 두 번 생각하지도 않고 그것을 행동화하는 것을 배웠다.

긍정적이든 부정적이든 대부분의 메시지들에 대해서, 우리는 그것들의 존재를 거의 인식하지 못한다. 우리는 이러한 메시지들이 우리 삶을 움직이는 힘이라는 사실을 인식하지 못한다. 우리가 우리의 삶을 해석하고 조직하기 위해서 사용하는 것은 이러한 메시지들이다.

이러한 인식들은 우리에게 무엇이 적절하고 무엇이 그렇지 않은지, 무엇이 기대될 수 있고 그만한 가치가 있는지, 그리고 무엇이 이해할 수 없는 것인지 말해준다. 만약 우리가 우리는 성공할 수 없고, 사랑받을 수 없고, 우리의 의견을 말할 수 없고 하나님과 사랑하는 관계를 가질 수 없고, 그 무엇도 할 수 없다고 배웠다면, 우리는 할 수 없다. 우리는 우리의 자기 인식을 능가할 수 없다.

일중독자들이 된 우리들은 우리의 자기 인식이 우리는 단지 우리의 일만큼만 괜찮다는 것이기 때문에 그렇게 된다. 만약 우리 자신이 보기에 우리가 생산적이지 않다면, 우리는 실패하고 있다고 느낀다. 만약 우리의 일이 다른 사람에 의해 평범한 것으로 평가된다면, 우리는 자신에 대해서 평범하게 느낄 것이다. 만약 우리가 놀고 있다면(즉, 일하지 않고 있다면), 우리는 '나쁜' 사람이다. 우리는 우리의 자기 인식을 능가할 수 없다.

우리는 성공이 부자가 되는 것을 의미하며 어느 것도 충분히 가지는 것은 불가능하다고 배운다. 우리 가운데 어떤 사람들은 부자가 되는 것에는 우리에게 없는 특별한 종류의 지능이 필요하다고 배운다.

여전히 우리 가운데 어떤 사람들은 좋은 사람들은 항상 가난하기 때문에 우리는 가난해야만 한다고 배운다. 이러한 사람들에게는 재정적인 성공은 결코 주어지지 않을 것이다. 그것은 일어날 수 없다. 우리는 우리 자신의 자기 인식을 능가할 수 없다. 재정적인 성공으로 이어지는 행동들은 우리의 자기 인식의 맥락에서 허용되지 않는다.

우리들 가운데 어떤 이들은 마치 음식이 우리의 가장 친한 친구인 것처럼 행동한다. 음식은 우리가 얼마나 잘 했는가를 묻지 않기 때문이다. 음식이 자기 자신과 다른 사람들에 대한 사랑을 표현하는 일차적인 방식일 때, 거의 확실하게 음식중독이 나타날 것이다. 문제는 음식이 아니라 음식에 대한 이유이다. 우리의 강박적인 사고의 중심에는 다음과 같은 자기 인식이 있다.

나는 고통을 하기 완화시키기 위해서 먹는다.
나는 음식을 포옹한다.

우리의 의도와 의지와 상관없이, 음식에 대한 자기 인식이 사랑으로 남아있는 한, 우리는 건강한 방식으로 음식을 사용할 수 없을 것이다.
깊이 몸에 밴 자기 인식의 힘에는 순종이 요구된다!
인식에는 송곳니가 있다. 인간 존재에 자기, 다른 사람들, 그리고 일반적인 삶에 대한 자기 인식보다 더 근본적인 것은 없다(이러한 관점은 제3장에서 Jampolsky에 의해 설명된 중독성 신념체계와 유사하다).

(2) 우리는 세상을 있는 그대로 보지 못하며 우리 식대로 본다

우리는 자신을 인식하는 대로 세상을 인식한다. 긍정적인 자기상을 가진 사람들은 흔히 보살펴주고 인간미가 있는 환경에서 살아간다. 자신에 대해 부정적인 시각을 가진 사람들은 우리를 둘러싼 세상을 냉혹하고, 폭력적이고, 냉담하다고 본다. 우리가 우리 자신을 망치로 보는 것을 배울 때, 온 세상은 못이 되고 우리는 복수심으로 두들길 것이다.
자신을 피해자로 보는 사람들은 자신을 학대자들이 사는 세상에 있다고 본다. 피해자들은 항상 학대자들을 발견하고 그들과 얽히는 것 같다. 어떤 사람들에게, 위험을 감수하는 것은 무엇인가를 얻을 수 있는 기회를 발견하는 것을 의미하지만, 피해자들에게, 위험은 단순히 또 한 번 타격을 입게 되는 기회이다.
돌보미들은 세상을 우리의 개인적인 관심으로만 올바로 세울 수 있

는 부서진 폐허더미로 본다. 삶에서 우리의 목적은 다른 사람들이 도움을 원하든 원하지 않든 그들의 불행의 짐을 덜어줘야만 한다는 강박이 된다. 우리는 어떤 불행에도 도움이 되려고 한다.

일중독자들은 세상을 즉각적인 관심이 필요한 해결되지 않는 일련의 과제들로 바라본다. 우리는 죄책감에 의해 이끌림을 당하고 끝없는 프로젝트들에 둘러쌓여 있다. 여가시간이 있으면 더욱 불안해한다.

사람들을 기쁘게 하는 사람들은 세상과 그 속에 있는 모든 사람을 잠재적으로 그들에게 화가 난 것으로 이해한다. 그들의 최악의 두려움은 그들이 누군가를 화나게 하는 것이다. 그들은 어떤 대가를 치르더라도 불쾌한 상황으로부터 그들 자신을 보호해야만 한다고 느끼기 때문에 그들의 삶은 다른 사람들의 반응을 예측하는 데 몰두한다.

정서적으로 널뛰는 사람들은 모든 약속을 잠재적인 감옥으로 이해한다. 아무리 필사적으로 친밀함을 갈망해도, 그들이 만날 수 있는 모든 상대는 잠재적인 간수이다. 그들은 약속 주변에서 널뛰고 관계들은 불꽃 주변의 나방들과 같다. 우리 모두는 동일한 세상에 살고 있지만, 각자는 그것을 다른 안경, 인식에 의해 좌우되는 다양한 지각들을 통해서 바라본다.

체리 나무숲을 지나쳤던 다섯 남자에 대한 오래된 얘기가 있다. 첫 번째 남자는 체리 나무에서 열매의 상태를 보는 농부였다. 다음 남자는 나무들 속에서 아름다운 가구를 만들 수 있는 목재를 보는 고급 가구 제작자였다. 세 번째 남자는 지치고, 배고픈 여행자였다. 그는 그 숲을 그늘 속에서 쉬고 열매로부터 에너지를 얻을 수 있는 곳으로 보았다.

네 번째 남자는 각 재산의 가치를 증가시키기 위해서 나무들 근처에 그의 집을 짓는 것이 이롭다는 것을 보는 택지개발업자였다. 마지막 남자는 체리 나무들이 잠식하는 문명으로부터 보호되어야 할 필요가 있다고 보는 환경보호론자였다. 하나의 나무숲이 다섯 가지의 다양한 반응을 불러일으켰다. 그러나 각 남자의 반응은 그가 누구인가에 대한 인식에 기초해서 예측할 수 있었다.

(3) 우리의 자기 인식이 결과를 만들어낸다.

자기 자신에 대한 인식은 우리의 중심에 있다. 이러한 인식이 행동으로 옮겨질 때, 삶의 결과가 나타난다. 만약 우리가 그 인식을 충분히 이해하고 있다면, 결과를 예측할 수 있다.

일단 우리가 우리의 자기 인식을 이해하면, 우리는 삶에 있어서 우연적이거나 불가사의한 것은 거의 없다는 사실을 깨닫게 될 것이다. 같은 일들이 계속해서 우리에게 일어나는 것은 마술이나 하나님의 뜻이 아니다. 건강하든 그렇지 않든, 반복되는 이러한 일들은 우리가 누구인가에 대한 인식이 우리의 중심에 있고, 그 왕좌에 똑바로 앉아서 복종을 요구하고 있기 때문에 일어난다.

우리의 자기 인식에는 엄청난 힘이 있다. 우리는 우리가 획득한 메시지들이 된다. 자기 인식은 우리의 잠재의식 속에 묻혀있다. 그것은 우리가 먼저 그것에 대해 인식하고 상당한 노력과 용기로 행동하기 전에는 문제가 될 수 없다.

커다란 쇼핑센터에 전기를 공급해주는 땅 속의 전력 케이블을 상상해 보라.

조명은 켜졌다 꺼지고, 겨울에는 난방이 되고 여름에는 냉방이 되며, 네온사인들은 빛난다. 사람들이 오고 가지만, 묻혀있는 케이블의 존재나 기능에 대해서는 모른다.

그러나 그 케이블에 문제가 생겼다고 가정해보자.

조명이 나가거나 난방이 안될 때, 수리공들이 임시방편을 마련할 수 있겠지만, 만약 수리가 안 된다면, 그 케이블을 파헤쳐서 수리해야만 한다.

우리의 자기 인식이 긍정적일 때, 우리는 긍정적인 결과들을 만들어내는데, 긍정적인 결과들은 건강하고, 만족스러운 삶을 의미한다. 긍정적인 자기 인식이 있는 사람들은 완벽한 삶을 살수는 없지만(그 누구도 그렇게 하지 못한다), 그들에게는 삶을 긍정적으로 살아가고 그들이 맞닥뜨리는 그 무엇도 적절히 다룰 수 있는 '능력'이 있다.

마찬가지로, 부정적인 자기 인식은 부정적인 결과들을 만들어낸다. 부정적인 것으로 둘러 쌓여있다는 것은 조류를 거슬러서 노를 젓는다는 것이다. 부정적인 인식이 있는 사람들은 문제들을 견뎌내고 삶이 더 나빠지지 않기를 바라는 것이 유일한 선택사항이라고 느낀다.

부정적인 자기 인식을 가진 사람들은 도움을 얻기 위해서 몇 개의 프로그램들을 시도할 수 있고, 일시적인 위안을 얻을 수 있다. 그러나 그들의 자기상을 지속적으로 개선해가려고 할 때, 그들은 그들의 진짜 문제(자기 인식)를 다루어야 한다.

4. 자기 인식

인식은 내용이 없는 무력한 진술이 아니다. 자기 인식은 기본적인 살과 피이며, 우리 삶의 정서적인 지시들이다. 우리의 자기 인식은 우리의 삶의 질을 지배한다.

만약 일에서 지속적으로 성공하거나 지속적인 관계를 맺으려고 하고, 혹은 사실을 말할 수 있는 새로운 능력이 있으려면, 반드시 우리의 자기 인식이 부정적인 것에서 긍정적인 것으로 바뀌어야만 한다.

자기 인식에는 생각, 느낌, 그리고 행동이 포함된다. 자기 인식은 우리의 현실, 우리의 진실을 구성하는 모든 체계들과 경험들로부터 생겨난다. 우리가 그 인식들이 도전받는 상황에 맞닥뜨릴 때, 혹은 우리가 오래된 인식들과 모순되는 행동을 시도하려고 의식적으로 노력할 때, 우리는 엄청난 장애물들을 발견한다. 우리의 마음에는 오래된 믿음이 침해되어서는 안 된다고 요구하는 오래된 사고들이 많이 나타날 수 있다.

그들은 나를 속이려고만 할 뿐이다.
나는 다시 한 번 상처를 받게 될 것이다.
그들은 모두 거짓말쟁이들이다.

모든 오래된 인식들을 고수하는 것에 대해 정당화하는 말들이 마치 진노한 신이 하늘로부터 던지듯이 쏟아져 나온다. 감정들은 죄책감에서 배신에 대한 두려움에 이르면서 혼란의 롤러코스터가 된다. 그리고 그 중에 가장 강력한 감정은 다음과 같이 말하는 것이다.

그만, 그렇지 않으면 다시 재앙이 일어날거야!

생각과 감정의 엄호 아래 우리는 행동을 한다. 심박수는 증가하고, 위는 팽팽해지고, 아드레날린이 혈관계를 가득 채운다. 우리는 스트레스를 받는다. 이제 감정적 고통을 완화하기 위한 이전의 대처 기제들이 작동하여, 폭식, 과도한 수면이나 일, 혹은 쇼핑. 중독이 유발된다.

그러나 실제로 일어난 것은 부정적인 인식에 대해 도전하였다는 것이다. 마음속에 있던 오래된 목소리가 오래된 노래를 시작한다.

느낌을 나누는 것에 대해 생각하려고 하지 마라.

다른 사람을 신뢰하려고 하지 마라.

다이어트를 멈춰라. 아무도 관심이 없다. 나는 언제나 혼자일 것이다. 다른 사람들은 나를 속일 것이다.

나는 비참하게 마를 것이기 때문에 초콜릿 바를 하나 더 먹어야해.

우리가 파괴적이고, 건강하지 않고, 중독적인 행동으로 이뤄진 오래된 대처 기제들을 끌어냈을 때, 우리의 부정적인 자기 대화가 증가했고, 우리는 "일상적인 것"이 고통으로 가득 차 있더라도 다시 "일상적인 것"이 주는 위안으로 돌아갔다.

1) 표시어들과 자기 인식

표시어들은 우리가 행동과 감정들을 규정하기 위해서 사용하는 이름들이다. 자기 인식은 우리가 우리 자신에 대해 가지는 이미지들이다. 단계 II 회복에서, 만약 자기 인식이 "나는 사랑받을 만한 자격이 없어"라면, 우리가 우리 자신을 "성인 아이"라고 하든 자존감이 낮은 사람이라고 하든 차이가 없고, 결과는 마찬가지일 것이다. 표시어들은 의미가 희미해진다. 표시어들은 다른 출발점들에 대한 다른 이름들이지만, 모두가 단계 II 회복의 같은 프로그램에 알맞다.

여기에서 단계 I과 단계 II 사이의 구분이 중요하다. 둘 다 개인적인 성장이나 회복의 여정의 부분들이지만, 그것들은 진전을 위해서 매우 다른 프로그램들을 요구하는 매우 다른 실체들이다. 단계 I의 프로그램은 단계 II의 치유를 가져다주지 못한다.

〈정확하고 단순하다〉

만약 그 누구도 자신의 자기 인식을 능가할 수 없다(사실상 우리는 항상 그 인식을 따라 살아간다)는 원리가 정확하다면, 우리가 어떤 표시어를 선호하는가와 상관없이, 다음의 견본 도표에서의 연관성들을 이해하는 것은 그리 어렵지 않다.

부정적인 인식	특징적인 행동	결과
1. 나는 내가 일한 만큼 괜찮다	쉬지 않고 일을 함; 지나치게 자발적임; 여가를 즐기지 못함; 휴식을 방해함	일 중독자: 스트레스, 너무 적은 시간에 너무 많이 하는 것에 대한 불안; 조급한 생활; 사랑하는 사람들에게 충분한 시간을 내지 못함
2. 나는 더 잘해야만 한다	끝없이 '정돈하기'; 자기와 다른 사람들에 대해 비판적임; 지나치게 헌신적임	완벽주의자: 결코 만족하지 못함; 다른 사람들에 대해 비판적임; 성취의 기쁨이 없음; 자기로부터의 불만과 다른 사람들로부터의 불만을 지속적으로 느끼면서 살아감
3. 나는 결코 아무것도 되지 못할 것이다	정당한 위험을 회피함; 성공을 방해함; 보다 적은 것에 만족함	수치감이 작동함: 좌절; 실패감; 소망과 쓰라린 실망의 반복; 삶을 포기함
4. 나는 결코 사랑받지 못할 것이다	학대적인 관계맺기; 친밀함을 회피함; 업무상의 관계를 파괴함	친밀감의 주제들: 삶에 실패할 것에 대한 지속적인 두려움; 깊은 외로움; 성공하지 못한 것에 대해 자기와 다른 사람들에게 분노함
5. 그들은 언제나 나를 내버려둘 것이다	신뢰할 수 없는 사람들과 어울림; 다른 사람들을 멀리함; 감정을 억압함; 갈등을 회피함	유기감의 주제들: 항상 두려워함; 최악을 예상함; 분노의 폭발
6. 나는 소동을 일으켜서는 안 된다	동의하는 체함; 내가 믿지 않는 것에 동의함; 진실성을 희생함; 감정을 억압함 속임	사람을 기쁘게 하려고 함: 두려움의 구름 아래에서 살아감; 정서적 소진; 삶이 너무 힘들게 느껴짐; 내면의 평화나 자유를 경험하지 못함

7. 너무 많은 것을 기대하지 마라	내가 필요로 하거나 원할 수 있는 것 없이 살라; 다른 사람들을 위해 희생함; 목표를 세우는 것을 회피함; 성공을 파괴함	순교자: 속임을 당한다고 느낌; 기쁨은 낯선 것; 화가 남; 불행함, 좌절함
8. 느낌들은 위험하다	자기와 다른 사람들에게 느낌들을 숨겨라; '안전하게' 보이는 것만을 표현하라; 적합하게 느끼는 체하라	정서적인 경직: 느낌들과 접촉하지 못함; 아무것도 느끼지 못함; 삶이 단조로워짐; 두려움이 많음; 삶을 놓쳤다는 느낌

분명히 가능성들은 무한하기 때문에 이것은 예시를 든 것이다. 동일한 인식으로부터 생겨난 너무나도 많은 다양한 미묘한 차이들이 나타날 수 있다. 그 인식이 어떻게 행동으로 나타나는가는 그 상황에 연루된 사람이 누구냐에 따라 달라질 수 있다. 남성 혹은 여성이 연루되었는지, 혹은 그 개인이 이 상황에서 힘을 갖고 있다고 지각하는지, 혹은 '숨길' 필요가 있는지에 따라서 그 인식은 다르게 행동으로 나타날 수 있다.

어떤 도표도, 혹은 아무리 많은 도표도 그 가능성들을 남김없이 이야기할 수 없다. 요점은 모든 가능한 상황을 설명하는 것이 아니라 "누구도 자기 자신의 자기 인식을 능가할 수 없다"라는 원리가 맞고, 그 인식이 주어진다면, 결과들은 예측할 수 있는 것이 될 뿐만 아니라 당연한 것이 된다고 주장하는 것이다. 당신이 어떤 표시어로 부르든 그것 이면에 있는 결과들의 원인은 그것 자체를 이해할 수 있고, 처리하기 쉬운 과정으로 드러내기 시작한다. 그 인식과 상황이 주어진다고 하면, 결과들은 분명히 나타날 것이다.

물론, 지금의 맥락에서, 우리는 개인들에 대해 말하고 있다. 기관, 사회, 그리고 국가도 또한 부정적이든 긍정적이든 자기 인식을 드러내고 마찬가지로 분명하고 예측할 수 있는 결과들로 행동화된다. 한 기관이 집단 무의식 속에 그것은 법보다 위에 있고 궁극적인 지혜를 갖고 있다는 인식을 묻어두고 있다면, 그 기관은 결국 법을 무시하고 다른 사람들을 오만하게 무시하는 기관이나 법인이 될 것이다. 결과들은 인식들과 다를 수 없다. "힘이 정의이다"라는 인식을 내면화한 사회에서는 약자와 힘없는 자에 대한 엄청난 폭력과 학대를 허용하고 고무할 것이다.

다른 한편, "자연은 우리의 사용과 남용을 위해서 존재한다. 그것은 우리의 뜻대로 처리할 수 있는 우리의 것이다"라는 기본적인 인식에서 "우리는 하나이고, 환경이 우리를 돌보는 것처럼 우리는 그것을 돌봐야만 한다"라는 인식으로 전환하는 국가는 환경을 전적으로 다른 것으로 다룰 것이다.

분명한 것은, 기관, 사회, 혹은 국가를 다룰 때, 행동으로 나타내는 것은 연루된 사람들이 많아지기 때문에 더욱 복잡하다는 점이다. 그러나 보려고 하는 사람에게는 보이고, 그들의 역사로 기록되어 현재에서 다양한 방식으로 그 면모를 드러내고, 반드시 마음 속에 묻혀있는 충동들을 행동으로 드러내는 패턴들이 있다.

5. 모델

이러한 이론과 원리를 개인들의 견해와 통합한 모델은 다음과 같다.

첫째, 문제를 집어내라.

개인적인 것일수록 더 좋다. 중요한 것은 "정확한" 문제가 아니라 최근에 불편을 야기했던 어떤 문제든지 골라내는 것이다. 우리는 증상들(문제)를 싸매려고 하는 것이 아니다. 우리는 그 주제를 과정(원인)이 이해되고 변화될 수 있는 "문"으로 사용한다.

둘째, 우리는 중심에 있는 부정적인 자기 인식을 확인하기 위해서 내담자와 작업을 시작한다.

인식이 존재하지 않는다면 문제는 존재할 수 없다. 하나는 현실이고 다른 하나는 거울처럼 그 현실을 반영하는 것이다. 처음에는 부정적인 자기 인식에 대해 분명한 것이 거의 없다. 인식들은 감춰져있고, 발견되지 않았고, 잠재의식의 수준에 머물러있다. 그러나 만약 문제 혹은 결과가 있다면, 당신은 그 인식이 중심에 감춰져있다는 사실을 확신할 수 있다. 인식과 문제 사이의 인과관계를 이해하는 것은 엄청나게 힘을 북돋아주는 것이 된다.

셋째, 우리는 문제들이 보편적이라는 사실을 지적한다.

이러한 문제들이 구체적인, 지금 여기의 상황에서 촉발될 때가 결정적인 순간이다. 많은 사람들이 속아서 단순히 그 상황을 피함으로써 문제가 치유되었다고 생각했다. 그러나 건강하지 못한 관계를 반복해온 역사가 있는 사람이 데이트하는 것을 거부할 때, 처음부터 반복적으로 건강하지 못한 관계를 선택하게끔 했던 역기능이 치유되는 것은 아니다.

또한 매우 빨리 너무나도 분명해지는 것은 단계 II의 작업과 이해가 중독이나 강박적인 행동을 멈추는 데 초점이 있는 단계 I의 상황과는 다르게 대개 직접적인 지원을 필요로 한다는 사실이다. 우리는 이 모델을 보고 스스로 자신을 고통으로 몰아가는 과정에 대해 분명하게 이해할 수 있는 사람이 많지 않다는 것을 발견했다. 보통은 어떤 정통한 외부의 지침이 필요하다.

일단 구체적인 상황에 의해 촉발된 인식은 언제나 사고(자기 대화), 느낌, 행동으로 드러나고 예측할 수 있는 결과들이나 문제들로 이어진다. 우리가 정확하게 이러한 이성적, 정서적, 행동적 반응이 주어진 상황에서 어떻게 나타나는지를, 그리고 그러한 반응 이면에 있는 기본적인 신념체계(자기 인식)을 보다 분명하고 철저하게 이해하면 할수록, 긍정적인 변화를 일으키도록 더욱 힘을 받게 된다. 이해는 힘을 북돋아주고 무지는 가둔다. 도표에서 모델은 이런 모습을 나타낸다.

사고 →	느낌 →	행동 →	결과 →
1.	1.	1.	1.
2.	2.	2.	2.
3.	3.	3.	3.

우리가 이 모델을 설명하기 위해서 세미나에서 흔히 사용하는 것은 "메리"의 사례이다. 메리는 알코올중독자 가정의 성인아이다. 물론 이것은 그녀가 동반의존적이고, 수치감을 많이 느끼고, 아마도 상처입은 내면 아이들이 있을 것이고, 분명히 낮은 자존감 때문에 고통받는다는 것을 의미한다. 그녀는 전적으로 그녀의 인식 너머에 있고, 그녀를 힘들게 하는 많은 부정적 자기 인식을 내면화했다.

여기에서 그녀가 사랑하고 친밀한 관계에 대한 그녀의 절실한 갈망과 그러한 관계를 발견하고 그 속에서 나눌 수 없는 명백한 무능력에 초점을 맞추고 있다고 해보자.

그녀는 건강하지 않고, 학대적이고, 정서적으로 소원한 관계에 대해 알고 있다. 여기에서 그녀는 전문가이다. 그러나 사랑을 받고, 안전하다고 느끼고, 신뢰감을 누리는 것에 대해서는 전혀 아는 바가 없다. 메리는 자신에게 친밀함의 문제가 있다고 결론을 내렸다.

그녀는 문제에 대한 칸에 "결코 사랑받지 못할 것이 두렵다"라고 썼다. 그러나 그녀의 부정적인 자기 인식에 대한 단서가 없다. 그녀는 "나는 결코 사랑받지 못할거야" 혹은 "내겐 좋은 일이 일어나지 않을거야"와 같은 말을 하는 것이 맞게 느껴진다는 점에 동의한다. 그녀는 "남자들이 상처를 준다" 혹은 "신뢰하면 손해본다" 혹은 "남성들은 여성들을 결코 공평하게 대하지 않는다"와 같은 인식을 마음 속에 품고 있을 수 있다는 점이 제안되었을 때 그녀는 정말로 기운을 되찾았다(메리가 그러한 인식들이 그녀의 폭력적이고, 역기능적이고, 알코올중독적인 배경으로부터 나왔다는 것을 이해하기 위해서 원가족 작업을 많이 해야 하는 것은 아니다).

이해가 되면서 전체 과정이 매우 분명해졌다. 두 번째 칸에 메리는 "남자들은 언제나 나를 학대한다. 나는 결코 사랑받지 못할 것이다. 나는 남자들을 신뢰하지 않는다"라고 썼다.

지금 상황은 다음과 같다.

> 장전된 2연발 산탄총을 갖고 춤을 추는 것이다.
> 한편으로, 온 세상에 남성과의 신뢰하고 사랑하는 관계보다 더 그녀가 원하거나 필요로 하는 것은 아무것도 없다. 이것은 그녀가 결코 가져보지 못했던 관계, 영원히 부정된 사랑이다.
> 다른 한편으로, 그녀는 모든 남성은 불성실하고 신뢰할 수 없다고 말하는 폭군적이고, 숨겨져 있고, 부정적인 명령을 갖고 있다. 이런 모든 필요들이 메

리의 마음을 괴롭히고 있을 때, 매력적인 남성이 다가와서 그녀에게 춤을 청하는 것이다(메리는 그 남자도 자기 문제를 극복해가고 있다는 것을 거의 알지 못한다. 그의 배경을 볼 때, 그는 친밀함과 여성에 대한 엄청난 두려움이 각인되어 있었다. 그는 엄청난 위험을 감수하고 그녀에게 다가간 것이다! 그는 그가 걸어 들어오고 있는 파괴의 연결망을 알지 못한다!).

그는 술을 마시거나, 매력이 없거나, 혹은 밉살스럽거나 하지 않았기 때문에 (메리의 인식이 환영할만한 모든 조건들), 그가 메리에게 춤을 추자고 요청하자마자, 그녀의 인식이 혈류에 영향을 주는 아드레날린처럼 촉발되고, 격렬한 움직임이 시작된다. 원인에 대해서 전적으로 인식하지 못하고, 춤을 추자는 요청을 받았을 때, 메리는 너무나도 익숙하고 열렬한 사고 패턴을 경험한다.

사고: "또 이렇게 되었네! 너는 또 상처를 받을 거야. 이런 기량을 보여주고 있는 그는 어떤 사람일까?"

부정적인 자기 인식에 의해 촉발되고 그 인식을 고무시키는 부정적인 사고의 맹습에 의해 강화되면서 다음과 같은 느낌들이 생겨난다.

느낌들: 마음 가득 원함을 안고 그 매력적인 남성을 바라보고 서 있으면서 메리는 설명할 수 없는 이유들 때문에 공포, 불안을 느끼고 무엇보다 이상한 것은 그녀 앞에 있는 신사에게 분노가 커져가는 것을 느낀 것이다. 이러한 정서적인 분출은 순식간에 이뤄졌다. 그 신사는 밖에 있는 매력적이고, 유쾌하게 보이는 여성을 바라보고 있었다. 그는 겉보기에 이런 상황에서 재앙으로 몰아가는 과정이 작동하고 있다는 생각을 하지 못한다. 사고들과 느낌들은 언제나 행동으로 전환된다.

행동: 메리는 그 남성에게 나가버리라고 말한다. 그녀는 등을 돌리고, 남성에 대한 혼란스러운 상처를 뒤에 남기고 당당하게 경멸하면서 걸어나간다. 사랑스러울 수도 있었던 한 사람은 부정적인 자기 인식의 제단에서 희생이 된다. 인식은 사고, 느낌들, 그리고 행동들로 전환되고, 물론 언제나 결과들을 가져온다.

결과: 여러 가지 결과에 도달한다. 메리는 무도회에서 가질 수 있었던 재미있는 기회를 놓쳐버렸다. 그녀는 자신이 기본적으로 정신 이상이고, 정서적 폐인이고, 어떤 준수한 남성의 관심도 받을 가치가 없다는 사실을 더욱 확신하게 되었다. 그녀의 수치감은 깊어진다. 그녀의 동반의존성은 커져서 마침내 또 다른 층을 형성한다. 그녀의 내면 아이는 그 마음에 또 하나의 대못을 박았다. 물론, 이 모든 것이 위험을 감수하고 그녀에게 춤을 추자고 요청했던 용감한 남성에게 주어진 손상에 대해서 아무 것도 말하지 않는다. 그는 구명 밧줄을 얻기 보다는 돌로 된 닻을 받았다.

사람들이 모델에 익숙해졌기 때문에 '일들'이 어떤 다른 방식으로 나타날 수 없었다는 사실이 메리의 얼굴에 드러난 침울함만큼이나 분명해졌다. 만약 원리가 맞다면, 부정적인 신념체계로는 다른 결과가 가능하지 않다. 만약 기차가 밀워키로 가고 기차가 선로 위에 있다면, 그 기차가 결국 어디로 갈 것인지를 이해하는 것은 어려운 문제가 아니다.

이 모델을 활용해보자.

메리의 부정적인 인식을 "나는 결코 사랑 받을 수 없어"에서 "내겐 남성을 거절할 수 있는 권리가 없어"로 바꾸고 어떤 일이 일어나는지 보자.

기본적으로 괜찮은 그녀에게 접근하고 있는 기본적으로 괜찮은 남성을 전혀 불쾌하고, 폭력적인 어떤 사람으로 바꿔보자.

메리는 유리를 먹는 것을 원하지 않는 것처럼 그와 춤추는 것을 원하지 않는다. 그러나 남자가 요구하는 상황과 그녀가 '아니오'라고 말하는 것을 금지하는 그녀의 인식을 감안하면, 결과는 예측할 수 있다. 이후의 상황에서 그 남자가 "여기에서 나가서 좀 더 은밀한 곳으로 가시죠"라고 말한다고 하면, 끔찍한 결과들이 마찬가지로 예측될 수 있다.

음식 문제가 있는 남성으로 시나리오를 짜보자. 초기에 깊이 배운 인식은 다음과 같을 수 있다.

> 음식은 내 유일한 친구야. 음식은 나를 안아주지.

모든 칼로리를 계산하는, 음식 유지 프로그램에 참여함으로써 필사적으로 먹는 것을 조절하려는 남성을 그가 거절당하고, 안전하지 않고, 혹은 외롭다고 느끼는 상황에 있게 하고 어떤 일이 일어나는지 관찰해보자.

만약 주요 원리가 맞다면, 어떤 일이 일어날 수 있을까?

남성이든 여성이든 다음과 같은 인식을 야기하는 지각과 태도를 내면화했던 한 젊은이가 있는 상황을 그려보자.

> 너는 바보야.
> 그 누구도 너의 권리나 느낌에 대해 관심이 없어.
> 절대 말 하지 마.
> 그렇지 않으면 벌을 받게 될거야.

그 사람을 말하고, 자기 주장을 하고, 적극적인 행동을 하고, 인생의 기차가 어디서 끝나고 어디서 끝나야만 하는지 보는 것이 중요한 상황에 있게 해보라.

여러가지 미묘한 변화들이 주어진다면, 이 젊은이는 매우 수동적이게 될 것이다. 그 사람은 또한 단지 자신에게 '행해지고' 있는 것에 대해 앙갚음하기 위해서 폭력적이고, 분노에 찬 행동으로 치달을 수 있다. 그러나 만약 개인이 지각된 이러한 무력감을 행동으로 나타내거나 자신의 권리가 모욕을 당한 상황에 대해 반응을 나타낸다면, 당신은 상당한 자기 손상으로 인해서 비극이 생겨날 것이라고 단언할 수 있다.

제시된 모델에서 다양한 가능성들을 역할 실연하기 위해서 더 많은 시간이 걸리면 걸릴수록, 그 과정은 어떤 표시어가 부착되었는가와 상관없이 더욱 분명해진다. 그러한 그 과정이 그러한 지침에 근거한 것이 분명하면 분명할수록, 결과는 더욱 명확해진다. 그리고 물론 우리 각자의 삶의 질을 지배하는 것은 그러한 결과들이다.

6. 회복

일단 회복 중인 사람이 이러한 모델들을 통합하게 되면(발견), 효과적인 단계 II의 회복이 일어날 수 있다. 이해에 기초한 집중적인 실천이 중요한데, 그것은 단지 행동 수정 혹은 "무엇인가를 이룰 때까지는 이룬 척 하는 것"뿐만 아니라 문제가 되는 자기 인식에 대한 의식적인 연결을 갖고 이뤄지는 진정으로 효과적인 행동이기도 하다.

* 매일 느낌을 나누는 것은 긍정적인 행동일 뿐만 아니라 "나의 권리는 중요하지 않아"라는 부정적인 자기 인식을 공격하는 직접적이고, 의식적인 프로그램이다.

다음과 같은 행동에 대해서도 마찬가지로 얘기될 수 있다.

- 매일 도움을 요청하기
- 매일 질문하기
- 매일 당신만을 위한 20분을 마련하기
- 매일 의식적으로 두 명에게 경청하기
- 매일 도로에서 두 사람을 먼저 보내기 등등

모든 회복의 노력은 책임/지지집단의 맥락에서 일어난다는 사실이 강력하게 권고되어야 한다. 즉, 책임집단의 각 사람은 그들의 '발견'이 그들에게 보여주었듯이 변화된 자기 인식을 위해서 필요로 했던 행동들을 매일 실천하는 데 헌신한다. 매일 모든 행동이 기록된다. 책임집단의 과제는 자신의 기록을 개방하고 자신의 특정 행동들에 대해 "책임을 지도록" 하는 것이다.

한 사람에게 만족스러운 변화의 수준을 가져오거나 보다 깊은 수준의 회복의 필요성에 대한 인식을 가져오는 데 있어서 책임있는 프로그램은 언제나 효과적이다.

제9장

도박꾼들을 위한 영성: 도박 회복에서 자존감의 역설

조셉 W. 시아로키(Joseph W. Ciarrocchi)

다른 중독들과 비교할 때, 저자들은 병리적 도박으로부터의 회복에서 영적 문제들에 대해 거의 관심을 갖지 않았다. 여러 가지 면에서 도박치료 분야는 물질남용에 비해 많이 뒤쳐져있다. 도박중독의 엄청난 사회적 비용에도 불구하고, 예방, 치료, 혹은 연구를 위해 재정을 할당했던 정부기관들은 거의 없다.

예를 들어, 알코올과 약물 문제들을 위한 정부출연국립연구소들이 있는 미국은 도박중독의 연구를 위한 투자가 매우 빈약한 상황이다. 사실, 많은 주요 건강보험회사들은 병리적인 도박을 심리치료를 위한 환급에 적격한 장애로서 인정하지도 않는다. 이러한 회사들은 추가적인 '적격한' 장애가 있을 때에만 환급한다.

그럼에도 불구하고, 도박중독의 비용은 엄청나다. 신뢰할 수 있는 자료는 일반인의 3명 중 1명은 도박중독 혹은 병리적 도박의 범주에 해당된다고 결론을 보여준다(Volberg and Steadman, 1989). 치료를 받는 도박자들에 대한 연구들은 평균 부채가 92,000달러에 이르는 것을 발견했다(Politzer, Morrow and Leavey, 1985). 우리는 문제가 감소할 것을 기대해서는 안 된다.

미국인들의 거의 80%가 합법화된 도박에서 연간 2천억 달러 이상을 소비하면서 도박을 하는데, 불법 도박도 비슷한 수치로 추정이 된다. 이것은 20년도 안 되는 기간에 1,000% 이상 증가했음을 보여준다. 미국의 50개 주 중 48개 주에서는 도박을 합법화했고, 새로운 형태들이 계속해서 급증하고 있다. 카지노가 미국 원주민 보호구역뿐만 아니라 해안에 정박해있는 배 위에도 어김없이 생겨나고 있다.

도박의 합법화에 대한 효과적인 반대는 거의 끝이 났고, 주정부는 이제 필수적인 사회 서비스를 위해서 도박 수입에 의존하고 있다. 어떤 주에서는, 도박세가 판매세와 같은 전통적인 원천에서의 수입들을 초과한다.

본장에서는 도박 문제들로부터의 회복에 관련된 영성의 주제들에 초점을 맞출 것이다. 이것은 일반적인 임상적 개관으로 의도되지 않았다. 도박중독과 그것이 목회상담에 대해 갖는 함의들에 대한 토론은 다른 곳에서도 볼 수 있다(Ciarrocchi, 1992, 1993).

도박 회복에서의 영성을 이해하기 위한 틀로서, 나는 그 과정을 볼 수 있는 렌즈인 자존감을 선택했다. 중독 행위에 대한 것이든 다른 정신 장애들에 대한 것이든, 수십 년간의 임상적 지혜는 이러한 상황들의 근원에 있는 낮은 자존감이 중요한 영향으로 자리하고 있음을 보여준다.

사실, 우울하고, 상처받고, 학대받고, 혹은 다른 점에서 스트레스를 받는 사람들은 빈약한 자아상으로 인한 정서적 고통으로부터 벗어나기 위해서 술을 마시거나 약물을 사용할 수 있다는 이 분야에서는 거의 자명한 이치이다.

아래에서 살펴보겠지만 도박치료 분야의 임상가들은 흔히 이러한 지혜를 받아들였다. 그러나 우리가 이러한 생각을 우리의 일상적인 임상 상황에 적용하려고 할 때, 우리는 우리의 환자들이 흔히 알코올중독자들이나 약물중독자들에게서 보이는 낮은 자존감에 대한 서술에서 극적으로 다르게 보인다는 사실을 깨닫는다.

다음의 사례를 생각해보자.

조지는 45세의 기혼 남성으로서, 두 번 이혼했는데, 아버지는 부유한 재정가였고 어머니는 가정주부였다. 가족은 이태리계였고, 우애가 두터웠다. 젊은 시절, 조지는 의과대학교에 가서 졸업을 했지만, 그의 도박 장애와 관련된 혼란 때문에 면허시험에 여러 번 실패했다.

조지는 의학을 포기하고, 아버지의 사업적인 관계들과 함께 그의 대인관계적인 매력을 활용해서 영화 대본들에 자금을 공급하는 투자자 집단들을 조직함으로써 연예 산업에서 작은 성공을 이루었다. 그러나 조지는 계속해서 도박에서 돈을 잃었기 때문에, 때때로 투자자들의 돈으로 무책임한 짓을 했다. 그는 반복적으로 이 자금들에 손을 댔고 결국 10,000달러에서 6,000달러까지 빚을 지게 되었다. 그때마다 그의 아버지와 어머니가 구제해 주었다.

스포츠 도박을 포기하라는 그의 아내와 부모의 엄청난 압박 때문에 조지는 주식시장, 특히 옵션 거래에 집중하였다. 옵션거래 시장은 가장 통찰력이 있는 투자자들에게도 일종의 도전이지만, 그것이 조지가 감당하기에는 너무 벅찬 것으로 곧 드러났다. 그가 치료를 받으러 왔을 때, 그의 부모는 수년 동안 도박으로 인해 조지가 잃은 것을 부담하기 위해서 30만 달러 이상을 지불했다고 추정했다.

그의 치료사에게 인상적이었던 것은 조지가 다른 사람들의 필요들에 대해서 거의 전적으로 무관심했다는 점이었다. 도박 빚을 갚기 위해서, 그는 여동생을 설득해서 물려받는 가족의 은제품을 빌려서 전당포에 가져갔다. 결국, 그녀가 그것을 돌려달라고 했을 때, 그는 그녀가 수천 달러를 주고 그것을 되사는 것을 허락했다.

그는 옵션거래에 충분한 초기 자금을 주지 않았다는 이유로 어머니(그녀의 상당한 계좌로부터 일시불 구제자금의 대부분을 그에게 제공했던)를 계속해서 비난했다. 그의 생각에 그의 손실은 도박으로 인한 손실이 아니라 그의 부모가 그에게 충분한 자본을 주지 않음으로 인한 손실이었다. 그는 아내를 자기 멋대로 하였다. 그는 하룻밤 애정행각도 마다하지 않았지만, 지속적인 관계를 원할 수 있는 여성들은 피했다.

그에게 공감이 결여되어 있음을 보여주는 적절한 예는 하와이에서의 휴가로부터 돌아온 그의 부모가 그에게 공항에서 그들을 마중해달라고 요청했는데 그것을 거절했을 때 나타났다. 죄책감도 없이 그는 치료사에게 그의 부모는 분명히 택시를 타고 집으로 갈 수 있었고, 그가 그들을 위해 가방들을 옮겨야만 했을 것이라고 설명했다. 공항으로 이동하는 수고를 할 만한 가치가 없었던 바로 그 부모는 그의 세 자녀를 위해서 해마다 사립학교의 등록금을 전액 지불하였다. 게다가 그들은 아들의 실업을 보상하기 위해서 그의 아내에게 매달 3,000달러를 주었다.

치료사가 내담자에게 연봉 3~4만 달러를 위해서 그의 아버지의 회사들 가운데 한 곳에 취업하는 것을 받아들일 것을 제안했을 때, 그는 그런 금액은 그의 능력에 비해서 너무 낮다고 대답했다.

이것이 극단적인 경우를 나타내긴 하지만, 대인관계에서의 오만함과 그 자신의 기술에 대한 보증되지 않은 믿음은 많은 도박중독자들에게 나타나는 것이다. 그러한 행동에 대한 전통적인 이해는 그러한 행동이 사실은 낮은 자존감을 내포한다는 것이다. 따라서, 정신 장애로 인정되는 병리적 도박을 하는 것에 대해 책임을 지고 있는 정신과 의사인 로버트 커스터(Robert Custer, Custer and Milt, 1985)와 같은 전문가들은 도박중독자들의 오만한 행동을 부정적인 자존감을 은폐하는 것이라고 본다.

나는 이러한 분석이 설득력이 없다는 것을 발견했다. 사회적 냉담함과 같은 이런 행동들에 담겨있는 자격감(sense of entitlement)은 그 사람이 실제로 규칙보다 위에 있다는 믿음을 보여준다. 지속적인 불일치에 직면하여 승률의 '체계'에 대한 지속적인 믿음은 그 사람이 비범한 은사나 능력을 갖고 있다는 강력한 믿음을 보여준다.

낮은 자존감에 대한 분석은 그것이 대인관계에서 복종하게도 하고 공격하게도 한다고 주장하기 위해서 개념적인 선회, 즉 자신의 무력함이나 자신의 고양된 힘에 대한 믿음을 필요로 한다.

낮은 자존감 가설에 대한 적절한 대안이 있는가?

최근에 사회심리학의 한 저서에서 대안이 제시되었다. 로이 바우마이스터(Roy Baumeister)와 그의 동료들(Baumeister, 1991a, 1991b, 1993; Baumeister, Heatherton, & Tice, 1994)에 의해서 여러 권의 자료 논평과 책에서 요약되었듯이, 이러한 연구는 **과장된 자존감**(exaggerated self-esteem)이 문제가 될 수 있음을 보여준다. 예를 들어, 폭력에 대한 문헌의 논평에서, 바우마이스터와 그의 동료들(Baumeister, Boden and Smart, 1996)은 높은 자존감이 낮은 자존감보다 위협 상황에서의 폭력과 더 연관이 있다는 사실을 발견했다. 유사하게, 연구소의 연구들은 높은 자존감을 가진 사람들이 그들의 능력이 의심을 받은 후에 더욱 위험한 내기를 한다는 사실을 발견했다.

이것은 "알코올중독과 음식중독(과도함이 낮은 자존감과 연결이 되는)과는 대조적으로 강박적인 도박은 높은 자존감과 연결이 될지도 모른다"(Baumeister, Heatherton, and Tice, 1994, p. 222)라는 추측으로 이어졌다. 이것은 도박의 회복을 이해하기 위한 포괄적인 틀을 제공하기 위해서는 높은 자존감을 가진 사람들과 낮은 자존감을 가진 사람들 모두를 위한 적응 전략들이 요구된다는 것을 의미한다.

임상문헌에 나타난 원형적인 도박중독자는 경쟁적이고, 활기찬, 유형 A의, 모험을 즐기는 성격이고, 스포츠나 빠른 속도의 카지노 게임에 돈을 걸긴 하지만, 아마도 빙고, 로또, 슬롯머신과 같은 푼돈 게임에 돈을 거는, 동일한 수의 두려워하고, 수동 의존적이고, 회피적인 유형들이 있기 때문일 것이다. 본장에서는 자존감의 차이가 회복에서의 영성의 문제들을 나타낼 수 있는 유용한 유형론을 제공해준다는 전제에 의존한다.

1. 자존감 대 자기중심주의

대중적인 용어인 자존감은 과장된 자존감의 위험들을 토론할 때 오용될 수 있다. 대부분은 자존감을 건강한 심리 기능의 특징으로 고려한다. 사실, 대부분 그렇다. 따라서, 본장에서 나는 자기자신의 가치에 대한 과장된 신념들을 기술하기 위해서 '자기중심주의'(egotism)이라는 말을 사용할 것이다.

낮은 계층에 있는 인구의 대략 25%가 신뢰할 수 있는 검사들에 의해 측정했을 때 대부분의 사람들의 자존감은 긍정적이다. 본장은 건강하지 않은 낮은 자존감과 건강하지 않은 자기중심주의의 개인적인 차이들에 적응하는 영적 전략들에 초점을 맞춘다.

그러나 본장에서 취하고 있는 입장은 자기중심 성향이 '실제로' 빈약한 자존감에 대한 반동형성이라는 정신역동적인 견해를 거부한다(이 점에 대한 구체적인 토론은 Baumeister, 1996, 5장에서 볼 수 있다). 이것을 도박 회복에 대한 우리의 토론에 다시 한 번 결부시키자면, 자기중심주의와 빈약한 자존감은 다른 임상적 그림들을 보여준다. 앞에서 제시되었듯이, 병리적 도박에서의 행동적인 표현들은 임상적 및 영적으로 구분해서 접근하는 것이 필요하다. 두 패턴 모두의 궁극적인 목표는 성숙한 자존감이다.

1) 짐으로서의 자기

중독치료에서는 공통적으로 강박 행동을 하나의 도피수단으로 이해한다. 사람들이 스트레스가 되는 일, 실패한 관계, 혹은 가난을 벗어나려고 할 때, 코카인, 다양한 맥주들, 혹은 포커 게임 형태의 도피수단은 강력한 위안을 제공해준다.

바우마이스터는 도피의 패턴들에는 다양한 동기부여 경로들이 있음을 지적했다. 자존감이 낮은 개인들에게, 도피수단은 패배적인 자기를 잊게 해준다. 자기중심 성향에게 도피수단은 도전받는 자기를 잊게 해준다. 도전받는 자기는 언제나 "내가 어떻게 하고 있지?"라는 평가를 필요로 한다. 그것은 자신의 지위나 성취에 대한 예상되는 위협에 대해 과도한 각성을 필요로 한다. 이러한 자기들은 각각 다양한 강박적 도박 형태를 보인다.

2) 패배적인 자기의 도피 패턴

사라는 67세의 미망인인데, 남편이 죽고 나서 2년 뒤 우울증 때문에 거주치료에 들어왔다. 그들은 40년 동안 결혼생활을 했고, 남편은 그녀에게 거의 백만 달러의 가치가 있는 재산을 남긴 성공적인 사업가였다. 병원까지 그녀와 동행했던 아들들과 딸들은 그녀에게 지난 2년 동안 빙고 게임장에서 재산의 절반 이상을 허비한 후에 치료를 받으라고 재촉했다. 그녀가 그렇게 빨리 도박에 대한 통제력을 상실했을 것이라고 믿을 사람은 아마도 없을 것이다. 그녀는 모범적인 주부이자 어머니였고, 매우 검소했다. 사실, 그녀의 자녀들은 그녀가 너무나도 쾌활했기 때문에 그들의 어머니가 그녀의 부모님과 형제들이 처형당했던 나치의 포로수용소에서 2년 동안 생존했었다는 사실을 친구들과 지인들이 거의 몰랐다고 하였다.

유사한 임상 사례에는 경마장에 가는 것이 자살충동으로부터 위안을 준다는 것을 발견했던, 알코올중독과 약물중독으로부터 회복 중인, 28세의 우울증 남성 혹은 선상카지노의 슬롯머신에서 도박하기 위해서 교회에서 헌금을 횡령한 62세의 이혼한 감리교 목사가 포함된다. 점차, 그는 그의 치료사에게 자신은 성가신 동성애적 충동을 잊기 위해서 카지노에 갔다고 밝혔다.

각 사례는 도박과 패배감에 젖은 자기와의 관계를 보여준다. 각각의 경우 정서적인 고통은 실패, 절망, 혹은 고통스러운 기억들의 위협으로부터 온다. 도박은 마음과 감각을 사로잡는 아드레날린 분출 대신에 패배한 자기를 남긴다.

3) 자기중심주의의 도피 패턴

위에서 언급되었던 옵션 거래자인 조지는 절박한 위기에 처한 자아를 보여준다. 빙고 게임을 하는 사라와는 다르게, 조지는 외상으로부터 벗어나고 있지 못했다. 사실, 그는 소문난 불쌍한 부잣집 어린 아이였다. 삶이

전적으로 그의 생각대로 되지는 않았다.

그러나 도전을 받을 때, 그의 전략은 위험을 감수하는 것이었다. 그의 도박은 고통과 어려움으로부터의 기분전환이라기보다는 "그들에게 뭔가 보여 주겠어" 상태에서 더 많이 기능했다.

활기차고 독창적인 부동산개발업자인 빌의 경우도 마찬가지였다. 시장에 대한 뛰어난 지식과 탁월한 설득력으로 부유한 사람들을 위한 투자 패키지를 만들었다. 그러나 스포츠 베팅을 위해 필요했던 많은 돈 때문에 그는 세법과 충돌하는 투자 계약을 고안하였다.

조지와 빌은 모두 결코 억눌리고 실패하지 않았기 때문에 언제나 낙관적으로 보였다. 그들과 대화해보면 언제나 보통 사람들은 성공이 임박했음을 확신하게 되었다. 만약 잃은 다음에 당신이 그들을 제대로 관찰하지 않았다면 임상적 우울증의 증거를 얻는 것은 어려웠을 것이다. 예를 들어, 정신건강의학과 의사는 항우울제가 자아를 위협받는 사람들에게 거의 도움이 되지 않는다고 보고한다.

유사하게, 도박문화는 도피를 위한 효과적인 환경을 제공해준다. 카지노에는 대개 시계, 창문, 거울이 없다. 시계와 창문은 시간적인 현실을 주목하게 하고 도박자의 초점을 방해할 수 있다. 거울은 사람들에게 자기를 의식하도록 하고, 그들의 어리석은 행동에 대해 경고할 수 있다.

4) 좌절된 자기의 신념 패턴들

많은 증거들이 낮은 자존감, 즉 우리의 병리적인 도박 모델에서 좌절된 자기를 가진 사람들이 높은 자존감, 즉 우리의 모델에서 노력을 요하는 자기를 가진 사람들과 사뭇 다른 개인적 신념들을 갖고 있음을 보여준다. 이러한 신념들에는 세 가지 주요 영역이 있다.

(1) 자기 감각
(2) 개인적인 통제
(3) 미래.

첫째, 자존감이 낮은 사람들은 전형적으로 다른 사람들과 비교해서 당연히 부정적인 자기상들을 갖고 있다.

전형적으로, 그들은 그들 자신을 덜 긍정적으로 평가하지만, 자존감이 낮은 사람들에게도 전적으로 긍정적인 자기 확신이 없는 것은 아니다. 그들의 자존감은 일반 대중에 비해 상대적으로 낮은 것이지 절대적으로 낮은 것은 아니다. 대부분의 사람들은 그들 자신에 대해서 적절하게 높이 평가하고, 자존감이 낮은 사람들은 그들 자신을 높게 평가하는 적어도 하나의 특성을 갖고 있다.

둘째, 자존감이 낮은 사람들은 그들이 사건들을 개인적으로 통제하는 정도를 과소평가하는 경향이 있다.

그들은 삶에서 그들이 긍정적인 사건들에 대해 얼마나 많은 영향을 미치는가에 대해 판단할 때 기회, 행운 혹은 환경적인 요인들을 더 중요시하지만, 그들은 그들 자신을 부정적인 결과의 원인으로 본다.

셋째, 그들은 미래를 자존감이 높은 사람들보다 더 비관적으로 보는 경향이 있다.

이러한 관점들은 도박의 문제에 원인이 되기도 하고 회복을 방해하기도 한다. 긍정적인 사건들을 통제할 수 있는 능력에 대한 축소된 신념 때문에 도박에 대해 합리성보다는 운에 의존하는 치명적인 "흑백논리"적 접근이 생겨난다. 이러한 신념 때문에 결국 긍정적인 결과들을 촉진시킬 것 같은 행동을 버리게 된다. 합리성을 포기하게 되면 결국 상황을 더 어렵게 만드는 결과들에 대해 수동적이게 된다.

문화는 이러한 신념들에도 영향을 미칠 수 있다. 예를 들어, 중국계 미국인 공동체에서 일하는 임상가들은 운명에 대한 신념이 널리 퍼져있는 것을 발견한다. 이러한 사고방식에서는, 결과는 미리 정해져있기 때문에 누가 무엇을 하느냐는 그리 중요하지 않다.

임상가들은 도박꾼들이 이것을 만약 어느 날 운이 그들에게 따라준다면, 그들은 잃지 않을 수 있다는 것을 의미하는 것으로 받아들인다고 보고한다. 자연스럽게 이것은 절제가 필요한 사람들의 회복을 방해한다.

5) 자기중심주의의 신념 패턴들

이와는 반대로, 자기중심주의에는 개인적인 통제, 자기 감각, 그리고 미래에 대해 반대되는 신념들이 담겨있다. 구체적으로 말하자면, 그런 사람들은 긍정적인 사건들에 대한 개인적인 통제의 수준을 과대평가하고, 부정적인 사건들을 다른 사람들, 불운, 혹은 환경적인 요인들에 의해 생겨난 것으로 본다(흥미롭게도, 이것은 일반 대중 속에 있는 대부분의 사람들의 경향이다. 어떤 연구자들은 이러한 태도가 매일의 삶에서 우리 대부분에게 우울증에 대한 완충제로서 작용한다고 믿는다).

대부분의 사람들에게 유사하게 자기중심주의는 미래에 대해 낙관적이고, 긍정적인 자기상으로 이어진다. 대개 이런 특성들은 개인 기능에 이점들이 있다. 그런 신념들을 가진 사람들은 덜 우울하고 직업적인 성취나 사회적 지위와 같은 조건들로 평가할 때 더욱 성공적인 삶을 사는 경향이 있다.

그러나 자기중심주의에는 성숙한 자존감과 비교할 때 부정적인 면이 있다. 바우마이스터가 환기시킨 두 개의 영역은 공격성과 위험감수이다. 낮은 자존감이 아닌 위협받는 자기중심주의(threatened egotism)은 공격적이고 폭력적인 행동에서 더욱 확정적인 요인이다(Baumeister, Boden, and Smart, 1996). 이러한 결론은 직관에 반하는 것이고 혜택받지 못한 청소년들에게 "자존감을 높이려는" 너무나도 많은 교육적 계획들에 반하는 것이다.

본장과 관계가 있는 두 번째 영역은 위험 감수가 중심이 된다(Baumeister, 1997). 연구들에 의하면 위협이 있을 때 자존감이 높은 사람들은 자존감이 낮은 사람들보다 더 많이 위험한 행동을 할 가능성이 높다. 사실, 한 연구에서 자존감이 높은 참여자들과 자존감이 낮은 참여자들은 모욕을 받은 후에 작든 크든 돈을 걸도록 요청을 받았다.

자존감이 높은 사람들이 위험한 내기에 더 많은 돈을 걸었던 반면, 자존감이 낮은 피험자들은 상대적으로 확실한 내기에 작은 돈을 걸었다. 이런 연구들을 종합해보면, 자기중심주의가 언제나 적응적인 것은 아니라는 중요한 결론으로 이어진다. 자신들이 도전받는 상황에서 자존감이 높은 사람들은 그들 자신에 대해 지나치게 자신감을 가질 수 있고, 이것은 그들의 실제 능력들에 대한 잘못된 판단으로 이어질 수 있다.

헤더톤(Heatherton)과 앰버디(Ambady, 1993, p. 142)가 지적했듯이, "어쨌든 높은 자존감이 치료될 필요가 있다는 생각은 과격한 것으로 보일 수 있다." 대단한 상상력이 없어도 병리적 도박에 내재된 부적응적인 위험 감수에 대한 이런 패턴을 추론할 수 있다.

이 연구는 도박의 동기에 대해 개념적인 명쾌함을 제공해줄 뿐만 아니라 임상적인 관찰들을 확증해준다. 위협받는 자기 영역에 대해 위에서 언급된 사례들은 전통적으로 외적인 오만과 허세로 낮은 자존감을 덮으려는 것으로 이해되었다.

바우마이스터의 통찰들에 따르면 이러한 반전이 있는 설명을 할 필요가 없다. 오히려, 우리는 오만과 허세를 있는 그대로, 자기 자신에 대해 크게 생각하고 상황과 관계없이 용감하고 확신있게 행동하는 사람들의 행동적인 표현으로 받아들일 수 있다.

우리는 그런 신념들이 여러 가지 중요한 방식으로 회복을 방해할 것으로 생각했다.

첫째, 그런 개인들은 그들의 개인적인 가치를 특히 그들의 성취와 연결되는 것으로 볼 것이다.

실패로 위협을 받을 때, 그들은 분별없게 반응하는 경향이 있다. 병리적 도박에 내재되어 있는 재정 및 지위의 상실 때문에 과도함이 촉발된다.

둘째, 임상가들은 그런 사람들이 중요한 타자들의 정서를 공감하는 데 어려움이 있다는 사실을 오랫동안 주목해왔다.

도박치료의 임상적 지식은 아내의 임신 혹은 질병, 혹은 아이의 출생과 같은 어떤 고위험 상황에 세심한 주의를 기울일 것을 가르쳐준다. 과도한 자존감은 그런 사건들을 도박과 같은 고위험 활동들을 통해 도피하도록 재촉하는, 자아에 대한 위협으로 이해할 것이다.

그래서 내 의견으로는, 자존감의 주제들은 회복을 다르게 방해한다. 자존감이 낮은 사람들에게는 힘 북돋아주기를 강조하는 치료적 접근들(영성을 포함하는)이 필요하다. 자기중심주의적 개인들에게는 그들 자신의 자아를 그리고 그들이 어떻게 위협들에 반응하는지 관찰하는 것을 강조하는 치료적 접근들(영성적인 것들을 포함하는)이 필요하다. 본장의 나머지 부분에서는 이런 다양한 접근들이 약술될 것이다.

2. 자존감의 주제들을 위한 신학과 영성

1) 영성의 역할과 정의

신학에 근거하는 영성은 우리가 자존감에 대해 심리학에서 기술했던 역설들을 통합할 수 있다. 본서에 담겨있는 글들은 영성에 대한 다양한 관점들을 제시한다. 우리의 목적들을 위해서, 조안 월스키 콘(Joann Wolski Conn)의 일반적인 종교적 영성에 대한 정의를 사용하려고 한다.

> 일반적인 혹은 보편적인 종교적 영성은 궁극적 존재 혹은 성령으로 알려진 어떤 것에 의한 인간의 자기-초월(즉, 관계하고, 알고, 우리 자신을 헌신할 수 있는 능력)의 실현을 말한다(Conn, 1993, p. 38).

콘과 많은 현대의 저자들에게 있어서, 영성의 본질은 앎, 사랑, 그리고 헌신을 통해서 성령과 관계할 수 있는 능력이다. 그녀가 또한 진술했듯이, "궁극적 존재와의 관계성은 사람들 및 사물들과의 관계에 영향을 미친다"(p. 39).

2) 신앙의 성경적 및 신학적 차원들

그러나 신학적으로 볼 때, 영성의 능력은 신앙에 기반을 두고 있다. 신뢰, 사랑, 그리고 헌신을 하게 하는 하나님에 대한 믿음은 영적인 활동에 그 의미를 부여한다. 신앙에는 더 나아가서 중독 회복을 위한 영성의 기반을 마련하고 낮은 자존감과 자기중심주의의 자기파괴적인 덫을 피할 수 있는 능력이 있다.

신학자 에버리 덜레스(Avery Dulles, 1994)의 요약에 따르면, 신앙에 대한 성경적 및 신학적 개념들은 이러한 영적인 기초지식을 가리킨다. 유대교적인 신앙 개념에 기초한 공관복음(마태, 마가, 그리고 누가)에서는 우리의 안전이 우리에 대한 하나님의 신실하심에 있다고 한다. 우리에게 작은 신앙만 있어서도 우리는 산을 옮길 수 있다. 그러나 신앙은 의심과 공존할 수 있다.

주여, 내가 믿나이다 나의 믿음 없는 것을 도와 주소서(막 9:24).

요한복음에서, 신앙은 새로운 앎의 방식이다. 예수님에 대한 믿음은 하나님을 다르게 알고 이해하는 것으로 이어진다. 바울에게 있어서, 신앙은 하나님이 우리를 의롭다 하시고 구원하시는 근원이다. 그러나 그것은 사랑으로 그 자체를 드러내야만 하는 신앙이다.

수세기에 걸쳐서 신학자들은 이러한 성경적 사상들을 더욱 발전시켜 왔다. 어떤 극단적인 입장들을 제외하면, 그들의 견해들은 배타적이기보다는 보완적인 경향이 있다. 많은 전통들 가운데 두 가지는 자존감에 대한 우리의 토론과 관계가 있어 보인다.

첫째, 개신교 전통에서, 마틴 루터(Martin Luther)는 신앙을 신뢰의 행위로서 강조한다.

바울과 유사하게, 이러한 신뢰는 그 자체를 행위로 드러내야만 한다.

행위와 사랑으로 드러나지 않는다면, 신앙은 합당하지 않다(Dulles, 1994, p. 45에서 인용).

둘째, 20세기 로마가톨릭 신학자 칼 라너(Karl Rahner)와 버나드 로너건(Bernard Lonergan)에 의해 제시된 전통으로, 신앙을 하나님이 우리에게 주신 새로운 이해의 방식으로 강조한다.

이러한 전통에서 신앙은 "새로운 인지적 지평이자, 하나님이 주신 관점이다"(Dulles, 1994, p. 172). 이러한 관점은 "절대 신비"(칼 라너에 따르면)로서 하나님의 가까이 계심을 받아들이는 것을 의미한다. 로너건이 말했듯이 신앙은 우리에게 "종교적인 사랑의 눈"(Dulles, p. 173)을 통해서 세상을 보게 한다.

3) 신앙과 자존감

마태복음에서, 예수님은 "각각 재능대로"(25:15) 주인으로부터 돈을 받았던 종들의 비유를 말씀하신다. 두 종은 지혜로운 투자로 그들의 돈을 배가시켰다. 세 번째 종은 "두려움으로 인해 마비가 되어서"(Karris, p. 711) 그 돈을 묻어버렸고, 그로 인해 그 종이 취리하는 자들에게 맡겨서 이자를 받을 수 있었다고 지적하는 주인의 노여움을 사게 되었다.

이 오래된 비유에는 부정적인 자존감으로 인해 생겨나는 전형적인 패턴들, 목회상담사 윌리엄 오글스비(William Oglesby)가 "숨기는 것이 삶을 유지하는 데 필수적이라는 왜곡된 생각"(1980, p. 80)이라고 했던 행동이 나타난다.

그러한 사람들은 그들의 축소된 가치(그들의 눈으로 보기에)에 지나치게 관심을 갖기 때문에, 그들이 가진 것을 잃을 것을 두려워해서 성장지향적인 위험을 감수하는 것을 거부한다. 아담과 하와 때문에 하나님의 생명을 포함하는 생명의 소리가 그들을 두렵게 한다.

내가 동산에서 하나님의 소리를 듣고 내가 벗었으므로 두려워하여 숨었나이다(창 3:10).

그들이 행동할 때, 그것은 성취의 기쁨보다는 기분이 상할 것에 대한 두려움 때문이다.

이러한 방식은 신앙에 대한 성경적 및 신학적 이해들과 얼마나 상반될까?

신앙이 염려되는 곳에서는 그 무엇도 안전하지 않다. 나와 함께 하지 않는 사람은 나를 반대하는 사람이다.

하나님 나라를 위해서 당신의 달란트를 개발하라.

그렇지 않으면 어둠 속으로 던져질 것이다.

만약 "절대 신비로서 하나님의 함께 하심을 진정으로 받아들인다면"(Dulles, 1994) 무엇을 못하겠는가?

이 접근은 또한 회복에서 많은 여성들의 주제들에 대해 말한다. 레베카 프롭스트(Rebecca Propst, 1988)가 지적했듯이, 전통적인 종교는 죄를 우리의 피조성을 받아들이지 못하는 것으로 이해했다.

여성들과 일부 남성들에게는 흔히 이와 상반되는 문제가 있다. 자신들이 하나님의 형상과 모양으로 지음받았다는 사실을 받아들이지 못한다는 점이다. 하나님의 가까이 계심에 대한 신앙과 함께 그러한 믿음으로 인해서 자존감이 낮은 개인은 보다 큰 자율성으로 가는 고통스러운 길을 걸어가기 위해서 요구되는 위험을 받아들일 수 있게 된다.

종교적인 사랑의 눈으로 보면 자기중심주의에 대해서 다르게 볼 수 있다. 성경적이고 영적인 전통들은 자족성에 대한 과장된 믿음을 영적 성장에 대한 장애물로 이해한다.

> 이는 세상에 있는 모든 것이 육신의 정욕과 안목의 정욕과 이생의 자랑이니
> 다 아버지께로부터 온 것이 아니요 세상으로부터 온 것이라(요일 2:16).

가인과 아벨은 자기중심주의의 비극적인 측면을 보여준다. 두 형제는 하나님께 제물을 드렸다. 이유들이 드러나지는 않았지만 하나님은 아벨의 제물을 받으셨다. 가인은 이것 때문에 자존감에 타격을 입었고 "분하고 안색이 변하게" 되었다. 이것은 자기중심주의가 위협을 받았을 때 나타나는 전형적인 반응이다. 하나님은 가인의 기분을 아시고 진지하게 말씀하신다.

> 기분 나빠할 필요가 없다. 내가 네 형제의 무엇을 좋아하는 것이 너에 대한 반영은 아니기 때문이다. 스스로 이 기분을 다스려야 할 것이다.

가인은 즉시 아벨을 죽임으로서 이 일이 일어나게 한다. 이것은 자기중심주의가 위협받을 때 나타나는 고전적인 반응(너에게 힘이 있다는 것을 다시 단언하고 불쾌하게 하는 사람의 콧대를 꺾어버려라)을 나타낸다. 성경 지혜문헌에서는 자기중심주의를 엄하게 책망한다.

> 교만은 패망의 선봉이요 거만한 마음은 넘어짐의 앞잡이니라(잠 16:18).

시편에서는 바우마이스터가 이기주의와 폭력을 연결시킨 것을 언급한다.

> 그러므로 교만이 그들의 목걸이요 강포가 그들의 옷이며(시 73:6).

기독교 전통에서 바울은 과장된 자존감을 가진 이들에게 경고한다.

> 만일 누가 아무 것도 되지 못하고 된 줄로 생각하면 스스로 속임이라(갈 6:3).

자존감에 대한 보다 분명한 권면은 로마서에도 나타난다.

> 내게 주신 은혜로 말미암아 너희 각 사람에게 말하노니 마땅히 생각할 그 이상의 생각을 품지 말고 오직 하나님께서 각 사람에게 나누어 주신 믿음의 분량대로 지혜롭게 생각하라(롬 12:3).

신앙의 눈으로 보면, 자기중심주의는 자기 자신을 속이는 것이다. 그것에서는 자기-가치를 평가함에 있어서 잘못된 기준이 사용된다. 나의 가치는 나의 놀라운 특성들로부터 나오는 것이 아니라 "하나님이 주신 믿음의 분량"으로부터 나온다. 그러한 은사가 없다면 나의 특별함은 망상적인 것이다. 가인에게는 바울이 우리에게 요구하는 신앙의 관점이 없었다.

> 각각 자기의 일을 살피라 그리하면 자랑할 것이 자기에게는 있어도 남에게는 있지 아니하리니(갈 6:4).

따라서, 신앙은 낮은 자존감과 자기중심주의에 대한 적절한 교정수단이다. 한편으로, 신앙은 우리가 하나님의 형상이기 때문에 우리에게 용감하게 행동하라고 한다. 다른 한편으로, 우리는 스스로 존재 목적일 수 없다.

> 그가 모든 사람을 대신하여 죽으심은 살아 있는 자들로 하여금 다시는 그들 자신을 위하여 살지 않고 오직 그들을 대신하여 죽었다가 다시 살아나신 이를 위하여 살게 하려 함이라(고후 5:15).

3. 실천적인 영성과 삶의 의미

자기로부터 적극적으로 벗어나는 것은 건강한 삶을 위한 필요조건이다. 그 누구도 지속적으로 좌절되거나 위협받는 자기를 극복해야하는 부담을 오랫동안 유지할 수 없다. 적극적으로 벗어나는 것은 적어도 세 가지 형태를 취한다.

(1) 일, 취미, 오락, 독서 등의 형태로 관심을 집중하는 것이다.
(2) 사회적 및 대인관계적 활동들은 부정적인 기분을 증폭시키는 부적응적인 심사숙고로부터 적극적으로 벗어나서 머리를 식히는 것을 나타낸다(Nolen-Hoeksema, 1987).
(3) **영적인 헌신**으로 나타나는 벗어남으로 본장에서의 우리의 관심이다.

바우마이스터는 우리에게 신비적인 추구의 목적인 황홀경에는 헬라어에서 "자기 밖에 서 있다"(Baumeister, 1991a, p. 35)라는 원래의 의미가 있음을 상기시켜준다. 이런 의미에서 우리가 자기 밖에 서 있을 때, 우리는 초월을 경험한다. 취미나 집중하는 다른 오락들과는 다르게, 초월은 자기보다 더 위대한 존재를 경험함으로서 벗어나게 해준다.

이러한 경험은 우리의 관심을 흡수하지만, 보다 중요한 것은 그것이 자기를 참된 관점으로 이끌어준다는 점이다. 초월은 어떤 세속적인 관심이 제공해줄 수 있듯이 자기를 일시적으로 도망가도록 하기보다는 초월자와의 관계에서 참된 자기를 발견함으로써 자기의 짐으로부터 벗어나도록 한다.

따라서, 영성은 우리가 보다 높은 수준의 의미를 추구하는 바로 그 순간에 자기로부터 벗어나는 것을 나타낸다. 공식적인 종교에 참여하는 것과 결합될 때 영성에는 위에서 언급된 다른 적극적인 벗어남들이 겸비된다.

자신의 신앙 전통에 대한 문화적 및 지적 연구는 여러 시간 집중할 수 있는 자극이 될 수 있다. 게다가, 종교의 사회적 차원들은 일상적인 사회적 필요들에 대한, 그리고 개인적인 위기나 상실의 시기의 공동체적인 지지로 잘 알려져 있다.

삶의 의미에 대한 바우마이스터(1991b)의 연구는 도박 회복에 영성의 자리를 부여하는 포괄적인 모델을 제공한다. 연구문헌에 대한 검토를 통해서 그는 4가지의 주요 심리학적 개념들이 대부분의 사람들을 위한 의미를 구성하는 것의 많은 부분을 나타낸다고 결론 내렸다.

(1) **목적**은 의미의 중요한 한 형태를 나타내고 두 가지 형태를 취한다. 하나는 어떤 유형의 외적인 동기를 제공해주는 목표들이다. 일차적으로 봉급을 받기 위해서 일하거나 울고 있는 아기의 더러운 기저귀를 갈아주는 것은 목적을 제공하는 외적으로 동기화된 목표들을 나타낸다. 다른 목표들은 본질적으로 만족을 주는 것이고, 이것들은 사람에 따라 다양하다(우표수집, 자원봉사, 스카이다이빙, 혹은 과학적 발견을 추구하는 것).

(2) **가치들**은 의미의 두 번째 형태를 나타낸다. 가치들은 어떤 정당화나 설명도 필요하지 않은 행위들이다. 우리는 단지 그것들의 본질과 연관된 '책임' 때문에 그것들을 행한다. 가치들은 본질적인 목적처럼 사람들 사

이에서 매우 다양하지만, 우리는 유사한 가치들을 가진 사람들과 관계하는 경향이 있다.

(3) **효능감** 혹은 개인적인 통제감을 발휘하는 것은 의미의 세 번째 원천을 나타낸다. 연구는 개인적인 통제감이 결여되었을 때 다양한 부정적 결과들이 나타난다는 것을 보여준다(Bandura, 1997). 약한 자기-효능감은 우울, 불안, 약한 과제 지속성, 그리고 다양한 건강의 문제들과 연관이 있다. 우리의 환경에 대해 통제감을 발휘하는 것은 너무나도 동기부여가 되는 것이기 때문에 일단 그들이 하나의 과제를 숙달하면 자동적으로 그 난이도를 높일 것이다. 반두라(Bandura)는 이러한 현상을 "효능감 과잉"이라고 하였고, 그것의 대중적인 표현은 "성과에 만족하지 않는 것"(not resting on one's laurels)이다.

(4) **자기-가치**는 의미의 주요 요소인 네 번째 특성을 나타낸다. 사람들은 그들 자신에 대해 긍정적인 관점을 유지하려고 하고, 그들은 다른 사람들도 그들에 대해 좋게 생각한다는 것을 확실하게 하기 위해서 애쓴다.

사실, 자존감의 기원은 우리에 대해 좋게 생각하는 데 필수적인 사회적 기능일 수 있다. 그러한 존중이 없다면, 우리 가운데 생존할 사람은 거의 없을 것이고, 그래서 우리는 우리의 사회적 존중 지수를 지속적으로 검토한다.

1) 작은 돈으로 베팅하는 도박꾼들을 위한 영성

임상적으로 말하자면, 우리는 아마도 자기-가치가 낮은 사람들을 도와주는 것에 대해 가장 많은 것을 알 것이다. 치료에 오는 대부분의 사람들은 정서적인 고통을 겪고 있고 자기-가치가 빈약하다. 많은 상담 전략들은 그러한 사람들이 자기-가치를 증진시키도록 돕는 것을 위주로 한다.

적어도 임상적 연구 분야에서는 자기-가치가 직접적으로 작용하는 특성이 아니라는 합의가 생겨나고 있다. 오히려, 자존감은 진정한 성취로 인해서 증진되고, 긍정적 사고나 자기 확증으로부터 생겨난 어떤 효과도 성취들에 근거하지 않는다면 매우 약하다.

의미의 4가지 특성에 대한 바우마이스터의 모델을 사용해서 체계적인 영성 회복 프로그램에 낮은 자존감에 의해 동기화된 병리적 도박을 위해서 무엇이 포함되는지 살펴보자.

(1) 목적에는 외적, 본질적 목표들이 있는 기획들이 포함된다.

대체로, **힘 북돋아주기**(empowerment)는 자존감이 낮은 개인들의 회복에 있어서 주요 주제이다. 레베카 프롭스트(1988)가 치료에서 여성들의 '죄' 의식을 자신들의 힘을 믿지 못하는 것으로 적절하게 기술했듯이, 자존감이 낮은 사람들에 대해서도 동일하게 얘기될 수 있다. 그들이 목적을 추구하는 것은 본질적으로 그들에게 만족을 주는 기획들에 초점이 있어야만 한다. 그들이 무엇인가 하도록 요구받는 것보다는 집중시키고 흥미로운 기획들이 늘어날 필요가 있다.

앨런 말라트(Alan Marlatt, 1985)는 재발 예방의 중요한 부분을 한 사람의 "필요들/의무들의 비율"을 균형 있게 하는 것으로 기술하였다. 이것으로 그는 즐거운 활동들을 위해서 책임과 의무의 비율을 줄이려고 하였다. 회복 중에 있는 사람들은 '필요들'과 '의무들'의 2열로 된 단순한 목록을 만들어서 매일 이러한 일들을 추적할 수 있다. 스스로 혹은 상담사나 후원자와 함께 이 목록을 검토하면 자신이 재발했다는 느낌을 촉발하는 '의무들'이 쌓이는 것이 방지될 것이다.

(2) 가치의 측면에서 타자-지향성에서 자기-지향성으로의 전환은 주요 강조점이다.

자존감이 낮은 사람들은 타자의 필요들로부터 의미를 찾으려는 경향이 있다. 지상명령의 측면에서 그들은 이웃사랑을 실현하려고 한다. 회복에서의 균형은 이러한 명령에 대한 강조를 "네 몸과 같이"의 부분으로 보다 가깝게 전환하는 것을 의미한다. 우선 순위들, 목표들, 그리고 목적들은 이제 그들 주변의 사람들을 기쁘게 하는 것과는 반대로 자기 자신의 필요들과 관심들이라는 측면에서 평가된다.

이러한 새로운 윤리는 흔히 그러한 사람들에게는 가장 불편하게 느껴지고 특히, 종교적인 사람들이 그러한 지시를 따르도록 하는 데는 충분한 설득이 필요하다.

나는 언젠가 여러 명의 자녀를 둔 어머니에게 그녀가 선택한 가사 대신에 조용한 독서나 명상으로 자신을 재충전하기 위해서 부족하나마 개인 시간을 갖도록 고무했다. 나의 입장을 지지하기 위해서 나는 그녀에게 매일 마가복음의 한 장을 읽고 그 복음서가 예수께서 '따로 가서' 쉬셨다고 기술한 횟수에 주의를 기울여보라고 제안했다.

내가 그녀를 2주 후에 만났을 때, 그녀는 놀라면서 "그분은 거의 아무것도 하지 않으셨어요!"라고 말함으로써 회기를 시작했다. 그녀는 그가 사람들, 특히 여성들이 그를 위해서 무엇인가 하는 것을 얼마나 자주 허용하는 것으로 보이는지를 더 언급했다. 이러한 발견 때문에 그녀는 보다 개인적인 시간을 추구하는 데 죄책감을 더 느끼게 되었다.

(3) 효능감과 개인적인 통제감을 개발하는 것에는 자기 주장성을 키우는 것이 포함된다.

온순함과 겸손을 강조하는 영성은 자존감을 낮은 사람들에게는 부적합하다. 그들의 단점들은 반대 방향으로 작용한다. 두려움 때문에 그들은 주인의 재물을 받아서 그것을 묻어버리고, 그렇게 함으로써 그것을 이자를 얻기 위해서 취리하는 자들에게 맡기지 않음으로써 주인을 노엽게 했던, 복음서의 비유에 나오는 종을 좋아한다. 위험을 감수하는 것에 대한 그들의 불안은 그들이 개인적으로 성장하는 데 실패했고 동시에 왕국의 성장에 기여하는 데 실패했음을 의미한다.

회복에는 그러한 개인들을 위해 자기 주장성을 증진시키는 것이 포함되고, 상담사들은 대개 이러한 기술들을 발전시키는 과제들을 개발하는 데 능숙하다. 혼자서 일하는 개인들은 이러한 주제에 대한 탁월한 자조 매뉴얼들을 얼마든지 발견할 수 있다. "나는 좋아한다"와 "나는 좋아하지 않는다"라는 진술들을 자신의 대화에 매일 각각 5번씩 넣음으로써 그 숫자를 증가시키는 것이 쉽게 시작하는 방법이다.

그것들은 억제된 문장들("나는 땅콩버터를 좋아해")로 시작해서 보다 개인적인 진술들("나는 당신이 그것을 요구할 때 그 목소리 톤이 싫어")로 나아갈 수 있다. 자기 주장성을 개발하기 위해서는 집단 의사결정, 레크리에이션, 위원회 활동, 자녀 훈육, 그리고 프로젝트들에 대한 자신의 의견을 낼 수 있는 기회를 찾는 것이 필요하다.

자기 주장성을 개발하는 많은 사람들이 그것을 공격성과 혼동한다. 나는 내담자들에게 자기 주장성과 공격성은 부정적으로 상관이 있음을 간략하게 교육시키는 것이 유용하다고 본다. 이것은 그들의 필요들을 정당하게 주장할 수 없는 사람들이 그들의 좌절이 쌓일 때 공격적인 전술들을 사용할 가능성이 더 많다는 것을 의미한다.

자기 주장적이지 못한 대부분의 사람들에게는 두 개의 버튼만 있다(꺼버리는 스위치와 폭발시키는 스위치). 자기 주장성은 처벌하는 것과 처벌당하는 것의 극단 사이에 있는 하나의 수단이다. 기독교인들에게, 예수님은 자기 주장성의 탁월한 모델을 보여주신다. 복음서에 기록된 다수의 대인관계적 만남들에서, 예수님은 당신의 의견을 직접적으로 말씀하시고, 흔히 권위자들에 대해 담대하게 도전하신다. 동시에 그분의 말은 저급하거나 잔인하지 않다. 유사하게, 예수님은 제자들에게 두려워하라고 경고하시고, 그들에게 그분의 이름으로 말할 때는 큰 확신을 가지라고 가르치신다.

(4) 자기-가치를 높이기 위해서 사람들은 그들의 긍정적인 자기-평가를 증진시켜 줄 개인적인 특성들에 관심을 기울여야 한다.

이 과정은 별 생각 없는 "긍정적 사고의 힘" 접근 방식과는 구별될 필요가 있다. 그러한 접근 방식은 흔히 아무런 개인적인 관련성이 없을 수 있거나 그야말로 소망에 근거하는 긍정의 목록들을 나열함으로써 사람들에게 긍정적인 자기-가치를 만들어내도록 한다. 이것은 기차가 "나는 할 수 있어, 나는 할 수 있어"라고 계속 반복하면서 산을 정복하는 동화 『할 수 있는 작은 엔진』(*The little engine that could*)과 매우 유사하다.

효과적인 자기-고양은 사람들이 이미 존재하는 긍정적인 특성들 혹은 성취들에 초점을 맞출 때 일어난다. 자존감이 낮은 개인들에게 가치가 없다는 것은 말이 되지 않는다. 그들은 자신들의 실패에 주의를 돌린다. 그들의 근시안적인 시선을 교정해주는 것은 자존감을 증진시키기 위한 첫 번째 과제이다. 여기에서 인지치료 전략들은 매우 유용하고, 자조 도서들은 풍부하다.

회복 중인 사람들은 자존감 발달의 사회적 차원들을 무시해서는 안

된다. 나는 때때로 내담자들에게 다음과 같은 과제를 부여한다.

> 10명의 친구나 가까운 지인을 찾아보세요.
> 그들에게 당신은 당신의 긍정적인 특성들에 대한 인식을 증진시키려고 하고 있으며, 그들이 어떤 것들이 있는지 확인해줌으로써 당신을 도와줄 수 있는지 말해보세요.

우리는 이 목록을 함께 검토하고 그것을 그 사람의 긍정적인 특성들 목록에 추가시키고 불안하거나 우울하다고 느껴질 때 읽도록 했다. 회복 중인 사람들이 흔히 부정적으로 느끼는 사회생활의 또 다른 측면은 그들의 가정생활이나 가까운 관계이다. 이러한 부정성의 어떤 부분은 현실에 근거한다. 도박꾼들의 가족들은 흔히 재정적으로 그리고 정서적으로 파산한다(Ciarrocchi and Hohman, 1989; Ciarrocchi and Reinert, 1993). 고물자동차가 롤스로이스인 것처럼 하는 것은 허세이다.

그러나 우리는 주의를 다른 데로 돌릴 수 있다. 이러한 목적을 위해서 나는 「좋은 책」(The Good Book)이라고 불리는 도구를 추천한다. 이 저널에서 그 사람은 매일 혹은 매주 가정생활이나 가까운 관계의 긍정적인 측면들을 추적한다.

광범위한 사건들을 기록하는 일상적인 일기와는 다르게, 이 저널은 긍정적으로 기억할만한 것만을 기록하는 것을 의도한다. 나는 가족들이 별거나 이혼과 같은 어려운 시기를 겪는 부모들이 이 도구를 사용해서 적절한 부모로서 그들 자신에 대한 어떤 믿음을 유지하는 것을 본 적이 있다. 게다가, 가정생활의 긍정적인 측면들에 초점을 맞추면 세 가지 다른 목표를 성취할 수 있다.

(1) 그것으로 인해서 균형이 잡힌 영성에서 중요한 역할을 하는 감사의 태도가 생겨날 수 있다.
(2) 긍정적인 사건들을 놓치지 않으면서 하루를 보내면 기분에 미묘하지만 실제적인 영향이 있다.
(3) 그러한 과제를 통해서 긍정적인 자성 예언들(self-fulfilling prophecies)이 생겨날 수 있다. 즉, 만약 내가 긍정적인 사건들이 일어나는 것을 찾고 있다면, 그것들이 일어나도록 미묘하게 환경을 조정하고 있는 나 자신을 발견할 수 있다.

2) 무모한 도박꾼들을 위한 영성

중독 때문에 모든 것을 잃어버린 존경받던 한 의사는 병원 관리업무에 어울리는 복도 닦는 일에 1년의 시간을 보냈다. 지위에 있어서 그의 두드러진 변화에 대해 질문을 받았을 때, 그는 아무리 하찮아 보일지라도 일에 대한 리듬과 완급조절에 대한 감각을 회복하기 위해서 한 가지 활동에 집중하는 것이 그의 영성을 위해서 중요했다고 대답했다.

이것은 도박을 위한 삶의 방식이 나타내는 혼란과 현저한 대조를 이루었다. 이 삽화는 자존감이 높은 사람들의 목적이 회복 과정에 유익이 될 수 있는지를 보여준다. 이러한 성격 유형의 도박꾼들은 대중의 갈채를 받기 위해서 매우 열심히 노력한다. 어떤 형태의 도박에 요구되는 페르조나 때문에 그 사람은 과장되고, 긍정적인 인상을 만들게 된다.

헨리 레시르(Henry Lesieur, 1984)는 도박꾼들의 삶의 방식에 대한 사회학적 기술에서 도박꾼들은 도박 물주들에게서 대출을 받거나 친구들로부터 빌려서 부지한다고 지적한다.

누가 잃은 사람에게 기꺼이 돈을 빌려주겠는가?

따라서, 도박꾼들은 삶이 비극적으로 무너지고 있을 때조차도 좋게 보이기 위해서 엄청난 노력을 한다.

드러나는 성격 유형은 현실보다는 겉모습을, 깊이보다는 피상을, 좋은 것보다는 좋게 보이는 것을 소중히 여기는 것이다. 이러한 영향을 없애기 위해서, 회복의 영성은 대중의 존경을 가져다 줄 그러한 행위들을 넘어서고 그 위에 있는 사적인 의미를 가진 행위들을 강조할 필요가 있다.

회복 중인 도박꾼들과 이것을 나누면서, 나는 걸작들로 유럽 성당들의 꼭대기를 꾸미는 중세 조각가들의 예를 사용한다. 그들은 예배를 드리러 오는 대중들의 안중에는 없지만, 이러한 대가들은 그들이 한 것이 하나님의 영향을 위한 것이라고 믿으면서 그것이 그들의 예술적 표현을 위한 충분한 동기부여임을 알았다.

그렇다면, 선한 일들은 많은 조용한 노력들로부터 엄선될 수 있다(노숙자들과 작업하는 것[기관을 운영하는 것이 아니라], 후견인 되어주기, 비영리 단체들을 위해서 남몰래 자원봉사하기 등). 그들의 성격의 이런 측면을 다루는 것은 일생일대의 프로젝트이다. 회복 중인 사람들의 아내들은 그들의 남편들이 회복을 위한 여러 해 동안 대중적인 주목을 받으려는 이러한 욕구를 계속 유지하고 있다고 보고한다. 예를 들어, 그들의 집단을 위해서 "가장 좋은" 테이블을 얻는 것이 중요하다. 중산층 레스토랑에서도 그들은 주인을 구슬려서 그렇게 하려고 할 것이다.

가치의 측면에서 볼 때, 회복 이전의 자기와 대조하는 것은 자신의 자아를 윤리적 가치의 기준으로 사용하는 것을 중심으로 이뤄진다. 간단히 말하자면, 회복 이전에는 윤리적 결정들을 위해서 다른 모든 기초들보다 자기를 선택한다. 회복에는 자기 밖에 있는 규범들과 기준들을 존중하는 것이 포함된다.

종교적 전통에서 그것에는 금식과 절제, 음식 규례 준수, 정결 유지하기, 혹은 전통적이지만 시대에 뒤떨어진 듯한 관습들을 지키기와 같은 행위들이 포함된다. 양심의 영역에서, 자존감이 높은 사람들을 위해 가치들을 증진시키는 것에는 이익이 없을 때에도 정직한 것이 포함된다. 예를 들어, 사소한 위반으로 덜미를 잡힐 일이 없을 때에도 소득신고를 성실하게 하는 것.

이러한 성격 유형의 많은 회복 중인 도박꾼들이 판매업에 종사한다. 모든 사람이 그 어떤 장사꾼도 잠재적인 소비자에게 완전하게 정직할 수 없다고 주장했다. 그들은 나에게 그렇게 한다면 당신은 즉시 장사를 못하게 될 것이라고 확실하게 말한다.

그러한 경우 온전한 정직을 주장하는 것은 불가능하기 때문에, 나는 회복 중인 도박꾼에게 다음의 실험을 해보라고 권한다.

임의로 새로운 혹은 최근의 고객 한 명을 선정하고 이 사람에게 당신의 물건에 대해 전적으로 정직하게 해보라.

그들의 과제는 단순히 일어난 일을 관찰하고 그것에 대해 보고하는 것이다. 그의 판매의 단지 10%만이 재구매로 인한 것이라고 보고했던 한 상인은 "제가 가장 좋은 제품을 제공함으로서 그녀를 잘 대해주었을 때" 한 고객의 구매가 얼마나 증가했는지에 대해 놀랬다. 장사하는 사람들이 사실을 윤색할 필요가 있을 수 있다(그리고 고객들도 아마도 이것을 요인으로 고려했을 수 있다)고 하더라도, 병리적인 도박꾼들은 그들의 반사회적인 도박 태도를 현실의 모든 면에 투사한다. 그들의 윤리적 결정들의 핵심에 도전하는 것은 회복의 중요한 측면이다.

과도한 자존감은 자기-효능감 영역에서 부담이 된다. 위에서 바우마이스터가 언급했듯이 도박꾼들이 통제력을 잃을 수 있는 한 가지 이유는 실패한 후에 그들이 그들의 자기-이미지를 유지하기 위해서 과도하게 일한다는 것이다. 그들은 지나치게 야심찬 목표들(예를 들어, 내가 잃은 것들을 회복하기)을 세우고 그들 자신의 불가능한 기준들에 희생양이 되는 위험을 감수한다.

많은 상황에서 꾸준함이 보상을 받지만, 만약 과제가 본질적으로 불가능하거나 통계학적으로 가능성이 희박하다면, 꾸준함은 역효과를 낳는다. 헤더톤과 앰버디(1993)는 이러한 경향을 수정하는 데는 자아의 변화가 포함된다고 지적한다.

첫째, 회복 중인 사람들은 그들의 성과들로부터 스스로 거리를 두어야만 한다.

그들은 행운이 가치나 선택의 개인적인 표지가 아니다. 행운은 행운일 뿐이다. 개인의 노력도 마찬가지이다. 선불교와 기독교 수도원에서 수도자들은 과제와 자신들의 자아를 분리시키는 것에 대해 돌이켜 생각하는 단순한 일과들을 수행한다. 나무 베기든 잡초 제거든, 과제를 반복하는 것은 수도자에게 자기가 자신이 해내는 일과 분리되어 있다는 것을 가르쳐준다.

둘째, 그들은 실패 경험들로부터 스스로 멀어지는 법을 배워야만 한다.

자존감이 낮은 사람들은 실패 후에 자존감을 유지하는 데 위험 감수를 회피하는 것이 요구되지 않는다는 사실을 배워야만 한다. 자존감이 높은 사람들은 실패 후에 자존감을 유지하는 데 위험 감수를 받아들이는 것이 요구되지 않는다는 사실을 배워야만 한다.

이 과정을 강화하기 위해서, 나는 내담자들과 그들의 가장 충동적인 행동들 가운데 서너 가지를 살펴본다. 언제나, 우리는 이러한 행동들을 그 행동 직전에 발생하는 그들의 자아에 대한 어떤 실제적인 혹은 상상된 위협과 연결시킬 수 있다. 이러한 통찰 후에, 그들은 자신들의 충동적인 욕구들을 매일 검토하고, 우리는 우리의 회기에 그것들을 토론한다. 점진적으로, 그들은 모욕, 도전, 혹은 위협이 있은 후에 통제력을 잃어버리는 그들의 경향성이 얼마나 자동적인지 보게 된다. 이러한 자기-인식을 통해서 우리는 이러한 상상된 자존감 상실을 다룰 수 있는 대안적인 방법들을 토론한다.

자아와 결과 사이의 이러한 분리를 촉진하는 과제들에는 결과들을 미래에만 투사하는 것들이 포함된다. 대규모의 자선 혹은 정치 프로젝트에 참여하는 것뿐만 아니라 개인 지도와 멘토링은 이것의 예들이다. 개인적인 통제감을 갖는 것은 생존에 결정적이지만, 많은 것들은 그 결과들을 알 수 없는 가치있는 노력에 참여하는 것으로부터 배울 수 있다.

셋째, 회복에서, 자기-효능감의 균형을 잡기 위한 세 번째 접근은 시간적인 긴급함과 관련있다.

스트레스 완화 영역에서 많은 사람들이 언급하는 것은 A유형 사람들의 잘 알려진 이러한 특성이다. 그들은 세부적인 시간 관리를 통해서 결과들을 통제하기 위해서 과장된 개인 책임감을 조장한다. 그들은 비생산적인 시간으로 일분도 허비할 수 없다.

72세의 상인인 샘은 거의 18개월간 도박을 끊었다. 그는 더 이상 도박 충동을 통제하기 위해서 매일의 싸움을 하지 않고 있기 때문에, 그는 회복 과정에서 보다 깊은 주제들을 살펴보기를 원했다. 예를 들어, 그는 그가 "성격상의 결점들"이라고 부르는 것에 대해 작업하고 싶었다. 그는 이 점에 있어서 익명의 도박자모임에서 상당한 유익을 얻고 있었고, 이것을 유지하기 위해서 치료를 원했다.

내가 그에게 다루고 싶은 "성격상의 결점들"이 어떤 것인지 물었을 때, 샘은 성급함을 언급했다. 이윽고 그는 시간적으로 다급해하는 주제들을 얘기했다. 예를 들면, 그가 도박을 하던 시절에 그는 몇 분이라도 아낄 수 있다면 장애인 구역에 주차하는 것에 대한 규칙들을 전혀 지키지 않았다. 그는 그가 오늘 아침 치료실에 나보다 먼저 도착했지만, 대개 내가 주차했던 편리한 공간에 주차하지 않았을 때 자신이 조금 나아지고 있음을 알게 되었다고 하였다.

시간적으로 다급해하는 다른 행동에는 공공 화장실에서 소변을 보면서 신문을 읽는 것이 포함된다. 최근에 그는 인스턴트 커피가 전자레인지에서 뜨거워지도록 기다리는 것을 매우 짜증스러워한다는 것을 발견했다. 하루에도 몇 번씩 그는 최적의 시간인 정확하게 135초 동안 커피를 만들곤 했다. 그는 펄쩍 뛰고 싶어하면서 그야말로 기다리는 동안 무엇을 해야 할지 모른다고 했다.

나는 샘에게 목회상담학과에 있는 나의 동료의 습관을 말해주었다. 조안 그리어 박사는 컴퓨터가 켜지는 것을 기다리는 것이 얼마나 긴가에 대해 모임에서 교수들이 불평하는 것을 듣고 그녀는 그 시간을 기도하는 데 사용한다고 했다.

나는 그에게 커피가 뜨거워지는 동안 기도할 수 있겠냐고 물었다. 그는 이것이 좋은 착상이라고 생각했지만, 당혹스러웠고, 그가 마음으로 하는 어떤 기도도 모른다는 사실을 인정했다. 그는 자발적인 기도를 시도하는 것도 편하지 않았다. 나는 그에게 전자레인지를 돌리는 동안 적합한 2분 기도를 얻을 수 있도록 그의 랍비에게 상담하라고 조언했다.

우리가 다시 만났을 때, 샘은 랍비를 놀라게 할 것이 두려워서 랍비에게 전화할 수 없었다고 말했다. 그러나 그는 그가 도박자모임에서 배운 주기도문을 기억하고 있음을 깨달았다. 치료를 통해서 오직 속죄일에만 형식적으로 기도했던 사람에게서 하루에도 여러 번 의례적인 기도의 지속적인 실천이 시작되었다.

넷째, 자존감이 높은 사람들을 위해서 자존감에 초점을 두는 것은 그들이 회복에서 굴욕감이나 체면 손상으로 인해서 어려움을 겪어야만 한다는 것을 의미하지 않는다.

나의 믿음은 살아가다 보면 우리가 이러한 경험들을 추구하지 않아도 그것들이 우리에게 줄어든다는 것이다. 변화될 필요가 있는 것은 자존감에 대한 방어이다. 자존감이 낮은 개인들은 실패를 그들의 부정적인 견해들을 확증해주는 것으로 이해한다. 자존감이 높은 개인들은 다른 사람들을 포함하여 외적인 세력들을 비난하는 경향이 있다.

자존감이 높은 사람들에게 회복은 그들이 그들의 행동에 대한 개인적인 책임감을 수용하도록 한다. 수용은 죄책감을 강화하는 것이 아니라 그들의 세계관에서 어느 정도 객관성을 회복하는 것을 지향한다. 그들이 그들의 좋은 결과들에 대해서만 책임이 있다고 지속적으로 믿고 나쁜 결과들에 대해 모든 사람과 모든 것을 비난하게 되면 오만과 무책임이 조장된다. 두 가지 특성 모두 과도한 확신과 위험 감수를 강화함으로써 회복을 방해하고 재발의 위협이 된다.

4. 결론

본장에서는 영성중심의 도박중독 회복 프로그램에서 높은 자존감과 낮은 자존감의 주제들 사이의 중요한 차이들을 요약했다. 나는 이 모델이 다양한 성격 패턴들을 위해 영적 초점을 개별화하는 것을 돕는 데 유용하다는 것을 발견했다. 게다가, 많은 워크샵에서, 중독상담사들은 유형론의 치료적 개입을 위한 의미들과 함께 여기에서 제시된 그것에 대해 열정적으로 반응했다.

병적 도박을 이해하는 것의 거의 모든 측면에서 우리는 도박으로부터의 회복을 유지하기 위해서 이 모델 혹은 어떤 다른 모델의 유용성을 결정하기 위한 경험적 연구를 필요로 한다. 그러나 임상가들과 회복 중에 있는 사람들은 연구가 우리의 길을 인도할 때까지 기다리는 사치를 누릴 여유가 없다. 이 모델은 나의 견해로는 이 가장 치명적인 상황의 임상적인 차원들과 잘 연결이 되는, 자존감에 대한 작업을 기대하게 하는 것에서 그 논리적 근거를 끌어낸다.

따라서, 나는 그것이 회복 중인 사람들을 위한 중요한 역동을 드러냈다는 조심스러운 소망으로 이 모델을 제시한다. 마지막으로, 그것에는 회복 과정에서는 무시되었지만 강력한 자원인 개인의 영성을 통합할 수 있는 잠재력이 있다.

참고문헌

American Bible Society (1992). *Good News Bible: With Deuterocanonicals and Apocrypha*. New York.
Bandura, A. (1997). *Self-efficacy: The exercise of control*. New York: W. H. Freeman.
Baumeister, R. F. (1991a). *Escaping the self: Alcoholism, spirituality, masochism, and other flights from the burden of selfhood*. New York: Basic Books.
Baumeister, R. F. (1991b). *Meanings of life*. New York: Guilford Press.
Baumeister, R. F. (Ed.), (1993). *Self-esteem: The puzzle of low self-regard*. New York: Plenum.
Baumeister, R. F., Heatherton, T. F., & Tice, D. M. (Eds.), (1994). *Losing control: How and why people fail at self-regulation*. San Diego: Academic Press.
Baumeister, R. F. (1997). Esteem threat, self-regulatory breakdown, and emotional distress as factors in self-defeating behavior. *Review of General Psychology*, 1, 145 - 174.
Baumeister, R. F., Smart, L., & Boden, J. M. (1996). Relation of threatened egotism to violence and aggression: The dark side of high selfesteem. *Psychological*

Review, 103, 5 - 53.
Benziger Publishing Company, (1988). *The new American Bible*. Mission Hills, California.
Ciarrocchi, J. W. (1992). Pathological gambling and pastoral counseling. In . J. Wicks, R. D. Parsons, & D. E. Capps (Eds.), *Clinical handbook of pastoral counseling*, Vol. 2, (pp. 593-617). New York: Paulist Press.
Ciarrocchi, J. W. (1993). *A minister' s handbook of mental disorders*. New York: Paulist Press.
Ciarrocchi, J.W., & Hohman, A. (1989). The family environment of married male pathological gamblers, alcoholics, and dually addicted gamblers. *Journal of Gambling Behavior*, 5, pp. 283 - 291.
Ciarrocchi, J. W., & Reinert, D. (1993). Family environment and length of recovery for married members of Gamblers Anonymous. *Journal of Gambling Studies*, 9, pp. 341 - 352.
Custer, R., & Milt, H. (1985). *When luck runs out: Help for compulsive gamblers and their families*. New York: Facts on File Publications.
Dulles, A. (1994). *The assurances of things hoped for: A theology of Christian faith*. New York: Oxford University Press.
Heatherton, T. F., & Ambady, N. (1993). Self-esteem, self-prediction, and living up to commitments. In R.F. Baumeister (Ed.), *Self-esteem: The puzzle of low self-regard* (pp.131 - 146). New York: Plenum.
Karris, R. J. (1990). The Gospel according to Luke. In R. E. Brown, J. A. Fitzmyer, & R. E. Murphy (Eds.), *The new Jerome biblical commentary*. Englewood Cliffs, N. J. : Prentice-Hall.
Lesieur, H.R. (1984). *The chase: Career of the compulsive gambler*. Cambridge, Mass.: Schenkman.
Marlatt, A. (1985). Situational determinants of relapse and skill training intervention. In A. Marlatt & J. Gordon (Eds.), *Relapse prevention*. New York: Guilford Press.
Nolen-Hoeksema, S. (1987). Sex differences in unipolar depression: Evidence and theory. *Psychological Bulletin*, 101, 259 - 282.
Oglesby, W. (1980). *Biblical themes for pastoral care*. Nashville: Abingdon Press.
Politzer, R. M., Morrow, J. S., & Leavey, S. D. (1985). Report on the costbenefit/ effectiveness of treatment at the Johns Hopkins Center for Pathological Gambling. *Journal of Gambling Behavior*, 1, 131 - 142.
Propst, L. R. (1988). *Psychotherapy in a religious framework: Spirituality in the emotional healing process*. New York: Human Sciences Press.
Volberg, R. A., & Steadman, H. J. (1989). Prevalence estimates of pathological

gambling in New Jersey and Maryland. *American Journal of Psychiatry*, 146, 1618 - 1619.

Wolski Conn, J. (1993). Spirituality and personal maturity. In R. J. Wicks, R. D. Parsons, & D. Capps (Eds.), *Clinical handbook of pastoral counseling*, vol. 1, Expanded Edition. New York: Paulist Press.

제 4 부
목회자들과 영적 지도자들

제10장 사랑에 사로잡힌 바 되어
린 G. 브레이크먼

제11장 금단을 넘어 영적 통합을 향하여
하워드 J. 그레이

제12장 유대인의 관점으로 본 중독과 회복
캐롤 글래스

제10장

사랑에 사로잡힌 바 되어

린 G. 브레이크먼(Lyn G. Brakeman)

1. 중독에 대한 성경적 신학

> 아무도 그를 쇠사슬로도 맬 수 없게 되었으니 이는 여러 번 고랑과 쇠사슬에 매였어도 쇠사슬을 끊고 고랑을 깨뜨렸음이러라 그리하여 아무도 그를 제어할 힘이 없는지라(막 5:3b~4).

중독에 대해서 생각할 때마다, 중독의 속박에 사로잡혀있는 어떤 사람과 함께 있을 때마다, 내 자신이 중독을 경험할 때마다, 나는 성경에 나오는 거라사 광인 이야기를 떠올린다. 전율이 나의 등골을 타고 오르내린다. 신약성경의 마가복음에 기록된 이 이야기는 귀신들림의 고통과 축사 치유, 신체, 마음 그리고 영혼의 급진적이고 파국적인 변화에 대한, 머리카락이 쭈뼛해지는 이야기이다.

이야기에 나오는 이 불쌍한 사람은 "더러운 귀신이 들린" 사람, "무덤 사이에 거처하는" 사람, "늘 소리 지르며 돌로 자기의 몸을 해치고 있는" 사람, "매이거나" "제어될" 수 없는 사람으로 기술되고 있다. 이것은 고통스러운 그림이다. 이 사람은 분명히 만성적인 고통 속에 있는 사람이다. 이 사람은 통제가 되지 않는 사람이다. 이 사람은 중독 드라마의 주인공이다.

이것이 너무 거칠게 보이는가?

너무 심한 언어를 사용했는가?

너무 오래되었는가?

성경은 고대 문서이다. 그것은 다양하게 이해되었고, 다양한 '요소'로 이뤄졌다.

성경은 중독에 대해 어떻게 이해했을까?

이 이야기를 하기 위해서 사용된 '광인'이라는 이름의 유래가 된 단어는 오늘날 충분히 적합한 용어는 아니다. 구약적인 용어로 보면 성경에는 "하나님이 아닌"(신 32:17) 여러 귀신들이 나온다. 이 이야기에서 귀신들은 하나님의 뜻을 거스르고 이 사람을 '더럽고,' 사회적으로 따돌림 당하고, 가까이 할 수 없고, 부정한 사람으로 만들었다. 그러나 그것은 그 당시의 방법이었다.

우리는 오늘날 귀신들과 귀신들림에 대해 얘기하지 않는다. 우리는 소시오패스, 사이비 종교집단의 광기, 혹은 정신이상에 대해 더 편하게 얘기한다. 분명히, 이것은 최소한 정신증 같은 심각한 정신질환에 대해 기술한 것이다. 이것은 평범하고 진부한 '술주정꾼'이나 '마약쟁이'에 대한 묘사일 수 없다. 이것은 사로잡힌 사람, 즉 겉으로 보기에 악마, 그 사람의 통제 안에 있지 않은 외부의 힘에 사로잡힌 사람에 대한 묘사이다. 이것은 과장임에 틀림이 없다.

어쩌면 성경은 우리가 생각하는 것보다 중독적인 경험에 대해 더 많이 알고 있는지 모른다. 내가 생각하기에 거라사 광인에 대한 묘사는 귀신들림으로 극심한 고통을 겪고 있는 중독자의 영혼에 대한 상당히 정확한 그림이다.

중독의 영성은 사로잡힘의 영성이다. 중독자의 전 존재는 평안과 통합의 거룩한 영이 아니라 폭력과 침해의 영에 사로잡히고 소유된 바가 된다. "영향 아래에 있다"라는 현대의 표현은 고대의 '사로잡힘'이라는 용어와 적절한 상관관계가 있다. 사로잡히거나 중독된 사람에게는 아무런 존재감도 정체성도 없다. 그것은 잃어버린 영혼의 영성이다.

귀신들린 자에게서 우리는 중독 경험의 특징인 혼돈의 패턴이 반영된 것을 본다. 영적으로 말하면, 중독자들은 시간이 흐르면서 자신들의 마음, 몸, 그리고 영혼이 지배당할 때까지 그들의 통제 밖에 있는 어떤 것에 의해 미묘하게 그리고 점차적으로 사로잡히게 된다. 그들의 중독은 어쨌든 선반 위에나 병 안에 순수하게 자리 잡고 있는 물질이 아니다.

물질을 책임감 있게 사용하는 것이 중독이 되고 질병으로 분류될 때, 문제가 되는 것은 물질이 아니라 통제이다. 중독자를 중독자로 만드는 것은 그 사람에게 물질의 사용 혹은 파괴적인 충동에 빠져드는 것에 대해 일관된 통제력이 없다는 사실이다.

나에게 가장 그럴 듯한 중독의 정의는 삶의 모든 혹은 어떤 영역에서 부정적인 결과가 증가함에도 불구하고 일관되게 자신의 행동을 변화시킬 수 없다는 것이다(의학적, 법적, 관계적, 경제적, 직업적, 정서적, 그리고 영적).

영적으로 말하자면, 이것은 죄를 짓는 것이고, 정서적으로 하나님, 자기, 그리고 다른 사람들로부터 심각하게 단절된 것이다. 그 사람의 심장은 뛰고 있을 수 있지만 그것은 자기 자신이나 다른 사람들에 대해서 많은 사랑을 받아들이지 못하거나 주지 못한다. 이것들 가운데 많은 부분이 중독으로부터 생겨나지만, 이러한 종류의 죄는 비도덕적인 행동을 특징으로 하는 도덕적 범주가 아니다.

이것은 "하나님이 아닌"(not-God) 상태이다. "하나님이 아닌"이라는 말은 거룩한 자, 즉 경험적으로 자기 자신이 안팎으로 충분히 알려졌고 동시에 충분히 사랑받는다는 느낌으로 바꾸어주는 신비한 은혜의 원천과의 접촉으로부터 벗어나있는 상태를 의미한다. 이 은혜는 중독자들이 한 모금 마실 때 아마도 처음으로 언뜻 경험하는 것일 것이다. 그것은 인위적인 고양감이다. 그것은 자기가 있다는 강력한 느낌이지만, 그것은 신체에 근거한 자기가 아니다.

> 나는 괜찮아.
> 나는 사랑받고 있어.
> 나는 어울려.

이러한 것들은 느껴지는 말들이다. 그것은 그들을 기쁨에 취해 있게 하기에 충분하다. 그것은 하나님과 같다는 경험이지만, 실제로는 하나님이 아닌 경험이다. 그것은 중독적이다. 압도적이고 전체적이다.

중독자들은 물질이 문제라고 생각하면서 그것을 통제하려고 전력을 다해 노력한다. 그들은 강력한 의지력을 가지고 때로는 사실은 물질과의 관계 패턴이 그들을 완전히 통제하고 있는데도 실제로 그들 자신을 속여서 그들이 통제를 하고 있다고 생각한다.

"관계 패턴"은 구체적인 내용이나 세부사항이 어떠하든 그 자체를 반복하고 반복하는 지속적인 매력/혐오, 사랑/증오의 관계를 의미한다. 그 패턴은 세부사항과 상관없이 맹렬하게 영속적으로 나타난다. 와인 혹은 마르티니, 주말 혹은 일주일 내내, 저녁 식사 전 혹은 늦은 밤, 주간 내

내, 기능적 혹은 비기능적. 통제를 위한 싸움이 맹렬해지면서, 전체적인 패턴은 중독의 모든 작은 일화에서, 그리고 심지어 중독 이전의 정신적 숙고 상황에서도 완전히 나타난다.

중독자들은 화학물질들의 마약적 특성들에 중독된다. 그들은 또한 경험에 중독되어, 자유롭게 되는 경험, 즉 고통, 금지, 불안, 격노, 소외, 사회공포증, 수치심, 자기혐오, 관계에 대한 두려움, 그리고 다른 많은 "귀신들"로부터 자유롭게 되는 경험에 빠진다.

한 마디로 하자면, 중독자들은 의식하지 못한 채 죄로부터 위안을 얻으려고 죄를 선택한다. 그들은 하나의 굴레를 또 다른 굴레로 바꾼다. 물질도 다른 "귀신들"도 하나님은 아니다. 그것들은 성경에 나오는 "귀신들"처럼 하나님이 아니다.

그리고 이것은 압도적인 경험이다.

만약 당신이 온전하고 사랑받는다고 전혀 느껴보지 못했고, 당신이 목마른 영혼이라면, 어떻게 그 물에 저항할 수 있겠는가?

자유로움에 대한 초기의 경험은 영적으로 너무나도 중독적이기 때문에 그것은 거부될 수 없다. 또한 그것은 알코올과 다른 약물들이 아닌 다른 어떤 수단에 의해서도 얻을 수 없는 것처럼 보인다. 다른 약물에 여러 가지가 있는데, 음식, 돈 혹은 도박의 짜릿함, 그리고 심지어 사람, 예를 들면, 흔히 사랑으로 오해되는 열병과 의존에 빠지는 것을 들 수 있다.

당신이 누군가가 당신을 사랑한다고 믿고, 당신이 이전에 그것을 전혀 믿지 못했을 때 당신은 그것을 잃어버렸다가 되찾은, 굶주림에 허덕이는 '양처럼 선뜻 받아들인다. 그리고 나서 이전의 굶주림의 상태로 되돌아가는 것에 대한 두려움으로부터 벗어나서, 심지어 그것이 당신이 생각했던 것처럼 도움이 될 수 없다는 사실을 용인하거나 인식하지 못하고 새로운 '음식,' 새로운 관계에 지속적으로 매달린다.

그리고 당신은 더 많이 받아들일수록 더 많이 필요로 하게 되고, 중독적/독점적 패턴은 증가된다. 관계라는 정서적인 '음식'에 대한 욕구가 잘못된 것은 아니지만, 굶주린 사람들은 영양분을 적절히 처리하는 과정에 대한 기술들을 익혀야만 한다.

중독자들은 흔히 그들의 삶에서 질서와 기능성 비슷한 것을 나타낸다. 그러나 내면은 지옥이다.

그곳에 있었던 사람들에게 물어보라.

귀신들린 사람에 대한 성경의 이야기가 중독에 대한 정확한 그림이 되기 위해서 그것이 문자적으로 받아들여질 필요는 없다. 중독자들은 그들이 저항할 수 없는 것을 통제할 수 없는 무능력의 '바위'에 자신을 부딪친다.

그들은 부인하지만, 마음속으로는 그들이 영적으로, 정신적으로, 그리고 정서적으로 죽은 사람처럼 '무덤' 사이에 살고 있다는 것을 인식한다. 그들은 그들의 물질이 초래한 고통을 덜기 위해서 그들의 물질이 제공하는 것을 더욱 더 많이 필요로 하기 때문에 의식, 인식, 혹은 은혜는 거의 없이 최소한의 삶의 습관을 로봇같이 수행한다.

우리가 귀신들린 자의 축사 이야기를 실제적인 역사적 사건으로 이해하든,[1] 우리가 축사와 귀신들림을 믿든, 혹은 우리가 그 이야기를 귀신들림의 영성에 대해 설명해주는 경험적인 은유로 이해하든, 그 의미는 여전히 동일하여 귀신들린 사람은 통제력이 없다. 그들은 스스로 어떻게

---

[1] C. S. Mann in *Mark, Anchor Bible* (New York: Doubleday, 1986, p. 277)에 따르면, 마가복음의 이야기는 목격에 대한 회상이라는 특징들을 담고 있다. 이 저자에 따르면, 이러 저러한 구두 전승이 혼란스럽게 모여져서 불규칙한 극적인 설명이긴 하지만 생생한 이야기를 만들어낸다. 저자는 8절("이는 예수께서 이미 그에게 이르시기를 더러운 귀신아 그 사람에게서 나오라 하셨음이라")이 "세부적인 내용에서 혼란을 없애기 위해서" 삽입되었다고 주장한다.

할 수 없고, 그들보다 더 위대한 힘으로부터 주어진 어떤 수단에 의한 개입을 필요로 한다.

1) 12단계의 지혜

12단계 회복 프로그램의 지혜는 성경 이야기의 신학적 지혜와 조화를 이룬다. 12단계는 무력함과 "우리보다 위대하신 힘"으로부터 도움이 필요함을 고백하는 것으로 시작된다. 그 힘의 뜻은 중독자를 건강과 정상으로 회복시키는 것이고, 중독자는 사랑과 수용에 대한 적절한 욕구들을 채워줄 수 있는 더 나은 방법을 소망하면서 그 힘의 돌봄과 자비에 자기 자신을 내어맡기는 데 동의한다.

이제 그 이야기를 좀 더 가까이서 살펴보면, 우리는 그것으로 마가복음 5장이 시작되고 바로 이어서 제자들에게 하나님의 통치를 마치 겨자씨와 같은 것으로 이해하도록 하는 예수님의 가르침이 나오는 것을 보게 된다. 이것 다음에, 예수님은 풍랑이 거센 바다를 잠잠케 하시고 그들의 배를 재난으로부터 구하시지만, 그들의 위기에 처한 삶에 대해서는 아무 말씀도 하지 않으신다.

우리는 하나님께 속한 것에 어떤 특성이 있음을 알게 되는데, 시작할 때 많은 것을 취하지 않지만(단순한 겨자씨) 모든 종류와 상황의 '새들'에게 거처를 제공해주고 깃들이게 해주는 환영과 사랑의 공동체, 사랑이 사랑을 낳는 공동체, 땅에 있는 것들이 자라는 것과 같은 방식으로, 인간의 노력이나 의식에 의해서가 아니라 거룩한 은혜에 의해서 성장하고 공동체, 하나님의 능력과 뜻대로 스스로 구원할 수 없는 사람들을 구원하시는 공동체, 그리고, 혼돈을 압도하는 신앙과 평온으로 다스려지는 공동체가 그런 것이다.

이것이 12단계 모임들의 영성처럼 들리지 않는가?

이러한 모임들은 소속과 사랑의 공동체이다. 그들은 판단을 최소화하고 방해하지 않고 경청하는 것을 격려하기 위해서 구조화된다. 그들의 사역은 중독적으로 사고하고, 느끼고, 행동하는 방식들을 바꾸고 새롭게 하는 데 도움이 된다. 그들은 자유롭고 그 패턴을 끊으려고 하는 모든 사람에게 열려있다(이러한 주제들에 대한 보다 자세한 설명은 Jampolsky의 제3장, Larsen의 제8장, Albers의 제7장에서 볼 수 있다).

그들은 12단계를 중심으로 하고, 그것들은 하나님이 각 참여자에 의해 이해되듯이 치유하시는 하나님의 능력을 중심으로 한다. 익명성의 원리는 수치심이 수용의 은혜로 바뀔 때까지 피난처를 제공해준다. 그리고, "스스로 돕는 자들을 도우시는 하나님"이라는 더욱 대중적인 표어에도 불구하고, 예수님이 하나님의 이름으로 풍랑이 거센 바다를 잠잠케 하신 것으로 나타난 것처럼, 회복 중인 중독자들은 하나님은 스스로 도울 수 없는 자들도 도우신다는 진리를 경험한다.

12단계 프로그램들은 중독이라는 내면의 풍랑을 잠잠케 하고 회원들을 영적인 죄의 속박으로부터 자유케 하는 과정으로 인도하면서 은혜와 평온의 중개자 역할을 하도록 의도되었다.

겨자씨 이야기와 풍랑을 잠잠케 하시는 이야기를 폭력적인 귀신들린 자 이야기 바로 앞에 배치함으로써 평화로운 하나님의 통치를 예시하는 소망의 맥락이 제공된다. 예수님을 따르는 무리들이 하나님의 치유 능력을 이해하기 시작하고 두려워한 것처럼, 그들은 갑자기 거라사의 혼란 속에 빠져든다.

여기에는 또 하나의 '풍랑'이 있다. 귀신들린 사람은 숨어있던 무덤 사이에서 나와서 무리에게 "말을 건넨다." 그들은 다시 오싹함을 느꼈을 것이고 어쩌면 그들의 평화를 깨뜨리는 이러한 상황에 대해 다소 기분이

상했을 것이다.

익숙하게 들리는가?

중독자들은 비록 그들이 수동적이고 의식이 없기는 하지만, 그들 주변의 모든 사람, 그들과 연결되고 건강한 관계를 갖기를 바라는 모든 사람의 평화를 깨뜨린다. 그들은 귀신들린 자들처럼 제어될 수 없다. 완전히 중독에 휘둘리고 있는 사람의 힘에 대해서는 아무것도 예측할 수 없다. 마치 귀신에 사로잡혀서 미친 사람처럼, 진행성 중독자도 그렇다. 통제하려고 힘을 쓰거나 시도해보지만 소용이 없다.

진행성 중독자와 살면서 그 중독을 통제하려고 매우 현명한 수단들을 많이 시도했었던 사람에게 물어보라.

통제 수단들은 자기를 정당화하는 방어의 기회를 제공함으로써 상황을 악화시킬 수도 있다. 사회 통제의 수준에서 보면, 오늘날에도, 단호한 단속과 처벌 수단들과 같은 율법주의적인 "족쇄와 사슬"의 접근법은 중독 질환과 그 결과를 거의 예방하거나 억제하지 못하고, 건강과 웰빙에도 그리 도움이 되지 않는다.

그 사람은 예수님 앞에 무릎 꿇고 "큰 소리로 '지극히 높으신 하나님의 아들 예수여 나와 당신이 무슨 상관이 있나이까 원하건대 하나님 앞에 맹세하고 나를 괴롭히지 마옵소서!"라고 부르짖는 것으로 그려졌다. 이것은 그 시대 귀신론에서 표준 질문이다. 귀신들은 축사자들의 향기를 좋아하지 않고 흔히 두려움에 떠는 목소리를 내기도 한다.

중독의 맥락에서 이해해보자면, 이 질문은 중독자들이, 새롭게 회복 중인 중독자들과 진행성 중독자들 모두가 이러 저러한 방식으로 묻는 것을 내가 들었던 것이다.

그들은 이렇게 말한다.

이 위대하신 힘이라고 하는 것은 무엇입니까?

나는 AA모임에서 이 모든 하나님의 이야기를 좋아하지 않습니다.

하나님이 나와 나의 문제들과 무슨 상관이 있습니까?

이러한 질문들 속에는 흔히 매력과 회피가 결합되어 있고 존경, 회의 그리고 두려움을 감추는 분노가 뒤섞여 있다.

그 다음에 예수님께서 이미 더러운 영들에게 그 사람에게서 나오도록 명하신 것에 대해 약간의 설명(8절)이 나온다. 그 설명은 실제로 큰 도움이 되지 못한다.

언제 예수님께서 귀신들에게 직면하실 수 있는 기회가 있었는가, 그리고 이것은 왜 외관상의 경배 행위를 촉발했을까?

소리를 지른 것은 누구인가, 그 사람인가 아니면 귀신들인가?

무릎을 꿇었다는 것은 무엇을 의미하는가. 경배, 겸손한 순종, 혹은 거룩한 자의 임재에 대한 인정인가 아니면, 확실히 중독자의 특징처럼, 그가 통제할 수 없는 질환 때문에 벌 받을 것에 대한 단순한 두려움인가?

누가 예수님을 따르는 무리들이 알지 못하는 정체성인 "지극히 높으신 하나님의 아들"이라고 부르는가?

소리를 지르는 것은 예수의 명령에 대한 귀신의 반응인가. 아니면, 그것이 여기에서 작용하는 인간의 주도권일 수 있는가?

그 사람은 자신도 모르게 그의 무력함을 인정하고 손을 내미는 것인가?

"하나님 앞에 맹세하고 나를 괴롭히지 마옵소서!"라는 구절은 이례적이다. 그것은 판에 박힌 귀신론이고, 동시에 그것은 불분명한 지시 대상 때문에 흥미롭다.

여기에서 정말로 말하고 있는 것은 누구인가?

중독자가가 자신의 물질에게 하듯이 귀신에게 말하고 있는 사람인가?

괴롭힘을 당하고 있는 자는 예수님의 모습 앞에서 자신의 안녕이 중대하게 보이는 것은 하나님의 능력 때문이라는 것을 깨달았는가?

예수님께 말하고 그 분이 자신들의 안녕에 위험할 수 있다는 것을 깨달은 것은 악한 영들인가?

이것은 중독의 진정한 역설(익숙한 질병의 귀신들이 없고, 유일하게 알려진 위로와 동시에 깊은 영적 수준의 지식[오직 하나님으로 말미암아 자유가 주어질 수 있다는]을 잃어버린 것 때문에 공황상태에 빠지는 것)이 아닌가?

이제 예수님은 그 사람에게 질문하기 시작하신다. 대화가 이뤄진다. 이 지점에서 대명사의 혼란은 더욱 커지는데, 나는 이 지점이 흥미롭다. 헬라어에서는 영어에서 만큼 혼란스럽지는 않다. 그리고, '그'를 그 사람으로 소개하고 '그들'인 귀신들이 대답하는 것은 예수와의 대화 내내 지속된다. 예수님은 그 사람에게 그의 이름을 물음으로써 대화를 시작하시고, '그들'은 '그들'이 많고 그들의 이름은 '군대'라고 대답한다.

단수에서 복수로 바뀌면서 많은 것이 이뤄진다. 그것은 한 사람이 괴롭힘을 당하는 충동들과 강박들의 복수성을 생생하게 보여준다. 이것은 중독자의 내면의 상태를 정확하게 설명해준다. 그 사람은 갈등을 일으키는 다양한 생각과 감정에 의해 이중 삼중으로 얽매여 있고, 거의 움직일 수 없다. 동시에, 그 사람은 정서적으로 매우 다양한 방향으로 무질서하게 휘둘리고 순식간에 끌려 다녔다.

그것은 움직이지 못하는 동시에 끊임없이 유동하고 목적이 없는 움직임이 지속되는 상태에 있는 것과 같다. 움직이고 움직이다 어디에서도 움직이지 못하는 것은 사로잡힌바 된 중독자의 고통스러운 상황이다.

대명사의 혼란은 보통의 진단 방법에 의해서는 파악이 되지 않는 그 사람의 위험한 상태를 생생하게 보여준다. 그것은 또한 그 사람의 인격이 그 사람을 대신해서 말하는 귀신들에 의해 심각하게 손상되었다는 인상을 준다. 그의 병든 상황으로 인해서 그의 신체적, 정서적, 정신적, 그리고 영적 건강뿐만 아니라 그의 전체적인 정체성까지 장악되었다. 회복 중인 중독자들은 지속적으로 질병과 개인적인 정체성을 긴밀하게 동일시한다.

이렇게 하는 의도는 겸손과 자각을 증진시키고 그들이 중독의 치명적으로 사로잡는 힘을 망각하는 순간, 그들이 그들에게 힘을 주는 것은 물질이 아니라 하나님이라는 사실을 망각하는 순간, 다시 그 질병에 빠질 수 있음을 상기시켜주는 것이다. 그러나 그러한 동일시로 인해서 전체성을 향한 영적인 진보("나는 질병이다"에서 "나는 질병이 있는 사람이다"로의 이행)가 저해될 수 있는 가능성도 있다.

예수님께서 그 사람과 귀신들과 대화하실 때, 그 귀신들의 힘은 그들이 스스로 '군대'라고 했듯이 그 사람을 완전히 초월하는 것처럼 보였다. 그 장면의 클라이맥스에서, 귀신들은 예수님께 자비를 구하면서 돼지의 큰 떼에게 들어가게 해달라고 간구한다. 인간이 아닌 힘들, 즉 선한 영과 악한 영이 직면하고 있는 인상을 받는다.

내 느낌으로는 그 사람의 인성이 초월되고, 예수님의 인성도 초월되는 것 같다. 나는 두 가지 영적인 힘들이 영유권을 차지하기 위해서 싸우다가 결과적으로 그 사람은 정상으로 회복되고 하나님과 예수님의 관계가 드러나는 치유의 장면을 상상했다.

예수님께서는 그 사람의 이름을 물으신다. 그는 악한 영들의 이름을 대고 그 사람의 이름을 대지 않는다. 그것은 둘러대는 것이다. 성경적 사고에서, 누군가의 이름을 확인하거나 한 사람의 이름을 알면, 그 사람과 접촉할 수 있고, 그 사람에 대해 어떤 권위를 부여받는다. 물론, 이것은 좋게 혹은 나쁘게 작용할 수 있다.

그러나 예수께서 이제 그 귀신들의 이름인 '군대'를 알게 되셨다는 것은 중요하다. 그분은 그 사람의 이름을 모르신다. 이것만 있으면 된다. 예수님께서는 그 질병에 대해 권위를 가지시는 것이지 그 사람에 대해 가지시는 것이 아니다. 함축적으로 말하자면, 그 사람에게 본질적으로 잘못된 것은 없다. 그의 성품 가운데 축출해야 할 것은 아무 것도 없다. 그의 인간적인 자유와 특성은 온전하게 남아있다.

이것만이 수치스러워하고 전적으로 도덕적이고 영적인 비난을 두려워하는 귀신들린 자 혹은 중독자에게 복음이다. 예수님께서는 분명히 그 사람의 이름을 모를 뿐만 아니라 치유의 목적을 위해서 알 필요도 없다.

그러나 그 사람의 이름은 중요하지 않는가?

아마도 그럴 것이다. 나는 여기에서 익명성이라는 12단계 프로그램의 원칙과 유사함을 본다. 물론, 익명성은 회복 중인 사람을 중독이라는 사회적 낙인으로부터 보호해준다. 그것은 또한 원칙에 초점을 두고 개인에 초점을 두지 않는 방법을 제공해준다. 익명의 알코올중독자모임의 12번째 전통은 다음과 같이 말한다.

> 익명성은 우리의 모든 전통의 영적 토대이며, 이는 각 개인보다 항상 원칙을 앞세워야 한다는 것을 일깨워 주기 위해서이다.

이것은 우리 문화의 강박적인 개인주의에 대한 탁월한 반대이다. 회복이라는 공동의 선과 공동의 목표가 중심이 된다. 회복의 정신에서 중요한 것은 한 사람의 이름, 정체성, 사회적 지위, 혹은 평판이 아니다.

성경의 이야기가 앞에 나오는 귀신들림에 대해 기술했듯이 중요한 것은 질병, 중독, 그리고 자유롭고, 절제하고, 건강해지고, "옷을 입고 정신이 온전하여 지려는" 소망이다. 예수님께도 중요했던 것은 이것이었던 것으로 보인다.

어떤 수단에 의해서 "알코올중독"으로부터 자유로워지든, 사로잡힘에 대한 이런 질문은 책임일 뿐만 아니라 선택이다. 12단계의 두 번째 전통은 다음과 같이 말한다.

> 우리 집단의 목적을 위한 궁극적인 권위는 하나 우리 집단의 양심 안에 그분 자신을 드러내 주시는 사랑 많으신 하나님-이다. 우리의 지도자는 신뢰받는 봉사자일 뿐이지 다스리는 사람들은 아니다(강조는 나의 것).

누구에 의해 사로잡히는가는 질문이자 매일의 선택이다.

예수님께서 악한 영들에게 미친 듯이 비탈로 내리달아 떼죽음에 이르는 돼지의 큰 떼에게 들어가도록 허락하신 것에 대해서는 많은 것을 말할 수 없다. 개인적으로, 나는 그것이 그 이야기에 색깔과 극적인 요소를 추가하고 또한 어떤 유머를 추가한 것이라고 생각한다.

그 이야기는 구전 과정에 의해 유래되었다. 좋은 이야기를 더 좋게 만들었지만 다소 두드러져 보이고 다채로운 내용이 되었다. 많은 이들이 예수님께서 동물들과 그것들의 주인들, 그리고 그들의 생계에 대한 연민이 결여되어 있었음에 대해 우려를 표현했다. 어떤 이들은 예수님께서 귀신들에 대해서도 연민을 보이셨다고 주장하기도 한다. 일종의 확대해석이다.

아마도 몇몇 주석가들이 주장했듯이, 돼지떼는 외상적인 축사에 대해 반응하면서 단순히 전형적인 동물의 비정상행동에 빠져들었을 것이다. 중독과 관련하여, 은유적으로 내게 떠오르는 것은 중독의 영향들이 광범위하고, '귀신들은 가족, 친구, 그리고 보다 영향을 미치는 더 넓은 영역을 지속적으로 사로잡고, 때때로 중독자가 "옷을 입고 정신이 온전해진" 후에도 오랫동안 그런 영향을 미칠 수 있다는 것이다.

이런 이유로 전체 가족의 회복이 격려되고 추구되어야 한다.

그 이야기의 놀라운 결론은 다음과 같다. 귀신들린 자의 치유에 대해 목격하고 들은 사람들이 두려워하였다는 것이다. 그들은 너무나도 놀랐기 때문에 실제로 예수님이 그 지방에서 떠나시기를 '간구한다.'

이 얼마나 가슴 아픈 아이러니인가.

그들이 온전하지 못한 것 이상으로 온전한 것을 두려워하는 것을 상상해보라.

그들이 알코올중독 이상으로 절주를 두려워하는 것을 상상해보라!

어떻게 이것이 가능할 수 있는가?

슬프게도, 이것은 익숙한 이야기이다. 중독적인 유혹이라는 계속 남아있는 내면의 정신적인 군대 '귀신들'과 평화롭게 지내려는 분투와 절제하려는 노력에 더해서, 중독자들은 또한 흔히 다른 사람들에 대한 두려움을 극복해야만 한다. 이들은 절제하는 친구와 어떻게 관계해야 하는지 모르는 가족, 친구들, 동료들이다.

한마디로 말해서, 그들이 아는 '귀신'은 그들이 모르는 그 사람보다 더 안전하다. 그들은 또한 중독자가 술 취한 상태에 들어가기 전에 나타내는 긍정적인 사회적 은혜들을 간과할 수 있다. 절제하는 사람이 이제는 위협이고, 직면해야만 하는 힘이고, 해야만 하는 관계이다. 그 사람은 이제 주변에 있는 이들로부터 어떤 책임, 즉 어떤 전문적이고, 개인적이고, 관계적인 책임을 필요로 하는 사람이다.

"정신이 온전하여진" 사람은 이제 자기-의를 드러내고, 중독자를 "감당하고" 그 사람의 광기에 희생자가 되었던 사람들의 행동을 통제하려고 한다. 그들은 그들 자신의 영적 발달을 돌보지 않았다. 간단히 말하면, 절제로 인해서 다른 사람들은 그들 자신의 중독적인 행동과 동반의존에 대해 인식하게 된다.

"예수의 발 앞에 앉은 것"은 더 큰 징후를 나타낸다. 귀신들린 자, 중독자는 이제 새로운 동맹을 형성한다. 그에게 가까이 있던 사람들은 더 이상 그의 "위대한 힘"도, 그의 재판관도 배심원도, 그의 봉사자도 보호자도 아니다. 그리고 그를 중독되게 하고 "무덤 사이에 거하게" 했던 물질이 무엇이든지 간에, 그것은 더 이상 그의 지배자도 주인도 아니다.

아니다. 이 사람은 이제 새로운 '주인'이 생겼고 새로운 영향력 아래 있다. 예수님으로 나타난 "우리보다 위대하신 힘"은 치유자이자 해방자이다. 그분은 그 사람이 온전해지고 건강해지기를 원하신다. 그리고, 조금은 놀랍게도, 이 힘은 이제부터 이 사람이 자기 자신의 삶과 그를 자유롭게 한 하나님과의 관계에 온전한 헌신과 사랑을 바치며 자신의 안녕에 대해서 전적인 책임을 지는 것을 소망한다.

짧은 이야기의 결말은 결코 실망스럽지 않다. 누군가는 그 이야기의 절정에서 치유의 기적이 가장 중요한 초점이라고 생각할 것이고 우리들 대부분이 그럴 것이다. 이야기 속의 구경꾼들에게 그것은 너무나 압도적이기 때문에 그들은 일어난 순간적인 변화를 인정하기를 거부한다. 그들은 예수님을 추방했고, 우리는 그들이 이제 멀쩡해지고 정신이 온전하여진 그 사람에 대해서도 동일하게 할 것이라고 상상할 수 있다.

얼마나 비극적인가!

우리는 얼마나 변화에 대해서 알레르기 반응을 보이는가!

이야기에서 마지막 전개는 예수님께서 그 마을을 떠나신 것이다. 그분은 배를 타고 막 떠나가시려는 참이다. 이야기의 서두에서처럼 이제 귀신들렸던 사람이 예수님께 다시 말을 걸어오면서, 그를 혼자 두지 말고 함께 데려가 달라고 간구한다.

엄청난 전환이다!

부정적인 관점에서 보면, 이것은 적대적이고 두려워하는 무리들에 대한 그 사람의 두려움일 것이다. 긍정적인 관점으로 보면, 이것은 그 사람이 새로 발견한 사랑의 관계일 것이다. 결국 그는 안전하고, 공급해주고, 배려해주는 관계, 그가 온전히 알려지고 사랑받고, 치유되고, 용서되었다고 느끼는 그런 관계를 갖게 되었다. 이것은 이 귀신들린 자/중독자에게 아주 새롭고 들뜨게 하는 현실이다.

그러나 예수께서는 '아니다!'라고 하신다. 우리는 처음에는 놀랄 수 있다. 이것은 거의 인색하고 거절하는 것으로 보인다. 그러나 예수님의 마지막 말씀은 이야기의 가장 위대한 신학적 및 영적 지혜이다. 그분은 그 사람의 간구에 대해 이렇게 대답하신다.

> 집으로 돌아가 주께서 네게 어떻게 큰 일을 행하사 너를 불쌍히 여기신 것을 네 가족에게 알리라(막 5:19).

다른 번역에서는 주(patron) 대신에 '주님'(lord)이라는 말이 사용되었다. 그러나 내가 사용하고 있는 번역이 이 점에 관해서는 중요하다(Funk and Hoover). 예수님 시대에, 사회구조는 후원(patronage)와 중개(brokerage)에 기초하고 있었다. 모든 특권과 자원은 주 혹은 주님에 의해서 백성에게 주어지고 중개되어야만 했다. 사회경제적 등급이 더 높은 누군가가 삶의 위한 모든 기본적인 자원들에 대한 접근을 통제했다. 최상류층을 제외한 모든 사람에게는 "더 위대한 힘!"이 있었다.

예수님께서는 여기에서 유일하고 정당한 위대하신 힘이신 하나님을 언급하고 있다. 그분은 그분의 통치를 통해서 그 사람에게 온전함과 건강을 회복시키셨다. 오직 한 분의 위대하신 능력자가 있을 뿐이다. 예수께서는 병든 사람을 온전하게 회복시킬 뿐만 아니라 그 사람을 사회의 주류에 회복시키는 것이 신유의 영적인 능력임을 입증했다.

이것은 그때나 지금이나 급진적인 메시지이다. 예수님께서는 모두에게 자격이 있는, 중개되지 않은 영적 능력의 원천, 즉 모든 사람이 환영받고 모두가 심판에 대한 두려움 없이 속할 수 있는 '왕국'을 주신다. 하나님의 통치는 사랑의 공동체로 인도한다.

예수님께서 그 회복된 사람에게 함께 있을 수 없다고 말씀하신 이유는 나타나 있지 않다. 사실, 그것은 예수님께서 하신 말씀으로는 특이한 것이다. 어떤 이는 갈릴리와는 다르게 거라사 지방이 더욱 환대적이기 때문에 예수님께서 그 사람을 거라사 지방의 복음 전파자로 보내셨을 거라고 주장한다. 이것은 나에게는 희박해 보이는 가능성이다.

나는 예수님께서 그 사람을 증거하도록 보내셨다고 생각한다. 왜냐하면 그들과 우리에게 귀신들림과 중독의 사례에서 영적인 역할의 필요성을 이해하는 것이 중요하기 때문이다. 성경 이야기에서 흔히 있는 대로, 그 사람의 진심어린 요청과 명백한 필요에 대해서 분명하게 거절하신 것에 대한 어떤 설명도 없다.

그는 예수님께 자신과 함께 있어달라고 '간구했다.' 그는 예수님에게서 그의 삶과 건강의 원천을 보았다. 성경은 사건들에 대한 기술에 있어서 심하게 골격만 제공한다. 이것의 선물은 그것이 우리 자신의 영적 경험을 위한 많은 여지와 그 이야기를 구체화하고 우리 안에서 되살리기 위한 느낌들을 남겨준다는 점이다.

하나님의 은혜에 반응하려고 하지 않거나 할 수 없는 중독자는 이러한 거부를 유기로 이해하고 중독 행위를 다시 시작하는, 즉 다시 "술을 마시는" 구실로 삼을 수 있다. 귀신들린 자는 그 자신을 전체적으로 소중하다고 믿지 못하고, 자기 연민에 빠져서 무덤 사이로 돌아가 이전의 고립을 자초함으로써 귀신들림을 다시 초래할 수 있다.

영적인 이해를 갖고 자세히 읽어보면 예수님의 거부에는 소명이 있음이 드러난다.

그분은 회복된 사람에게 그의 새로운 삶에 있어서 사명, 소명, 목적을 주셨다. 그분은 그 사람에게 집으로 돌아가서 하나님께서 그를 위해 행하신 것을 사람들에게 전하라고 하신다. 예수님께서는 그 사람에게 당신을 가리키기보다는 그분을 통해 역사하시는 예수님 자신의 위대하신 힘인 하나님을 가리키셨다. 그분은 그 사람에게 결코 쉽지 않은 엄청난 과제를 부여하셨다.

그분은 그가 귀신들림으로 인해 괴상하고 사회적으로 수용할 수 없는 행동으로 인해, 그래서 사람들이 여전히 그에 대해서 두려워하거나, 꺼리거나, 신뢰하지 못하는, 나아가 아마도 사람들에게 상처를 준 것에 대해 보상을 해야 하는 자신의 집으로 돌아가라고 한다. 그는 그들에게 자신의 온전함을 입증해야만 할 것이고, 스스로 그것에 대해 어떤 인정도 받지 못할 것이다.

얼마나 겸손한가!

이것은 모든 영적 각성과 치유에 대한 진정한 시험이다. 그것은 헌신과 하나님에 대한 증거, 삶에서의 감사, 다른 사람에 대한 겸손한 섬김으로 열매를 맺는다. 영적인 갱신의 정서적인 고양감은 산 위에서 내려와서 단조로운 일상의 삶 속으로 흘러들어가 다른 사람들에 대한 갱신의 원천이 되어야만 한다.

예수님의 명령은 부분적으로는 새롭게 발견된 영성과 치유에 대해 자랑하려는 교만한 자아의 유혹을 방지하기 위해 의도되었다. 위임은 또한 영적인 고양감(은유적으로 표현하자면, 예수님께 의존하게 되는 것)에 집착해서, 그것에 '취하게' 되거나 그것에 중독되고, 그래서 결코 자유롭게 성숙하거나 공유되지 못하게 되는 시험에 저항하는 데 도움이 될 것이다.

하나님께서는 너무나도 자주 새로운 삶에 대한 모든 공로를 차지하려는 인간의 자만심에 의해, 그리고 새로운 삶에 대한 어떠한 책임도 거부하는 인간의 두려움에 의해 배신을 당하신다.

이야기의 끝은 12단계와 유사하다.

> 이런 단계들의 결과, 우리는 영적으로 각성되었고, 다른 사람들에게 이 메시지를 전하려고 노력했으며, 우리 일상의 모든 면에서도 이러한 원칙을 실천하려고 했다.

이것은 사명이자 과제이다. 그것은 예수님께서 그 사람에게 잘 지내기 위해서 해야만 하는 것을 말씀해주신 것이다. 그는 사람들에게 하나님께서 그를 위해 행하신 일을 전해야만 한다.

그를 위해서!

그렇다!

이것은 그들이 공동체에 적절하지 않은 것으로 비난하고 꼬리표를 붙였던 사람인 그를 위한 선물이다. 그것은 이 사람을 위한 선물이고, 공동체 전체를 위한 선물이다. 그것은 전달되어 커져야만 하는 선물이다. 나누어지지 않은 선물은 가치가 없는 선물이고, 생명의 능력이 없는 선물이다.

내가 믿기에, 이 이야기의 중심적인 은혜는 귀신들과 예수님과의 관계이다. 내가 기독교적인 렌즈를 통해서 살펴볼 때, 나는 예수님 안에서 하나님의 인간적인 얼굴이 드러난 것을 본다. 기독교인들은 예수님은 온전히 신이자 온전히 인간이고, 두 가지 본성을 가지며, 어느 하나가 다른 하나를 약화시키지 않는다고 믿는다. 내가 보기에 예수님의 신성에 있는 치유의 능력이 그 사람의 안녕을 위해서 귀신들과 관계하신 예수님의 인성과 협력한다. 그 사람을 구원하고 온전하게 회복시킨 것은 예수님의 한 인격 안에서의 협력적인 노력이다.

하나님의 형상으로 지음 받은 그 사람의 참된 본성은 귀신들/질병에 의해 일시적으로 압도된다. 귀신들은 "우리의 인간 본성의 적"인 어떤 것, 인간의 온전함과 선함에 대한 하나님의 뜻을 거슬러서 역사하는 어떤 것으로 이해될 수 있다. 예수님 안에 계신 하나님은 또 하나의 위대하신 힘을 드러내기 위해서 일하신다. 회복의 12단계에서 2단계는 다음과 같이 말해주고 있다.

> 우리보다 위대하신 힘이 우리를 본 정신으로 돌아오게 해주실 수 있다는 것을 믿게 되었다.

중독자와 귀신들린 자는 하나님과 그들의 온전함에 대해 믿게 되었다. 하나님께서 우리의 구원을 위해서 귀신들과 관계를 형성하신 것은 놀라운 일이다. 어쨌든 하나님께서 모든 힘을 갖고 계신데 왜 귀신들에 대해 염려하셔야만 하는가라고 말하는 것은 하나님의 사랑을 평범한 것으로 만드는 것이다. 귀신들도 인간만큼 자유롭고, 위대한 사랑과 위대한 신앙만이 그들을 알아차리고 복종하게 할 수 있다.

예수님 안에서 묘사된 것은 단지 치유를 위한 위대하신 힘만이 아니다. 더욱 중요한 것은 그분이 귀신들을 잘 알고 그들의 힘을 존중하시지만, 주관하시는 이는 하나님이시라고 조용히 선언하면서, 협력하는 은혜를 신뢰하고 귀신들을 직면하시는 평온한 확신이다. 여기에서 이 사람의 영혼을 다스릴 분은 하나님이시고, 지금부터 위대한 사랑으로 이 사람을 사로잡을 분도 하나님이시지, 어떤 부류의 귀신들이 아니다.

예수께서는 하나님의 "강인한 사랑"을 행동으로 나타내신다. 여기에서 나타난 힘은 관계에서의 사랑의 힘이다. 그것은 통제하거나 정복하는 힘이 아니라 알고 사랑하는 관계의 힘이다. 하나님께서는 그 무엇보다도 강력한 것, 즉 사랑으로서 나타나신다.

군대와 직면하는 위험을 무릅쓰실 만큼 그 사람을 사랑하시는 것으로, 그의 질병에 대해 두려워하지 않으실 만큼 그 사람을 사랑하시는 것으로, 인간 나사렛 예수를 가능한 위험에 드러내실 만큼 그 사람을 사랑하시는 것으로, 그의 광기를 통해서 진정한 성격을 보실 만큼 그 사람을 사랑하시는 것으로, 그 사람을 괴로움으로부터 자유로워지기를 바라실 만큼 그를 사랑하시는 것으로, 화해의 사역과 위대하신 사랑의 힘에 대한 겸손한 증거를 그에게 맡기실 만큼 그 사람을 사랑하시는 것으로 나타나신다.

이것이 이 이야기에서 묘사된 하나님에 대한 이해(신학)이다. 12단계의 과정은 회복 중인 중독자들에게 신학을 할 것을, 즉 그들 자신의 하나님에 대한 이해를 회복할 것을 요구한다. 그들은 그때부터 그들의 하나님 이미지들과 씨름해야, 즉 아마도 그들이 배웠을 수 있는 우호적이지 않은 하나님 이미지들을 변화시키기 위해서 정신적으로 그리고 정서적으로 작업해야만 한다. 그리고 나서 그들은 그들의 의지와 삶을 그들이 이해한 하나님의 돌보심에 맡겨야만 한다.

이 귀신들림 이야기는 하나님에 대한 새로운 이해를 분별하는 데 도움이 된다. 여기에는 가장 추하고 흉악해 보일지라도 우리 삶의 모든 경험을 포용하시는 하나님이 계시다.

여기에는 우리와는 다르게 강력하고, 폭력적이고, 통제를 벗어나고, 절망적인 것을 피하지도 처벌하지도 않으시는 하나님이 계시다. 여기에는 추방당한 사람을 그 팔로 안아주시는 하나님이 계시다. 여기에는 무덤 사이로 쫓겨난 이들, 공동체로부터 멀리 더 멀리 밀려난 이들과 다시 소통하시는 하나님이 계시다. 여기에는 실제로 그 공동체에서 가장 혐

오하고 두려워하는 사람을 선택해서 하나님의 사자, 즉 하나님의 길에 대한 진리를 전해주고 그것을 따라 사는 천사로 삼으시는 하나님이 계시다.

그리고 이 선택받은 사람이 그를 추방했었던 사람들에게 돌아가서 새롭고 근본적인 신학적 및 영적 진리를 주장하기 위해 얼마나 많은 용기를 필요로 할까. 회복, 즉 좋아지고 잘 지내는 것은 많은 영적 보상이 따르지만 힘겨운 필생의 과제이다. 그것은 또한 위험한 일이다. 많은 사람들이 질투, 불신, 혹은 냉소주의에 의해 위협을 받을 것이다. 많은 사람이 영적 회복의 메시지에 대해 마음을 닫거나 적대적일 것이다.

2. 실제적인 적용

> 집으로 돌아가 주께서 네게 어떻게 큰 일을 행하사 너를 불쌍히 여기신 것을 네 가족에게 알리라 하시니 그가 가서 예수께서 자기에게 어떻게 큰 일 행하셨는지를 데가볼리에 전파하니 모든 사람이 놀랍게 여기더라(막 5:19-20).

당신의 공동체로 돌아가서 어떤 일이 있었고 당신의 삶 속에서 하나님께서 어떻게 행하셨는지 알리라!

중독자들/귀신들린 자들과 그들의 사랑하는 이들이 당신의 공동체, 당신의 종교 공동체로 돌아가도록 하는가?

그들은 선포하는가?

사람들은 귀를 기울이는가?

놀라운가?

교인석에 앉아 있는 당신은 그들이 누구이고 그들의 하나님이 그들을 위해서 행하신 일을 아는가?

그들은 당신이 누구이고 당신의 신앙 이야기가 어떠한지 아는가?

중독으로부터 회복 중인 사람들과 교회에서 예배드리는 사람들 사이에 생명을 주는 관계, 서로 알고 사랑하는 관계가 있는가?

이것들은 신앙공동체가 숙고하고 기도하기 위해서 잘 해야 하는 질문들이다. 사람들이 놀랍게 여긴다고 한다.

그러나 만약 사람들이 그 증거를 모른다면 어떻게 놀랄 수 있겠는가?

중독에서, 놀라운 일이 일어난다고 하더라도, 그것이 언제나 우호적인 행동일 수 있는 것은 아니다. 질병의 상태에서 자유롭게 되는 것은 사실 놀라운 일이지만, 중독은 우호적인 질병은 아니다. 대부분의 사람들은 중독에 대해 뒤섞인 느낌들을 가진다. 어떤 이들은 그것을 질병이라고 생각조차 하지 않는다. 그것은 다른 질병들처럼 그것이 치유되었을 때 주체할 수 없는 기쁨을 주지는 않는다.

게다가, 중독에는 마치 귀신들린 듯한 행동들이 있다.

그것은 모든 사람을 질겁하게 한다!

중독자들에게나 그들의 이웃에게나 그 두려움은 중독이 치유되었다고 해서 쉽사리 없어지지 않는다. 해방으로 인해서 놀라게 되고 불편해지게 된다. 사람들은 그들이 통제할 수 없고 이해할 수 없는 것을 두려워한다. 그들은 위대하고 변화시키는 사랑에 대한 증거의 힘을 두려워한다. 그들은 그들 자신이 일으키거나 시작하지 않았던 것을 두려워한다. 그들은 "버팀목들," 즉 그들이 두려움 그 자체로부터 그들을 단절시키고, 다른 사람들로부터 단절시키는, 흔히 무의식적인 전략들을 상실할 것을 두려워한다. 사람들은 은혜를 두려워한다. 사람들은 하나님을 두려워한다.

중독은 두려움에 차있고 수치심에 묶여있는 질병이다. 그것은 익명적이다. 그것은 숨긴다. 나는 회복공동체와 종교공동체는 이 비밀스러움에 공모해야한다고 믿는다. 익명성은 수치스러워하는 사람들을 그들이 그들 자신의 이름과 온전함을 드러내기 위해서 밝은 곳으로 나올 때까지 안전하게 보호하기 위한 것이다. 익명성은 또한 만연해있는 개인주의와 개인적인 자아가 지배적인 위치를 점하지 못하고, 12단계 회복의 영적 원리들을 무색하게 하지 못하도록 하기 위한 것이다.

어떤 회복 이야기들은 겸손함 뒤에 숨겨있는 오만함의 특성을 띨 수 있다!

그러나 익명성과 비밀스러움은 밀접한 관계가 있다. 비밀스러움을 수치심을 키우고, 수치심은 분리시킨다.

세상에서 예수님의 모범을 따라서 화해시키는 대리자들이 되는 것은 개인으로서 그리고 공동체로서 기독교인들의 소명이다. 우리는 사랑의 복음을 비밀로 지키기 위해서 부르심을 받은 것이 아니다. 우리는 그것이 빛나도록 하기 위해서 부르심을 받았다. 예수님께서는 귀신들린 사람에 직면해서 두려워하지도 수치스러워 하지도 않았고, 귀신들도 그들의 능력을 비밀로 하려고 하지 않았다. 중독자들 혹은 그 누군가에게는 이전 것보다 더욱 강한 새로운 종류의 사로잡힘을 통해서 영적인 치유가 일어난다는 것이 나의 믿음이다.

관상적 영성에 대한 고전적인 작품인 『미지의 세계』(*The cloud of unknowing*)에 대한 서문에서 윌리엄 존스턴(William Johnston, 1973)은 그러한 사로잡힘에 대해 기술했다.

> 관상하는 사람이 구름 속으로 더욱 깊이 들어가게 되면, 사랑이 그를 안내하면서 그에게 어떠한 이성적인 활동에 의해서도 사고되거나 이해되거나 발견될 수 없는 하나님을 선택하도록 가르친다. 그것이 더욱 강해지면서, 그것

이 모든 행동을 지배하는 방식으로 그를 사로잡게 된다. 그것은 그에게 하나님을 선택하도록 지시하고…맹목적으로 솟아난 사랑은 그에게 하나님의 뜻을 행하도록 한다…그것이 그의 가슴을 엄습할 때 그는 내면의 평화를 잃어버리는 것을 감수하고 순종해야만 하는, 그 자신보다 더욱 강력한 무엇인가에 사로잡히는 것 같다…더 이상 율법을 따르지 않고 사랑의 인도에 순종한다(pp. 22-23).

『미지의 세계』(*The cloud of unknowing*)의 저자는 개인적인 관상에 대해 기술했다.

그러한 영적 목표와 상태가 공동체에도 가능한가?

지혜로운 사람들은 때때로 우리 모두가 무엇인가로부터 회복되고 있다는 사실을 인정한다. 그리고 하나님은 우리 모두에게 다른 것들보다 소란스러운 악마적인 요소들이 분명히 있음을 아신다. 따라서 우리 모두는 사랑에 의해 다시 사로잡히게 될 필요가 있다. 사랑에 의해 다시 사로잡히는 것은 하나님의 역사이다.

하나님의 역사를 행하기 위해서 우리는 어떻게 성령과 동행할 수 있을까?

보다 상세하게 말하자면, 기독교 공동체들은 이미 무덤 사이에서 시작된 다시 사로잡히게 하는 사랑의 사역에서 회복공동체들과 어떻게 협력할 수 있을까?

귀신들림 이야기에서, 예수님께서는 이제 온전하고 회복된 사람을 선포를 위해서 뿐만 아니라 관계를 위해서 공동체로 돌려보내신다. 예수님의 성육신과 기독교 공동체의 성육신이 없이 영적 회복이라는 거룩한 목표가 이뤄질 수 있는 방법은 없다. 우리는 예수님처럼 하나님의 인간의 얼굴이어야 하고, 우리 자신을 위해서 사랑의 은사를 사용하고 그것을 다른 사람들에게 베풀기 위해서 담대하게 용기를 갖고 헌신적으로 행동해야만 한다. 이것은 관계, 연결의 맥락에서만 일어날 수 있다.

중독자들은 그들의 은혜의 경험을 12단계 공동체의 맥락에서 관계를 통해서 유지하려고 한다. 그곳에서 그들은 경청해주고, 격려해주고, 위로해주는 사랑의 공동체를 발견한다.

그곳에서 그들은 은혜 그리고 치유와 새로운 삶의 기적에 대해 말한다. 그곳에서 그들은 사로잡힘의 경험과 그것의 무서움과 놀라움에 대해 말한다. 그곳에서 그들은 엄청난 역설을 말한다. 나는 사로잡힌 바 되었고 나는 자유롭게 되었다.

그곳에서 그들은 수용과 판단하지 않는 사랑에 사로잡힌 바 되는 것을 발견한다. 사랑에 의해 조성된 공동체의 힘에는 그 자체에 본질적으로 지속적인 치유를 촉진하는 능력이 있다.

기독교 공동체는 그 자체의 정의상 그렇게 조성된 공동체가 아닌가?

이 그림이 문제가 있는가?

기독교 공동체는 예수님께서 '왕국'이라고 하셨던 것을 상상하는 것이다. 마르틴 루터 킹(Martin Luther King)은 그것을 "사랑의 공동체"(beloved community)라고 했는데, 그것은 예수님께서 말씀하시고 사셨던 것에 대한 보다 정확한 언어적 이미지이다. 사랑의 공동체는 우리가 지도나 약도를 사용해서 도달해야 하는 곳이 아니다. 그것은 왕좌에 통치자가 있고 충신들이 있는 위계 제도가 아니다. 그것은 단순히 개인의 마음을 지배하는, 사랑받고 있다는 자기 자신의 주관적인 경험도 아니다.

그것은 오히려 집단으로서 관계하는 방식에 가깝기 때문에 우리가 말하고 행하는 모든 것은 우리의 공동의 사랑에 기여한다. 우리가 함께 사랑하며 모든 피조물을 사랑하며 살아갈 때, 우리는 관상하는 사람들처럼 모든 피조물들 속에서 그리고 피조물들을 통해서 하나님을 볼 뿐만 아니라 하나님 안에서 그리고 하나님을 통해서 모든 피조물들을 보기 시작한다.

그것은 하나의 렌즈이다!

우리는 언제나 부족하지만, 비록 쉽지 않을지라도 단순한 레시피로 돌아갈 수 있다. 사랑은 사랑을 낳고 또 사랑을 낳는다.

회복 중인 귀신들린 자들/중독자들은 교회가 아니라 12단계 집단에서 그들의 사랑의 공동체를 발견한다. 언젠가 누군가가 나에게 그녀는 교회에서 거룩한 권력과시와 판단 말고는 아무 것도 발견하지 못했다고 말했다. 그녀는 "저는 건강한 성경공부를 원해요"라고 말했다. 그녀가 의도한 것은 하나님, 구원의 은혜에 대한 응답으로 도저히 들어줄 수 없는 요구를 하시지 않는 하나님의 사랑의 이미지를 나누는 것이었다.

그녀는 알코올중독자 아버지와 함께 자라왔기 때문에 다음 폭탄이 언제 터질까 생각하면서 소심하게 사는 것을 원치 않았다. 그녀는 하나님이 언제, 어디서, 어떻게, 누구에게 그분의 은혜를 나누어줄지 생각하는 것에 대한 스트레스와 불안으로 그녀 자신을 잃는 것을 원치 않았다. 그녀는 밑도 끝도 없이 동반 의존적이게 되는 것을 원치 않았다.

1) 중독자들이 공동체로 돌아오는 것을 돕기 위해서 교회는 무엇을 하고 있는가?

나는 내가 사는 지역의 종교 공동체를 위한 교육 프로그램을 조직하려고 했던 것을 기억한다. 나의 목적은 이 공동체에 중독에 대해 교육시키고 그들이 회복의 과정에서 어떻게 치유의 대리자들이 될 것인지를 가르치는 것이었다. 나의 과정의 일부는 지역 공동체가 어떻게 인식하고 있고, 있다면 지역 교회가 어떤 프로그램들을 제공하고 있는지 알기 위해서 조사하는 것이었다. 내가 했던 대부분의 전화는 나를 우울하고 짜증나게 했다. 나의 접촉에 대해 주어진 대답은 다음과 같은 확언들이었다.

아, 예, 우리는 이미 그 문제에 대비하고 있습니다. 우리는 그들에 대한 사역을 하고 있습니다. 우리는 그들 집단이 저희 지하실에서 모임을 갖도록 하고 있습니다.

그들 집단?

그들 집단과 **우리** 집단 사이에 이뤄지고 있는 그렇게 미묘하지 않은 분리가 있었다. 나는 위층의 집단과 아래층의 집단이 지금까지 함께 모인 적이 있었는지 혹은 무엇인가 공유했는지 의문이 들었다. 지하실 사역 전략은 분명히 공간을 관대하게 사용한 것이다.

그것은 또한 공동체가 사역에 대해 만족스럽게 느낄 수 있도록 해주지만, 동시에 관계 밖에 있다고 느끼게 해준다. 영적으로 말하자면, 그 전략은 사람들을 '타자들'로부터 그리고 또한 그들 자신의 두려움과 수치심으로부터 분리시킨다.

그래서 중독자들/귀신들린 자들은 예배하는 공동체인 위층에 복귀할 수 있었을까?

예배하는 공동체의 누군가는 실제로 아래층 공동체에서 환영받고 안전하다고 느꼈을까?

나는 때때로 담배연기 가득하고, 커피 향이 나는 교회 건물의 지하실에서 정기적으로 모이는, 청바지를 입고 스니커즈를 신은 모든 사람들이 주일 아침에 갑자기 위층으로 올라가서 웃고, 농담하고, 울고, 힘들었던 이야기들을 나누고 온몸으로 꼭 안아주는 것을 상상한다.

위층에서는, 정장을 입은 사람들이 조용한 예배당에 정기적으로 모여서 무릎 꿇고 기도하고, 심각해보이고, 하늘의 이야기들에 귀를 기울이고, 작은 하얀색 웨하스나 조각 빵을 나누고, 우리가 지역 라디오 방송에서는 많이 듣지 못했던 음악을 듣고, 가볍게 안아주거나 악수를 한다.

그리고 반대의 상황이 벌어졌다면 어땠을까?

위층에 있는 사람들이 모두 아래층으로 몰려온다면, 두 공동체는 아마도 정신적으로 충격을 받았을 것이고, 불안과 영적 마비의 충격적인 파도가 위 아래층 모두에 몰아쳐왔을 것이다.

그리고 여전히, 이 비전의 과도한 부분에 대해 약간의 수정이 있을 수 있겠지만, 이것은 정확히 내가 위 아래층 모두 "사랑에 사로잡힌 바 된 영적 회복"의 목표를 성취하기 위해서 일어나야 할 필요가 있다고 생각하는 것이다. 예수님께서 치유된 사람을 그의 공동체로 돌려보냈을 때, 그분은 단지 그 사람에게 사명을 주신 것이 아니었다. 그분은 그 공동체에도 사명, 즉 그 자체의 사랑을 조성하고 "무덤 사이에 거하던" 사람들을 통합하는 사명을 주고 계신 것이었다.

그러한 사명은 종교 공동체의 소명이고 개인 상담사들이나 12단계 공동체들에게만 위임되어서는 안 된다. 종교집단과 12단계 집단에는 모두 이미 공통적으로 주장되는 강력한 핵심 신념이 있다. 우리는 우리를 구원하고, 마음과 영혼의 온전함과 건강을 회복하기 위해서 하나님이나 우리보다 위대하신 힘을 필요로 한다는 것이다. 위 아래층은 모두 거룩한 은혜가 중독(또는 다른 잘못된 애착)에 사로잡힘으로부터 "사랑에 사로잡힘"에로 회복되는 영적인 여정에 결정적인 요소라는 믿음으로 산다. 하나님에 근거하는 두 공동체는 서로에게 베풀고 배울 수 있는 것이 많이 있다.

만약 내가 한 교회에 있는 그런 사람이라면, 나는 리더와 그 비전을 나눔으로써 시작할 것이다. 중독이 우리 사회를 괴롭히고 우리를 하나님, 자기, 이웃으로부터 분리시키는 대부분의 문제들의 중심에 있다는 사실을 깨닫는 데는 높은 지능을 필요로 하지는 않는다. 중독이 가난, 가정 및 거리 폭력, 정신질환, 범죄, 그리고 죽음과 밀접한 관련이 있다는 사실을 이해하는 데는 높은 지능이 필요하지는 않다.

교회는 위층과 아래층의 동반자 관계에 사명의 초점을 두는 것에 대한 관계적 대화를 하는 소그룹을 개발할 수 있다. 그 그룹은 중독자들과 비중독자들을 똑같이 사로잡고 우리 모두를 부인과 고립에 머물게 하는 두려움과 수치심을 치유하기 위한 상황을 제공하려는 목적을 위해서 사랑의 공동체를 실현하는 일에 헌신된 사람들로 구성될 것이다. 그 그룹에는 이상적으로는 위층과 아래층에서 온 한두 명의 신실하지만 열광적이지는 않은 사람이 포함될 것이다.

만약 양 층에서 영적 자양분을 발견하고 양 층 사이의 긍정적인 관계를 형성하는 데 관심이 있는 "다리 역할을 해주는 사람들"이 있다면, 그들은 추가적으로 환영받는 사람들이 될 것이다. 과정 촉진과 중독 분야에 유능한 상담사가 있다면 유익하겠지만 반드시 필요한 것은 아니다.

그런 그룹의 주된 요점은 대화를 하는 것이다. 그것은 당신을 알아가는 그룹이다. 이것은 전반적으로 사랑의 행위이다. 개방적이고, 소통하고, 이해하는 관계들을 형성해서 위층과 아래층 사이에 존재하는 수치심과 두려움에 묶여있는 것들을 대체하는 것이다. 수단인 돌보는 관계들도 목적이다. 나는 프랑스 철학자/신학자인 자크 마리탱(Jacques Maritain)이 했던 말을 믿는다(Miller, 129).

> 수단들은…생성 과정에서의 목적이다.

어떤 엄청난 결과나 프로그램도 대화로부터 나올 수 없다. 어떤 엄청난 회심도 일어날 수 없다. 과정 그 자체의 상호 연결된 영적 에너지가 그것 자체의 보상일 수 있고, 그래서 이 그룹이 시작부터 과업중심, 문제해결, 교회성장의 동기들, 혹은 어떤 다른 숨겨진 의제들로부터 자유로울 것에 대해 동의하는 것이 중요하다.

　사랑의 관계의 영역을 확장하기 위한 계획 혹은 사명 전략은 과정에서 생겨날 수 있지만, 만약 그렇지 않다 할지라도, 그 과정은 실패하지 않을 것이다. 씨앗들은 심겨질 것이고, 나중에 거두게 될 것이다.

　우리는 즉각적이고 만족스러운 결과들에 대한 강박적인 욕구를 내려놓았기 때문에, 그리고 우리는 이 모든 것이 소그룹 과정의 본질과 그것이 어떻게 변화하는가에 달려있다는 사실을 이해하기 때문에, 나는 사역의 비전을 확장하기 위해서 어떤 제안들 혹은 가능한 방법들을 제시할 것이다. 교회나 교회 연합은 교육과 기도/예배와 목회라는 세 가지 사명의 초점을 발달시킬 수 있다.

(1) 교육 사명

　교육의 사명은 교육포럼, 교회학교 교육과정, 설교를 통해서 실행될 수 있다. 설교는 중독들과 그것들이 우리 개인과 공동체의 삶에서 하는 역할에 대한 주제로 시도될 수 있다. 초대 강사들이 자신의 중독 및 동반 의존에 대한 이야기들을 함으로써 이것에 대해 나누고, 12단계 회복 과정의 놀라운 은혜를 나누기 위해서 초대될 수 있다. 안전한 학습을 통해서 부인이 극복되기 시작한다. 더 많은 사람들을 그 과정으로 이끌기 위해서 설교 토론집단들이 제공될 수 있다.

　중독들과 중독적인/강박적인 행동들에 대해 일반적으로 교육하는 것에 더해서, 종교 공동체들은 그들 자신의 말씀과 성례전의 전통의 놀라운 은혜에 대해 배우는 것으로부터 유익을 얻을 수 있다.

　우리는 성경의 말씀을 통해서 어떻게 우리 자신을 사랑에 뿌리내리게 하는가?

　누가복음에서 하나의 모델을 발견하는데, 그것은 탕자와 안아주고 용서해주는 아버지의 이야기다. 이 이야기는 실제로 우리가 중독자들에 대한 사역을 위해서 기억해야할 필요가 있는 유일한 말씀이다. 그것은 집을 떠난 이들, 집에 머물러 있는 이들, 집에 돌아온 이들, 집이 없는 이들과 관계하는 하나님의 방식에 대한 것이다.

이 이야기의 은혜는 겸손과 용서에 대한 영적 자각과 훈련을 위한 확장된 프로그램의 초점이 될 수 있다. 그러한 과정을 실행할 수 있는 한 가지 방법은 교회에서 기독교인들을 위한 회복 집단, 즉 아래층의 12단계 집단들을 모델로 한 집단을 시작하는 것이 될 수 있다. 거기에서 사람들은 탕자의 이야기를 분석하기 보다는 함께 기도할 수 있다. 그들은 자신의 중독 혹은 관계에 있어서의 중독적인 패턴들에 대한 이야기들과 연결이 되는 것을 느끼게 되면서 판단이나 피드백을 하지 않고 나누고 경청하도록 고무될 수 있다.

이런 집단은 개인적인 자기의 안팎으로 안전과 환대의 영역을 조성하고, 경청 훈련을 하고, 추방당한 '중독자들'을 위한 겸손한 용서의 태도를 가능하게 할 수 있도록 큰 영향력을 미친다. 이런 집단은 정직을 촉진하고 두려움을 빛으로 이끌어주어 그 힘을 없애는 데 큰 영향력을 미친다.

이러한 집단은 마치 기독교인들이 그들의 전통과 복음으로 은혜의 시장을 장악하고 있는 것처럼 행동하면서 자신의 마음에 사랑받는 사람들과 사랑받지 못하는 사람들을 구별하려는 오만한 유혹을 치유하는 데 큰 영향력을 미친다.

이런 집단은 사람들에게 사랑은 사로잡힘에 의한 그들의 것이 아니라 하나님으로부터 오는 것이라는 사실을 상기시키는 데 큰 영향력을 미친다. 그것은 우리 자신의 노력에 의해서가 아니라 거룩한 낭비로 인해 우리에게 주어진다. 이러한 집단은 기독교인들이 어떤 중독자/귀신들린 자가 삶 자체의 선물을 허비하면서 사로잡힘의 고통에 처해있었던 것만큼이나 사랑으로 낭비하고 허비하게 되는 것을 돕는 데 큰 영향력을 미친다. 이러한 집단은 12단계 집단들처럼 소속, 안전, 환대의 공동체적인 토대를 조성하는 데 큰 영향력을 미친다.

계속 반복해서 사랑에 다시 사로잡힘과 동시에 사랑의 남용이 대대적으로 허용되지 않도록 하기 위해서 행동에 대한 경계선을 세우는 것은 공동체가 가장 잘 할 수 있는 일이다. 그것을 위해서는 구성원들의 능력과 용기가 필요하다. 그것을 위해서는 인간의 한계들이 인정되고 존중되는 만큼 자원들이 주어질 수 있도록 많은 사람이 단지 소수를 사랑을 사랑하고, 많은 사람이 서로를 사랑하는 것이 필요하다.

기독교 공동체는 성례전적 공동체이다. 성례전적 삶을 사는 것과 성찬의 몸의 언어를 이해하는 것에 대한 교육은 포럼집단들뿐만 아니라 설교를 통한 교육 사명의 또 다른 초점일 수 있다.

우리는 귀신들림 이야기에서 귀신들린 사람뿐만 아니라 건강하고 쫓겨난 사람에게 공동체를 거부하는 것이 어떻게 가능한지를 보았다. 예수님께서는 그분의 몸을 사용해서 사랑의 공동체를 조성하셨다. 그분은 사회경제적 구분의 전통적인 경계선들, 아픈 사람을 아프게 하고 건강한 사람을 두렵게 하는 경계선들을 말 그대로 그분의 살과 피로 헤쳐 가셨다.

예수님께서는 전통적인 분할을 존중하지 않으셨다. 그분은 귀신들과 대면하여 대화하셨다. 그분은 따돌림 당한 자들과 함께 식사하셨다. 그분은 침을 뱉어 진흙을 만들어서 소경에게 발라주셨다. 그분은 문둥병에 걸린 몸을 어루만지셨다. 그분은 한 여인이 향유를 아낌없이 그분에게 부어서 머리에 붓고 그분의 몸에 바르도록 허락하셨다. 그분은 하나님의 풍부한 사랑, 다시 사로잡으시는 사랑에 대한 믿음과 소망으로 당신의 몸을 십자가에 올리셨다.

우리에게 예수님의 모범을 따르려는 용기가 있는가?

우리는 모든 사람의 몸과 피가 성례, 내적이고 비가시적인 은혜(내주하시는 그리스도)의 외적이고 가시적인 표지라는 사실을 이해하기 시작할 수 있는가?

우리의 핵심적인 의례인 성찬의 언어가 몸과 피에 관한 것이라는 사실은 우연이 아니다!

그것은 공동체에서의 사랑에 대한 몸의 언어이다. 우리는 우리의 몸들을 수용한다. 우리는 몸으로 모여 어깨를 나란히 하여 서고, 무릎 꿇고, 앉는다. 우리는 많은 전통에서 온 몸이 참여하는 식탁에서 식사를 한다. 온 몸이 환영을 받고 음식을 먹는다. 온 몸이 너무 많지도 않고 너무 적지도 않게 충분히 먹는다. 음식은 고르게 분배가 되고 모든 살과 피는 은혜를 입는다. 이것은 우리가 우리의 몸으로 재현한 하나님의 잔치이다.

이것은 또한 저항의 식사이다. 우리 개인의 몸과 공동체의 몸이 이 만찬에 참여할 때마다 우리는 예수님의 몸을 기억하고 우리 몸을 두려운 거리에 두게 하는 세상의 모든 것에 저항한다. 우리는 정책과 목적에 의해서 자원들이 고르게 분배되지 못해서 어떤 사람들은 전체 덩어리를 얻고 어떤 사람들은 부스러기를 얻는 우리 세상의 모든 곳에 대해 저항한다. 우리가 알기만 한다면, 우리가 주일 마다 우리의 몸으로 하는 것은 거의 선동적인 것이다.

공동체가 자체의 '성례전성'을 이해하는 것은 모든 인간의 체화된 경험은 성스럽고, 하나님이 관여하신다는 것을 알 수 있게 되는 첫걸음이다. 우리가 귀신들린 자들과 중독자들이 손댈 수 없게 되었다고 한다면, 그것은 성찬의 정신을 훼손하는 것이고 그리스도의 몸을 모독하는 것이다. 우리는 몸을 분별하지 못하게 되면서 그들과 우리 자신들을 추방한다.

우리가 행하는 것은 우리가 말하는 것만큼이나 중독자들을 사랑으로 통합하는 데 중요하다. 나는 회복 중인 한 중독자를 알고 있는데 그녀는 교회에 출석하면서 정기적으로 그녀의 모임에 있는 사람들을 그녀와 함께 가도록 초대한다. 그것은 따를 만한 좋은 모범이다. 대부분의 12단계 모임들은 참석하기를 원하는 누구에게나 열려있다. 교회도 그렇다.

(2) 예배의 사명

교육에 더하여, 위 아래층의 추방당한 이들을 포용하기 위한 하나의 방법은 우리의 기도에서 중독들과 중독자들의 존재, 그들을 사랑하는 이들을 인정하는 것이다. 중독에 매여있는 이들의 치유를 위한 기도는 매주 포함될 수 있다. 사로잡힘에 의한 질병뿐만 아니라 "사로잡힘에 의한 회복"을 인정하고 축하하기 위해서 해마다, 혹은 심지어 일 년에 두 번은 주일을 비워둘 수 있다. 다양한 주제들에 대해 설교할 수 있도록 강사들이 초대될 수 있고 다양한 교육과정 자원들이 포럼들에서 그리고 아이들에게 사용될 수 있다.

위층과 아래층 사이의 차이를 메울 수 있는 또 하나의 방법은 각 층의 사람들이 함께 모여서 회복의 예배를 계획하는 것이다. 이것은 대중에게 개방될 수 있고 12단계의 회복 중인 사람들과 그들의 친구들을 위해서 특별 예배의 기회로서 정기적으로 제공될 수 있다. 그것에는 어떤 12단계 낭독, 기도, 대화뿐만 아니라 성찬과 치유를 위한 '안수기도'를 포함하여 말씀과 성례의 기독교적인 의례가 포함될 수 있다.

그것은 모임이 아니라 예배를 위한 시간이 되겠지만, 초점은 중독과 회복의 주제들에 있을 것이다. 나는 그러한 시도의 일원이었고 그들의 교회에서 예배를 시작했던 다른 사람들과 대화를 했다. 그것은 화해시키는, 하나님 중심의 축하가 될 수 있다. 이러한 사역의 일부로서, 나는 해마다 학대 생존자들을 위한 성찬과 함께 예배를 드리곤 했다.

(3) 목회적 사명

목회적 사명은 따돌림 당하는 모든 사람들을 포함하는 사랑의 공동체를 조성하는 사역에서 가장 중요한 것일 수 있다. 이것은 교회 사람들과 12단계 사람들로 구성된 핵심집단과 함께 시작할 수 있다. 방법은 그들의 자연스러운 상황에서 각 집단이 다른 집단을 알아가는 것이 될 것이다.

사전협의에 의해서, 그리고 관계적인 이해의 기초가 세워진 후에, 회복 중인 사람들은 교회에 오게 될 것이고, 교회 사람들은 모임에 오게 될 것이다. 이것은 아마도 여러 번 일어나야 할 것이고, 그래서 위층과 아래층 사람들이 다른 공동체를 진정으로 알게 될 수 있다.

만약 그러한 사명을 수행하려면, 각 집단이 '생소한' 경험이 어떠했는지에 대해 이야기하는 나눔의 시간을 계획하는 것이 중요할 것이다. 아무리 생각해도 두려움과 수치심을 감소시키고, 자원들을 나누고, 영적으로 성장할 수 있는 더 좋은 방법이 없다. 아무리 생각해도 각 집단이 이방인으로 인식되는 것이 어떻게 느껴지는지 그리고 점차 있는 그대로 알려지고 사랑받게 되는 것이 어떻게 느껴지는지를 직접적으로 경험할 수 있는 더 좋은 방법이 없다.

교회 사람들은 회복 모임에서 어떤 일이 일어나고 있는지에 대해서 왜곡되거나 잘못된 생각을 많이 갖고 있고 회복 중인 사람들은 흔히 교회의 가르침과 의례에 대해 안 좋은 기억들을 갖고 있다. 우리는 각 집단에 기회를 제공할 수 있다.

12단계 모델이 제공하는 것보다 더 좋은 방법은 없다. 비판하지 않고 공감적으로 경청하는 것과 거룩하시고 생명을 주시는 성령의 내주하심을 느끼는 것이 당신 자신과 당신이 이해한 하나님에 대해 알게 되고 나누기 위한 가장 좋은 방법이다. 온 공동체의 전체적인 초점이 우리보다 위대하신 힘에 있는 교회 예배에 참석하는 것이 찬양하고, 감사하고, 기도하고, 성경을 배우고, 교제하고, 목소리를 높여 노래 부르기 위한 가장 좋은 방법이다.

내가 생각하기에는 부인하고 잘못된 전제들을 가진 공동체가 용서하고 사랑하는 공동체가 되기 위한 더 좋은 방법은 없다. 12단계의 과정은 그 초점을 영적인 회심에 두고 우상숭배에서 하나님에 대한 믿음의 삶으로의 성장을 보장한다는 점에서 교회의 전통과 관계가 있다. 거룩한 내 주하심을 다시 드러냄으로써 하나님, 자기, 그리고 이웃과의 친밀함을 경험하는 것은 회복 모임의 선물이다. 교회는 예배의 선물과 거룩한 초월을 드러내는 것을 제공한다.

이러한 전체성 속에서 사랑의 공동체는 구체화되고, 위 아래층의 모두에게 공유된, "사랑에 사로잡힌 바 되어 살아가는" 사명은 실현될 수 있다.

참고문헌

Funk, R. and Hoover, R. (1993). *The five Gospels*. New York: Macmillan Polebridge Press.
Johnston, W. (Trans.) (1973). *The cloud of unknowing*. New York: Bantam, Doubleday, Dell.
Miller, R. (1996). *Cloudhand clenched fist*. San Diego: Luramedia.

제11장

금단을 넘어 영적 통합을 향하여

하워드 J. 그레이(Howard J. Gray, S.J.)

영적 지도(Spiritual Direction), 영적 안내, 영적 동행, 영적 우정은 영적인 삶에 있어서 도움을 구하는 사람과 그 도움을 제공해주는 사람 사이의 특별한 관계에 대한 용어들이다.[1]

기독교적 영적 지도의 의도적인 관계는 다른 사람을 지도하는 권위를 가진 한 사람의 문제가 아니라, 관계 속에 있는 양자는 그들이 인식하든 하지 못하든 각 남성 및 여성의 삶에서 하나님의 뜻에 의해 지속적으로 지도해주시는 성령께 주의 깊게 귀를 기울이는 사람들이 되어야 한다. 점차 개인적인 장애들이 드러나고 의식화될 것이다. 거짓 자기의 강박적인 반동들(reactions)이 하나님의 주도권에 대한 긍정적이고, 정말로 자

---

[1] 용어에 대해서는 Gerald May, M.D., *Will and spirit, a contemplative psychology* (New York: HarperCollins, 1982), pp. 291-193을 보라.

유로운 반응들(responses)로 바뀌게 될 때 점점 더 깊이 참되고 핵심적인 자기의 욕망들이 드러난다.[2]

그 의도적인 관계의 과정에 대한 캐롤린 그래톤(Carolyn Gratton)의 간결한 설명에서는 하나님의 성령이 말씀하시는 것에 대해 귀 기울이는 '지도자'와 '동반자'의 상호성이 정확하게 강조된다. 영적 지도에서의 초점은 한 기독교인이 다른 기독교인에게 하는 이야기에 있다. 목적은 그 이야기 속에서 삶과 사랑으로 이어지는 것과 그 이야기 속에서 죽음과 원한으로 이어지는 것을 분별하는 것이다.

그래톤은 또한 그러한 관계가 **점진적으로** 이뤄지는 시간을 강조한다. 즉각적인 소통의 문화에서, 하나님은 지나치게 느릿느릿하신 것처럼 보인다. 혹은, 어쩌면, 우리가 느릿느릿하고 단지 시간이 지나면서 하나님이 발휘하셨던 리더십, 하나님의 방식인 침묵의 겸손에 무뎌진 마음과 가슴에 대한 환자의 적응, 폭넓게 자기를 의식하지만 항상 자기를 인식하지는 않는 영혼과 지속적으로 실현을 요구하지만 어떤 당당한 목적에 의해 거의 안내받지 못하는 에너지들을 이해하게 되는지도 모른다.

영적 지도자의 과제와 정신건강의학과 의사나 임상심리학자의 과제는 관련이 있지만, 그것들은 서로 섞이지 않는다.

그렇다면, 그 차이는 무엇인가?[3]

영적 지도는 자기 자신 및 하나님 앞에서의 관계의 신비에 초점을 맞춘다. 치료사는 자기 자신 속에서 그리고 자기 자신과 다른 사람들 사이

---

2 Carolyn Gratton, "Spiritual direction," in Michael Downey, editor, *The new dictionary of Catholic spirituality* (Collegeville: Liturgical Press, 1993), p. 913.
3 간결한 토론을 위해서는 H. John McDargh, "Psychology, relationship and contribution to spirituality," in *The New Dictionary*, pp. 792-800; Gerald G. May, M.D., *Care of mind/care of soul, a psychiatrist explores spiritual direction* (New York: Harper, 1982).

에서 방해가 되는 문제들에 초점을 맞춘다. 사람의 문제들이 너무 지속되고 너무 파괴적이어서 이러한 문제들이 직면되고 해결되기 전까지는 그 사람이 움직일 수 없는 때가 있다.

흔히, 이런 문제들은 한 사람의 초기 이야기에 뿌리를 두고 있고 무시되었거나 억압되었다. 이러한 문제들을 근절하고, 그것들을 온전하고 지혜롭게 이해하고, 이러한 문제들을 극복하는 방법들을 구조화하도록 도와주기 위해서, 이러한 과정에는 좋은 영적 지도자의 기술들을 넘어서는 그런 기술들이 필요하다. 그러한 문제들 가운데 가장 많이 되풀이되는 것 중의 하나는 중독(물질, 알코올, 성, 도박, 과식, 혹은 과도한 일)이다.

이 글은 중독과 영적 지도에 대한 것이고, 영적 지도자가 자신을 찾아오는 누군가의 내러티브에 담겨있는 파괴적이고 지배적인 행동 패턴을 발견하는 시기에 대한 것이다. 세 개의 소단원으로 나누어 성찰한다.

(1) 영적 지도의 특성
(2) 영적 지도자와 치료사 사이의 관계의 단계들
(3) 영적 지도자들과 치료사들 사이의 미래의 협력

1. 영적 지도의 특성

영적 지도에 대한 가장 훌륭한 기술들 가운데 하나는 엠마오로 가는 두 제자의 이야기이다(눅 24:13-35).

> 그 날에 그들 중 둘이 예루살렘에서 이십오 리 되는 엠마오라 하는 마을로 가면서 이 모든 된 일을 서로 이야기하더라 그들이 서로 이야기하며 문의할

때에 예수께서 가까이 이르러 그들과 동행하시나 그들의 눈이 가리어져서 그인 줄 알아보지 못하거늘 예수께서 이르시되 너희가 길 가면서 서로 주고 받고 하는 이야기가 무엇이냐 하시니 두 사람이 슬픈 빛을 띠고 머물러 서더라 그 한 사람인 글로바라 하는 자가 대답하여 이르되 당신이 예루살렘에 체류하면서도 요즘 거기서 된 일을 혼자만 알지 못하느냐 이르시되 무슨 일이냐 이르되 나사렛 예수의 일이니 그는 하나님과 모든 백성 앞에서 말과 일에 능하신 선지자이거늘 우리 대제사장들과 관리들이 사형 판결에 넘겨 주어 십자가에 못 박았느니라

우리는 이 사람이 이스라엘을 속량할 자라고 바랐노라 이뿐 아니라 이 일이 일어난 지가 사흘째요 또한 우리 중에 어떤 여자들이 우리로 놀라게 하였으니 이는 그들이 새벽에 무덤에 갔다가 그의 시체는 보지 못하고 와서 그가 살아나셨다 하는 천사들의 나타남을 보았다 함이라 또 우리와 함께 한 자 중에 두어 사람이 무덤에 가 과연 여자들이 말한 바와 같음을 보았으나 예수는 보지 못하였느니라 하거늘 이르시되 미련하고 선지자들이 말한 모든 것을 마음에 더디 믿는 자들이여 그리스도가 이런 고난을 받고 자기의 영광에 들어가야 할 것이 아니냐 하시고 이에 모세와 모든 선지자의 글로 시작하여 모든 성경에 쓴 바 자기에 관한 것을 자세히 설명하시니라

그들이 가는 마을에 가까이 가매 예수는 더 가려 하는 것 같이 하시니 그들이 강권하여 이르되 우리와 함께 유하사이다 때가 저물어가고 날이 이미 기울었나이다 하니 이에 그들과 함께 유하러 들어가시니라 그들과 함께 음식 잡수실 때에 떡을 가지사 축사하시고 떼어 그들에게 주시니 그들의 눈이 밝아져 그인 줄 알아 보더니 예수는 그들에게 보이지 아니하시는지라 그들이 서로 말하되 길에서 우리에게 말씀하시고 우리에게 성경을 풀어 주실 때에 우리 속에서 마음이 뜨겁지 아니하더냐 하고 곧 그 때로 일어나 예루살렘에 돌아가 보니 열한 제자 및 그들과 함께 한 자들이 모여 있어 말하기를 주께

서 과연 살아나시고 시몬에게 보이셨다 하는지라 두 사람도 길에서 된 일과 예수께서 떡을 떼심으로 자기들에게 알려지신 것을 말하더라(눅 24:13-35).

이 아름다운 삽화는 또한 대부분 초기 기독교 공동체가 그들의 삶과 성경을 해석했던 방식에 초점을 둔, 깊이 있는 신학적 진술이다.[4] 우리의 목적을 위해서 엠마오 삽화는 기독교 전통에서의 영적 지도의 틀을 보여준다.

누가복음의 본문은 낙심한 두 제자가 처음에는 예수님을 알아보지 못했다는 점을 강조한다. 그때에 그들에게 그분은 단지 "낯선 사람"이었고, 놀랍게도 모르는 사람이었다. 이야기는 낯선 사람이 동반자가, 신뢰가 되는 해석자가, 그리고 마침내 부활하신 예수님이 되면서 관계에서의 변화를 재빠르게 극화하였다.

그 이야기는 부분적으로는 관계에 대한 것이다. 그것은 또한 과정, 즉 예수님께서 제자들을 슬픔 그리고 공동체로부터 떠나려는 결정으로부터 새로운 통찰, 고통과 죽음과 모욕에 대한 그들의 경험을 그들의 신앙의 근거가 되지만 이제 이러한 고통스러운 사건들에 비추어 재해석될 필요가 있는 계시와의 통합으로 이끄시는 방법에 대한 것이다.

이러한 기본 구조는 영적 지도, 즉 다른 사람이 종교적 신앙에 비추어 자신의 경험들을 해석하도록 도와주는 관계의 과정이다. 영적 지도는 신앙의 결과여야만 하는 평화와 조화로부터 소외된 상태인 고독(desolation)으로부터 자기 자신, 자신의 공동체, 그리고 하나님과의 평화와 조

---

4 나는 여기에서 누가복음을 다루면서 두 개의 주석에 의존했다. Joseph A. Fitzmyer, S.J., *The gospel according to Luke, introduction, translation, and notes*, vol.1 (1-9) and vol.2 (10-24) New York: Doubleday, 1981 and 1985); Luke Timothy Johnson, *The Gospel of Luke*, Sacra Pagina Series #3 (Collegeville: Liturgical Press, 1991).

화의 상태인 위안(consolation)으로 이행해가는 과정이다.

이러한 이행의 틀 속에서 영적 지도자(혹은 안내자, 동반자, 혹은 영혼의 친구)의 역할은 무엇인가?

예수님께서는 좋은 영적 지도자가 지도에서 무엇을 '하는가'에 대한 패러다임을 제시하셨다. 예수님께서는 두 제자들과 보조를 맞추면서 신체적으로뿐만 아니라 심리적으로도 그들이 있는 곳에서 그들과 함께 하시면서, 그들의 세계에 들어가셨고, 그들의 대화에 들어가서 그들의 이야기와 그들이 말하는 모든 것을 둘러싸고 있는 감정의 색채에 주의를 기울여 경청하셨다.

그분은 그들과 동행하셨고, 그 동행 속에서 그들은 그분을 충분히 신뢰하게 되어서 그분이 그들에게 질문하시고, 그들의 현재의 고뇌, 과거의 소망들, 그리고 낙심과 소외의 근원을 다룰 수 있도록 도와주시는 것을 허용하게 된다.

예수님께서는 신뢰가 있을 때(그들의 상처를 설명하면서 보여주신 친밀함에 의해 나타난)에만 개입하신다. 그분은 정직하지만 파괴적이지는 않게 그들의 문제들(더디 믿고, 그들 자신의 전통을 이해하는 데 너무 피상적이고, 구원에 대한 기대에 있어서 편협한)을 확인하지만 결코 그들로부터 떨어지지 않으셨다. 예수님께서는 정말로 그들의 이야기의 일부분이 된 한 사람으로서 그들과 머무셨다.

그분의 역할은 새로운 자료를 제공하는 것이 아니라 제자들이 그들의 삶과 종교적 전통을 해석하는 방식에 다시 초점을 맞추는 스승의 역할로 변해갔다. 예수님께서는 그들의 고통이나 실망을 부정하지 않으셨다. 그러나 그분은 그것들을 다시 보도록 하셨다. 두 제자는 자기-몰두에서 길 위의 이 낯선 사람에 대한 염려로 이행해서, 그분의 안전에 대한 염려를 표현하고 식사를 위해서 그들과 함께 하자고 그분을 초대한다.

그 이야기가 절정에 이르는 것은 식탁에서 예수님께서 그들과 함께 걷고 계셨음을 인식한 것이다. 마침내, 제자들은 이러한 만남에서 그들이 버렸던 공동체의 일원으로서 그들 자신에 대한 새로운 의식으로 이행한다. 그들은 그들의 신앙, 그들의 슬픔, 그리고 그들의 삶의 목적을 이해하는 법을 배웠기 때문에 신속하게 확신을 갖고 돌아가서 그들의 이야기를 나누고 공동체를 견고하게 한다.

영적 지도의 과정은 엠마오 이야기처럼 단순하지는 않다. 경청하는 데는 시간과 인내가 요구된다. 나쁜 뜻이 있어서가 아니라 단지 노출은 자기를 내어맡기는 것을 나타내기 때문에 신뢰는 천천히 이뤄질 수 있다. 그 자기감(sense of self)이 저버려지거나 무시되거나 시시한 것으로 되거나 조롱당했다면, 사람들에게는 치유의 시간이 필요하다.

지혜로운 지도자는 그를 찾아온 사람들에게 편안할 때 자신을 개방하도록 자유를 주는, 참을성 있는 지도자이다. 동시에, 지혜로운 지도자는 점진적으로 자기를 드러내고, 진리를 향해 점진적으로 그러나 진실되게 나아가는 것을 추구한다.

영적 지도의 '진리'는 두 영역에 초점을 둔다.

(1) 그것은 지도를 받기 위해서 오는 사람들의 삶에 대한 것이다.
(2) 그들의 종교적 경험, 즉 하나님이 삶 속에서 그들을 만나주시는 방식들에 대한 것이다.[5]

---

5   이 주제에 대해 다룬 몇 권의 탁월한 자료들이 있지만, 나는 Janet Ruffing, S.M., *Uncovering stories of faith, spiritual direction and narrative* (New York/Mahwah: Paulist Press, 1989)를 제안한다.

신뢰할 수 있는 능력이 너무나도 심각하게 약해져서 진정한 소통이 불가능할 때, 혹은 이야기가 정상적인 성인의 삶을 살아가는 기본적인 자유를 억누르는 심각한 문제 패턴을 드러낼 때, 영적 지도자는 다른 전문적인 개입에 대해 조언해야만 한다. 그 이유는 지도자는 이제 영적 지도가 아니라 치료로 이행해가고 있는 것이기 때문이다.

　지도자가 어떤 상담 기술을 가지고 있다 하더라도, 나는 그 사람에게 어려움에 처한 피지도자가 되풀이되는 심각한 심리적 문제들을 치료하기 위해서는 훈련되고 유능한 누군가를 만나도록 도와주라고 조언할 것이다. 영적 지도 관계는 유지될 수 있지만, 그것은 치료적 과정에 의해 재조정되는 관계가 될 것이다.

　영적 지도 관계에서 그러한 재조정이 필요한 주요 실례들 가운데 하나는 피지도자가 치료되지 않은 중독으로 인해 고통을 겪고 있다는 것을 발견했을 때이다.

1) 영적 지도에서 중독 직면하기

　영적 지도자들이 중독으로 인해 고통을 겪고 있는 사람들을 다루는, 구별되지만 관련된 세 개의 시기가 있다.

    (1) 발견의 시기

    (2) 중독자가 치료를 받는 지지의 시기

    (3) 이전의 중독자가 싸움에서 비롯된 지혜와 자유와 더불어 살아가는 통합
       의 시기

영적 지도와 중독이 만나는 이 세 개의 시기를 고려하기 전에, 한 종교인이 중독 행위를 어떻게 바라볼 수 있는지에 대해 무엇인가 말하고 싶다.

무엇보다 먼저, 나는 "이론상 물질, 사람, 혹은 행위가 외현적 우울증의 위협을 완화시켜주는 한, 중독적인 관계는 어떤 것에 대해서도 형성될 수 있다"[6]라는 점에서 테런스 리얼(Terrence Real)에게 동의한다. 나는 또한 중독이 치료되고 있을 때에라도 내현적 우울증(covert depression)은 외현적 우울증(overt depression)이 되어야만 진정으로 도움을 받을 수 있다는 점에서 그에게 동의한다.[7]

어떤 중독이든지, 거기에는 사람을 비인간화시키는 속박이 있다. 기독교 복음에는 예수님의 자비하심을 보여주는 예들이 풍부하지만, 중독 행위의 고통과 소외를 상징하는, 세 개의 공관복음(즉, 마태복음, 마가복음, 그리고 누가복음) 모두에 나타나는 낯설지만 강력한 삽화가 있다.

이 삽화는 거라사 광인 이야기이다(독자들은 이 복음서 이야기에 대한 보다 확장된 성찰을 위해서 Brakeman의 제10장을 참조할 수 있다).

> 그들이 갈릴리 맞은편 거라사인의 땅에 이르러 예수께서 육지에 내리시매 그 도시 사람으로서 귀신 들린 자 하나가 예수를 만나니 그 사람은 오래 옷을 입지 아니하며 집에 거하지도 아니하고 무덤 사이에 거하는 자라 예수를 보고 부르짖으며 그 앞에 엎드려 큰 소리로 불러 이르되 지극히 높으신 하나님의 아들 예수여 당신이 나와 무슨 상관이 있나이까 당신께 구하노니 나를 괴롭게 하지 마옵소서 하니 이는 예수께서 이미 더러운 귀신을 명하사 그 사람에게서 나오라 하셨음이라 (귀신이 가끔 그 사람을 붙잡으므로 그를 쇠사슬과 고

---

6 Terrence Real, *I don't want to talk about it, overcoming the secret legacy of male depression* (New York: Scribner, 1997), p. 63.
7 Ibid.

랑에 매어 지켰으되 그 맨 것을 끊고 귀신에게 몰려 광야로 나갔더라) 예수께서 네 이름이 무엇이냐 물으신즉 이르되 군대라 하니 이는 많은 귀신이 들렸음이라 무저갱으로 들어가라 하지 마시기를 간구하더니

마침 그 곳에 많은 돼지 떼가 산에서 먹고 있는지라 귀신들이 그 돼지에게로 들어가게 허락하심을 간구하니 이에 허락하시니 귀신들이 그 사람에게서 나와 돼지에게로 들어가니 그 떼가 비탈로 내리달아 호수에 들어가 몰사하거늘

치던 자들이 그 이루어진 일을 보고 도망하여 성내와 마을에 알리니 사람들이 그 이루어진 일을 보러 나와서 예수께 이르러 귀신 나간 사람이 옷을 입고 정신이 온전하여 예수의 발치에 앉아 있는 것을 보고 두려워하거늘 귀신 들렸던 자가 어떻게 구원 받았는지를 본 자들이 그들에게 이르매 거라사인의 땅 근방 모든 백성이 크게 두려워하여 예수께 떠나가시기를 구하더라 예수께서 배에 올라 돌아가실새 귀신 나간 사람이 함께 있기를 구하였으나 예수께서 그를 보내시며 이르시되 집으로 돌아가 하나님이 네게 어떻게 큰 일을 행하셨는지를 말하라 하시니 그가 가서 예수께서 자기에게 어떻게 큰 일을 행하셨는지를 온 성내에 전파하니라(눅 8:26-39).

거라사 광인의 이 장면 바로 앞에서 누가는 예수님께서 게네사렛 호수에서 풍랑을 꾸짖으신 이야기를 했다. 한 저명한 성경학자는 이 댓구법에 대해 "자연적인 대격동의 형태로 인간을 위협했던 마귀(눅 8:22-25)는 이제 인간의 정신을 괴롭히는 마귀와 대응된다…이 이야기는 그의 능력으로 불쌍한 인간, 사회에서 추방당한 자를 치유하시고 그에게 마음의 건강과 삶의 온전함을 회복시키신 예수님을 묘사하고 있다"라고 하였다

(Fitzmeyer, 1985).[8]

종교인, 특히 복음을 자신의 믿음과 행위의 규범으로 주장하는 사람은 이 삽화에서 인간을 비인간화하고 예속시키는 모든 것에 대한 기독교적인 반응을 발견한다. 그 반응은 직면하고, 쫓아내고, 치료하고, 존엄과 자유로 회복시키는 것이다.

이러한 태도는 영적 지도자가 중독적인 행동의 주기에 사로잡혀있는 누군가를 만날 때 강화된다. 중독은 사람을 삶의 주변부로 몰아가서, 흔히 그 피해자들을 가족, 친구, 그리고 이웃으로부터 소외시킨다. 중독은 자존심과 자존감을 박탈한다.

중독은 흔히 공유된 중독이 지지와 부인의 기괴한 공동체를 제공하는 이들과의 교제를 추구하면서 살아있는 이들과 살기보다는 죽은 이들과 살려고 하는 선택이다. 거라사의 광인은 중독이 인간에 초래하는 파괴의 상징이다. 옷을 입고 정신이 온전해져서 예수님의 발치에 앉아 있는 거라사 광인의 치유는 하나님께서 의도하신 인간 통합의 징후이다. 마을 사람들의 혼란과 두려움은 중독이 직면되고 치료되었을 때 사람들이 느끼는 어색함과 혼란을 나타낼 수 있다.

너무나도 흔히 가족, 종교 공동체, 혹은 직장에서 중독자와 가까이 있었던 사람들은 또한 의도하든 의도하지 않든 알코올중독이나 도박중독 혹은 폭식이나 약물남용을 변명, 거짓말, 혹은 조용한 무관심으로 덮어주는, 중독에서의 동반자이다. 너무나도 흔히 중독의 질병을 안고 사는 것이 삶의 방식이 될 수 있다. 건강하게 사는 법을 배우는 것은 위협과 도전일 수 있다.[9]

---

8 Fitzmyer, *Luke*, p. 733.
9 Patrick Carnes, *Out of the shadows, understanding sexual addiction* (Minneapolis: Comp-Care, 1983)은 나에게 매우 도움이 되었다.

거라사 광인 이야기는 중독에 대한 우화로 읽혀질 수 있다. 그리고 모든 좋은 우화들처럼, 그것은 여러 수준에서 읽혀지고 다양한 상황에 적용될 수 있다. 좋은 영적 지도자는 중독 행위를 있는 그대로, 인간의 영혼에 대한 예속과 모욕, 군대라는 이름을 갖고 있고 쫓겨나야 마땅한 귀신이라고 볼 것이다.

그러한 치유 과정에서 도움을 주는 사람이라면 누구든지 그 사람이 분명한 종교적 지향을 주장하든 하지 그렇지 않든 예수님의 동역자이다. 이 동역 관계는 영적 지도자들이 비지도자의 중독을 치료하고 있는 치료사와 협력해야만 하는 이유이다. 그것은 전문가로서의 동료애를 넘어서는 헌신이다.

2) 발견의 국면

미리암은 제법 매력적이고, 매우 지적인 정치학과 대학원생이었다.[10] 그녀는 학부 시절의 이행기를 거쳐서 엄격한 근본주의 교회에서 가톨릭으로 개종했다. 나는 약 6-7개월 동안 매월 영적 지도를 위해서 그녀를 만나왔다. 그녀는 대학원 3학기였고 기도를 깊게 하고 자신의 미래를 평가하는 데 도움을 원했기 때문에 영적 지도를 시작했다.

그녀는 책임감 있게 영적 지도 회기에 왔고 그녀의 공부, 동료들과의 관계, 그리고 가톨릭의 규정(예를 들면, 주일 미사에 참석하는 것)에 대해 말을 잘하였지만, 나는 그녀가 그녀의 기도, 하나님과의 보다 깊은 관계, 혹은 아동기 때 혹은 십대 때 혹은 대학 시절 동안의 그녀의 삶에 대해서

---

10 미리암은 많은 사례의 합성물이고, 개인의 비밀 보장과 사생활을 보호하기 위해서 구성되었다.

는 거의 말하지 않는 것을 발견했다.

　7회기가 지난 후에, 내가 생각하기에 우리가 토론하기 좋을 수 있는 커플의 영역을 자세히 말하려는 나의 노력에도 불구하고, 나는 미리암이 피상적이고 막연하다는 것을 발견했다. 나는 이것에 대해 그녀에게 직면했고, 그녀가 나에 대해서 편하게 느끼지 못할 수 있고 그녀가 다른 지도자를 선택하기를 원할 수 있겠다고 제안했다. 이러한 제안에 대해 미리암은 눈물을 터뜨렸다. 그녀는 "저에게는 나눌 자기가 없어요!"라고 주장했다.

　우리는 잠시 침묵 가운데 앉아 있었다. 나는 그녀에게 티슈를 건네서 눈물을 닦도록 하였다. 마침내, 그녀는 나에게 그녀의 공부는 지속적으로 몰두하는 일이고, 단지 그녀가 즐기는 어떤 것이 아니라 일종의 횡포라고 하였다. 그녀는 단지 공부하고 좋은 학점을 받기 위해서 살았다. 오랫동안 그녀는 학문적 성공에서 그녀의 자존심을 찾았지만, 그것은 더 이상 사실이 아니다.

　이제 그녀는 그녀가 공부를 그녀의 전체 삶으로 삼았던 것에 의해 갇히게 되었다는 것을 발견했다. 나는 그녀에게 전형적인 하루의 삶을 설명해달라고 요청했다. 그녀가 설명한 것은 혹독한 일의 하루였다. 나는 부드럽게 만약 그녀를 성가시게 하는 다른 어떤 것이 있는지 물어봤다. 이제 미리암은 흐느껴 울기 시작했다. 점점, 그녀는 나에게 그녀가 끝없이 순환되는 공부와 자기-자극에 사로잡혀서 하루에 12-15회 자위행위를 하고 있다고 말할 수 있게 되었다. 더욱 복잡한 것은 그녀가 스스로 느끼기에 대죄의 상태에서 성찬을 받으면서 오랫동안 고해성사에 가지 않았다는 사실이다.

　우리는 우리가 이전에 얘기할 수 없었던 방식으로 미리암의 정상적인 사회생활, 학문적 경쟁자가 아닌 친구들, 그녀를 사랑해주고 그녀와 삶을 함께 하기를 원하는 누군가에 대한 열망에 대해 얘기했다. 미리암이 그녀의 자위행위가 밝혀질 것을 두려워해서 수년 동안 어떤 의학적 검진도 회피해왔음도 드러났다.

자위행위는 그녀가 16세 때 시작되었다. 그리고 이제 26세에 그것은 거의 주체할 수 없는 것이 되었다. 나는 그녀에게 그녀가 정확히 있는 모습 그대로 하나님의 사랑을 받고 있다고, 나는 그녀가 그녀의 고통을 나와 나눌 수 있어서 영광이라고, 나 역시 내가 알고 신뢰하는 훌륭한 임상심리학자와 함께 이것을 이야기할 수 있는 때가 되었다고 생각한다고 말해주었다.

내가 미리암에게 이 임상가 역시 여성이라고 말했을 때, 그녀는 안도하면서 기꺼이 면담 일정을 잡겠다고 했다. 미리암은 또한 내가 그녀와 기꺼이 계속 얘기해줄 수 있는지 물었다. 나는 그녀에게 나는 그녀를 만나서 행복했다고, 우리는 그녀의 자기상, 그녀의 감정, 하나님의 심판과 용서에 대한 그녀의 의식, 비밀스러움과 수치심의 횡포로부터 자유롭게 되고 싶은 그녀의 욕구를 다루는, 그녀의 삶의 예민한 영역으로 건너갔었다고 확인시켜주었다.

나는 그녀에게 우리는 우리가 구원자를 필요로 할 때에만 구원될 수 있다고 말해주었다. 그녀는 왜 예수님이 우리 가운데 오셔서 우리에게 평안을 주시고 우리를 자유케 하셨는지 발견했다.

> 하나님께서 당신이 보다 영구적인 평화와 보다 깊은 자유를 갖기를 원하신다는 사실을 계속 찾아가 봅시다.

미리암의 치료는 내가 생각하기에 두 가지 이유로 속히 진행되었다.

(1) 일단 미리암은 그녀의 중독을 드러냈고, 그녀는 그것으로부터 자유롭게 되기를 원했다.
(2) 그녀에게는 신뢰와 자기노출을 고무하는 탁월한 치료사가 있었다.

나의 역할은 치료에서의 자기노출을 지지해주고, 미리암이 이것들을 나에게 보고하는 것을 기대하지도 않고 그것들이 우리의 작업에 영향을 줄 때 이것들을 통합하는 것을 회피하지도 않는 것이었다. 그러나 나는 미리암에게 중요한 금욕주의 혹은 훈련이 치료에 충실한 것이고, 그 과정에서 그녀는 하나님의 뜻을 발견하기 시작할 것이라고 말해주었다.

미리암의 사례가 비정형적인 것은 아니다. 과도한 일과 성적 강박행위가 건강하지 못한 조합이라는 것을 보여주는 심각한 전문가들, 목회 사역자들, 조력 전문가들이 많이 있다. 흔히 성적 무질서에 대한 수치심은 한 사람을 자기처벌적인 과도한 일이나 공부로 몰아간다. 공부나 일에서의 과도함은 역으로 그 사람이 쾌락에서 모종의 해방을 찾도록 몰아간다. 성은 해방의 한 형태이지만, 알코올, 음식, TV, 도박도 그러하다.

미리암의 자기노출과 기꺼이 치료를 받으려고 한 것을 촉발시켰던 것은 나는 인식하지 못하고 있었지만 깊이가 없음으로 혼란을 가중시켰던 나의 7회기를 통해서 그녀에게 공부나 성적 자극이 아닌 특별한 소통의 기회가 주어지고 있었던 것이었다. 나중에까지 계속 내가 몰랐던 것은 그녀가 그녀 스스로에게 단지 말하는 것조차 전혀 허용하지 않았기에 피상적으로 머물러 있었다는 사실이었다. 미리암에게 중요했던 것은 그녀가 시간을 함께 보낼 수 있는 누군가가 있었어야 했다는 것이었다.

내가 이러한 회기들의 지도에 대해 도전했을 때, 그녀는 상실의 위협을 느꼈지만, 또한 그녀의 수치심을 일으킨다 할지라도 그녀의 고통에 대해 말해야만 한다는 더욱 깊은 열망도 느꼈다.

나는 그러한 상황에 대한 숙달(mastery)을 주장하고 싶고, 미리암을 깊이 괴롭게 하는 것들이 있다는 것을 알고 싶고, 그리고 만약 이러한 것들이 표면화될 때 나의 개입이 필요하기를 원했다. 정말로, 나에게는 아무런 계획도 아무런 사전 지시도 없었다. 영적 지도의 맥락에서, 나는 단순히 우리가 미리암의 삶의 보다 중요한 영역들에 대해 말할 필요가 있다고 느꼈고, 우리는 그렇게 하지 않고 있었다.

나에게 그것은 인내의 문제이자 확실성의 문제였다. 나는 7회기 동안 인내심을 발휘했고 이제 명백하고 중심이 있는 확실성으로 옮겨갈 때라고 느꼈다. 만약 7회기 이후에 우리 여전히 대인관계의 영역을 협상하고 있었다면, 이제는 이것을 말해야 할 때였다. 나는 사람들에게 그들의 진실을 말할 시간과 공간을 제공하면서 영적 지도의 인내와 확실성의 덕을 영적 지도의 초기 단계에서 중요한 것으로 강조할 것이다.

미리암이 마침내 나누었던 것은 그녀의 고통스러운 신뢰성이었고, 그래서 나의 인내가 작동하였다. 그러나 그것은 다를 수도 있었다. 미리암은 그녀의 고통을 묻어버리고 그녀는 영적 지도자를 바꾸기를 원한다고 말할 수 있었다. 미리암은 또한 이러한 개입을 또 하나의 지적인 도전으로 받아들이고 그녀의 실제 영적 문제에 대해 빙 둘러서 어렵게 말하기 시작하고 잘못된 영성을 형성하기 시작할 수도 있었다. 미리암이 이렇게 행동했다면, 나는 벌어지고 있었던 일을 인정했겠지만 그녀는 시도할 수도 있었다.

3) 지지의 국면

나는 이미 미리암의 사례에서 영적 지도자로서 나의 사역은 치료의 과정을 지지하고 그것을 사람들 속에서 역사하시는 하나님의 방식으로 보이는 치유의 정직성과 연결시키는 것이었다고 하였다. 미리암과 그녀의 치료사는 어느 시점에선가 우리 세 사람이 공동 회기를 갖는 것이 도움이 될 것이라고 결론을 내렸다.

나는 그것을 요청하지도 않았고 그것을 거절하지도 않았다. 공동 회기에 참여해달라고 요청을 받았을 때, 나는 미리암이 어떻게 점점 덜 중독적이게 되고 하나님의 사랑, 용서, 그리고 그녀의 은사들에 대한 축복과 이러한 은사들을 자유롭게 하려는 그녀의 노력에 대해 더욱 확신하게 되고 있는지 볼 수 있었기 때문에 이것에 대해 평화롭게 받아들였다. 점점, 미리암의 기도는 건강에 대한 호소와 그녀의 치료의 금욕주의에 대한 수용에서 보다 관상적인 기도로 옮겨갔다.

미리암과 그녀의 치료사의 회기에서는, 미리암이 주도했다. 그녀는 3-4세의 아이였을 때 뒤뜰에서 놀고 있었는데 그녀의 어머니가 이웃 사람에게 말하는 것을 들었다. 그 이웃 사람은 또 다른 이웃 사람인 40대 여성이 또 임신을 했다고 말했다.

"그 사람들 그 나이에 좀 더 조심했어야 해요. 그들에게는 더 이상의 아이들이 필요치 않잖아요"라고 그 이웃 사람이 말했다.

"맞아요, 당신도 결코 모를 거예요"라고 미리암의 어머니가 대답했다.

"우리는 이 아이를 원치 않았어요. 그 애는 어쩌다가 생겨났죠."

오랫동안 그녀의 기억과 가슴 속에 묻혀있던 이 사건을 이야기하면서, 미리암은 흐느꼈다. 원치 않았던 아이라는 느낌, 그녀의 가치를 입증해야 할 필요가 있다는 느낌, 사랑스럽지 않다는 느낌은 이 젊은 여성이 이루고 있었던 학문적 성공의 가장 중요한 부분이다. 그녀는 그녀를 "어쩌다 생긴 애"라고 했던 어머니를 위해서 애써왔던 것이다.

이러한 기억의 회복은 미리암에게는 혹독한 것이었지만 그녀의 정신적 건강, 그녀의 중독의 원천을 이해하고 그렇게 함으로써 그것에 대해 통제할 수 있는 그녀의 능력을 위해서 절대적으로 필요했다. 유사하게, 그러한 자유 속에서 미리암이 그녀의 어머니를 용서하고, 그녀의 여생에 그녀를 힘들게 할 수 있는 삶의 상황의 죄성을 드러낼 필요가 있음을 보는 것이 중요했다(본서에서 Doweiko, Jampolsky, Kasl, Albers, 그리고 Larsen의 글들은 중독의 저변에 있는 이러한 역동들에 대해 말해준다).

미리암이 자위행위 중독을 성 이외의 다른 맥락으로 바꾸는 것도 중요하다. 사랑이 부정된다는 것, 혹은 적어도 사랑이 부정되었다고 느끼는 것은 모든 종류의 대체물로 이어질 수 있다. 그녀는 위로를 구하는 것과 통제되지 않는 성중독자가 되는 것 사이의 차이를 볼 수 있었다. 미리암의 사례에서 "본다는 것"은 회복으로 가는 열쇠였다. 또한 미리암이 배워야만 했던 것은 보다 균형 잡힌 정서적 생활을 할 수 있는 새로운 사회적 기술들이었다.

임상적 치료의 고행으로부터, 미리암은 환대, 즉 어떻게 동료들을 친구로서 그녀의 삶에 환영할 것인가에 대한 배움의 고행으로 이행할 준비가 되었다. 미리암은 낯선 이를 이웃으로 변화시키는 방법을 배워야만 했다. 우리의 영적 지도 회기에서 우리는 누가복음에서 더 많은 부분을 활용하기 시작했다. 계획하지 않고(중독을 종교적인 것으로 대체하지 않고), 나는 미리암이 그 복음에 나타난 예수님의 인간관계, 그분의 친구 삼으시는 능력, 사람들을 그분과 함께 있는 사람이 되게 만드는 능력에 대해 기도하도록 도와주었다.

정확하게 말하자면, 미리암은 누가가 예수님과 여인들 사이에서 극화시켰던 특별한 관계를 알게 되었고 그것에 위로를 받았다. 그녀가 관상기도에 점점 반응하게 된 것은 복음서의 장면으로 들어가는 데 도움이 되었다.

공부에서의 중독적인 충동은 일, 기도, 그리고 놀이의 리듬으로 점점 바뀌게 되었다. 미리암은 큰 파티를 좋아하는 사람이 전혀 아니었다는 것을 알았다. 그러나 그녀는 또한 마음이 같은 소그룹의 사람들과 보낼 수 있는 시간을 좋아하게 되었다.

미리암은 그녀의 분야 밖에 있는 사람들을 만났다. 그녀는 콘서트에 가고, 하이킹도 하게 되었다. 물론, 약간의 착오가 있긴 했지만, 미리암은 이러한 것들을 하나님께서 우리의 실패를 통해서 배우고 다른 사람들뿐만 아니라 우리 자신도 용서하도록 우리를 도와주심으로써 지혜와 사랑을 가르치신다는 사실을 점점 더 인식하는 방향으로 통합할 수 있었다.

그것은 진부한 표현이지만, 미리암은 그녀 자신의 친구가 되고, 그녀 자신에게 그녀 역시 그녀의 친구라고, 그녀는 태어났기에 행복하고, 하나님은 미리암을 창조하신 것으로 인해 기뻐하신다고 말하는 법을 배우고 있었다.

임상적 치료와 영적 지도의 이러한 상호작용을 통해서, 치료사와 나는 회복에 대한 책임을 미리암에게 넘기고 있었다. 그녀가 누구에게 어떤 것을 증명하는 것이 아니라 그녀가 자유롭게 그녀의 삶의 다양한 부분에 부여했던 상대적인 중요성에 대해 반응하면서 여러 가지 성인의 책임들을 중심으로 그녀의 삶을 구조화하게 되면서 그녀의 확신이 커졌다.

결정적인 시기는 크리스마스였는데, 그때 그녀는 그녀의 집으로 돌아가서 그 절기를 축하했다. 미리암은 그녀의 어머니에게 말하기를, 원하지 않았던 '사고'에 대해 그녀가 기억하고 있었던 것을 그녀의 어머니에게 말하면서, 균형있는 자존감을 회복하기 위한 그녀의 노력들에 대해 나누었으며, 또한 그녀의 어머니를 용서하기를 원했다.

그러나 미리암은 그녀의 마음과 가슴에 너무나도 중요한 것이 어머니의 기억 속에서 쉽게 잊혀질 수 있다는 사실을 깨달았다. 그녀는 그녀의 어머니가 학생으로서 그녀의 성공에 대해 자랑스러워했다는 것을 알았지만, 미리암은 그녀가 어머니의 사랑을 받았다는 것을 확신하지 못했다. 그때에 크리스마스 절기가 있었다.

이것이 정말로 너무나도 오래전에 일어났던 어떤 것에 대해 직면할 수 있는 기회였을까?

미리암은 그녀의 치료에서 중요한 전기를 맞이했다. 그녀의 회복은 잘 이루어졌지만, 여전히 그녀의 자기감은 허약했고, 공부 외에서는 자기 주장이 불확실했다.

나는 이 시기를 지지의 국면이라고 하였다. 지지는 삶과 사랑으로 이어지는 것을 선택할 수 있는 자유에 초점을 둔다. 그것은 개인이 결정해야 하고 그 결과를 받아들여야 하는 고통스러운 경험에 대한 감상적인 대체물이 아니다. 나는 여기에서 영적 지도자와 치료사가 하나라고 믿는다.

분명히, 미리암의 치료사와 나는 미리암이 크리스마스 절기를 어떻게 다루는가는 그녀가 결정할 일이지 우리가 결정할 일이 아니라는 점에 동의했다. 우리 모두는 미리암이 그 상황을, 그녀가 이루고 싶은 것이 무엇이고 왜 이루고 싶은가를 직시하고, 그 결과를 예측하고, 기꺼이 이것들을 감수하도록 격려했다.

미리암의 영적 지도자로서, 나는 단지 하나의 다른 요소, 즉 그녀가 하는 일에 대해서 개인적으로 기도하는 것을 제안했다. 이것은 미리암의 영적 발달을 위해 풍성한 시간이었다. 그녀가 시작해야 하는 일은 대안들을 분별하고, 평가하고, 하나님께서 그녀의 자유와 연민을 통해서 그녀의 어머니와 그녀 자신에게 무엇을 요청하고 계신가를 이해하려고 노력하고, 다양한 변화들을 평가하는 것이었다.

크리스마스 절기는 미리암에게 잘 진행되었다. 그녀는 그와 미리암이 다녔던 고등학교에서 선생님이 되어 가르치는 고등학교 동창과의 우정을 새롭게 하였다. 크리스마스 예배에 대해서는 약간의 긴장이 있었다. 가족들은 성탄절 전야 예배를 위해서 근본주의 교회에 참석하려고 했다. 미리암은 근처에 있는 가톨릭 교회를 가겠다고 말했다. 놀랍게도, 그녀의 어머니는 그녀와 함께 가고 싶다고 하였다.

그래서 다른 가족들은 그들이 어렸을 때 다니던 교회에 갔지만, 미리암과 그녀의 어머니는 미사에 참석했다. 미리암은 어머니가 그렇게 하는 것에 대해 기쁨을 표현하면서 왜 그녀가 그렇게 하려고 결정했는지 물었다. 그녀의 어머니는 간단하게 대답했다.

너와 함께 하고 싶었단다.

미리암은 "너와 함께 하고 싶었단다"라는 간단한 말에서 그녀의 대답을 들었다고 느꼈기 때문에 어머니를 직면하지 않은 채 학교로 돌아왔다. 미리암은 어머니와 그녀 자신을 깊이 용서했다고 느끼게 되었다. "너와 함께 하고 싶었단다"라는 단순하고 겸허한 어떤 것이 미리암의 마음에서 과거의 짐들을 풀어주었다.

내가 영적 지도자로서 한 것은 아무것도 없었고 치료가 그것의 최종적인 기술이라고 주장할 수 있는 것은 아무 것도 없었다. 나는 미리암과 하나님께서 함께 그것을 했다고 믿는다. 하나님은 미리암의 지지가 되셨고, 그녀는 지지가 사랑이었다는 것을 깨달았다.

4) 통합의 국면

회복 중인 중독자가 자신의 삶에 대해 더욱더 많은 자유와 건강한 통제력을 갖게 되면서, 그 사람과 지도자 사이의 관계에서 이뤄지는 지도도 변화한다. 사람들과 특정 중독들이 다르기 때문에 이러한 이행에 대한 '징후들'을 상술하는 것은 어렵다.

그러나 징후들 가운데 어떤 것은 자신의 삶을 움직이고 싶고, 개인적인 회복 경험을 다른 사람을 돕는 데 활용하고 싶고, 정체성의 주제들보다는 친밀감이나 생산적인 주제들에 대해 말하기 시작하고 싶어하는 마음이다. 이행에 대한 이러한 관심은 회복의 지루함을 참지 못하거나 지속적인 지지(AA와 같은)의 필요성을 쉽게 간과하는 것이 되어서는 안 된다는 점이 중요하다. 이러한 이행도 통합의 국면이다.

무엇이 통합되고 있는가?

자신의 질병을 받아들이는 정서적 및 영적 역사, 내러티브와 신체적, 심리적, 영적 건강을 회복하려는 노력들. 과거의 고통과 낭패가 어떤 것이든지, 이것은 지도에서 누군가의 전체 이야기의 강력하고 중요한 부분이었다. 사람들은 과거를 묻어버리고, 고통스럽고 수치스러운 것을 감추고 싶은 유혹을 느낄 수 있다.

확실히, 치료를 넘어 보다 자율적인 삶으로 이행하는 것이 좋겠지만, 과거의 고통의 실체를 새로운 삶의 리듬에 통합하는 것도 좋다. 더욱 깊이 보고 더욱 절실하게 느낄 수 있는 능력인 지혜와 연민은 삶 속에서 그냥 나타나지 않는다. 이러한 선물들은 우리가 모든 인간의 삶을 특징짓는 투쟁에 가져오는 성찰로부터 나온다. 따라서, 주의 깊은 영적 지도자는 회복된 중독자가 현재에 대한 성찰과 감수성을 풍성하게 하기 위해서 과거의 경험들을 다시 돌아보도록 도와줄 준비를 할 것이다.

    여기에는 하나의 과정, 즉 사람들이 과거를 활용해서 현재에 대해 보다 인도적으로 반응할 수 있도록 도와주는 방법이 있다. 다시 말하자면, 기독교 영적 지도에는 복음서를 사용해서 이러한 변화, 이러한 통합의 국면을 설명하는 능력이 있다.

> 어떤 율법교사가 일어나 예수를 시험하여 이르되 선생님 내가 무엇을 하여야 영생을 얻으리이까 예수께서 이르시되 율법에 무엇이라 기록되었으며 네가 어떻게 읽느냐 대답하여 이르되 네 마음을 다하며 목숨을 다하며 힘을 다하며 뜻을 다하여 주 너의 하나님을 사랑하고 또한 네 이웃을 네 자신 같이 사랑하라 하였나이다 예수께서 이르시되 네 대답이 옳도다 이를 행하라 그러면 살리라 하시니
>
> 그 사람이 자기를 옳게 보이려고 예수께 여짜오되 그러면 내 이웃이 누구니이까 예수께서 대답하여 이르시되 어떤 사람이 예루살렘에서 여리고로 내려가다가 강도를 만나매 강도들이 그 옷을 벗기고 때려 거의 죽은 것을 버리고 갔더라 마침 한 제사장이 그 길로 내려가다가 그를 보고 피하여 지나가고 또 이와 같이 한 레위인도 그 곳에 이르러 그를 보고 피하여 지나가되 어떤 사마리아 사람은 여행하는 중 거기 이르러 그를 보고 불쌍히 여겨 가까이 가서 기름과 포도주를 그 상처에 붓고 싸매고 자기 짐승에 태워 주막으로 데리고 가서 돌보아 주니라
>
> 그 이튿날 그가 주막 주인에게 데나리온 둘을 내어 주며 이르되 이 사람을 돌보아 주라 비용이 더 들면 내가 돌아올 때에 갚으리라 하였으니 네 생각에는 이 세 사람 중에 누가 강도 만난 자의 이웃이 되겠느냐 이르되 자비

를 베푼 자니이다 예수께서 이르시되 가서 너도 이와 같이 하라 하시니라
(눅 10:25-37).

　예수님과 율법교사의 만남은 감상주의 해석학에 의해 약화될 수 있는 이 놀라운 이야기의 계기이다.[11] 사실, 그것은 다른 인간을 전적으로 약하고, 의식이 없고, 벗겨지고, 피 흘리는 상태로 방치했던 인간의 폭력 행위에 초점을 둔 거친 이야기이다. 예수님 당시의 문화에서 이것은 유대인을 부정하게 만들었다. 이러한 피해자를 만지는 사람은 누구든지 흘려진 피에 의해 더럽혀지기 때문이다.

　따라서, 관여하는 것은 스스로를 위험하게 만드는 것이었다. 그 위험은 외딴 길과 서둘러 가지 않으면 똑같은 강도들을 만날 수 있는 여행자들이라는 상황에 의해 더욱 심해졌다. 예수님은 절망적으로 곤경에 처한 한 사람을 보고 가능한 한 멀리 피하여 서둘러 그들의 길을 가는 대표적인 두 종교 계급(제사장과 레위인)을 소개함으로써 딜레마를 강조하신다.

　사건과 반응들은 예수님의 청중들에게 여러 수준에서 충격을 주기 위해서 계획되었다. 그러나 가장 놀랄만한 것은 유대인들에게 적대적인 사람들 가운데 대표적이었던 사마리아인에 대한 소개이다. 이 이방인이자 잠재적인 원수는 희생자를 길 한쪽 편에서 보았을 뿐만 아니라 그에게 가까이 데려가서 그의 이웃, 그의 형제, 그의 구원자가 되었다. 멸시받던 사마리아인은 이 이야기에서 윤리적이고 종교적인 영웅이 되었다. 그의 행동은 어떻게 이웃을 대해야 하는가에 대한 규범이 되었다.

　"가서 너도 이와 같이 하라"고 율법교사에게 하셨던 예수님의 마지막

11　Luke Timothy Johnson은 누가복음의 이러한 측면을 탁월하게 설명하였다. pp. 172 – 176을 보라.

말씀 때문에 우리는 사마리아인이 행한 것이 정확히 무엇인지 살펴보게 된다.

무엇이 사마리아인을 제사장과 레위인으로부터 구별되게 하는가?

무엇이 그를 길 한쪽 편에서 피해자의 '이웃'이 되게 만들었을까?

사마리안의 반응은 4가지의 행동으로 특징지어진다. 그는 실제로 보았고, 피해자에 대해 느꼈고, 자신이 할 수 있는 있었던 실제적인 선을 행하였고, 자신이 없을 때도 함께 있음을 유지하려고 했다. 사마리아인의 '행함'은 하나의 과정이었고, 그 과정에서 우리는 기독교 전통에 있는 도덕적이고 종교적인 삶의 필수조건을 발견한다.[12]

첫째, 본다는 것은 흘끗 보는 것 이상의 것을 의미한다.

명확히 말하자면, 제사자장과 레위인은 '보았지만' 그들의 '보는 것'은 단순했다. 사마리아인의 '보는 것'은 기도를 통해서 사람들이 개발해야만 하는 관상적인 세심함(contemplative attentiveness), 즉 다른 사람의 전체 현실이 우리의 영혼을 끌어들이도록 할 수 있는 능력이다.

그것을 위해서는 기꺼이 생명이 우리에게 들어오도록 허용하는 시간을 갖고, 차이들을 존중하고, 자신을 잃고 다른 사람의 신비에 의해 확장되고 도전받는 자신을 발견하는 것이 요구된다. 우리가 언제나 이렇게 열심히 살 수는 없다. 그러나 관상적인 내어맡김이 요구되는 순간들이 있다. 분명하게 말하자면, 길 한쪽 편의 피해자는 그러한 순간들 가운데 하나, 종교적인 사람들이 현실을 보고, 이해하는 법을 어떻게 배웠는지에 대한 검증이다.

---

12 적용을 위해서는 Howard J. Gray, S. J., "Integrating human needs in religious formation," *Review for Religious* 53 (1994), pp. 107–119를 보라.

둘째, 사마리아인은 누가복음 7:13에서 예수님이 나인성 과부를 만나시고 그녀의 슬픔에 대해 느끼셨던 감정인 "불쌍함을 느꼈다."

사마리아인이 느꼈던 연민은 그 앞에 있는 모든 것(피해자, 상황, 외로움, 총체적인 연약함)을 기꺼이 보려고 했던 것의 결과이다. 사마리아인은 모든 것을 이해하고, 마음이 움직였고, 그의 내면은 길 위의 사람을 돌보는 것에 끌렸다.

셋째, 그 관상적인 자비로부터 길 한쪽 편에서 발견된 낯선 이에게 인간애를 돌려주는 일련의 구체적인 행동들(치유하기, 데리고 가기, 그 자신의 여행을 우회하기, 그의 시간과 돈을 쓰기)이 나온다.

넷째, 사마리아인은 최소한의 협력자인 주막 주인에게 도움을 얻는다.

사마리아인은 가야만 했지만, 그의 관상적 자비와 깊은 관심은 계속될 것이다. 사마리아인은 지속적인 선의 연결망을 세웠다. 예수님이 말씀하신대로 이러한 과정은 이웃을 만들고, 복음이 활기를 띠게 만든다.

누군가가 기독교 전통에서 영적 지도의 목적이 무엇인지 물을 때, 그 사람은 누가복음의 이러한 방향으로 지도가 되어야만 할 것이다. 우리가 영적 지도에서 목표하는 통합은 단순히 정신건강이나 정신 신체적인 조화가 아니다.

영적 지도의 목표인 기독교적 통합은 관상적이고, 실제적이고, 개인적이고, 사회적이고, 자유케 하고 책임지는 것이다. 그것은 인간을 자유케 해서 '이웃'이 되도록, 다른 사람들을 생명과 사람으로 인도하는 사람이 되도록 하는 균형이다. 만약 영적 지도가 이렇게 하지 않는다면, 종교를 남용하는 금욕주의나 자기 의의 위험이 있는 개인적 도덕주의로 빠져들 위험이 있다.

이러한 이유들 때문에 회복 중인 중독자를 지도하는 사람들은 또한 그 사람이 회복을 넘어서서 기부로, 선한 사마리아인의 비유가 결론내리고 설명해주는 명령인 "가서 이와 같이 하라"는 부르심에 대한 삶으로 나아갈 수 있도록 도와야만 한다.[13]

4가지 요소들이 모두 중요하다.

- 당신 주변의 삶에 대한 관상적인 주의
- 다른 사람들 특히 어려움에 처한 이들에게 반응할 수 있는 마음과 능력의 개발
- 기꺼이 도울 뿐만 아니라 숙련되고 유능한 도우미가 되는 것
- 전체 공동체나 이제 다가올 세대가 관상적이고 자비로운 섬김을 제공하는 기회를 발견할 수 있도록 프로젝트나 기획에 대한 어떠한 소유욕도 포기하는 성숙함

물론, 기독교적 통합의 이러한 과정은 강요될 수 없다. 그것은 은혜의, 하나님의 초대와 지지의 과정이다. 더구나, 모든 선이 모든 사람에 의해 행해져야만 하는 것은 아니다. 한 사람이 행할 수 있는 모든 선은 그 사람에 의해 행해지거나 직접 행해져야만 한다. 적절한 분별에는 복음서의 요구들을 한 사람이 가진 능력과 은혜에 적응시킬 수 있는 능력이 포함된다.

자신의 삶을 복음서의 명령 속에서 기꺼이 형성하는 것은 역시 성령의 은사인 분별에 의해 수행되어야만 한다. 회복 중인 중독자가 관대하게

---

13 이점에 대해서는 Kenneth Leech, *The eye of the storm, living spirituality in the real world* (New York: Harper, 1992)와 William Reiser, S. J., *To hear God's word, listen to the world, A Liberation of Spirituality* (New York/Mahwah: Paulist Press, 1997)가 도움이 된다.

그리고 적절하게 선택하는 법을 배우도록 도와주는 것이 특히 영적 지도자에게 중요하다.

미리암의 크리스마스 경험은 그녀의 에너지와 감정에 초점을 두었다. 그녀는 그녀의 삶에서 평안과 질서 잡힌 방향을 찾은 것 같았다. 그녀의 어머니를 직면하지 않으려고 했던 그녀의 선택은 갈등을 직면하는 것을 두려워하거나 주저해서가 아니었다.

오히려 그녀는 그녀가 추구해왔던 평안을 찾은 것 같았다. 그녀는 어머니를 용서했고, 더욱 중요한 것은 그녀의 어머니가 그들의 관계를 성인들의 관계로 이행시키는 상호성의 제스처로 그녀에게 다가갔다는 점이다. 적절한 때에 미리암은 가족들과 그녀의 갈등들과 치료의 효과들에 대해 나누었다. 점진적으로, 우리의 영적 지도 회기들에서 미리암은 다른 주제들을 다루고 싶다는 소망을 표현했다.

그녀는 어떤 학자와 선생님이 될 것인가?

그녀의 기독교적인 확신들이 그녀의 직업생활에 어떻게 영향을 미칠까?

그녀는 고등학교 친구와의 관계를 추구해야만 하는가?

미리암의 치료사와의 회기는 줄어들었다.

미리암의 자율성이 발달하면서, 그녀의 기도는 현저한 변화를 나타냈다. 그녀는 지지를 위해서가 아니라 섬김의 모델, 인간의 상황에 하나님의 돌봄을 가져오시는 분으로서 예수라는 인물을 보게 되었다. 그녀는 의식의 성찰(Examen of Consciousness), 즉 그 날의 일들을 돌아보고 그녀를 하나님으로부터 더 가까워졌는지 멀어졌는지 평가하는 기도를 활용하기 시작했다.

이러한 기도를 통해서 미리암은 그녀의 삶이 사람들을 도울 수 있고 그들에게 도움을 받을 수 있는 기회의 연속이라는 사실을 이해하기 시작했다. 관계가 그녀의 삶을 조직하는 데 중심이 된다는 건강한 깨달음을 통해서 미리암은 자유케 되어 다른 선택을 할 수 있게 되었다. 곧 그녀는 매주 오후 시간을 시내의 고등학교 학생들에게 수학과 영어를 가르치는 데 쓰게 되었다. 그 고등학교의 코치는 그녀를 선수권대회 경기에 초대했고 그녀를 받아주었다. 그녀는 대학원 생활에서 새롭고 창조적인 방법을 발견했다. 나를 기운나게 했던 것은 미리암이 그녀의 고통과 고립으로 인해서 그녀가 다른 사람들, 특히 그녀만큼 힘들지 않았던 대학원 학생들의 고통과 갈등에 대해 동감하게 되었다는 사실을 알고 소통하게 되었다는 점이다.

물론 그것이 끊임없는 승리의 행진은 아니었다. 자기 의심의 세월과 부적절한 방어전략의 패턴들로 인해서 미리암은 사회적으로는 방어적이고 직업적으로는 공격적이게 되었다. 그러나 이제 그녀는 왜 이러한 것들이 그녀의 성격의 일부분인지를 그리고 어떻게 그것들이 그녀의 영혼의 평안과 다른 사람들에게 도움이 될 수 있는 능력을 손상시킬 수 있는지를 이해했다.

그녀의 금욕주의는 관계적이고 생산적이고 싶은 그녀의 소망에 의해 형성되었다. 하나님에 대한 그녀의 정서적인 깨달음은 더욱 부드럽고 친숙해졌다. 미리암은 성실한 지적 활동과 친구들을 위한 시간, 기도, 예배, 그리고 신체적 운동을 포함하는 그녀의 삶에서 건강한 리듬을 유지하는 것이 중요함을 깨달았다.

이제 미리암이 말하는 갈등들은 더욱 충만하게 사는 것과 더욱 보편적으로 사랑하는 것을 향하고 있었다. 그녀는 신앙과 사회정의의 요구들을 진지하게 고려하는 탁월한 학자가 되어가고 있었다.

2. 미래의 협력: 영적 지도자들과 치료사들

영적 지도의 과정에는 치료에서 발견되는 것과 동일한 요소들이 많이 포함된다. 두 가지 모두에 중심이 되는 것은 내러티브, 즉 내담자가 지도자나 치료사와 나누는 이야기이다. 중독 행위는 아픔과 고통을 일으키고, 소송으로 이어질 수 있고, 자유롭고 생산적으로 살아갈 수 있는 능력을 심각하게 손상시킬 수 있다.

미리암의 중독은 고통스럽고 어쩌면 위험하기까지 했다. 그러나 그것은 훨씬 나쁠 수 있었다. 더구나, 미리암에게는 자원들(지능, 직업적 미래, 그리고 궁극적으로 그녀를 지탱해주는 종교적 신앙)이 있었다. 모든 중독자들이 그렇게 행운이 있는 것은 아니다. 영적 지도자들과 치료사들은 중독을 고치는 것, 내담자가 자신의 삶에서 일어나고 있는 것을 이해하도록 돕는 것의 중요성을 이해하고, 만약 가능하다면, 그 자신의 삶에서 그 원인을 추적하려고 한다.

중독과 그 원인을 드러내는 이러한 과정에서, 치료사들에게는 대부분의 영적 지도자들에게는 없는 기술들이 있다. 영적 지도자들은 심리치료로부터 배울 것이 많이 있다. 적어도, 영적 지도자들은 중독의 징후들에 대해 민감하고 중독자가 질병에 직면함에 있어서 속히 전문적인 도움을 받을 수 있도록 도와야만 한다.

치료의 초기 단계 동안 영적 지도자들은 치료사들을 주도해야만 한다. 거기에는 전문적인 비밀유지의 민감한 영역이 포함되지만, 영적 지도자가 치료 과정에 대해 어느 정도 이해하고 이것을 지원할 수 있도록 하는 것이 유용하다.

미리암의 사례에서, 나는 미리암과 그녀의 치료사와 함께 이야기 할 수 있는 기회를 가졌다. 모든 치료사가 그러한 상호 협의를 편안하게 느끼는 것은 아니다. 그러나 치료사들에게는 영적 지도가 점차 신앙이 있는 환자들을 위한 성찰, 치유, 그리고 통합의 중요한 영역이 되고 있다는 사실을 인식하는 것이 중요하다.

영적 지도는 환자가 치료에서 중독 행위가 없는 삶으로의 재통합으로 이행함에 있어서 매우 중요할 수 있다. 기독교 영적 지도자에게는 복음의 이야기의 자원들이 있고 만약 이것들이 신앙 전통과 성경학자들의 결과물들을 모두 존중하면서 사용된다면, 그것들은 회복 중인 환자를 위한 강력한 이야기를 제공해줄 것이다.

치료사는 기독교인 중독자가 자신의 삶을 위한 지침을 신앙의 전통에서 발견하는 것이 중요함을 이해하고 인정해야만 한다. 다른 한편, 기독교 영적 지도자들은 기독교적 전통에서 회복은 예수님께서 그분의 공동체에 부여하셨던 사명에 적절히 참여하는 것을 의미한다는 사실을 이해해야만 한다. 그 사명은 평화, 정의, 그리고 사랑을 증진시키는 것이다. 사람들은 그저 회복되기만 하는 것이 아니다. 회복됨으로써 다른 사람들에게 무엇인가를 돌려준다.

나는 내가 가장 잘 아는 것(영적 지도의 기독교적 전통)에 나의 성찰을 제한했지만, 나는 다른 전통들의 영적 지도에도 이러한 대화에 기여할 수 있는 유사한 지혜가 있다고 확신한다(본서의 여러 장들, 특히 이 부분에 있는 것들은 풍부한 증거를 제공해준다). 더욱이, 나의 경험은 만약 에큐메니칼적인 협력의 영역이 있다면, 중독으로 인해 고통받고 있는 이들을 위한 돌봄이 특별한 경우가 될 것이다.[14]

보다 넓은, '에큐메니칼적' 맥락에서, 치료사들과 영적 지도자들 사이

---

14   내가 의도하는 훌륭한 예는 Ernest Kurtz and Katherine Ketchem, *The spirituality of imperfection, storytelling and the journey to wholeness* (New York: Bantam Books, 1992)에서 발견된다.

의 교류는 아마도 풍성하고 가치 있는 것일 것이다. 종교가 흔히 과도한 죄책감의 부과, 어긋난 도덕주의, 권위의 침범적인 사용, 개인적인 결함들의 부적절한 노출과 같은 학대를 통해서 중독자의 질병에 기여할 수 있다는 점을 인정한다고 하더라도, 그럼에도 불구하고, 많은 중독자들에게 종교는 중요한 지속적인 영향, 즉 자유케 하고, 창조적이고, 힘을 실어주게 될 수 있는 영향을 준다.

또한, 어떤 치료사들은 환자의 이야기에서 종교적인 영향들에 대해 적대감을 나타내는 것을 인정한다고 하더라도, 여전히 많은 다른 치료사들은 그들의 환자의 내적인 삶을 조성하고 종교가 촉진했던 정서적 및 영적 건강을 인정하는 데 도움을 주는 종교적 실체를 존중한다. 종교와 치료의 전문가들 사이의 협력을 촉진할 필요가 있다.

나는 임상심리학자들과 정신건강의학과 의사들로부터 나오는 통찰들과 지침, 즉 개인적인 협의와 대화에서 나에게 주어진 것들과 전문 학술지들과 책들에서 나온 것들 모두에서 많은 도움을 받았다. 다른 한편, 나는 전문 임상가들과 치료사들에 의해 진행되는 워크샵, 세미나, 교육과정에 적극적인 공헌자로서 따뜻하게 환영을 받았다. 다른 말로 하자면, 전문가들 사이의 상호작용을 대체할 수 있는 것이 없다.

그러한 상호작용의 중심에는 종교 전문가들과 치료사들이 그들이 도우려고 하는 사람들을 위해 갖는 상호적인 관심이 있다. 사례 연구에 초점을 두는 것은 종교 전문가들과 치료사들 사이의 이러한 상호작용을 촉진하는 중요한 수단이라는 느낌을 나에게 준다.

사례 연구에 초점을 두고 각 참여자들이 토론에 자신의 전문지식, 경험, 그리고 연민을 가져오는 그러한 포럼들이 고무된다면, 실제적인 결과는 더욱 넓은 공동체의 유익과 그들 자신의 직업에서의 보다 깊은 능력을 위해 협력하는 도우미들의 공동체가 될 것이다.

영적 지도는 종교적인 교파를 초월하고 협력과 상호 학습을 일으킨다. 유사하게 심리적인 건강은 심리학이나 정신건강의학의 학파를 초월한다. 두 전문영역은 사람들이 그들 자신의 행복과 그들의 가족들과 공동체의 행복을 위해서 그들의 삶을 통합하도록 돕는 데 전념한다. 그들이 이러한 통합을 이루기 위해서 연결할 수 있는 방법들을 찾아야만 하는 것은 초대이자 도전이다.

참고문헌

Carnes, P. (1983). *Out of the shadows: Understanding sexual addiction*. Minneapolis: CompCare.
Fitzmeyer, J. A. (1981, 1985). *The Gospel according to Luke: Introduction, translation and notes*. New York: Doubleday.
Gratton, C. (1993). *Spiritual direction. The new dictionary of Catholic spirituality*. Collegeville: Liturgical Press.
Gray, H. J. (1994). Integrating human needs in religious formation. *Review for Religious*, 53, 107-119.
Johnson, L.T. (1991). *The Gospel of Luke*, Sacra Pagina Series #3. Collegeville: Liturgical Press.
Ketchen, K. and Kurtz, E. (1992). *The spirituality of imperfection: Storytelling and the journey to wholeness*. New York: Bantam Books.
Leech, K. (1992). *The eye of the storm: Living spirituality in the real world*. New York: Harper.
May, G. (1982). *Will and spirit: A contemplative psychology*. New York: HarperCollins.
May, G. (1982). *Care of mind/Care of soul: A psychiatrist explores spiritual direction*. New York: HarperCollins.
McDargh, H. J. (1982). Psychology, relationship and contribution to spirituality, *The new dictionary of Catholic spirituality*. Collegeville: Liturgical Press.
Real, T. (1997). *I don't want to talk about it: Overcoming the secret legacy of male depression*. New York: Scribner.
Reiser, W. (1997). *To hear God's Word, listen to the world: A liberation of spirituality*. New York/Mahwah: Paulist Press.

Ruffing, J. (1989). *Uncovering stories of faith: Spiritual direction and narrative*. New York/Mahwah: Paulist Press.

제12장

유대인의 관점으로 본 중독과 회복

캐롤 글래스(Carol Glass)

사소브 출신 랍비 모세 라이브는 언제가 이렇게 말했다. 나는 사람을 사랑하는 방법을 농부에게서 배웠다. 그는 다른 농부들과 함께 술을 마시면서 여관에 앉아 있었다. 오랫동안 그는 다른 사람들처럼 조용히 있다가 곧 그 옆에 앉아있는 한 농부에게 물었다.

"나에게 말해봐, 나를 사랑해 아니면 나를 사랑하지 않아?"

다른 사람이 대답했다.

"너를 너무나 사랑하지."

그러나 첫 번째 사람이 대답했다.

"너는 나를 사랑한다고 말하지만, 내가 뭘 필요로 하는지 모르잖아. 만약 네가 정말로 나를 사랑한다면 그걸 알텐데."

다른 사람은 이 말에 대해 아무런 대꾸를 하지 못했고, 질문을 했던 농부는 다시 조용해졌다. 그러나 나는 이해했다. 사람의 필요들을 아는 것, 그리고 그것들의 갈등이 가져오는 부담을 견디는 것-그것이 인류에 대한 진정한 사랑이다(마틴 부버의 *Tales of the Hasidim-Later Masters*에서 인용).

다른 사람들을 사랑하고 이해하는 것에 대한 이러한 심오한 유대인의 교훈을 선술집에서 술을 마시고 있던 사람들에게 배웠다는 것은 엄청난 아이러니이다.

유대인 공동체가 유대인 알코올중독자들이 있다는 사실을 기꺼이 인정하게 된 것은 최근의 일이고, 그 공동체가 알코올과 다른 화학물질들에 대한 중독에 의해 영향을 받은 유대인들에게 다가가서 그들을 사랑하고 그들의 짐들을 이해하려고 하는 점진적인 과정이 있었다.

시간이 흐르면서, 유대인들 사이에 있는 이러한 오랜 부인의 유산 때문에 중독으로 고통받는 사람들은 유대교로부터의 불필요한 고통, 마음의 고통, 그리고 고립을 겪게 되었다. 또한 그것 때문에 고통받는 어떤 유대인들은 그들 자신과 그들의 사랑하는 사람들을 위해서 적절한 도움을 구하거나 받아들이지 못하게 되었다. 결국, 그것은 그들의 회복과정의 한 단계로서 그들의 영적 유산을 활용하기를 원했던 유대인 알코올중독자들과 중독자들에게 장애물이 되었다.[1]

---

[1] 만약 이 이야기를 읽고 있는 유대인들이 오랫동안 그 '농부들'이 비유대인들이었을 것이라고 생각했다면 그것은 놀라운 일이 아니다. 그 해석은 유대인들이 유대인들 밖에 있는 사람들에게 배운다는 중요한 메시지를 전해주시면, 그것은 동시에 오랫동안 유대인의 고통과 심지어 죽음으로 이어졌던 잘못된 고정관념을 강화한다.

1. 술 취한 사람은 이교도이다

중독에 대한 유대인의 면역에 대한 신화는 "술 취한 사람은 이교도이다"(술 취한 사람들은 유대인이 아니다)라는 유명한 유대인 격언에 잘 나타난다. 이것에서 우리는 알코올중독이 유대인 공동체 밖에 있는 문제로 이해된다는 사실을 알 수 있다. 4-50년 전까지만 해도 유대인들 사이에서 상식적인 '지혜'였던 이러한 생각은 맞지 않을 뿐만 아니라 지혜롭지도 않다. 그것은 실제로 분노와 거부보다는 이해와 도움을 필요로 하는 사람들에게는 매우 해로운 것이다.

이 '지혜'와 그것이 나타내는 사고로부터 메시지를 받았던 유대인들이 느꼈을 강렬한 수치심을 상상해보라.

그들이 유대인 격언에서 사람은 유대인이면서 알코올중독자일 수 없다고 선언하는 것을 이해했을 때, 이 주제에 대한 그들의 정체성 혼란을 상상해보라.

그리고 그들 자신의 문화에서 인정과 도움을 찾을 수 없다는 사실에 대한 그들의 죄책감과 분노를 상상해보라.

많은 회복 중인 유대인들이 이제 과거에 그들이 만약 그들의 '다른' 정체성에 대해 공개적으로 인정한다면 공동체로부터 쫓겨날 것을 두려워했기 때문에 어떻게 가족과 친구들에게 그들의 중독을 숨겼는지를 고통스럽게 보고한다.

사실, 수많은 유대인들이 알코올증독이나 다른 약물의존의 주제가 언급될 때 이야기되고 있는 것을 받아들이기를 거부하는, 무지하거나 위협적인 랍비들에 의해 혼나거나 상담 회기에서 쫓겨나고 심지어 길거리로 내몰린 것에 대해 말하는 진실된 이야기들을 보고한다. 다른 사람들은 그들이 중독에 대해 조직된 유대인 공동체에 도움을 구했을 때 그들의 호소가 전혀 받아들여지지 않았다고 슬퍼하며 보고한다.

1986년 랍비 에이브러헴 트워스키(Abraham J. Twerski)가 전해준 다음의 실제 이야기는 이러한 불신과 무지의 불행한 결과들을 통렬하게 보여준다.

> 유대인 알코올중독자들, 약물중독자들, 그리고 그들의 가족들을 위한 주말 수양회에서 한 어머니가 이렇게 말했다.
> "제가 무엇이든지 하거나 하지 못해서 딸의 알코올중독 문제에 기여했기 때문에, 저는 언제나 책임과 어쩌면 죄책감을 느낄 것입니다. 그러나 제 딸이 지금은 독실한 가톨릭 교인이고 가족의 신앙을 떠났습니다. 저는 그것에 대해서 랍비에게 책임이 있다고 생각합니다. 그것은 그 애가 일차적으로 다른 종교에 끌렸기 때문이라기보다는 유대교의 자원들이 없었기 때문입니다."
> 그 어머니는 계속해서 설명했다.
> "제 딸은 탁월한 학생이었고, 그 애의 학점이 떨어지기 시작했을 때, 우리는 무엇인가 잘못되고 있다는 것을 알았습니다. 우리는 결국 그 애가 술을 너무 많이 마시고 있다는 사실을 발견했습니다. 그 애가 자신의 수단들에 실패했을 때, 알코올중독 클리닉에서 자신의 문제에 대한 도움을 구했습니다. 그 애는 상담사에게 자신이 영적으로 공허하게 느낀다 말했고, 그분은 그 애에게 랍비를 만나보라고 조언해주었습니다. 그 애가 만났던 랍비는 그 애에게 음주를 통제하라고 훈계하셨고, 그 애에게 과도한 음주는 유대인에게는 불명예라고 말했습니다. 그 랍비는 영적으로 파산한 것 같은 그애의 느낌에 대해서는 아무런 반응도 하지 않았습니다."
> "그래서 그 상담사 선생님께서는 딸 아이에게 알코올 문제에 대해 아실 수 있는 신부님을 소개해주셨습니다. 그 애는 이 신부님을 만나기 시작했고, 회복이 잘 진행되었습니다. 그 애는 이제 행복하게 결혼했고, 8년째 술을 끊고 독실한 가톨릭 신자로서 살아가고 있습니다."

이것은 심각한 비난이지만, 내가 믿기에 매우 타당성이 있는 것이다. 랍비가 되기 위해서 훈련을 받는 동안 나는 어떤 곳에서도 알코올중독에 대해 배우지 못했을 뿐만 아니라 랍비들의 학술지나 학술대회에서도 그 문제에 어떤 관심도 주어지지 않았음을 기억한다.

이러한 지속적인 무관심과 부인은 흠 없고, 다른 민족이 가진 결점들, '문제들'이 없는 백성이고자 하는 유대인들의 소망을 반영한다. 랍비 수잔 버먼(Susan Berman, 1988)이 말했듯이,

> 이러한 소망은 실제적인 이유들로 인해서 생겨난다. 우리의 부모들뿐만 아니라 우리의 조상들은 흔히 보다 치명적인 형태의 반유대주의에 대한 두려움 속에서 살았다. 그들은 유대인들이 자신들이 유대인이라는 단순한 이유로 고통당하는 것을 보는 것이 무엇을 의미하는지 아는 사람들이다(그리고 우리 가운데 어떤 이들은 유사한 경험을 했다). 유대인들에 대해 사용될 수 있는 어떤 부정적인 특성도 크게 두려워진다.
>
> 이러한 방식으로 우리의 "자기-보호적인" 신화들[유대인들이 중독에 빠지지 않는다는 것과 같음]이 생겨난다. 보복을 감수하기보다는 문제들을 부인하는 것이 더욱 안전한 것 같았다. 우리는 [또한] 유대인 남성들은 그들의 아내들을 때리지 않고, 유대인 동성애 같은 것은 없다고 믿었다. 우리의 공동체적인 전제들에 의하면 유대인이라는 것은 언뜻 보기에 한 사람에게 문제가 없다는 것을 보장해준다고 배웠다.

단지 돌이켜 보면, 불행하게도 유대인들을 밖에서 보기에 흠이 없고, 그래서 덜 취약한 것으로 보려고 하는 이러한 욕구가 공동체를 내적으로 강화하려는 유대인들의 노력들에 어떻게 반하여 작용했는지 우리가 보게 된다.

2. 중요한 변화들

1970년대에 변화가 일어나기 시작했다. 1975년, 맨하탄중앙회당의 영적 지도자 랍비 쉘돈 짐머만(Sheldon Zimmerman)이 그의 회당의 알코올중독자조모임의 60%가 유대인이라는 소식을 알렸을 때, 뉴욕 지역의 관심있는 유대인 전문가들은 유대인 알코올중독자들이 존재한다는 현실에 대해 자각하게 되었다.

중독이 유대인의 문제라는 그들의 비공식적인 관찰들을 확인시켜주었던 이런 증거에 근거해서, 뉴욕 유대인 자선단체 연합의 종교분과위원장인 랍비 아이작 트레이닌(IsAAc Trainin)은 랍비 짐머만 및 다른 사람들과 함께 유대인 공동체에서의 알코올중독에 대한 특별위원회를 조직했다. 조직된 유대인 공동체를 교육하려는 특별위원회의 초기 노력들을 회고하면서 랍비 트레이닌은 다음과 같이 상기했다.

> 뉴욕에 있는 전체 랍비들(천여 명에 이르는)과 연합회에 질문지가 발송되었다. 알코올중독자가 좀처럼 랍비에게 가지 않기 때문에 실제적으로 그 어떤 랍비도 그 문제에 대해서 모른다는 것은 이해할만 했다. 하지만, 그 당시에 우리 연합회도 그 문제에 대해 인식하지 못했다는 사실이 우리에게 놀라운 것이었다.
>
> 그러나 우리는 놀라서는 안 되었다. 50년대 후반에 유대인 청소년들과 젊은 이들이 약물중독에 심각하게 연루되었다는 사실을 몇몇 가톨릭 신부들을 통해서 알게 되었다. 그때도 랍비들에 대한 설문에서는 아무것도 드러나지 않았다. 우리 연합회의 그 누구도 유대인들의 약물중독에 대해서 몰랐다... [두 경우 모두] 이 문제가 유대인 공동체에 영향을 미쳤다는 단순히 전반적인 의혹이 있었다. (유대인 공동체 내에서의 알코올중독에 대한) 주제에 대해 첫 번

째로 개최된 학술대회는 일차적으로 랍비들을 목표로 했고, 정확하게 9명의 랍비들을 끌어들였다(Levy, 1986에서 인용).

랍비 트레이닌은 계속해서 다음과 같은 성찰을 덧붙였다.

우리 정통 유대인들에게 있는 부인증후군(denial syndrome)은 나머지 유대인 공동체보다 더욱 강력하다...나는 아직도 1982년 우리의 특별위원회 모임에 참석해서 AA 집단을 위해서 브룩클린 회당에서 공간을 얻을 수 있도록 도와달라고 요청했던 유대교 신비주의의 한 젊은 여인을 기억한다. 그녀와 다른 중독자들(모두 유대교 신비주의자들)은 브룩클린에 있는 50여 개의 정통 회당을 방문했지만, 한 곳에서도 공간을 사용할 수 없었다. 젊은 여인이 지적했듯이, 그들은 그것이 유대인 알코올중독자들이 있을 뿐만 아니라 전통적 유대인들 가운데도 알코올중독자들이 있다는 사실을 인정하는 회당에 대한 반영이었다는 점이 부끄러웠다(Levy, 1986).

알코올중독에 대한 특별위원회가 조직된 후 20년 만에 교파를 초월해서 느리지만 지속적인 진보가 있었다. 대체로, 조직된 유대인 공동체는 알코올중독과 중독의 발생률을 인식하였다. 이것 때문에 중독된 유대인들과 그들의 중요한 타자들이 말하게 되었고, 그렇게 함으로써 부인증후군을 깨뜨릴 수 있게 되었다.

1982년에, 중독의 복잡한 특성과 이중의존의 빈발에 대한 인식에서 알코올중독 및 약물중독에 대한 특별위원회들은 유대인 공동체 중독특별위원회(Task Force on Addictions in the Jewish Community)라 불리는 단일체로 통합되었다. 그곳의 사명은 유대인 공동체 내의 모든 약물중독의 현실을 다루는 것이었다.

공동체적인 자각이라는 관점에서, 사역자에서 청소년 활동가에 이르기까지 유대인 전문가들은 중독의 인식, 의뢰, 그리고 치료와 관련된 다양한 수준의 교육과 훈련을 추구하고 있다. 어떤 이들은 중독상담 전문가가 되었다. 다른 이들은 회당, 유대인학교, 그리고 유대인 청소년 행사에서 워크샵과 토론 집단을 제공했다. 또한, 중독 및 치유와 관련된 지역 및 전국 학술대회는 유대인 전문가들을 위한 계속 교육의 인기있는 원천이 되었다.

지난 몇 년 동안, 중독과 유대인에 대한 출판된 자료들의 양이 두드러지게 증가했다. 도서, 학교 교육과정, 유대교 영성 안내서, 유대교 묵상서적, 그리고 다른 자료들이 다양한 출판사들에서 나왔다. 영성 분야의 공간이 넉넉한 대부분의 유대교 서점이나 일반 문고는 책을 읽어보기 시작할 수 있는 좋은 장소이다.

많은 공동체에, 관심이 있을 수 있는 유대인 전문가들 뿐만 아니라 유대인 중독자들과 회복 중인 자들을 위한 학습집단과 지원집단이 있다. 12단계 모임들이 회당이나 다른 기관에서 전국적으로 이뤄지고 있다. 유대인들이 많은 공동체에서 이뤄지는 모임들에서는 이제 12단계의 의례 부분이 다양해져서 유대인의 경험을 더 많이 포함시키고 있다. 예를 들어, 주기도문 대신에 평안을 비는 기도(Serenity Prayer)나 쉐마(모세오경에서 발췌된 유대교 기도)가 암송되곤 한다.

3. 유대교 중독재단(JACS)

그러나 유대인들에게 있는 부인증후군을 깨뜨리고 회복 중에 있는 유대인들을 지원하는 데 있어서 가장 중요한 발전은 1980년 유대교 중독재단(JACS)의 설립이었다. JACS는 유대인 알코올중독자, 약물의존자, 그리고 중요한 타자들(Jewish Alcoholics, Chemically dependent persons, and Significant others)을 의미한다. 유대교 지도자들과 헌신된 회복 중인 유대인들의 관심으로부터 생겨난 JACS는 약물의존 유대인들과 그들의 가족들의 필요들에 헌신하는 조직이다. 소수의 유급 직원이 있는 전국 유대교중독재단 사무실이 있지만, 핵심적인 사역은 지역 및 지방 수준에서 JACS 자원봉사자들에 의해 이뤄진다.

1985에 JACS의 전국적인 네트워크에서는 개별적인 집단들이 사명을 수행함에 있어서 다양했지만 목적의 공통성을 표현하기 위해서 사명선언서를 만들었다. 선언서에서는 다음과 같이 밝히고 있다.

> JACS 집단은 다음 세 가지를 목적으로 하는 자율적이고, 비영리적이고, 자발적인 조직이다.
>
> (1) 중독된 유대인들과 그 가족들을 위해서 영적이고 공동체적인 지원을 제공한다.
> (2) 자원 센터와 정보 교환의 장으로서 역할을 감당한다.
> (3) 공동체 봉사활동 및 교육을 수행한다.
>
> 지역의 JACS 집단은 기존의 12단계 프로그램들을 지원하지만, 그것들을 대체하지는 않는다. 오히려, JACS는 기존의 자조 프로그램들을 보조하고 보완하고 유대교 전통들 및 유산을 회복과정과 통합함에 있어서 유대인들과 그 가족들을 도우려고 한다.

아마도 초기에 JACS의 가장 매력적인 사역은 유대인 공동체에 있는 알코올중독 특별위원회와 함께 회복 중인 유대인 알코올중독자들, 약물중독자들, 가족 구성원들의 주말수양회를 지원한 것이었다. 오늘까지 계속되고 있는 이러한 반년 주기의 모임들은 시간이 지나면서 규모와 영향력에 있어서 더욱 성장하였다.

그들은 고통을 겪고 있고 회복 중인 유대인들을 광범위하게 초대해서 그들의 유대교적인 유산의 영적 본질로부터의 고립, 그들의 질병에 대한 종교 및 다른 지도자들의 무지와 부인을 포함하는 공통의 관심사들을 나누었다. 수양회에서는 유대교 학습, 유대교 예배, 자신들이 회복 중인 사람들인 지지적인 유대교 지도자들과의 만남의 가능성이 제공되었다.

많은 사람들에게, 이러한 수양회들은 회피와 분노의 세월을 보낸 후 유대교적인 배경으로 돌아가는 첫 걸음이다. 그것들은 유대인 중독자들과 그 가족들에게 중요한 전환점일 수 있다.

4. 영적 주제들

공동체의 태도와 인식에서의 상당한 진전, 조직적인 변화, 위에서 설명된 제도적인 지원에도 불구하고, 곤란할 정도의 수치심과 그것에 수반되는 분노와 정체성 혼란이 1980년대까지 유대인 중독자들에게 지속되었다. 이러한 수치심으로 인해서 중독에 영향을 받은 유대인들을 도와주기 위해서 일하고 있는 우리들은 유대인의 중독과 회복 경험에 추가적인 요인이 있음에 대해 숙고하게 되었다.

아이러니하게도, 12단계 모임, AA 그리고 회복에 대해 말하는 것이 더욱 받아들일 수 있는 것이 되면서, 그리고 교육을 잘 받은 유대교 지도자들이 유대인들에게 12단계 프로그램들을 활용하도록 고무하면서,

그러한 프로그램들에 참석했던 유대인들은 그들의 참가와 연결된 강한 불편감을 드러내기 시작했다.

그들의 불편함은 12단계의 신념들과 원리들이 방향에 있어서 기독교적이어서 유대교와 유대교적 영성 실천의 교리와 갈등이 있다는 염려에서 생겨났다. 이러한 유대인들은 12단계가 유대인들에게 '금지될' 수 있음을 우려한다. 어떤 이들은 그들이 AA와 관련 프로그램들에 참여하기 때문에 '잘못된' 유대인들인지를 묻는다. 다른 이들은 그들이 그들의 종교와 살려는 열망 사이에서 선택하도록 강요받는다고 느꼈다고 주장했다.

우려했던 많은 이들이 생존을 선택하고 그들이 유대인이라는 사실을 숨긴 채 12단계 모임에 참가했던 것도 무리는 아니다. 그리고 어떤 경우, 그들은 그들의 유대교까지 함께 포기했다.

12단계 프로그램들이 '기독교적'이라는 유대인들의 인상에는 여러 가지 요인들이 작용했다.

(1) 대부분의 모임이 교회에서 이뤄진다. 유대교적 전제들 위에 이뤄지는 것은 거의 없다.
(2) 모임들은 흔히 주기도문으로 끝났고, 흔히 참여자들은 무릎을 꿇고 기도하고 집에서 개인적이고 자발적인 기도를 드리도록 권유받았다.
(3) 12단계의 실제적인 표현과 그것이 담고 있는 사상이 많은 유대인들을 곤란하게 했다. 그것은 그들에게 기독교 신학처럼 읽혀졌다.

그래서 오늘날도 여전히 그렇듯이 모든 회복 중인 유대인들과 그들을 상담하는 사람들에게 유대인들이 12단계에 참여하는 것을 편안하게 느낄 수 있음을 분명히 하는 것이 필요했다.

랍비 수잔 버먼(1988)은 "유대교, 유대인다움, 그리고 회복: 그 격차를 해소하기"(Judaism, Jewishness and recovery: Bridging the gap)이라는 제목의 탁월한 논문을 썼다. 나는 여기에서 주요 요점을 요약할 것이다.

첫째, 주기도문의 본문은 유대교 경전에 너무 많은 유사 구절들이 있기 때문에 많은 사람들이 이 기도가 원래 시작에 있어서 유대교적이었다고 주장한다.

확실히, 기도의 표현에 있어서 유대인들이 말하는 것이 금지된 내용은 아무것도 없다. 유대인들에게 문제가 되는 것은 주기도문이 기독교와 연관되게 되었고 그것이 오늘날 기독교 예배의 일부분으로 알려졌다는 점이다. 모임에서 암송하기에 유대인들에게 더 맞을 수 있는 다른 기도들이 있고, 실제로 유대교에는 그것의 암송을 금지하는 아무런 것도 없다. 랍비 버먼이 말했듯이, "모임과 교제에 대한 욕구가 어떤 까다로움도 능가해야만 한다. AA의 목적은 생명을 구하는 것이다…"[2]

둘째, 개인적인 혹은 자발적인 기도의 주제와 관련해서 말하자면, 공동체로서 유대인들은 흔히 고정된 전례문으로 기도했다는 것이 사실이다.

그러나 또한 유대교의 율법은 정직하게 그리고 신실한 **카바나**(Kavanah) 혹은 의도를 갖고 드려지는 마음의 기도를 타당하고 가치 있는 것으로 고려한다는 것도 사실이다. 기도의 언어, 형식, 그리고 길이는 **카바나**보다 훨씬 덜 중요하다.

기도의 형식에 관한 다른 관심은 유대인들이 무릎을 꿇고 기도하는 것을 허용할 수 있는가에 대한 문제이다. 무엇보다도, 이것은 12단계 교

---

[2] 이 주제에 대해 더 많은 것을 위해서는 Cohen, 1956을 보라.

제의 필요 조건이 아니다. 오늘날, 유대인들은 기도할 때 무릎을 꿇지 않는다(유대교의 대축제일 예배에서 선창자가 무릎을 꿇는 특별한 시간에는 예외이다). 반대로, 유대인이 기도하면서 무릎을 꿇었던 역사적 시기가 있었다. 그러나 유대인들은 그들 자신을 기독교인들과 구별하는 하나의 방법으로 무릎 꿇고 기도하는 것을 그만 두었고, 결과적으로 이러한 12단계의 전통은 그것을 권유받는 유대인들에게는 매우 어색한 것일 수 있게 되었다.

셋째, 우리는 기독교적인 것으로 보이는 12단계 자체의 내용에 대한 주제에 이르렀다.

이것은 자세히 탐색해봐야 할 중요한 주제이다. 우리가 살펴보겠지만, 12단계의 이념은 분명히 주류 유대교 예전과 사상에서 발견되는 확고한 신념들을 반영한다. 중독 행위를 변화시키기 위한 그것의 단계적인 과정은 절제와 바른 생활을 일으키는데, 그것은 소위 '악한' 행동을 변화시키고 유대교의 윤리적인 생활을 회복시키는 유대교의 단계적인 방법과 매우 유사하다.

1) 죄와 회개의 신학

먼저 죄에 대한 유대교의 개념을 살펴보려고 한다. 죄에 해당하는 히브리어 단어는 **헤트**(chet)인데, 이 단어는 "과녁을 벗어나다"를 의미하는 궁술 용어로부터 나왔다. **헤트**는 중심을 벗어나거나 과녁을 벗어나는 행동을 말한다. 유대교는 우리 각자가 순수한 영혼을 갖고 태어났으며, 계명을 어길 때, 우리는 이러한 기본적인 핵심으로부터 벗어난다. 즉, 우리는 과녁을 벗어난 방식으로 행동한다.

보다 넓은 의미에서, 유대교는 각 사람을 본질적으로 선한 것으로 보지만, 때때로 개인들이 그 선함으로부터 거리가 있는 방식으로 행동한다는 것을 인정한다. 그럴 때 변화의 필요가 있는 것으로 판단되는 것은 그 오도된 행동(혹은 죄)이지, 연루된 인간의 본질적인 가치가 아니다.

이러한 바람직하지 않은 행동을 제거하고 윤리적인 생활을 회복하는 유대교의 방법은 **테슈바**(Teshuvah) 혹은 '회개'로 알려진 단계적인 과정이다. 문자적으로, **테슈바**는 "회복의 과정"을 의미하고 유대교 전통은 거기에 전체 자기로의 회복뿐만 아니라 하나님과의 온전한 관계로의 회복이 포함된다고 가르친다. 그것은 중심이 있는 윤리적인 생활로의 회복으로 완성된다. 전통적인 유대교의 용어에서, 이것은 히브리 성경이나 유대교 해석 문헌에서 설명되고 있는 것처럼 신앙으로의 회복과 **미츠보트**(Mitzvot) 혹은 '계명'의 준수를 의미한다.

물론, 미국의사협회에서는 오랫동안 알코올중독을 질병으로 규정해 왔다. 흥미롭게도, 유대교는 죄를 질병, 영혼의 질병으로 인식한다. 20세기 주도적인 유대교 학자인 랍비 요세프 솔로베이트칙(Joseph B. Soloveitchik)는 성경 본문의 대구법을 활용해서 "그가 네 모든 죄악을 사하시며 네 모든 병을 고치시며"(시 103:3)라는 구절을 유대교가 죄를 질병으로 그리고 회개를 치유로 보고 있다는 생각에 대한 증거 본문으로 인용한다. 랍비 솔로베이트칙은 "생각은 분명하고, 죄는 비정상적인 현상"이라고 했다.

> 정상적인 삶을 사는 건강한 사람은 죄의 길에 빠지지 않는다. 몸의 많은 질병들이 신체적인 병리이듯이 죄는 일종의 영적인 병리이다.

동일선상에서 20세기 유대인 철학자인 마이모니데스(Maimonides)는 "선한 길"에서 벗어난 사람들을 "영혼이 병든 사람들"이라고 하였다.

분명히, 중독 현상과 부적절한 행동에 대한 유대인의 견해 사이에는 강력한 유사성이 있다. 그것들은 모두 질병으로 생각되고, 그것들 각각의 '치유'는 우리보다 위대하신 힘 안에서 개인의 책임과 신앙을 통합하는 단계적인 과정에 의해 이뤄진다. 두 체계의 진술된 목표가 건강하지 않은 행동을 제거하는 것이기 때문에, 어떤 유대인들이 12단계에 대해 느끼는 불편함은 뭔가 다른 것에 근거하는 것 같다.

1984년에, 나는 두 체계, 즉 유대교와 12단계 사이에 있는 언어와 방식의 차이에 문제가 있다는 결론에 이르게 되는 모종의 연구를 수행했다. 이러한 변수들을 제거하기 위해서, 나는 학자들이 문화적 불일치들을 중립적인 언어로 재진술하기 위해서 사용된 방법인 "번역 문법"(translation grammar)을 만들었다. 이것이 어떻게 우리의 토론과 관계되는지 이해하기 위해서, 먼저 다음의 목록들을 고려해보자.

5. 마이모니데스(Maimonides)

1) 회개의 규례들

A. 다음의 내용을 하나님 앞에서 고백하기.
  (1) 특정한 죄를 언급하기.
  (2) 죄를 지은 것에 대한 뉘우침의 진술.
  (3) 죄를 지은 것에 대해 느끼는 수치심의 표현.
  (4) 동일한 죄를 반복하지 않겠다는 맹세.

B. 죄의 포기.
C. 생각의 변화.
D. 이름의 변화.
E. 하나님께 탄원.
F. 공적인 고백(은 칭찬할 만하다).
G. 다음 속죄일에 당신의 죄를 인정하기.
H. 다른 사람들에게 지은 죄들에 대한 회복(보상).
I. 죄의 피해자들에 대한 사과.
J. 죄를 반복하게 되는 기회가 생겨날 때 그것을 자제하기.

6. 스승 헤로나의 요나

2) 회개의 문들

I. 죄를 지은 것에 대한 뉘우침.
II. 죄를 버리기.
III. 죄에 대해 슬픔을 경험하기.
IV. 죄와 관련된 신체적인 고통.
V. 죄로 인한 처벌에 대해 우려하기.
VI. 하나님 앞에서 죄를 지은 것에 대해 수치심 느끼기.
VII. 겸손하게 행동하기(낮은 목소리로 말하기…).
VIII. 겸손한 태도 갖기.
IX. 죄를 지으려는 육체적 욕망을 제어하기.
X. 죄의 반복을 예방하기 위한 보상(행동상의).

XI. 도덕적 목록작성.

XII. 하나님으로부터의 처벌과 죄의 결과들을 고려하기.

XIII. 작은 죄도 큰 죄와 동등한 것으로 보기.

XIV. 고백.

XV. 용서를 위한 기도.

XVI. 보상(금전적 보상, 사과, 용서 구하기, 고백).

XVII. 자비와 진실의 행동을 추구하기.

XVIII. 항상 죄를 조심하기.

XIX. 당신의 악의 성향과 싸우기. 욕망이 강할 때 포기하고 죄를 짓지 말라.

XX. 다른 사람들이 죄를 멀리하게 하라.

이것은 유대인들이 회개하기 위한 규례, 즉 유대인들이 비윤리적인 행동을 바꾸고 바로잡아서 허용할 수 있는 행동과 영적 온전함을 회복하는 방법의 두 가지 변형이다.

위의 목록들을 만들었던 현자들은 그것들을 수세기 전에 기록했지만, 그들의 연구는 12단계에서 제안된 영적 여정과 거의 같은 내용을 제안한다. 다음의 두 목록이 나란히 놓일 때 보이는 것처럼 번역 문법의 방법을 활용해서 **테슈바**(Teshuvah)와 AA의 단계들 사이의 유사성이 드러나게 된다.

3) 익명의 알코올중독자모임의 12단계

1. 우리는 알코올에 무력했으며, 우리의 삶을 수습할 수 없게 되었다는 것을 시인했다.

2. 우리보다 위대하신 힘이 우리를 본 정신으로 돌아오게 해주실 수 있다는 것을 믿게 되었다.
3. 우리가 이해하게 된 대로, 그 신(神)의 돌보심에 우리의 의지와 생명을 맡기기로 결정했다.
4. 두려움 없이 우리 자신에 대한 도덕적 검토를 했다.
5. 우리의 잘못에 대한 정확한 본질을 신과 자신에게, 그리고 다른 어떤 사람에게 시인했다.
6. 신께서 이러한 모든 성격상 결점을 제거해 주시도록 완전히 준비했다.
7. 겸손하게 신께서 우리의 단점을 없게 주시기를 간청했다.
8. 우리가 해를 끼친 모든 사람의 명단을 만들어서 그들 모두에게 기꺼이 보상할 용의를 갖게 되었다.
9. 어느 누구에게도 해가 되지 않는 한, 할 수 있는 데까지 어디서나 그들에게 직접 보상했다.
10. 인격적인 검토를 계속하여 잘못이 있을 때마다 즉시 시인했다.
11. 기도와 명상을 통해서 우리가 이해하게 된 대로의 신과 의식적인 접촉을 증진하려고 노력했다. 그리고 우리를 위한 그의 뜻만 알도록 해주시며, 그것을 이행할 수 있는 힘을 주시도록 간청했다.
12. 이런 단계들의 결과, 우리는 영적으로 각성되었고, 알코올중독자들에게 이 메시지를 전하려고 노력했으며, 우리 일상의 모든 면에서도 이러한 원칙을 실천하려고 했다.

4) 변화의 일반적인 단계들

각각의 일반적인 단계를 따르는 세 개의 범주들은 AA(아라비아 숫자)의 상응하는 단계들, 마이모니데스에 따르는 **테슈바**(Teshuvah)의 단계들(대문자),

혹은 스승 요나에 따르는 **테슈바**(Teshuvah)의 단계들(로마 숫자)의 숫자 혹은 문자를 나타낸다.

구체적인 내용은 앞의 목록들을 보라.

12단계와 **테슈바**의 개념이 전술적으로 뿐만 아니라 영적으로도 양립할 수 있다는 것은 분명하다. 두 가지 모두 행동상의 개선을 위한 지침들을 제공한다. 두 가지 모두에 하나님(혹은 우리보다 위대하신 힘)에 대한 의존, 도덕적 목록의 고려, 다른 사람들과 하나님에 대한 고백, 적절한 보상, 그리고 변화된 행동의 증거. 두 체계 모두 수용할 수 없는 행동은 영적 공허의 결과임을 암시한다.

3, 6, 7단계는 유대인들에게 어떤 어려움을 줄 가능성이 가장 큰 것들이다. 문자 그대로 받아들이자면, 그것들은 자유의지의 단념과 자신의 삶을 이끌어갈 개인적인 책임의 포기를 옹호하는 것 같다. 유대교의 교리에서 이것들을 위한 자리를 열렬하게 부정하지만 이것들은 유대인들이 기독교와 연결되는 개념들이다.(유사한 의혹은 여성들과 소수자들, 즉 억압을 자각하는 다른 집단들에게서도 나타난다. Smith와 Seymour, 5장, Kasl의 6장을 보라.)

이러한 관점에서 볼 때, 어떻게 단계들이 유대교의 가치들과 일치하지 않는다고 결론내릴 수 있는지를 이해하는 것은 쉽다. 이러한 추론은 12단계가 유대인들에게 적합하지 않다는 가정으로 이어질 수 있었다. 그러나 그러한 언어는 액면 그대로 받아들여져서는 안 된다. 그것은 단순히 자기를 넘어서는 힘에 대한 신앙이 행동의 변화로 이어질 수 있다는 보다 일반화된 생각을 진술하는 하나의 방식이다.

일반적인 단계들	AA의 단계들	마이모니데스	스승 요나
위대한 자각	1	A	III, V, VI, XII
신자가 되기	2	랍비 유대교에서는 이 단계를 자명한 사실로 가정한다.	랍비 유대교에서는 이 단계를 자명한 사실로 가정한다.
위대하신 힘에 의지하기	3	F	VII
도덕적 목록	4	A, H	XI
우리의 잘못들을 하나님과 다른 사람들에게 시인하기	5	A, G	XIV
하나님의 용서를 구하는 기도	7	A, F	VIII, XV
우리가 피해를 입힌 사람들을 인정하고 그들을 직면하기	8	I	XVI
보상	9	J	X, XVI
도덕적 목록을 유지하기	10	H, K	IV, XV, XVIII, XIX
영적 방향을 유지하기	11	E, H, K	IV, XV, XVIII, XIX
말을 전파하기	12		XX

5) 성경적 성찰들

12단계의 개념들은 어법은 사뭇 다를 수 있지만 유대교 전통에서 두루 발견된다. 예를 들어, 전통적인 유대교의 대축제일 예배로부터 나온 다음의 인용구를 살펴보자.

> 나의 하나님 나의 조상의 하나님, 제가 더 이상 죄를 짓지 않는 것이 당신의 뜻이게 하소서. 당신의 풍성한 자비로 제가 당신에 대해 범했던 죄들을 깨끗케 하소서.

시편 51편의 다른 예는 자유 기도서와 전통 기도서에서 찾을 수 있다.

> 주의 얼굴을 내 죄에서 돌이키시고 내 모든 죄악을 지워 주소서. 하나님이여 내 속에 정한 마음을 창조하시고 내 안에 정직한 영을 새롭게 하소서. 나를 주 앞에서 쫓아내지 마시며 주의 성령을 내게서 거두지 마소서(시 51:9-11).

혹은 보다 극적인 것은 시편 116편에서 찾을 수 있다.

> 내가 환난과 슬픔을 만났을 때에 내가 여호와의 이름으로 기도하기를 "여호와여 주께 구하오니 내 영혼을 건지소서!" 하였도다(시 116:3-4).

이러한 본문들에서 화자는 먼저 바람직하지 않은 행동을 변화시켜달라고 하나님께 탄원한다. 그리고 나서 화자는 상황을 변화시키기 위해서 하나님이 다스려주시고 그분의 거룩한 뜻을 드러내 주시라고 요청한다.

내가 이해한 것은 12단계의 저자들이 유대인들이 하나님께 "죄들을 깨끗케 해주소서" 혹은 "성령을 거두지 마소서"라고 간청하는 만큼 "그 신(神)의 돌보심에 우리의 의지를 맡긴다"와 "신께서 우리의 결점을 제거해주시도록 간청한다"와 같은 표현을 문자적으로 이해하려고 한다는 것이다.

12단계와 테슈바는 행동의 개선이 우리의 삶에 하나님을 받아들임으로써 일어난다는 공통적인 생각을 표현하기 위해서 사용되는 두 가지의 다른 상징 언어 체계이다. 레위기의 감동적인 부분은 또 다른 방식으로 같은 교훈을 가르쳐준다. 그렇게 하면서, 그것은 유대교 영성의 원리들을 보여주고, 동시에 12단계의 교훈과 일치하는 메시지를 제공한다.

유대교의 성경적 영성의 본질에서는 사랑하시는 하나님이 존재하시고, 인간은 궁극적으로 통제되지 않는다는 사실을 이스라엘이 흔쾌히 인정하는 것을 기다리심을 나타난다. 이 하나님은 개인들이 지나치게 독립적이고자 하는 욕구를 내려놓고, 대신에 서로가 상호의존적으로 살아가는 것을 선택하고 의식적으로 하나님을 의존하는 사회를 만들어 감에 있어서 사람들과 동역자가 되기를 원하신다. 이러한 의존은 계명을 따라 살려는 헌신을 통해서 나타난다. 계명은 도덕적이고 의례적인 제한들을 받아들이는 삶을 수용하는 것을 상징한다.

레위기 26장이 인간의 변화 과정에 초점을 두고 있기 때문에, 그것은 우리에게 어떤 사람들이 어떻게 개인적인 혼돈과 완전한 절망으로부터 의미 있고 하나님과의 언약 관계에 기초하는 상태로 옮겨갈 수 있는가에 대한 통찰을 제공한다.

본문에 따르면, 그러한 변화는 자신의 삶 속에서 살아계신 하나님을 인식하는 것으로 시작된다.

사람들이 완고하고 통제 혹은 독립을 포기하기를 주저한다는 것을 암묵적으로 인정하고, 하나님은 먼저 고집 센 이스라엘이 언약으로부터 점점 더 벗어나게 될 것이라고, 즉 그들이 계명을 진지하게 받아들이지 않고 준행하지 않을 것이라고 예언하신다(레 26:14ff). 그들이 계명을 준행하지 않기 때문에, 본문에 따르면, 그들은 곤경과 영적 절망으로 더욱 더 깊이 빠지게 될 것이다.

결국, 그들은 맨 밑바닥을 치고, "쇠잔해지고," 무력해지고, 집을 잃게 될 것이다. 그러나 이러한 예언의 목적은 사람들을 놀라게 하거나 두렵게 하기 위한 것이 아니고, 그들에게 미래의 소망을 주는 것이다. 그래서 더 많은 것이 있다.

> 그 할례 받지 아니한 그들의 마음이 낮아져서 그들의 죄악의 형벌을 기쁘게 받으면 내가 야곱과 맺은 내 언약을 기억하리라(레 26:41).

이렇게 마음을 겸손히 하고 여는 것은 회복된 삶, 하나님과의 언약 안에서의 삶으로 다시 이어질 것이다. 본문은 우리에게 사람들이 가장 낮은 지점에 이르렀을 때, 올라가는 것은 마음의 변화로 시작될 수 있다고 가르쳐주고 있다. **마음을 낮추는 것**은 자기 자신을 하나님께 여는 과정이다.

성경의 이스라엘에게, 이것은 계명이 없는 삶은 어렵고 외로웠다는, 그러한 삶은 민족을 약속의 땅에서의 평화로운 삶으로부터 점점 더 멀어지게 했기 때문에 아무런 목적도 없었고 자기-파괴로 이어졌다는 깨달음에 이르게 함을 의미한다.

이스라엘이 마음을 낮추기 위해서 했던 것은 하나님이 없는 삶, 계명의 준행이 없는 것으로 상징되는 삶의 무의미함에 직면하는 것이었다. 이스라엘은 자신의 한계들, 인간적인 실패들을 심각하게 바라봄으로써, 그리고 영원히 그렇게 갈 수만은 없다는 것을 인정함으로써 마음을 낮추는 것에 이르렀다.

이스라엘은 그들이 하나님의 인도를 필요로 한다는 사실을 인정했다. 이스라엘은 또한 그들이 치유를 필요로 한다는 사실도 깨달았다. 그들은 그들의 삶에 하나님을 다시 맞아들이는 방법으로서 계명에 대해 헌신하면서 그것을 깨닫게 되었다.

본문이 하나님의 임재에 대해 마음을 여는 것의 보상들을 나타내면서 어떻게 계속되는지를 주목하라.

> 그런즉 그들이 그들의 원수들의 땅에 있을 때에 내가 그들을 내버리지 아니하며 미워하지 아니하며 아주 멸하지 아니하고 그들과 맺은 내 언약을 폐하지 아니하리니 나는 여호와 그들의 하나님이 됨이니라(44절).

이스라엘이 하나님의 목소리를 청종하기 위해서 마음을 열 때, 그들은 더 이상 홀로가 아닐 것이다. "한 번에 한 걸음씩" 일지라도 그들이 계명을 그들 자신의 것으로 회복할 때, 그들의 삶은 새로운 의미를 갖게 될 것이다.

7. 결론

중독 그리고 통제와 의존이라는 부수적인 주제들과 씨름하고 있는 사람은 '단계들을 거쳐 가기 위한'(극복해나가기 위해서 필요한 힘을 위대하신 힘이 줄 수 있다는 생각을 받아들일 때) 출발점에 이를 수 있다. 이것은 굳어진 마음을 낮추는 것이다.

이것은 유대교 영성의 본질이고, 중독자들을 위한 회복의 시작이다. 여기에 이스라엘을 애굽으로부터 이끌어내신 거룩한 분, 알코올중독자들과 중독자들을 절망에서 절제로 이끌 수 있는 우리보다 위대하신 힘은 유대인이든 비유대인이든 평안과 방향이 있는 삶에 대한 방편들을 찾는 모든 사람에게 도움이 될 수 있다는 고백이 있다.

참고문헌

Berman, S. (1988). Judaism, Jewishness and recovery: Bridging the gap. *JACS Journal*, 5(1), 3ff. [426 West 58th St., New York, N.Y.].

Buber, M. (1948). *Tales of the Hasidim: The later masters*. New York: Schocken Books.

Cohen, B. D. (1956). *Jacob's well: Some Jewish sources and parallels to the Sermon on the Mount*. New York: Bookman Associates.

Levy, S. J. (1986). *Addictions in the Jewish community*. New York: Federation of Jewish Philanthropies of New York, Inc. [130 East 59th St., New York, NY 10022]. Twerski, Abraham J. (1986). *The truth about chemical dependency and Jews*. Gateway Rehabilitation Center, pamphlet no. 8, 1 - 2.

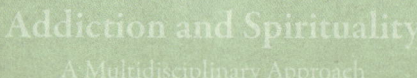

제 5 부

결론과 반추

제13장 **중독과 영성: 임상적-신학적 반추**
올리버 J. 모건, 멀 R. 조던

제13장

중독과 영성: 임상적-신학적 반추

올리버 J. 모건(Oliver J. Morgan)
멀 R. 조단(Merle R. Jordan)

그리고 자주,
우리를 유혹하여 해를 입히기 위해,
어두움의 수단은 우리에게 진실을 말한다.
티끌 같은 진실을 가지고 우리를 유혹하고…
뼈 속까지 상처를 입히고 우리를 배신한다.
-셰익스피어, 『맥베스』.

이 결론 장에서, 우리의 할 일은 본서의 저자들이 제공한 생각들과 제안들에 대해 반추할 뿐만 아니라 중독과 영성을 연구하는 것과 관련된 여러 주제들에 대해 신학적으로 반추하는 것이다.

우리 두 사람은 모두 안수받은 목회자이고, 인간의 경험이 드러내는 보다 깊은 문제들에 대한 시각으로 그것을 검토하도록 신학적으로 훈련을 받았다. 또한 우리는 모두 임상적인 상담사이고, 사람들이 개인적인 어려움들, 인간관계들, 그리고 삶의 의미에 대한 문제들과 씨름할 때 그들과 함께 하도록 훈련을 받았다.

오늘날 목회상담과 실천신학 분야의 중요한 인물들 가운데 한 사람인 돈 브라우닝(Don Browning)은 모든 인간 행동의 근간이 신학적 인간학, 즉, 인간 존재에 대한 신학뿐만 아니라 신에 대한 그리고 신과 인간의 상호작용에 대한 신학이라는 사실을 우리에게 환기시켰다. 중독과 회복은 모두 인간 행동에 대한 것이다.

본서 전체에서 살펴보았던 것처럼, 이러한 두 가지 주제를 다루는 많은 방법들이 있다. 생물학적, 심리학적, 체계적, 사회문화적, 내러티브적 이론들이 이러한 과제에 모두 유익하다. 우리는 과학적, 임상적, 그리고 종교적 자원들을 자유자재로 사용해서, 영성의 개념 그리고 중독 및 회복에 대한 그것의 관계를 다루려고 하는 다양한 이론적 관점에서 저자들을 살펴보았다.

그러나 이런 책은 영성 그리고 중독 및 회복의 현상에 대한 그것의 관계뿐만 아니라 그러한 현상들을 **명확하게 신학적인** 관점에서 다루어야만 한다(Mercadante, 1996). "임상 신학자"로서 우리는 이러한 과제를 다루려고 할 것이다.[1]

---

1 임상 신학자란 용어는 조단(Jordan, 1986)과 레이크(Lake, 1987)를 포함하는 많은 목회심리학자들과 실천신학자들에 의해 사용되었다. 이것은 슐라흐(Schlauch, 1995)에 의해서 사용된 "돌봄의 신학자"(theologian of care)라는 용어와 유사하다. 임상 신학자들은 그들의 일과 사역을 그들의 정체성, 헌신, 권한 부여, 그리고 세계관의 근간인 신학적 반추를 통해서 일차적으로 방향을 잡고 해석한다. 그들은 복잡한 인간의 문제에 영향을 미치기 위해서 다양한 학문들과 언어들, 다양한 책들과 누군가 "다중적인 시민권"이라고 했던 생생한 경험들을 가져와서 돌봄의 "교량 역할을 한다." 그들의 공헌은 임상적 및 목회적 사역의 명확하게 신학적인 뿌리들과 의미들을 드러내서, 이러한 것들이 임상적 및 다른 현대 학문들과 진정한

1. 주요 주제들

다른 자료들뿐만 아니라 본서의 기고자들의 통찰들을 사용해서, 우리는 중독 및 회복의 목회신학을 설명하기 위해서 주요 주제들을 정리할 것이다. 아래에서 설명된 개념들에는 완전히 개발된 실천신학적 진술이 포함된 것은 아니다. 그러나 중독 및 회복에 대한 어떤 신학에서도 다음의 내용들이 반드시 다뤄져야만 한다.

(1) 인간의 상태의 부분인 은혜, 창조, 유한성, 자아의 개념
(2) 중독에 대한 영성적인 및 신학적인 기본적 이해
(3) 자기의 회복과 변화
(4) 회복 과정에서의 하나님의 역할

1) 인간의 상태

인간 존재는 (최소한) 다섯 개의 포괄적인 영역들을 그 특징으로 한다.

(1) 우리 모두는 은혜의 바다에서 산다.
위대한 가톨릭 신학자 칼 라너(Karl Rahner)는 인간의 본질을 다음과 같은 방식으로 기술한다.

> 스스로 인격적인 사랑을 주시는 하나님을 추구할 수 있는 능력은 인간의 중심적이고 변하지 않는 실존이다(1974, p. 312).

대화, 즉 "협력적인 대화"를 할 수 있도록 한 것이다.

이 말은 놀라운 진술이다. 라너는 인간 존재에 가장 기초적인 것은 사랑으로써 자신을 주신 하나님을 추구할 수 있는 능력이라고 말한다.

> 나머지는 무한한 사랑이라는 영원한 기적, 이 한 가지가 존재할 수 있도록 존재한다. 그래서 하나님께서는 그분이 사랑할 수 있는 피조물인 사람을 창조하신다. 그분은 그 사람이 하나님 그분 자신인 이 사랑을 받을 수 있도록, 그 사람이 그것을 있는 그대로 받아들일 수 있고 동시에 받아들여야만 하도록 창조하신다. 이것은 영원히 놀랍고, 기대되지 않았고, 예상치 못한 선물이다 (Rahner, 1974, p. 310).

라너의 신학은 더 나아가 하나님께서 하나님 자신의 생명과 사랑의 선물을 주려고 하시고, 그래서 사랑을 받을 수 있는 인간을 창조하시고 그 사랑을 경험하고 받아들이는(혹은 거절하는) '동반자'가 되게 하셨다고 설명한다. 그리고 하나님의 소원으로 인해 인간은 "항상 이 사랑을 받고 그 사랑을 한다"(Rahner, 1974, p. 311). 그 무엇도 인간의 삶의 이러한 사실을 바꿀 수 없다.

기독교 신학은 하나님에 대한 그러한 놀라운 진술로 시작된다. 즉, 그것은 은혜의 신학으로 시작된다. 신학적 관점에서 보면 그것은 우리에 대해 가장 기본적인 것이다. 그러나 그것에 대한 **경험**은 감춰지거나 가려질 수 있다. 중독에는 그렇게 할 수 있는 힘이 있다. 회복 중인 많은 사람들은 또한 새로운 사랑의 촉매제는 그들을 건강과 온전함으로 회복시키는 은혜의 하나님이시라고 주장한다.

본서의 여러 장에서는 사랑, 축복받음, 혹은 좋은 관계들, 혹은 사람들과의 연결이 우리의 진정한 인간됨으로 돌아가는 것으로 이해되는 회복에 필수적인 것으로 이해된다. 암묵적으로(혹은 명시적으로), 그것들은 그러한 은혜의 신학을 가정하고 있다.

(2) 우리 모두는 하나님의 형상**으로 창조되었다.**
이것은 "하나님의 **형상으로**"(창 1:26-27; 9:6) 지음 받은 인간의 본질적인 존엄성을 부여한다. 유대-기독교 전통은 사람들에게 하나님 앞에서 고유한 가치와 존엄성이 있고, 사람들은 충만한 생명 그리고 하나님, 다른 사람, 모든 피조물과의 깊은 관계로 부르심을 받았음을 확언한다.

하나님의 형상, 즉 하나님에 의해 창조된 각 사람에게 기초가 되는 거룩한 형상은 실체 혹은 존재가 아니라 서로에 대한 그리고 모든 피조물에 대한 책임있는 돌봄이라는 특별히 인간으로서의 소명을 특징짓는 **관계**(Patton, 1993), 혹은 하나님 그리고 모든 피조물과의 **충만한 교통으로의 부르심**(Kopas, 1994)이다.

과거 기독교 신학의 고전적인 서방 모델들은 인간의 합리성을 인간에게 있는 하나님의 형상의 좌소로 강조했지만(우리는 다음 장에서 이 입장을 아직도 중요하게 유지하는 것에 대해 살펴보게 될 것이다.), 보다 최근의 모델들은 사람들 사이의 그리고 모든 피조물과의 관계성, 교통, 그리고 연대의 능력을 하나님의 형상의 본질로 이해하는 최근의 동방적 기독교 인간학을 표방하고 있다.[2]

---

2 '생태신학'은 교통과 연대의 주제들에 의해 이뤄지고 있는데, 그 주제들은 아직 충분히 탐구되지 않았지만 중독 및 회복에 대한 현대 신학에 영향력이 클 수 있다. 청지기도에 대한 이러한 보다 새로운 틀의 질문들 속에서, 피조물들(여러 중요한 AA 출판물들에서 나타나고 있는 개념)과 하나님의 형상으로서 인간에 대한 "올바른 관계"는 주권, 지성, 그리고 위계를 특징으로 하는 보다 오래된 인간학에 의지할 필요가 없다. 오히려 협력, 관계성, 그리고 동료의식을 유지하는 것에 대한 주제들이 전면에 부각될 수 있다. 몰트만(Moltmann, 1993, 215-243)은 **하나님의 형상**에 대한 성경적인 개념이 서방의 교부들(예를 들면, 어거스틴과 아퀴나스)에게서 **합리성**으로 이해되었지만, 정교회 신학자들(예를 들면, 나지안주스의 그레고리)처럼 삼위일체의 내적 교제의 모델에서의 **관계성**을 더 가리키는 것으로 이해될 수 있다. 화학적 사용과 오용의 관점에서, 접근의 이러한 차이는 새로운 신학적 용어를 제공하고 지속적이고 올바

피조된 존재라는 인간의 이 중심적인 사실은 어떤 신학적 인간학에서도 설명이 되어야만 한다. 이것은 중독과 회복의 역동을 이해함에 있어서 결정적이기도 하다. 중독의 특징들 가운데 하나는 올바른 태도와 행동을 판단하고 분별할 수 있는 개인의 능력에 대한 공격뿐만 아니라, 그것이 하나님과의 관계를 포함하는 중독자의 모든 관계에 미치는 강력한 부정적 영향이다.[3]

본서의 여러 장에서 제시하고 있듯, 회복에 대한 많은 연구들에서 확실하게 나타나듯이, 시간이 흐름에 따르는 질적인 회복의 지표들 가운데 한 가지는 인간의 온전한 관계능력을 회복하는 것이다.[4]

(3) 우리 모두는 피조세계에서 살고 있다.

피조물인 우리는 세상의 피조물들과 깊은 연관을 갖고 태어난다. 여기에서 유대감과 관계성, 그리고 연대성을 강조하는 페미니즘 신학과 생태신학의 관점이 역시 중요하다.[5]

성경적 표현에 의하면 인간의 삶을 위한 궁극적인 맥락은 모든 피조물의, 하나의 전체로서 피조세계의 본질적인 선함이다(창 1장과 시 104편). 하나님께서는 인간이 피조물과 조화로운 관계 속에서 살아가는 것을 의

른 질서를 가진 관계들에 기초하는, 기독교적인 삶의 양식과 예방의 주제들에 접근하는 데 유용할 수 있다. 이러한 관계적 관점은 인간의 이성적인 본질에 기초하는 하나님 형상의 신학을 보완하는 데 유용할 수 있고, 현대적인 감각들과 더 조화를 이룰 것이다.

3 가톨릭 및 성경신학적 관점에서 이러한 주제들에 대한 보다 폭넓은 논쟁에 대해서는 Morgan(in press a & b)을 보라.
4 특히 제3장(Jampolsky), 제6장(Kasl), 제7장(Albers), 제8장(Larsen)이 이 주제를 다룬다. 회복에 대한 질적 연구들의 간략한 개관과 그것들이 관계와 유대감에 대한 관심을 위해서는 1장(Morgan)을 보라.
5 많은 중요한 출판물들이 신학의 이러한 두 분야에서 나타나고 있는데, 충분히 인용하기에는 너무 많다. 관심 있는 독자들은 다음 저자들과 저작들을 참고해서 이 분야에 대한 연구를 시작할 수 있다. Boff, 1995, Johnson, 1993, Moltmann, 1997, Ruether, 1992.

도하신다(Kopas, 1994; Patton, 1993). 피조세계의 이러한 조화에 해당하는 성경적-신학적 용어는 **샬롬**이다(Morgan, in press a).

인류는 피조세계의 돌봄을 위임받았고, 사람들은 하나님의 은사인 "책임 있는 청지기"로서 행동해야만 한나(Patton, 1993), 사람들은 전 피조세계에 대해 돌봄의 관계를 발휘해야만 한다. 인간의 돌봄과 하나님의 돌봄의 협력("책임 있는 청지기도")으로 인해서 피조세계의 **샬롬**이 유지된다.

따라서, 모든 피조물은 인간이 바로 사용할 수 있고, 오용할 수도 있다. 청지기도의 실패는 "책임 있는 관계를 부인하는 것"이다. 이것은 아담과 하와처럼, "창조주와 피조세계에 대한 합당한 관계로부터 소외되게" 하는 것이다(Patton, 1993, 162). 인간에게는 그렇게 남용할 수 있는 것으로 이해된다.

샬롬은 하나님의 피조세계를 오용함으로써 손상되거나 파괴될 수 있다. 하나님의 피조물, 자신의 이웃들에게 해를 입히거나, 공동체를 손상시키거나, 창조주와의 소통을 방해하는 행위들이 있을 때마다 피조세계의 **샬롬**은 훼손된다.[6]

각각의 피조물에게 각각의 본성이 있다는 이해는 적절한 청지기도의 일부분이다. 하나님의 뜻대로 사용될 때, 피조물은 유익한 결과를 가져온다. 그러나 약물남용이나 중독처럼 잘못 사용될 때, 피조물은 파괴적일 수 있다. 지혜로운 청지기들은 그들이 사용하는 물질들의 본질과 그것들이 자기, 타자들, 그리고 나머지 피조세계의 질서에 미치는 영향을 이해한다.

따라서 하나님이 책임 있는 청지기가 되는 것을 뜻하신 인간은 피조물

---

6 이러한 주제들에 대한 폭 넓은 논의를 위해서는 Morgan(*in press a*)을 보라.

의 본성과 사용에 대해서 이해하고 지혜로운 청지기도의 길을 선택하도록 하기 위해서 지능, 자유, 그리고 사랑으로 돌볼 수 있는 능력을 부여 받았다.

인간 존재의 이러한 본질적인 요소들(은혜, 하나님의 형상, 그리고 피조성)은 신학적 인간학의 근본적인 통일성의 일부분이다. '중독'에서, 우리는 이러한 통일성을 '망각하거나' 부인한다. 회복에서, 우리는 우리의 타고난 권리인 유대감과 은혜로운 존재에 대한 감각을 되찾게 된다.

(4) 우리 모두는 유한성의 상황에서 살아간다.

어네스트 베커(Ernest Becker)의 『죽음의 부정』(Denial of death, 1973)와 프리드먼(Friedman)의 『우리의 무상성을 부정하기』(To deny our nothingness, 1967)는 이러한 상황을 최근의 용어들로 묘사한다. 하이데거(Heidegger, 1962), 키엘케골(KierkegAArd, 1944), 틸리히(Tillich, 1952), 무어(Moore, 1977)와 같은 철학자들과 신학자들도 이러한 현상을 기술했다.

인간발달 초기에, 우리는 인간 상황의 한계들을 경험한다. 우리는 신체 기능들에 대해 "조절 실패"를 경험하고, 후기 발달에서, 우리 관계에서의 그것에 대해 보다 깊이 배운다. 우리는 우리가 사랑하는 이들의 심각한 병과 죽음에서 궁극적인 한계에 직면하고, 우리 자신의 나이 들어감과 죽음에 대한 직면에서 유한성의 소리를 경험한다. "계속 마시면 6개월 안에 죽게 될 것"이라는 의사의 말을 들은 중독자도 존재의 한계에 직면한다.

이것은 도웨이코(제2장)가 초기의 양육과 이후의 삶에서 우리가 경험하는 "삶의 고통"이라고 기술했던 것의 모든 부분이지만, 그것은 유한한 존재로서 창조된 우리의 본질에 뿌리를 두고 있다. 샬럿 캐슬의 이야기 (제6장)는 그녀 자신의 유한성과의 저촉을 삶의 여정의 일부로서 설득력 있게 묘사한다.

유한성에 대한 또 하나의 경험은 거의 논의되지 않았던 개인적인 불안감에서 나온다. 성 어거스틴이 옳았다. 우리의 마음은 하나님을 위해 창조되었기 때문에 하나님 안에 안식하기까지 쉼을 얻지 못한다. 그러나 이러한 쉼 없음으로 인해서 존재의 핵심에 불안이 조성된다.

도웨이코는 제2장에서 "신성한 불만"(divine discontent)을 인간 상황의 부분으로 말하면서 유사한 개념을 사용한다. 그는 그것을 우리의 실존적 소외에 대한 '자기-인식' 및 경험과 연결시킨다. 다른 장에서(Jampolsky, 제3장; Albers, 제7장; Larsen, 제8장)는 우리 모두가 종종 경험하는 고립과 소외를 언급하고 있다.

유한성, 불안감, 소외는 모두 인간 상황의 일부이다.

(5) 우리 모두는 자기와 싸운다.

심리학적으로 그리고 영적으로, 성장과 통합을 위한 핵심적인 인간의 싸움은 자기를 다지고 확장하는 것으로 기술될 수 있다. 이것은 자기애를 극복하고 은혜로 죄와 더불어 싸우는 것과 연관이 있다(Moore, 1977; 또한 Albers, 제7장; Brakeman, 제10장; 그리고 Glass, 제12장을 보라).

중독자들의 삶에서, 이러한 싸움은 (적어도 부분적으로는) 물질 혹은 과정의 형태를 취한다. 중독자들은 우리 모두에게도 있는 싸움과 유사하지만 다른 방식으로 자기와 싸운다. 이것이 중독을 다룸에 있어서 '도덕주의'의 태도가 너무나도 많이 중요한 것을 놓치게 되는 이유들 가운데 하나이다. 도덕주의는 '우리'와 '그들'을 나눔으로써 중독자들로부터 거리를 두려고 하는 하나의 방식이다. 그러나 진실은 우리 **모두가 자기와**

싸우고 있다는 사실이다.[7]

인간 존재의 이러한 마지막 특성들(유한성, 불안감, 그리고 자기와의 싸움)은 인간의 상황에 뿌리박고 있는 '취약성들'이다. 그것들로 인해 불안이 생겨나고, 쉽게 우울증의 근원이 형성된다.[8] 그것들은 모든 인간의 삶의 배경을 형성한다. 그것들은 또한 중독과 회복의 드라마가 그려지는 캔버스를 형성한다.

인간의 삶에 의해 제기되는 기본적인 질문은 다음과 같다.

우리는 어떻게 불안감, 유한성, 자기와의 싸움에 대처할 것인가?

인간의 조건을 이루는 이러한 요소들 때문에 그들에게 불안이 생겨난다.[9] 인간 개개인이 어떻게 이러한 불안에 대처하는가는 자신의 존재에 중요하게 영향을 미칠 것이다. 사람들은 다양한 방식으로 이러한 문제들에 신경을 쓴다. 우리는 중독자들이 깊고, 실존적인 문제로 이어지는 평범한 길을 걸어감으로서 대처하려고 할 것이라고 주장한다.

---

7 가장 초기부터 계속해서 알코올중독에 대한 목회신학적 이해의 옹호자들 가운데 한 사람인 하워드 클라인벨은 이 문제에 대해 다음과 같이 말했다. "이것을 기억하는 것이 중요하다. 알코올중독자들을 다른 죄인들로부터 분리하는 요인들(즉, 알코올중독자들을 알코올중독자들로 만드는 요인들)은 거의 자기가 결정할 수 있는 것을 넘어서는 요인들이다…이것은 감성주의가 아니라 심리학적 통찰의 본질이고 참된 기독교적 사랑의 토대이다. 누군가가 알코올중독자들을 향한 자신의 느낌으로 이러한 지점(상당한 자기이해가 포함되는 지점)에 도달하면, 그는 더 이상 알코올중독을 죄로 규정하는 데 관심이 없다"(1961, 163).

8 Jordan은 우울증을 신학적 틀에서 '무희망'(unhope)이라 일컫는데, 이것은 "궁극적 실재와 자기 자신의 정체성에 대한 잘못된 인식들에 기인하며, 십자가형이 부활을 이겼고, 죽음이 생명을 이겼고, 악이 선을 이겼고, 사탄이 하나님을 이겼고 주장하는 암묵적인 신념체계에 기인한다"(p. 89).

9 어떤 저자들은 '불안angst'(Heidegger) 혹은 '두려움dread'(KierkegAArd)을 존재론적 불안 anxiety의 핵심으로 보고 이것이 인간 삶의 기본 문제와 함께 한다고 보았다. Tillich는 이 질문에 대해 '존재의 용기'라는 응답을 생각했다(1952). 리차드 니버(Richard Niebuhr)는 이러한 문제들과 적절한 반응을 "책임 있는 자기"모델에서 다루었다(1963).

2) 중독의 길: 하나의 대처방식

위에서 설명된 불안과 우울의 원인들에 직면할 때, 중독자들은 '버팀목들'로서 오용되는 피조물들에 접근해서 의존적으로 매달림으로써 극복하려고 시도한다.

중독자의 싸움 이면에는 삶에 대한 어둡고 압도적인 관점이 있다. 중독자는 널리 퍼져있는 사랑의 은혜와 피조세계의 일부로서 살아가고 있다는 유대감을 '망각한다'(혹은 발달 과정에서의 치명적인 경험들 때문에, 삶의 어려움들에 직면해서 전혀 모르거나 거부했다). 오히려, 중독자는 고립감, 소외감, 고독감, 사랑할 수 없다는 느낌, 절망감을 경험한다. 이것들은 흔히 사람들과 '다르다'거나 '못하다'는 느낌으로 경험된다.

이러한 "삶의 고통"(Doweiko, 제2장)에 직면해서, 중독자는 자기에 대한, 세상에 대한, 그리고 하나님에 대해 잘못된 신념을 많이 받아들인다(Jampolsky, 제3장, 그리고 Ciarrocchi, 제9장은 모두 이러한 부정적인 "중독적 사고 체계"를 자세히 설명한다).

중독자는 암묵적으로 부정적인 신학적 각본이나 드라마를 갖고 있다. 그것은 즉, 잘못된 믿음, 왜곡된 세계관, 그리고 자기파괴로 이어지는 자기에 대한 이야기 및 그것이 인식하는 궁극적 실재(혹은 "위대하신 힘")에 기초하는 개인적인 내러티브이다.[10]

예를 들어, 알코올중독자들은 알코올이 달래주고, 위로하고, 삶의 고통을 진정시켜주고, 문제로부터 벗어나게 해주고, 자신의 삶의 고통과 고독을 극복해나가게 해줄 것이라고 믿는다. 마찬가지로, 다른 중독자

---

10 신학적이고 임상적인 관점에서의 이러한 역동에 대한 확장된 논의를 위해서는 조던(1986)을 보라.

들은 그들이 거짓된 메시아적 방편으로 삶의 문제들을 극복할 수 있다고 그들 자신을 속이기 위해서 그들의 물질, 대상, 관계 혹은 고양감 등을 사용한다.

그들의 중독들의 대상들은 "거짓된 구세주들" 혹은 "가짜-메시아들"(궁극적인 실재로 인식되는[Jordan, 1986])로 기능해서 사람들을 삶의 싸움들, 갈등들, 압박들, 그리고 문제들로부터 구해준다. 삶의 불안들과 고통이 실제로 사실인 것으로 인식되고, 진정한 인간적 삶의 은혜, 사랑, 상호 연관성 그리고 **샬롬**은 망각된다.

도웨이코(제2장)는 중독자가 이러한 모든 인간적인 상황에 직면해서 "약물적인 해결들"에 의존하는 것을 "삶의 고통을 진정시키려는" 방법이라고 설명한다. 그의 관점에서 보면, 이것은 일종의 "영적 자기애"(spiritual narcissism)에 해당한다(Moore, 1977를 보라).

같은 방식으로 라슨(제8장)은 "고통을 치료하는 약물들"에 대해 말한다. 잼폴스키(제3장)는 이러한 생각들을 더 발전시켜서 중독을 깊은 고독감과 어떤 것에 대한 "영적인 갈증"을 경험한 개인들이 외부에 있는 것들에서 "자기 밖의 행복을 추구하는" 인간의 상황에 대한 하나의 은유로서 설명한다. 많은 사람들이 겪는 불안감에 직면하여, 중독자들은 하나님의 피조세계를 오용함으로써 위로를 구한다.

기독교적 관점으로 보면, 모든 피조물은 그것들이 우리의 최종적인 목표, 즉 하나님과 살아야만 하는 우리의 운명에 도움이 될 때 사용될 수 있도록 우리에게 주어졌고, 그것들은 이 목적에서 벗어나지 않는 선에서 회피되거나 조심스럽게 사용되어야 한다.[11]

---

11 *Spiritual Exercises of St. Ignatius... Spiritual Exercises*의 원리들을 활용한 현대적 치료 그리고 그것들을 중독 경험에 적용한 것에 대해서는, John C Ford, *What about your drinking?*(1961)을 보라. 알코올 문제들에 대한 예일여름학교에서의 그의 가르침과 North Con-

그러나 중독자들은 피조물(예를 들면, 알코올 및 다른 약물들, 성, 돈)을 삶의 불안에 대처하는 방법들로, "마음 속의 구멍"(hole in the gut, Albers, 제7장)을 메우는 방법들로, 불안감, 유한성, 그리고 자기-싸움에 직면하여 그들 자신을 위로하고 치료하는 방법들로 오용한다(Larsen, 제8장; 또한 Ford, 1949, 1959, 1986를 보라).

이러한 오용이 가져다주는 쾌락, 휴식, 유쾌함, 혹은 거짓된 유대감이나 성취감 때문에 중독자들은 그들에게 주어져야 할 것보다 훨씬 못한 것에 만족하게 된다. 여기에 중독이 근본적으로 죄와 연결된다는 개념이 있다.[12]

점차적으로, 중독자는 존 로센(John Rosen, 1962)이 알코올을 "독이 든 우유"라고 언급했던 것에 대한 슬픈 진실을 발견한다. 다른 말로 하면, 알코올은 성장을 돕고 위안을 주는 우유로서 오인되고 오용된 후에 독이 있는 배신자가 된다. 알코올 혹은 다른 중독 대상에는 구원자, 메시야, 그리고 구세주가 되는 힘, 역할, 그리고 자리가 주어졌다. 그리고 시간이 흐르면서 메시야라는 주장의 허위성이 드러나고 술에 대한 환상이 폭로되었다.

중독 물질 혹은 과정은 신적인 위로자와 구원자가 아닌 어떤 것으로 경험되게 되었다. 중독의 대상은 결국 가장 심각한 결과로 우리를 배신한다.

---

way Institute에서의 그의 활동을 통해서 에큐메니칼적으로 그리고 협력적으로 널리 받아들여졌다. 예일알코올문제여름학교의 알코올 연구와 북콘웨이연구소에서 강의하고 있는 포드의 견해는 복음주의적으로 통합적으로 널리 받아들여진다. 이 문제들에 관한 더 완전한 논의에 대해서는 모건(in press a & b)을 참고하라.

[12] 메르카단테(1996)는 AA의 암묵적인 신학과 회복 운동이 유대-기독교 전통과 화해되려고 한다면 죄의 개념이 다뤄져야만 한다고 주장한다. 우리도 동의한다. 이러한 화해를 위한 하나의 방법은 기독교 신학에서 죄가 무엇보다도 먼저 행동과 구체적인 결정/행위와 관련된 것이 아님을 기억하는 것이다. 가장 근본적인 의미에서, 죄는 일차적으로 '상태' 혹은 자세 **그리고** 인간의 선택들과 행동들에서 실현하려고 하는 "적극적 요소"이다.

3) 우상숭배

피조물들이 이러한 방식으로 오용될 때, 그것들은 우상들이 된다. 신학적으로 볼 때, **우상숭배**의 변형으로 개념화될 수 있다(Daim, 1963; Jordan, 1986). 우리가 성경과 다른 자료를 통해서 알고 있듯이, 우상숭배는 인간들의 비하로 이어진다.

> 열국의 우상은 은금이요
> 　　　사람의 손으로 만든 것이라
> 입이 있어도 말하지 못하며
> 　　　눈이 있어도 보지 못하며
> 귀가 있어도 듣지 못하며
> 　　　그들의 입에는 아무 호흡도 없나니
> 그것을 만든 자와 그것을 의지하는 자가
> 　　　다 그것과 같으리로다(시 135:15-18)

이 과정은 중독의 (부정적) 영성으로 이해될 수 있다. 즉, 그 사람은 인격적으로 더욱 더 비하되고, 대인관계에 있어서 더욱 더 통제하고 정직하지 못하게 되고, 더욱 더 조종하려는 사람이 되고, 자신의 영혼의 부름과 자신의 세상의 자비로움에 대해 더욱더 둔감해진다. 과거를 회고하면서, 회복 중인 중독자들은 그들 자신에 대해서 동물처럼 살거나 기계처럼 행동했다고 하면서 중독에 빠져 있는 그들 자신에 대해 비인간적인 용어로 설명한다(Morgan, 1992). 회복 중인 사람들에 의해 출판된 자서전들뿐만 아니라 많은 소설과 영화에서는 이런 비참함을 통렬하게 묘사한다(Morgan, 제1장을 보라).

AA와 다른 12단계 집단들은 계속해서 중독을 "삼중 질환," 즉 몸과 마음과 영의 질병이라고 설명한다. 우리는 중독의 신체적, 정신정서적, 사회적 요소들에 대해 많은 것을 배웠다. 중독을 특징짓는 영적 질환 혹은 "영혼의 병"은 우상숭배로 인해서 생겨나는 영혼의 비참함으로 가장 잘 설명될 수 있다. 앨버스(제7장)와 브레이크먼(제10장)은 이러한 개념을 보다 분명하게 제시한다.

조던(1986)은 우상숭배 현상의 기저에 있는 이중 역동에 대해 설득력 있게 말한다. 중독 경험에 적용해보자면, 한편으로, 중독자는 삶의 고난들과 권위자들(예를 들면, 부모, 상사, 목사)의 힘이 자신의 삶에 궁극적인 영향을 미치는 것으로 이해한다.

부정적인 중독 각본은 중독자 성격의 중심에 강력한 힘으로 작용한다. 억압하고, 학대하고, 거부하고, 위협하는 세상의 '권위들'(많은 중독자들에게 그들의 부정적 신념들뿐만 아니라 초기 종교 전통들과 부정적인 하나님의 이미지들을 포함하는)이 그 사람에게 궁극적 권위를 가지는 것으로 오해하고 있다. 이것은 권위나 통제에 관련된 중독자의 심각한 문제들을 설명하는 데 도움이 된다.

그러나 다른 한편으로, 그런 거짓된 확신에 의해서 지배당하는 세상에서 생존하기 위해서 사람들은 자신을 구해주고 안전하게 해 줄 수 있는 방법들을 모색해야만 한다. 술, 도박, 약물, 성, 관계, 성공에 대한 애착들은 모두 일종의 '구조'(구원) 혹은 최소한 불안과 우울로부터의 위안과 진정을 약속한다.

사람들은 구원자인 체하는 애착으로 자기 자신을 구하려고 노력하는 제2의 우상숭배를 통해서 부정적인 궁극적 실체의 우상숭배적인 정신적 표상들을 극복하려고 한다.

중독자는 우상숭배에서 이중구속에 빠지게 되고, 자기와 세계에 관한 부정적인 견해에 절망적으로 매달리게 되고, 강력하고 구원해 주는 것으로 이해되는 오용된 피조물(예를 들면, 알코올, 성)에 중독되게 된다. 중독자는 자신을 다른 것에 사로잡히게 함으로써 자신을 구원할 수 있거나 그렇게 할 필요가 있는 것처럼 행동한다.[13]

수많은 상호 연결된 이유들(생물학적, 심리학적, 혹은 정서적 취약성; 습관의 강력한 힘; 비록 그것이 부정적이고 희생이 많은 것일지라도, 의심과 무상함에 직면해서 하나의 세계관을 고수해야 하는 절망적인 필요; 삶의 도전들에 직면하는 것에 대한 두려움과 자신의 중독적인 사용의 결과들) 때문에 중독자들은 그들의 애착을 쉽게 포기하는 것이 매우 어렵다는 것을 안다.

거기에는 중독이 삶의 딜레마와 고통으로부터 자신을 구해주고 건져낼 것이라는 거짓된 희망뿐만 아니라 우상에 대한 집요한 애착이 있다. 거기에는 궁극적 실체에 대한 부정적인 이미지와 거짓된 메시아적 우상과 관련된 심각한 환상이 있다. 라슨(제8장)이 우리를 상기시키듯이, 만약 회복이 이뤄지려면 "삶의 근저에 있는 문제들"과 상처 입은 개인의 핵심적인 사랑이 다루어져야만 한다.

4) 회복과 변화

만약 중독의 경험이 타락한 영혼과 점차적으로 비인간화되는 삶의 (부정적) 영성으로 이어진다면, 회복의 경험은 **맥락상 자기의 점진적인 변화**로서 이해될 수 있다. 본서의 여러 장에서는 성공적인 회복에 필요한 역동들을 잘 보여주고 있다.

---

13 여기에서 중독이란 말의 사전적 의미는 "헌신하다, 바치다, 다른 것의 돌봄 혹은 다른 것에 대한 예속 상태에 자신을 넘겨주다"라는 뜻이다.

첫째, 회복을 일종의 여행으로 설명한 것이 본서 전체에 자주 나타나고 있음은 놀라운 것이다.

저자들은 회복의 과정에는 시간이 필요하고 그 과정에서 이루어져야 할 일이 있음을 분명히 한다. 제4장에서 데이비드 베렌슨은 중독과 회복이 **타락과 귀환**의 역동으로 이해될 수 있다고 제안한다. 즉, 인간의 역사와 개인의 발달은 하나님과의 축복된 연합 상태와 모든 피조물과의 연결감으로 시작하지만, "은혜로부터 떨어져 나와서" 허무주의 상태와 본질적인 인간성 약화로의 움직임을 반복하고, 결국 자기, 하나님 그리고 세계 사이의 적절하고 긍정적인 일련의 관계들이 있는 축복된 상황으로의 '귀환'으로 이어지는 것으로 이해될 수 있다.

이러한 '귀환'에는 자기 그리고 인간이 살아가고, 움직이고, 그들의 존재를 형성하는 공간인 세상에 대한 의식에서의 변화가 수반된다.[14]

이러한 패턴에는 문학과 예술에서 나타나는 "모험과 귀환"이라는 고전적 주제와 유사성들이 있다. 성 어거스틴의 『고백록』(*Confessions*), 안톤 보이슨(Anton Boisen)의 『깊음으로부터』(*Out of depths*), J. R. R. 톨킨(J. R. R. Tolkien)의 『반지의 제왕』(*Lord of rings* 3부작)에는 이러한 패턴이 나타난다. 어떤 관찰자들은 이러한 모델이 알코올중독자들과 다른 중독자들이 말하는 이야기들의 내러티브 구조와 유사성이 있음을 발견했다(Cary, 1990). "포도주와 장미의 시대"(*The days of wine and roses*)와 "깨끗하고 건전한"(*clean and sober*)을 포함하는 중독에 대한 다수의 현대 영화들은 동일한 주제를 작업 규정으로 사용하고 있다.[15]

---

14 베렌슨의 연구는 부분적으로 그레고리 베이트슨(1971)의 통찰력에서 그의 영감을 얻었다. 베이트슨은 그가 "AA신학"이라고 일컫는 것을 토론하고, '상보성,' 즉 연결됨과 상호관계에 기초하는 인식과 생활 방식이라는 입장에서 회복의 결과를 이해한다(Morgan, 1998).
15 '타락'에 머물러 있으면서 '귀환'을 추구하지 않는 결과들을 묘사하는 현대 영화를 위해서는

특별히 그것은 "우리보다 위대하신 힘"에 대해 언급하고 있기 때문에, 이러한 구조는 "개종"(Freccero, 1986)의 내러티브 혹은 개인의 "악화에서 변화"로의 여정(Morgan, 1992)에 대한 이야기로서 설명될 수 있다. 독자는 그러한 여정의 주제가 본서의 여러 장을 특징짓고 있음을 알게 될 것이다.

둘째, 관계들relationships과 연결connectedness의 중요성이 본서 전체에서 강조되고 있다.

실제로 많은 저자들에게, 회복은 "사랑을 일깨우는"(Jampolsky, 제3장; Kasl, 제6장), 관계 (Smith and Seymour, 제5장; Albers, 제7장) 그리고 연결(Doweiko, 제2장; Ciarrocchi, 제9장)에 대한 진정한 의식을 형성하는, 공동체로 귀환하는(Brakeman, 제10장; Gray, 제11장), 손상된 사랑의 핵을 회복하는(Larsen, 제8장) 과정이다. 중독은 삶에서 가족, 공동체 그리고 관계에 대한 의식을 왜곡하기 때문에, 회복은 교제와 연결에로 돌아가는 것으로 이해될 수 있다.

셋째, 근본적으로 부정적인 각본들과 신념들을 변화시킨다는 생각 역시 본서 전반에 나타나고 있다.

중독적인 사고체계들과 사랑에 기초하는 사고체계들에 대한 잼폴스키의 설명(제3장), 그리고 중독적인 애착들 근저에 있는 부정적인 신념들을 규명하는 단계적인 방법은 그런 점에서 유용하다. "도박꾼들"의 거짓된 신념 체계들에 대한 시아로키의 목록(제9장)도 마찬가지로 유용하다.

제임스 우즈(James Woods)가 주연한 "격려"(*The Boost*)를 보라. 마지막 장면은 오늘날 다양한 이유로 회복으로 들어가서 유지할 수 없는 너무나도 많은 중독자들의 비참한 운명을 생생히 보여준다.

자기 자신의 통찰 및 자각의 여정에 대한 캐슬(제6장)의 설명과 힘 북돋아주기 16단계에 대한 그녀의 제안은 부정적인 인지들과 신념들을 변화시키기 위한 또 하나의 틀을 제공해준다. 질적 회복을 유지하기 위해서 필요한 자기-발견의 단계들에 대한 라슨(제8장)의 설명은 그 여정을 촉진할 수 있는 또 하나의 길을 보여준다.

이러한 다양한 도구들과 형식들은 이미 임상가들 사이에서 사용되고 있고 회복 과정에서 큰 도움이 될 수 있다.

본서에서 분명하게 '목회적인' 몇몇 장들에서는 동일한 과정을 위한 또 다른 도구들, 믿음을 가진 그리고 이미 회복 중인 환자들에게 사용하는 것이 적절할 수 있는 도구들이 제공된다. 앨버스(제7장), 브레이크먼(제10장), 그레이(제11장) 그리고 글래스(제12장)는 각각 생생한 경험을 해석하고 중독과 회복에 대해 다양하게 생각하기 위한 촉매제로서 분명하게 종교적인 자료들을 사용한다.

성경에 나오는 거라사 광인 이야기(제10장과 제11장)는 목회적이고 신학적인 성찰에 필요한 풍부한 자료를 제공한다. 관련이 있는 다른 성경적 자료들에는 돌아온 탕자(제10장), 선한 사마리아인(제11장), 그리고 엠마오 도상(제11장)이 있다.[16] 유대교의 종교적 자료들을 사용하는 것에 대해서는 12장에서 다루어졌다.

1장에서는 회복 중인 중독자들의 증언 때문에 흔히 신념들, 관점들, 그리고 관계들에서의 근본적인 변화들(생활 세계와 생활 방식의 방향이 급진적으로 재설정되는 것)을 회복 여정의 결과로 고려하게 한다는 사실을 상기시켜준다.

---

16 중독과 회복을 이해함에 있어서 또 다른 성경적 자료들의 사용을 검토하려면 모건(*in press a*)을 참조하라.

5) 서두름 없는 추적

마지막으로, 적어도 AA와 다른 12단계 집단들에 의해서 인식되는 회복의 결정적인 결과는 "영적 각성"이라는 사실을 주목하는 것이 중요하다. AA의『빅 북』(Big Book)은 회복 중인 사람의 "영적 각성"을 다음과 같이 설명한다.

> 그는 자신의 삶에 대한 반응에서 근본적인 변화를 경험했다는 사실을, 그러한 변화는 거의 그 자신 혼자만의 힘으로 일으킬 수 없다는 사실을 깨닫게 된다…단지 소수의 예외가 있긴 하지만, 우리 회원들은 현재 그들 자신보다 더 위대하신 힘에 대한 그들 자신의 개념과 동일시하는 뜻밖의 내적 자원을 건드렸다는 사실을 알게 된다…이러한 우리 자신보다 더 위대하신 힘에 대한 인식은 영적 경험의 정수이다(p. 569-570; 볼드체는 편집자들의 의함).

확실히, 부정적인 신념들의 변화, 긍정적인 관계성의 재형성, 회복 중인 중독자들에 의해 흔히 설명되는 생활 방식의 긍정적인 재설정, 이 모든 것들은 12단계들에 의해 상상되고 이 책의 저자들에 의해 설명된 영적 각성에 고유한 것들이다.

그러나 중독과 회복에 대한 온전한 신학적 인간학이 발달되기 위해서는, 또 다른 중요한 주제가 개발되어야만 한다.

> 우리가 알거니와 하나님을 사랑하는 자 곧 그의 뜻대로 부르심을 입은 자들에게는 모든 것이 합력하여 선을 이루느니라. 그런즉 이 일에 대하여 우리가 무슨 말 하리요 만일 하나님이 우리를 위하시면 누가 우리를 대적하리요. 자기 아들을 아끼지 아니하시고 우리 모든 사람을 위하여 내주신 이가 어찌 그

> 아들과 함께 모든 것을 우리에게 주시지 아니하겠느냐. 누가 우리를 그리스도의 사랑에서 끊으리요 환난이나 곤고나 박해나 기근이나 적신이나 위험이나 칼이랴. 그러나 이 모든 일에 우리를 사랑하시는 이로 말미암아 우리가 넉넉히 이기느니라. 내가 확신하노니 사망이나 생명이나 천사들이나 권세자들이나 현재 일이나 장래 일이나 능력이나 높음이나 깊음이나 다른 어떤 피조물이라도 우리를 우리 주 그리스도 예수 안에 있는 하나님의 사랑에서 끊을 수 없으리라(롬 8:37-39).

회복 중인 많은 사람들과 회복 과정에 대해 훈련된 많은 관찰자들(예를 들어, 해리 티보, 그레고리 베이트슨, 하워드 클라인벨, 스테파니 브라운, 어네스트 쿠르츠 등등)은 회복으로 들어가는 입구를 '회심' 혹은 '내어맡김'으로 설명한다(Albers, 제7장을 보라; 또한 제1장에서 이러한 역동에 대한 Morgan의 논의를 보라). 그들은 다음과 같이 말한다.

> [중독자] 혼자만의 힘으로 그러한 변화가 일어날 수는 없었다.

하지만 무엇에 대한 내어맡김, 누구에 대한 내어맡김인가?

임상 신학자로서 우리의 작업에서, 우리는 고통 중에 있는 사람들의 삶에 개입하시는 하나님의 강력한 은혜를 이해하고 경의를 표하게 되었다. 우리는 또한 회복 중인 사람들이 "우리보다 위대하신 힘의 능동적인 개입"(Morgan, 1992)에 대해 말하는 방법들을 배웠다. 은혜의 하나님이 사람들, 심지어 중독자들의 삶에서 능동적으로 손을 잡아주시는 것 같다. 하나님은 그들을 실제로 그리고 능동적으로 '구원하신다.'

장기간 회복 중인 알코올중독자들에 대한 한 연구(Morgan, 1992)에서 회복이 시작되는 순간(내어맡김, 회심)은 중독된 사람들을 중독, 악화, 그리고 자기 상실의 악순환 주기로부터 끌어내기 때문에 개입과 은혜의 순간으로 이해되었다. 이것을 "구원의 순간"으로 경험하는 사람들도 돌봄을 받고, 섭리적인 돌봄을 받는 사람이 된 것으로 느껴지는 경험에 대해 말했다.

회복에서 시간이 흐르면서, 이러한 사람들은 신뢰, 수용, 그리고 섭리에 대해 원숙해지는 태도, 즉 과거의 경험에 제한되지 않고 현재와 미래에 대한 깊은 신념을 포함하는 태도들을 기술한다. 그들은 하나님("우리보다 위대하신 힘")이 그들의 삶 속에서 그리고 그들의 삶을 통해서 계속적으로 개입하고 역사한다는 강력한 의식을 기술한다.

거기에는 삶에서의 인도와 보호에 대한 의식이 있고, '기적들'이 일어나는 것에 대한 의식이 있는데, 그것은 이러한 사람들이 말하는 "의미 있는 우연의 일치" 혹은 자애로운 우연에 대한 경험을 설명하는 데 도움이 된다. 이것들은 태도 혹은 삶의 자세에서의 작은 변화들이 아니다. 이것들 때문에 삶이 달라진다.

회복 중인 많은 사람들의 삶은 그들의 위대하신 힘의 지속적인 돌봄과 힘에 대한 확신에 근거를 두고 있다. 그들은 그들의 회복과 그들의 삶을 이러한 확신에 건다. 확신을 근거로 자기들의 '회복'과 그들의 삶을 지탱한다.

신학적으로 볼 때, 이렇듯 하나님과 자기 사이의 관계에 대해 근본적으로 바뀐 관점은 회복 중인 많은 사람들에 의해 표현되었듯이 회복 영성의 핵심이다(Morgan, 1992; 또한 본서의 제1장을 보라). 이렇듯 중독적인 '무소망'과는 철저하게 다른 관점은 자기와 세계-속의-자기에 대한 변화된 의식뿐만 아니라 이미 받은 은사를 회복하려는 욕구 그리고 공동체에 참여하고 그것을 촉진하고 이러한 힘과의 접촉을 유지하려는 욕구를 불러일으킨다. "들으시고," "가까이 다가갈 수 있고," 행복할 때나 힘들 때나 의지가 될 수 있는 하나님께 드리는 기도는 단순하고, 심지어 어린 아이 같은 경험이 된다. 다른 사람들, 특히 여전히 중독의 늪에 빠진 사람들을 섬기는 것은 소명이 된다(Morgan, 1992).

부정적인 신념들과 중독적인 물질들(혹은 과정들)의 노예상태라는 이중의 우상숭배로부터, 회복 중인 중독자들은 그들에게 주어진 은혜로운 기적의 삶을 체험한다. 왜냐하면 그들은 사랑 받고, 사랑할 수 있고, 다른 사람들을 섬기는 데 헌신하기 때문이다. 이것은 정말로 근본적인 변화이다.

회복 중인 사람들의 삶에서 하나님의 적극적인 개입과 지속적인 돌봄에 대한 생생하고 세세한 경험은 임상 신학자들인 우리에게 어려움에 처한 또 다른 사람의 증거를 생각나게 한다. 시인 프란시스 톰프슨(Francis Thompson)은 『천국의 사냥개』(The Hound of Heaven)에서 몇 년에 걸쳐서 많은 중독자들과 알코올중독자들의 경험과 공명한 "목소리"로 말한다. 하늘의 "사냥개"("우리보다 위대하신 힘")의 "서두름 없는 추적"을 피하고, 딴데로 돌리고, 벗어나려는 평생의 시도를 한 끝에, 작가는 추적자의 말을 추적당한 자에게 전한다.

> 뉘라서 사랑하겠는가, 하잘 것 없는 너
> 나, 나 말고 뉘겠는가?
> 네게서 취한 모든 것 내 품에 안았나니,
> 해하려 함이 아니라,
> 내 품에서 찾게 하고자 할 뿐.
> 네 자녀의 모든 실수를
> 기쁨은 사라졌으나 너를 위해 품에 간직하였으니.
> 일어나라, 내 손을 잡고 가자.

그 발길, 내 곁에 머무니

슬픈 내 운명은

부드러이 드리운 그대 품의 그림자런가?

"사랑하는 이여, 눈 감고 떠느냐

네 찾는 이, 그가 나로다!"

2. 중독 연구의 미래

중독 및 회복과 관련된 영성을 탐구한 본서의 결론에서, 우리는 중독 연구 분야에서 필요한 미래의 과제들에 관한 마지막 생각들을 몇 가지 제시하려고 한다.

첫째, 독자들이 쉽게 볼 수 있었던 것과 같이, 우리는 중독과 회복에 대한 온전한 실천신학을 개발하는 것이 가치가 있음을 확신한다.
그러한 신학은 중독과 회복의 역동성을 깊이 이해하는 데 도움이 될 수 있고, 예방과 치료의 영역에서 교회와 종교적인 자원들을 활용하게 해주기 때문에 중독 연구자들과 목회들 사이의 협력 사역을 촉진할 수 있다.

스미스와 시모어(제5장), 브레이크먼(제10장) 그리고 그레이(제11장)는 각각 그러한 협력이 실천적으로 이뤄질 수 있는 창조적이고 중요한 방법들을 제안한다. 만약 영적 경험을 안내하고 가능하게 하는 것이 신학의 역할의 일부분이라면, 중독과 회복의 영성에 대한 어떤 이해와 생생한 경험도 이러한 주제들에 대한 적절한 신학의 도움을 받게 될 것이다.

둘째, 우리는 그러한 신학을 지속적으로 개발하기 위해서는 회복의 이야기들에 지속적으로 귀를 기울이고 검토하는 것이 도움이 될 것이라고 믿는다.

회복 중인 사람들에 의해 언급되었듯이, 생생한 경험에 대한 이러한 이야기들은 매우 귀중한 풍성한 내러티브 자료를 제공해준다. 실제로, 그것은 영성에 대한 실제 경험이 드러나게 될 내러티브와 개인적인 이야기에 주의를 기울임으로써만 가능할 수 있다.

본서의 여러 장에서 많은 저자들에 의해 발견된 보다 개인적이고 드러나게 하는 경향이 우리에게는 놀라운 어떤 것으로 다가온다. 그러나 다시 생각해보니, 그러한 중요하고 도전적인 주제를 다룰 때 그런 입장이 얼마나 유용하고 적합했었는지가 이해된다.

셋째, 이것을 말했기 때문에, 우리는 또한 보다 전통적으로 '과학적인 것'으로 이해되었던 영역들에서 지속적인 발달이 중요하다고 믿는다.

우리는 중독된 사람들과 회복 중인 사람들에게 잠재적으로 유용한 자원인 영성을 검토하기 시작하고 있는 과학자들의 연구에 박수를 보낸다(Morgan, 제1장을 보라). 우리는 이러한 연구기관들을 지원하는 정부 및 공공 기관들의 관심을 환영하는 바이다.[17] 그러나 두 가지 주의할 점은 다음과 같다.

(1) '중독자들'뿐만 아니라 중독 과정들에 대해 연구하고 잇다는 것을 기억하는 것이 중요할 것이다.

---

17 제1장에서 보고되었듯이, NIAAA와 NIHR은 모두 영성과 중독 및 회복의 관계를 포함해서 영성의 많은 영역들에 대한 과학적인 탐구의 가능성들을 검토하고 있다.

(2) 우리는 만약 우리가 양적이고 실험적인 결과들을 인문주의적, 질적, 경험적/내러티브적 자료로 보완하는 것을 배운다면 진정한 이해가 이뤄질 수 있다고 믿는다.

영성, 중독, 그리고 회복에 대한 적합한 가설을 개발하고 다양하고 보다 큰 집단에서 결과들의 타당성을 검증하는 것은 여전히 중요하다. 평가 및 연구 도구들을 지속적으로 개발하는 것도 중요한 우선순위이다. 이러한 과학적 연구들에 적합한 연구 절차들과 수단들을 개발함에 있어서, 우리는 회복 중인 사람들 그리고 그들을 함께 살면서 돌보는 사람들의 이야기들에 다시 귀를 기울이는 것은 계속적으로 중요하다고 믿는다.

만약 우리가 영성에 대해 배우기를 원한다면 기술적이고 내러티브적인 연구들을 수행하고, 스스로 우리의 일반적인 패러다임들과 모델들을 벗어날 수 있는 정보에 대해 놀라고 호기심을 갖도록 하는 것은 계속해서 유익할 것이다(제1장을 보라).

넷째, 초기부터 중독 연구 분야를 특징지었던 원래의 상호 학문적이고 협력적인 노력들을 다시 해야 할 시기인 것 같다(Morgan, 제1장을 보라).

이러한 상호연결된 4가지 과제 – 중독과 회복에 대한 온전한 신학을 개발하기, 영성에 대한 질적 및 내러티브적 연구의 추구, 실증적이고 '과학적인' 연구에서의 새로운 개발들, 협력적인 연구 및 모델 개발의 회복 — 을 통해서 중독 연구 분야를 위한 새롭고도 놀라운 길이 모색된다. 우리는 본서가 이러한 방향에서 어느 정도 기여했기를 소망한다.

참고문헌

Bateson, G. (1971). The cybernetics of self: A theory of alcoholism. *Psychiatry, 34*(1), 1–18. Reprinted in *Steps to an ecology of mind* (1972). San Francisco: Chandler.

Becker, E. (1973). *Denial of death*. New York: Free Press.

Boff, L. (1995). *Ecology and liberation: A new paradigm*. Maryknoll, N.Y.: Orbis.

Browning, D. S. (1987). *Religious thought and the modern psychologies: A critical conversation in the theology of culture*. Philadelphia: Fortress.

Browning, D. S. (1975). *Generative man: psychoanalytic perspectives*. New York: Delta.

Cary, S. (1990). *The alcoholic man: What you can learn from the heroic journeys of recovering alcoholics*. Los Angeles: Lowell House.

Clinebell, H. J., Jr. (1961). *Understanding and counseling the alcoholic: Through religion and psychology*. New York: Abingdon.

Daim, W. (1963). *Depth psychology and salvation* [K. F. Reinhart, trans.]. New York: Ungar.

Ford, J. C. (1986). The sickness of alcoholism: Still more clergy education? *Homiletic and Pastoral Review, 87*, 10–18.

Ford, J. C. (1961). *What about your drinking?* Glen Rock, N. J. : Paulist.

Ford, J. C. (1949). "Alcoholism." Talk given at John Carroll University lecture series on Medical Ethics [116, #2]. October 12, 1949. Cleveland, Ohio.

Ford, J. C. (1959). Chemical comfort and Christian virtue. *American Ecclesiastical Review, 141*, 361–379.

Freccero, J. (1986). Autobiography and narrative. In T. C. Heller, M. Sosna, and D. E. Wellbery (Eds.), *Reconstructing individualism: Autonomy, individuality, and the self in Western thought* (pp.16–29). Stanford, Calif: Stanford University Press.

Friedman, M. (1967). *To deny our nothingness: Contemporary images of man*. New York: Delacorte Press.

Heidegger, M. (1962). *Being and time*. [Trans. J. Macquarrie and E. S. Robinson]. New York: Harper.

Johnson, E. A. (1993). *Women, earth, and creator spirit*. New York: Paulist. [The 1993 Madeleva Lecture on Spirituality].

Jordan, M.R. (1986). *Taking on the gods: The task of the pastoral counselor*. Nashville:

Abingdon.
KierkegAArd, S. (1944). *The concept of dread*. Princeton: Princeton University Press.
Kopas, J. (1994). *Sacred identity: Exploring a theology of the person*. Mahwah, N.J. : Paulist.
Lake, F. (1987). *Clinical theology: A theological and psychological basis to clinical pastoral care*. New York: Crossroad.
Mercadante, L. (1996). *Victims and sinners: Spiritual roots of addiction and recovery*. Louisville, Ky. : Westminster John Knox.
Moltmann, J. (1997). *The source of life: The Holy Spirit and the theology of life*. Minneapolis : Augsburg Fortress.
Moltmann, J. (1993). *God in creation: A new theology of creation and the spirit of God*. Minneapolis,: Fortress.
Moore, S. (1977). *The crucified Jesus is no stranger*. Minneapolis, Minn.: Seabury.
Morgan, O. J. (*in press a*). Practical theology, alcohol abuse and alcoholism: Methodological and biblical considerations. *Journal of Ministry in Addiction and Recovery*.
Morgan, O. J. (*in press b*). "Chemical comforting" and the theology of John C. Ford, S. J. : Classic answers to a contemporary problem. *Journal of Ministry in Addiction and Recovery*.
Morgan, O. J. (1998). Addiction, family treatment, and healing resources: An interview with David Berenson. *Journal of Addictions and Offender Counseling, 18*(2), pp. 54 - 62.
Morgan, O. J. (1992). In a sober voice: A psychological study of long-term alcoholic recovery with attention to spiritual dimensions. *Dissertation Abstracts International, 52*(11), 6069 - B. [University Microfilms No. 9210480].
Niebuhr, H. R. (1963). *The responsible self: An essay in Christian moral philosophy*. San Francisco: Harper & Row.
Patton, J. (1993). *Pastoral care in context: An introduction to pastoral care*. Louisville, Ky. : Westminster John Knox.
Rahner, K. (1974). Concerning the relationship between nature and grace. *Theological Investigations, I*, pp. 297 - 317.
Rosen, J. (1962). *Direct psychoanalytic psychiatry*. New York: Grune & Strattons.
Ruether, R. R. (1992). *Gaia and God: An ecofeminist theology of earth healing*. New York: HarperCollins.
Scheibe, K. E. (1986). Self-narratives and adventure. In T. R. Sarbin (Ed.),

Narrative psychology: The storied nature of human conduct (pp.129 - 151). New York: Praeger.

Schlauch, C. R. (1995). *Faithful companioning: How pastoral counseling heals*. Minneapolis: Fortress.

Tillich, P. (1952). *The courage to be*. New Haven: Yale University Press.

Addiction and Spirituality
A Multidisciplinary Approach

영성과 중독: 다학문적 접근
Addiction and Spirituality: A Multidisciplinary Approach

2017년 11월 30일 초판 발행

| 편 집 자 | 올리버 J. 모건 · 멀 R. 조던
| 옮 긴 이 | 문희경

| 편　　집 | 변길용, 권대영
| 디 자 인 | 신봉규, 서민정
| 펴 낸 곳 | 사)기독교문서선교회
| 등　　록 | 제16-25호(1980. 1. 18)
| 주　　소 | 서울시 서초구 방배로 68
| 전　　화 | 02) 586-8761~3(본사) 031) 942-8761(영업부)
| 팩　　스 | 02) 523-0131(본사) 031) 942-8763(영업부)
| 홈페이지 | www.clcbook.com
| 이 메 일 | clckor@gmail.com
| 온 라 인 | 기업은행 073-000308-04-020, 국민은행 043-01-0379-646
　　　　　　 예금주: 사)기독교문서선교회

ISBN 978-89-341-1739-1 (93230)

* 낙장 · 파본은 교환해 드립니다.

이 도서의 국립중앙도서관 출판시 도서목록(CIP)은 서지정보유통지원시스템 홈페이지(http://seoji.nl.go.kr)와 국가자료공동목록시스템(http://www.nl.go.kr/kolisnet)에서 이용하실 수 있습니다. (CIP제어번호: CIP2017028482)